高速列车模块化定制设计技术

丁国富　张海柱　黎　荣　梁建英　李瑞淳　著

西南交通大学出版社
·成　都·

图书在版编目（CIP）数据

高速列车模块化定制设计技术 / 丁国富等著. —成都：西南交通大学出版社，2022.4
ISBN 978-7-5643-8664-1

Ⅰ. ①高… Ⅱ. ①丁… Ⅲ. ①高速列车－模块化－设计－研究 Ⅳ. ①U292.91

中国版本图书馆 CIP 数据核字（2022）第 067825 号

Gaosu Lieche Mokuaihua Dingzhi Sheji Jishu
高速列车模块化定制设计技术

丁国富　张海柱　黎　荣
梁建英　李瑞淳　/著

责任编辑 / 李　伟　李芳芳
封面设计 / GT 工作室

西南交通大学出版社出版发行
（四川省成都市金牛区二环路北一段 111 号西南交通大学创新大厦 21 楼　610031）
发行部电话：028-87600564　028-87600533
网址：http://www.xnjdcbs.com
印刷：四川玖艺呈现印刷有限公司

成品尺寸　185 mm×260 mm
印张　16　字数　341 千
版次　2022 年 4 月第 1 版　印次　2022 年 4 月第 1 次

书号　ISBN 978-7-5643-8664-1
定价　88.00 元

前　言

十几年来，以高速列车为代表的高速铁路装备在长期技术积累和自主研发的基础上，经过引进消化吸收再创新、自主提升创新和全面持续创新，成功研制了多代先进的高速列车产品。随着我国“一带一路”倡议和川藏铁路工程项目的实施以及“八纵八横”高铁网的加快成型，高速列车用户需求呈现出多样化、个性化特点，包括不同的运营条件、不同地形、不同气候等，对产品研制周期、质量和成本提出了更高的要求。然而，目前我国高速列车制造企业技术来源不一、产品种类多、模块化集成化率低、重复性及同质化工作多，导致研发效率低、设计成本高、质量控制难等问题。因此，如何构建需求驱动的高速列车模块化定制设计技术体系，成为我国轨道交通装备制造企业面临的共性难题。

本书围绕需求驱动的高速列车模块化定制设计，重点论述高速列车谱系化、模块构建与表达、快速定制设计、设计制造一体化平台等技术内容。本书素材来源于国家“863 计划”重点项目“高速列车谱系化技术平台及系列车型研制”以及国家自然科学基金等项目的研究成果。该书形成的可推广的需求驱动的模块化定制设计理论与实践，有助于实现面向多样需求的高速列车快速设计，不仅能满足中国国情的多样化运营需求，也能全面系统地提升高速列车装备的研制能力，更为保持我国高速列车技术可持续发展，提升我国高速列车国际竞争力提供重要的思路方法和技术参考。

全书共 7 章，第 1 章简述了高速列车相关技术现状以及研究的必要性；第 2 章描述了高速列车产品谱系化内涵与构建方法；第 3 章描述了高速列车模块化定制设计技术架构；第 4 章描述了高速列车产品模块划分技术；第 5 章描述了高速列车产品模块表达技术；第 6 章描述了基于元模型的高速列车模块化定制设计方法；第 7 章描述了高速列车模块化快速定制设计系统构建。

本书以高速列车谱系化、模块化、定制化思想为核心，创新提出面向快速定制的客户需求分析方法，基于元模型的需求、产品和过程建模方法，建立需求驱动的高速列车快速定制设计流程，并研制了高速列车谱系化设计制造一体化平台等；同时采用理论架构、关键技术和应用实践有机结合的理论联系实际的方式进行系统阐述。本书可供复杂产品，尤其是轨道交通装备研发领域研究人员、技术人员参考，也可以用作高速列车及轨道装备研发技术相关专业院校、科研机构高年级本科生和研究生的参考书目。

本书的出版得到了诸多支持和帮助，感谢所有参加项目研究的老师、工程师和研究生，他们的研究成果极大地丰富了本书的内容，同时本书还得到了产教融合项目的支持以及中车青岛四方机车车辆股份有限公司、中车长春轨道客车股份有限公司的大力支持，在此向他们表示衷心的感谢。高速列车模块化定制设计技术还需要在实践中不断完善，加之作者在专业上的限制，书中疏漏和不当之处敬请广大读者批评指正，并请同行们多多指教。

作　者

2022 年 2 月

目　录

第 1 章

概　述

1.1 世界各国及我国高速列车技术简介

高速列车是机械、计算机、电子、材料、网络通信、工程仿真等领域的高新技术集成，应用高速轮轨关系、大功率牵引控制、制动控制、列车运行控制、空气动力学工程、可靠性与安全性技术等铁路专业领域的最新重大成果，是高速铁路的标志性核心装备，由 4 万多个零部件、180 余个独立系统构成。高速列车这一典型的复杂产品系统，涵盖系统集成、车体、转向架、制动系统、网络控制、牵引控制、牵引变压器、变流器、牵引电机九大关键技术，以及受电弓、空调系统、车钩及缓冲装置、车门、车窗、集便装置、车内装饰、座椅、风挡装置、辅助供电 10 项配套技术，如图 1-1 所示。

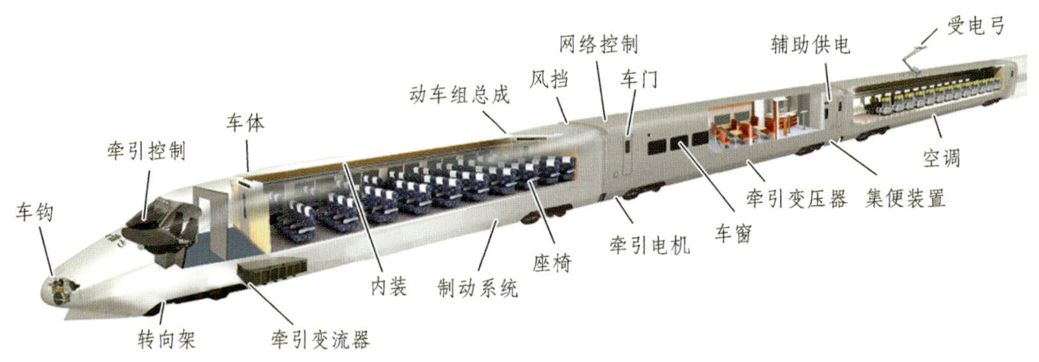

图 1-1 高速列车系统组成与分布

目前，世界上高速列车技术领先的国家主要有中国、法国、德国、日本和意大利。美国、俄罗斯、英国、韩国、巴西、东南亚国家等也纷纷制订了高铁发展计划。半个世纪以来，高速列车作为国际铁路客运的重大移动装备得到了迅猛发展，形成了以中国“复兴号”系列、日本新干线系列、法国 TGV 系列、德国 ICE 系列、意大利 ETR 系列等高速列车技术为代表的格局，推动了世界高速列车技术的发展，催生了现代工业中技术独特、体系完整的高速列车技术领域，为世界经济的发展和人类文明的进步提供了运输保障条件，同时在文化和文明层面上推动了“人类命运共同体”的交流沟通和交融汇通。

本节对世界各国高速列车发展与演化趋势进行系统分析，从 1964 年第一辆高速列车的诞生开始，分别从高速列车技术的原理、特点以及规格等方面进行描述。

1.1.1 日本新干线高速列车

日本是世界上最早开始实现铁路现代化、最先开行高速列车的国家。从 1964 年起，日本以 0 系高速列车起步，相继开发了 100 系、200 系、300 系、400 系、500 系、700 系、800 系、N700 系、E1 系、E2 系、E3 系、E4 系、E5 系、E6 系、E7 系等新干线系

列营运高速列车，同时还开发了供研究用的 300X、WIN350、STAR21 等高速试验列车。近几年，新研制的 N700S 型动车组由 JR 东海制造，专注于轻量化、节能、提升舒适性，与 N700A 型动车组相比，质量降低 13 t，能耗减少 7%；ALFA-X 由川崎重工制造，以轻量化、环境友好、提升舒适性为设计目标，目标最高运营速度 360 km/h，最高试验速度 400 km/h，2019 年 5 月正式下线，交付 JR 东日本铁路公司验收，预计于 2030 年在日本东北和北海道新干线上投用。日本将铁路客运的速度由 210 km/h 逐步提高到了 360 km/h，2027 年目标研制 505 km/h 的 L0 系高速磁悬浮列车。

日本新干线高速动车组的基本特征：

（1）全部为动力分散型电动车组，防止高速行驶时的蛇行运动，减轻线路的维护保养费用；编组长，列车总定员多；车高较矮，车体较宽，车内空间布置并不是很宽敞，以实用为主；行车时的摇晃极小，整体运行品质在全球名列前茅。

（2）两端车头造型较好，列车空气动力学性能好，运行阻力小，外部噪声低；大量采用铝合金车体，也有少量低合金钢车辆，轻量化水平较高，最低轴重仅为 8 t。

（3）除 0 系、100（100N）系、200 系外，均采用轻型无摇枕转向架，在 500 系、700 系车辆上还采用了半主动悬挂系统。

1.1.2 法国 TGV（AGV）系列高速列车

法国 TGV 系列超高速列车以 277 km/h 的世界最高旅行速度增领先于国际铁路，其超过 20 年 300 km/h 以上速度的商业运营经历尤令法国引以为自豪。TGV 系列高速列车不仅续写了日本新干线高速列车创造的世界高速铁路奇迹，更是在 1990 年 5 月 18 日和 2007 年 4 月 3 日，分别以 515.3 km/h 和 574.8 km/h 的速度两度创下超过 500 km/h 的世界铁路最高试验速度纪录，彻底破除了轮轨速度不能超过 350 km/h 的定论，将世界高速铁路与高速列车的发展带入了一个崭新的阶段。

法国 TGV 系列高速列车的研制始于 20 世纪 60 年代末、70 年代初，当初的计划是研制内燃动车组，当时将动车组命名为 TGS，后来又更名为 TGV-001。然而，20 世纪 70 年代中期爆发的石油危机，促使法国改变了初衷，放弃了研制内燃高速动车组的计划，并于 1975 年开始改为研制高速电动车组，从而开发出了举世闻名的 TGV 系列高速列车的第一代产品——巴黎东南线 TGV-P 高速列车。

法国从开发研制第一列 TGV 高速列车开始至今，相继开发研制了三代动力集中型的 TGV 系列高速电动车组。它们分别是第一代的 TGV-P，第二代的 TGV-A、AVE（西班牙 TGV）、TGV-R、TGV-Thalys（TGV-PBA、TGV-PBKA）、TGV- EUROSTAR（TGV 欧洲之星）和 TGV-KTX（韩国 TGV），第三代的 TGV-Duplex（TGV 双层高速动车组）和 TGV-POS 高速列车。现阶段又在开发研制更新一代的高速列车——由动力集中型的 TGV 高速列车演化出来的 AGV 动力分散型高速电动车组。法国 TGV 系列高速列车的最新进展是 AGV 动力分散型铰接式高速列车。该车组采取 11 辆车编组，共 12 个转向架，

5 个动力转向架、7 个无动力转向架，列车定员 451 人（其中包括 2 个残疾人座席），牵引功率 7 600 kW，在高速线上的运行速度为 360 km/h，在既有线上的运行速度为 250 km/h，采用轻量化铝合金车体和永磁电机新技术。与 TGV 高速列车相比，AGV 高速列车有以下几点改进。

（1）与 TGV 高速列车头车全部采用独立式转向架，第一辆中间拖车的前位转向架仍为独立式转向架，仅在各中间拖车的连接处采用铰接式转向架的结构不同，AGV 高速列车从头车与第一辆中间车的连接处开始即采用铰接式转向架，只有两端头车的前位转向架为独立式转向架，因而相同编组长度的 AGV 列车要比 TGV 列车少两台转向架。

（2）采用动力分散的动力配置结构，动力转向架仍采用铰接式结构，以 TGV 高速列车动力车的独立式动车转向架为平台开发，并增加了二系主动悬挂系统。

（3）车体宽度由 TGV 的 2.814/2.904 m 加大到大约 3.3 m，并采用铝合金车体，列车的两个前端具有与 TGV Duplex 相同的抗碰撞性能，前端碰撞吸能装置可以吸收 4.8 MJ 的能量。

（4）采用最新开发的 Onix 牵引变流系统和效率更高、质量更轻的永磁直流电机，同时采用涡流制动装置。

此外，AGV 高速动车组还可以有选择性地开发成为摆式高速列车。

1.1.3 德国 ICE/Velaro 系列高速列车

德国 ICE/Velaro 系列高速列车是世界上最为成功的高速列车之一，以功能完备、技术等级高、车辆总体布置结构合理、内装档次高、运用维护性好等诸多优点而闻名于世。其中多项技术被许多国家广为引用或借鉴，推动了世界铁路技术的进步。德国 ICE 系列高速列车主要有 ICE1、ICE2、ICE3、ICE4、ICT（ICE-T、ICE-TD）等车型，以及 Velaro E 和 Velaro RUS 高速列车。其主要特点是：

（1）初期以动力集中式的高速电动车组为主，其中包括仅在单端有动力的 ICE2 型短编组高速列车，后期以动力分散型列车为主。

（2）采用铝合金车体，采用 MD（明登）系列和 SGP（SF）系列无摇枕转向架；制动系统中含磁轨制动机与涡流制动机。

（3）定员适中，车内空间宽敞，功能齐全，设备较多，注重乘坐舒适度和功能的完备性及技术上的先进性；车辆档次较高，车内装饰豪华。

西门子公司开发的 ICx 动力分散型动车组，运行速度 250 km/h，采用铝合金车体；轴重 18 t，其主要特点是采用集成式牵引动力单元，共有 10 个编组模式，5 ~ 14 辆车编组。其中两个典型编组结构为 7 辆车编组和 10 辆车编组。7 辆车编组的 ICx 动车组采取三动四拖（3M4T）的结构，列车牵引功率 4 950 kW，定员 499 人；10 辆车编组的 ICx 动车组采取五动五拖（5M5T）的结构，列车牵引功率 8 250 kW，定员 724 人。

德国高速动车组的最新进展是西门子于 2018 年推出 Velaro Novo，以降低全寿命周期成本、轻量化、增加定员为目标，可通过调整动力配置灵活编组，以适应 280 ~ 360 km/h 不同速度等级要求。较上一代 Velaro 动车组相比，该动车组成本减少 25%，旅客量增加 10%，能耗降低 30%，质量降低 15%，维护维修费用降低 30%。

1.1.4　意大利 ETR 系列高速列车

意大利 ETR 系列高速列车除 ETR500 型高速列车之外，全部为摆式列车，因此又称之为 Pendolino 列车。Pendolino 即为英语中 Pendulum“钟摆”之意，形象地刻画了 ETR 系列高速摆式列车的最突出特征。ETR 系列摆式列车包括第一代 Pendolino 摆式列车 ETR401，第二代 Pendolino 摆式列车 ETR450，第三代 Pendolino 摆式列车 ETR460、ETR470、ETR480、S220（SM3）、ETR500（动力集中型非摆式高速电动车组）和第四代 Pendolino 摆式列车 ETR600 等车型。第一代 ETR401 摆式列车于 1975 年开发，列车采取 4 辆车编组，全部为动车（4M）的结构，牵引功率 1 800 kW，运行速度 250 km/h，定员 120 人。目前该动车组已经停用。

意大利高速动车组的最新进展是安赛尔多-伯莱达（Ansaldo-Breda）公司正在开发的 ETR1000 型高速列车。ETR1000 高速列车采取 8 辆车编组，四动四拖（4M4T）的结构，列车牵引功率 9 800 kW，构造速度 360 km/h，定员 477 人。

1.1.5　国际铁路其他典型高速列车

1. 瑞典 X2000 型高速列车

X2000 型高速列车是瑞典设计制造的动力集中型摆式电动车组，共有两种编组方式：其一为一动六拖（1M6T）的模式，由 1 辆动力车和 5 辆中间拖车及 1 辆带驾驶室的拖车（控制车）组成；其二为二动十二拖（2M12T）的模式，由 2 辆动力车和 12 辆中间拖车组成；两种编组模式的运行速度均为 210 km/h。一动六拖（1M6T）X2000 型摆式列车的牵引功率为 3 260 kW，二动十二拖（2M12T）X2000 型摆式列车的牵引功率为 6 520 kW。我国广州铁路集团公司租用的 X2000 型摆式列车即采用第一种编组方式——1M6T 的编组模式。在瑞典，一动六拖（1M6T）X2000 型摆式列车的定员为 318 人，而我国广州铁路集团公司租用的一动六拖（1M6T）X2000 型摆式列车的定员为 415 人。

X2000 型摆式列车的引人注目之处，就在于它可以在既有线路上高速行驶。其主要工作原理是利用列车通过曲线区段时，依靠有源车体摆动装置使车体摆动一定的角度，以补偿线路的欠超高，来保证舒适度，从而可以提高曲线通过速度约 40%。X2000 列车车体摆动的最大摆动角度为 8°，最大速率为 4°/s，对横向未平衡加速度的补偿高达 70%。其主要特点是：

（1）动力集中式高速电动车组，采用不锈钢车体，其短编组列车是仅在单端有动力的车组。

（2）曲线通过能力强，对线路的要求不高，最高运营速度不是很高，仅有 210 km/h，旅行速度（平均速度）为 173 km/h。

（3）采用径向自导向转向架和有源式（主动式）车体摆动装置，倾摆机构置于转向架一系悬挂装置与二系悬挂装置之间（簧间摆）。

2. 西班牙 Talgo 系列高速列车

1）Talgo XXI 型高速列车

Talgo XXI 型高速列车是西班牙设计制造的可变轨距动力集中型摆式列车，车组采取二动五拖（2M5T）的编组结构，列车牵引功率 3 000 kW，构造速度 220 km/h。Talgo XXI 型高速列车有两种可变轨距的模式：一种为适应轨距由 1 435 mm 变为 1 520 mm（俄罗斯轨距）的可变轨距模式；另一种为适应轨距由 1 435 mm 变为 1 668 mm（西班牙轨距）的可变轨距模式。

2）Talgo 250 型高速列车

Talgo 250 型高速列车是西班牙的可变轨距动力集中型摆式列车，车组采取二动十一拖（2M11T）的编组结构，列车牵引功率 4 800 kW，构造速度 250 km/h，定员 300 人，对应轨距可由 1 435 mm 变为 1 668 mm（西班牙轨距）。Talgo 250 型高速列车的动力头车采用低合金钢车体，并设有列车被动安全防护的碰撞吸能装置，可吸收 2 MJ 的碰撞能量，拖车采用铝合金车体。

3）Talgo 350 型高速列车

Talgo 350 型高速列车是西班牙动力集中型摆式列车，车组采取二动十二拖（2M12T）的编组结构，列车牵引功率 8 000 kW，构造速度 350 km/h，定员 300 人。Talgo 350 型高速列车的动力头车采用低合金钢车体，同样设有列车被动安全防护的碰撞吸能装置，拖车采用铝合金车体。

3. 英国 IC 系列高速列车

英国的高速列车是 IC225 型城际列车，主要运用于英国的东、西海岸干线的伦敦—爱丁堡、伦敦—格拉斯哥之间。IC225 列车是由 1 辆 Class 91 型电力机车和 9 辆 MK4 型客车及 1 辆带司机室的拖车组成的一动十拖（1M10T）的高速列车，列车牵引功率 4 700 kW，定员 546 人。其最设计高运营速度为 225 km/h，实际最高运营速度为 201 km/h。其主要特点如下：

（1）是世界上仅在单端有动力的长编组动力集中式高速列车。

（2）采用低合金钢车体，并采用 BT41 型无摇枕转向架。

（3）定员较多，二等车的定员为 74 人，是欧洲高速列车中定员较多的高速列车之一，且车内空间开阔、舒适，实用性强。

1.1.6 中国 CRH/CR 系列高速列车

速度是社会发展的永恒主题，经过几代铁路人的不懈努力，中国高速列车技术已进

入迅猛发展的重大历史阶段。中国中车通过引进、消化吸收、再自主创新阶段，逐渐掌握了高速列车的核心技术，建立了高速列车设计、制造平台。我国高速列车引进先进技术，联合设计生产了 CRH1、CRH2、CRH3、CRH5 系列动车组，并在此基础上分别研发了 CRH380A/AL、CRH380B/BL/CL、CRH380D 以及中国标准动车组 CR400AF/BF 和 CR300AF/BF，形成 40 余种列车产品，运营速度涵盖 160 ~ 400 km/h 多个速度等级。我国幅员辽阔，地形和气候条件复杂，地理环境差异很大，需要研制适应我国复杂环境所需的谱系化产品。

京张高铁智能动车组作为“复兴号”动车组的最新谱系化产品，在“复兴号”运行速度 350 km/h 动车组的基础上，继承简统化、系列化、平台化的技术特点，遵循“先进、可靠、成熟、经济、必须”的原则，重点对智能化、安全舒适、绿色环保、综合节能、奥运服务、运用适应性等方面进行定制化设计，并充分利用前沿技术研究，全力打造智能、绿色、环保、节能的精品智能动车组。

列车的运行速度是一个国家轨道交通研发技术与实力的综合体现，研究下一代更高速度的列车，既是满足行业技术储备的应用需求，也是我们国家占领轨道交通装备领域技术制高点和话语权的迫切需要。随着世界轨道交通装备领域国际市场竞争的加剧，德国、法国、日本等各个传统高速铁路技术强国纷纷制订了下一代高速列车创新研制计划（如欧盟 Shift2Rail 计划），新高速列车概念车型不断涌现（如法国 TGV Avelia、日本 AT400）。我国也开始研制运营速度 400 km/h（CR450）下一代高速列车。为了支持中国高铁“走出去”战略的实施，在市场全球化和用户中心化的趋势下，我国高速列车制造企业应充分利用现有高速列车的设计技术与运用经验，积极开展下一代高速列车的创新设计研发，具备全球视野下的产品族快速设计能力，以确保高速列车具有足够的技术竞争力来应对不断加剧的全球市场竞争环境。

1.2　模块化定制设计技术研究现状

高速列车是一种典型的复杂产品系统，其设计、生产、使用、维修和改进通常是一个国家主要的价值创造活动。英国布莱顿大学复杂产品系统创新中心对复杂产品系统的定义是：复杂产品系统（Complex Product Systems，CoPS）是高成本、大规模、技术复杂、单件或小批量定制化、技术密集型的产品、系统或设施。多样化、个性化的需求推动了大规模定制设计模式的快速发展，CoPS 与传统大规模制造产品相比，CoPS 最典型的特点是复杂性和系统集成化程度高，复杂性反映在客户需求和技术指标复杂、产品组成复杂、系统数量庞大、系统要素之间的耦合和研发过程所需知识复杂多样等方面，系统集成体现在多学科交叉、多领域的元件和子系统协同，其设计生产往往通过用户定制、由多个企业合作完成，因而高速列车相关的研究技术与消费品和大规模生产产品不同，其研发设计模式是一种按订单的设计方式，需要变更设计或产生新的设计，隶属单件或小批量生产方式范畴。开展产品设计过程的研究，涉及产品的需求采集与分析、模块化设计、产品建模、定制设计技术等多方面的研究，现分别简要概括相关研究。

1.2.1 模块化设计技术研究现状

模块化设计的作用与效益从目的上看，模块化设计是为了提高产品设计效率，缩短产品设计周期，降低生产成本，以满足不断变化的客户个性化需求。从原理上看，模块化设计把产品的多变性与零部件的标准化有效地结合起来，并充分利用共用性和组合优化效应，通过模块的共用形成生产和管理的批量性，降低生产和管理成本。从方法上看，模块化设计分为模块化构建方法和模块化配置方法。模块构建需要正确地预测市场需求，并面向产品族进行功能分析，在此基础上通过自顶向下的方法划分出能够满足不同市场需求的功能模块体系。模块化配置通过把功能不同或者功能相同而性能不同的模块进行组合和互换，产生多元化的产品，以满足客户个性化的需求。

针对高速列车这一典型复杂产品系统的研发，模块化设计不仅是一种满足市场多样化、个性化需求的方法，而且是降低研发成本、缩短研发周期的一种有效途径，同时也为产品的进一步创新设计研发奠定了基础。模块化设计主要是从模块划分、模块评价、接口分析以及模块配置等几个方面集中研究。在复杂产品系统研发设计中，部分学者对复杂产品系统模块划分、模块划分评价以及模块参数取值规划等方面做了深入研究，并对复杂产品系统的模块化建模以及演化问题进行了研究，也提出了一种模块相似性及其度量方法和模块化产品的多层次配置方法，以及一种多维规划下复杂产品模块化设计方法。

在模块划分方法研究中，提出基于功能-行为-结构(Function Behavior Structure，FBS)构建产品的功能结构模型，并基于行为层特征自动构建设计结构矩阵，最后通过 K 均值聚类实现模块划分；基于功能-行为-结构的产品概念模块化设计方法，通过黑箱法建立产品的功能结构模型，然后进行概念要素相关性分析，最后通过模糊聚类法实现产品自底向上的概念模块设计；从能量、信息、物料、空间四个方面计算零部件的联系强度，以最小联系信息流量为目标，通过遗传聚类算法实现了模块划分；基于产品物料清单（Bill of Material，BOM）和模糊聚类算法实现对复杂产品的模块划分，提出了两种模块化划分算法，即参照点谱系模块划分和模式法谱系模块划分方法；先根据能量物理效应进行了初始模块划分，再基于功能结构相关性矩阵的模糊聚类实现了复杂部件的模块划分和验算；以设计结构矩阵（DSM）为基础进行相关性分析聚类来实现模块划分，而复杂产品的 DSM 的构建具有相当大的复杂度和功能工作量，继而提出了基于高定义的设计结构矩阵（High Defined Design Structure Matrix，HDDSM）定义不同类型的交互基，通过合并组件级 HDDSM 来得到系统级 HDDSM，为直接构建复杂产品的 DSM 减少了工作量，间接促进了复杂产品的模块划分算法的改进。

目前已有多种模块化划分方法，但是对模块划分方式或者模块划分的结果的优劣却很难进行评估，主要是未形成一套统一的评价指标和系统的评价方法，而且相比之下对模块评价的研究也较少，有学者通过实验的方法从 DSM 规模、模块数量、模块完整性、内部模块关联性、DSM 强度等方面对现有的模块化指标进行影响因子灵敏度分析和指标稳定性分析，得出各类指标的优缺点和适应性，还对耦合模块进行了相关性分析。以图论和社会网络为理论依据，从相邻部件之间的接口共享性、非相邻部件之间的接口传递性和部件的桥接性三方面进行模块化变更灵敏度测量，通过模块对部件设计变更的影响来实现对模块化结果的评价。

此外，有效的模块化设计还需要实现接口的标准化，但目前研究主要针对接口的标准化和系列化。从功能、几何、材料、制造描述了模块接口的特性，以此构建接口模型，并分析模块接口的特性要素和数据结构，设定了详细的编码规则，给出了接口系列化实施的具体路线，建立了模块化设计准则模型，将性能指标和质量功能展开（Quality Function Deployment，QFD）运用于模块化接口的重要度分析评价中，并结合 TRIZ 理论（Theory of Inventive Problem Solving，发明问题解决理论）对接口进行标准化设计。

1.2.2 产品建模技术研究现状

产品模型是实现知识重用与共享的基础。为了支持复杂产品的设计，产品模型的形式已从面向结构、几何、特征产品模型和基于知识产品模型发展到集成产品模型。在复杂产品系统建模领域，目前学术界普遍关注的是集成产品模型，包括 STEP（Standard for the Exchange of Product model data，产品模型数据交换标准）、CPM（Core Product Model，核心产品模型）、MOKA（Methodology and tools Oriented to Knowledge based engineering Applications，面向基于知识的工程应用方法和工具）和 PPO（Product-Process-Organization Model，产品过程组织模型）等，对这几个具有代表性的产品模型进行了归纳和评价，指出当前的产品模型不能完全适应相应的设计方法，如何将产品模型与设计过程有效集成是一个重要的问题。

根据系统设计理论，产品设计过程包括需求分析、概念设计及详细设计等几个阶段。需求分析阶段主要是将客户需求映射为设计需求，关于需求建模，主要是基于质量功能展开（QFD）的需求分析方法，采用 QFD 确定需求的重要度，建立一种模糊线性规划模型，优化客户需求对设计需求的满足程度；开发实现了两个需求管理工具 IBM DOORS（工具管理员）和 NoMagic MagicDraw + SysML，SysML 语言提供了一种健壮的和描述性的复杂产品系统建模方法；详细设计阶段主要是基于经验的几何设计，其结果是一个完整的几何形状产品及其组件，相关的模型主要有几何模型、有限元分析模型、动力学分析模型等。模型在概念设计阶段和详细设计阶段有十分不同的属性，在概念设计阶段提供了整个视图，关注主要的影响，只需少量参数，然而详细设计更加关注具体的影响，是更加准确的，需要更多的参数。

随着多视图技术的发展，使用两个或更多不同的视图来支持从不同角度或细节水平研究一个单独的对象，使得产品建模技术向面向协同设计的多学科、多层级、全生命周期等方向发展。在 Web 环境下考虑多学科设计优化的集成与分享需求，提出了以多层级集成产品设计数据模型；提出面向设计协同的一个基于对象的协作感知模型（Object-Based Cooperative Awareness Model，OBCAM）和相应的多视图系统。在模块化设计领域，提出一个多视图建模方法来为模块化设计建立一个基于关系约束网络的信息结构模型。层次化建模从不同的角度描述产品的模型和数据，表达了复杂产品系统设计过程中涉及的不同学科、模型的粒度、不同的产品生命周期阶段。在全生命周期建模方面，建立一个 4D 产品生命周期模型来支持信息交互和在不同的阶段及领域的信息分享，包括几何视图、任务视图、虚拟样机系统视图、生命周期视图，该模型克服了信息的互通性问题。多视图技术的应用使得产品模型包含了多样化的信息和大量的数据，同时设计者希望能够方便迅速地获取到需求的数据和排除那些冗余的数据，因此产品模型需要建立高效的视图。

从上述产品建模研究领域方面可以看出产品建模的方法众多。随着德国工业 4.0 的快速兴起，乌尔里希·森德勒在工业 4.0 中明确指出元模型是整个产品全寿命周期建模的主要典型方法之一，并且元模型在支持复杂产品系统虚拟样机的信息共享、交换、模型重用等方面具有非常明显的优势，因此，重点针对元模型在复杂产品系统领域的产品建模技术做重点讨论。

目前已有部分学者从不同的角度对元模型进行了研究。浙江大学承担的国家“863 计划”项目“基于元模型的复杂产品多学科协同设计技术研究”中，研究了集成产品元模型的建模与应用技术；认为元模型是关于模型的模型，描述模型建立、模型的语义以及模型之间的互操作和集成等相关信息，规范化定义某一特定领域建模环境，能表示这一领域内的所有系统；认为元模型能够作为表达其他子模型的模型，尤其是 RDF（Resource Description Framework，资源描述框架）资源类型和属性类型；提出典型的元模型架构，包括元元模型、元模型、模型、实例四个层次；针对产品族大批量定制及其演化，采用元模型方法研究了其概念建模；根据元框架、元语言等技术的特点，采用一种元模式协同的设计方法进行航天复杂产品的设计。同时针对产品生命周期管理提出了一种基于元模型驱动的系统开发模式；研究了基于元模型的变型设计及自适应装配建模方法；分别针对复杂产品多学科虚拟样机元建模技术做了相关研究。

分析目前产品建模的研究现状，可以得出以下结论。

首先，复杂产品系统建立产品模型是实现面向需求的基于模型驱动设计的关键，产品建模需将产品数据模型与设计过程有效集成，在不同的设计阶段，产品模型的关注点不同，参数的种类和数量也不同；同时复杂产品系统具有多层次、多学科、多领域的特点，因此复杂产品系统的产品模型应将产品设计过程划分为多个层级作为模型驱动映射的主线，从产品的结构层次、涉及学科和属性领域等多个维度构造产品设计模型的数据

结构，构造一种多元化模型。

其次，复杂产品系统设计模型涵盖了产品设计的多个视图，包含了多样化的信息和大量的数据，如何构建一种高效的产品模型，使设计者能够方便迅速地获取到需要的数据和排除那些冗余的数据；但现有的产品模型表达与描述方法缺乏对已有设计经验和知识的重用，没有对设计模型中参数的重要程度进行序列化描述，并排除冗余参数，致使众多的参数处于一种无序的状态，影响设计效率；同时复杂产品系统功能、子系统、部件之间存在多学科和多领域耦合关系，参数之间存在复杂的映射关系，随着参数规模的增大，没有以一种层次化、规律化的方式反映出设计模型中参数之间的映射关系，致使设计过程的相关参数处于一种无向的状态，无法体现设计参数与设计目标间的关联关系，难以实现一致性映射。

1.2.3 定制设计技术研究现状

1.2.3.1 大规模定制技术研究现状

自 20 世纪 90 年代以来，随着先进设计和制造技术的飞速发展，在工业领域已经出现客户需求为导向的产品设计模式——大规模产品定制技术（Mass Customization, MC），一种以大规模生产的效率和速度来设计和生产客户定制化的产品，达到产品的低成本、品种多样化和快速响应客户需求的目的。

自大规模产品定制的生产模式提出以来，大量国内外学者对大规模定制的相关理论、技术和实施等进行了相关研究。从工程应用角度提出了面向大规模定制的设计概念，并提出了一种产品族的研究体系来实现产品设计和过程的重用和通用性，支撑大规模定制的实施，并提出了大规模定制的过程模型和产品的集成等一系列问题，详细分析了大规模定制的机理、优化模型、开发技术以及管理技术等。

随着大规模定制生产相关理论的完善，国内学者逐步针对具体技术细节开展研究，例如给出了面向一对一类型的大规模定制生产模式的产品快速设计系统的开发和实施策略。针对大批量定制生产模式下满足客户多样化需求的产品种类多、组成结构和约束关系复杂的特点，围绕产品配置相关的设计活动和关键技术进行了研究，并对面向大规模定制的复杂产品模块规划的理论研究与实现技术进行深入研究，给出了大规模定制环境下的系统解决方案，对面向大规模定制的系统需求、主要特征、系统框架、功能蓝图、建模体系、实施方法论和实施绩效评价方法进行了深入研究。在当前国内外大规模定制研究的基础上，提出了客户化产品面向生命周期配置的概念，对传统的客户定制化产品的设计和配置技术进行了理论和实现技术的深入研究。

随着国内外专家针对大规模产品定制技术相关理论和实践研究日益深入，其理论内容和实践经验不断得到丰富和充实，推动了大规模定制的发展，并逐步形成相对成熟的理论体系。另外，随着市场的需求进一步分化，客户迫切需要能够实现完全定制的产品。上述情况极大地推动了产品生产模式从大规模定制进入个性化定制阶段，企业根据客户的个性化需求，提供一对一的定制产品和服务的模式。

大规模定制与个性化定制的模式虽然已经在摩托车、汽车、家用电器、家具、计算机、手机等消费类机电产品领域中得到一定程度应用，有效地提高了这些产品的研发效率。但是大部分主要是对大规模定制战略的应用进行研究，而具体实施大规模定制的方法和经验还未形成完整的理论体系。

1.2.3.2 配置设计、变型设计和设计变更技术研究现状

定制产品多样化、个性化需求快速实现的核心策略是以增加库存生产比例为基础，最大限度地向生产过程的下游移动，从而降低满足客户不同需求所产生的设计、制造等研发过程环节的费用。在具体的设计实现策略方面，根据 CoPS 的产品特点、市场需求、研发成本及周期等的约束，主要从以下几个方面分析：

1. 配置设计

在当前的市场环境发展趋势下，在设计可配置产品的基础上，进行产品的配置设计，基于产品配置方法并有相应的配置系统来支持配置设计，不仅能为市场提供客户需求选项对产品定型，同时也能为设计提供设计实例，从而提高产品的市场竞争力和研发效率。产品配置设计主要是从配置知识表示和配置问题表示两个角度来分类，主要有基于规则、基于实例、基于约束、基于知识、基于本体等配置设计方法，有学者提出基于模糊多属性决策的复杂产品配置方法，基于产品族的产品模块化配置设计方法，以及基于复杂网络的产品配置设计技术。

2. 变型设计

变型设计是在已有设计的基础上进行参数的修改或结构的局部调整，形成一个与原设计相似的新设计，以满足不同工作性能要求的过程。Pahl 和 Beitz 最早将设计分为创新设计（original design）、适应设计（adaptive design）、变型设计（variant design），并指出在实际的设计活动中大约七成的工作都属于适应性设计和变型设计。目前，国内外针对变型设计进行了大量研究，主要有基于实例的变型设计、基于参数化的变型设计、基于装配模型的变型设计、模块变型设计、基于特征的变型设计等技术。

3. 设计变更

在产品的设计方面，传统产品结构相对成熟、标准化程度高，但复杂产品系统在设计、仿真和集成设计过程中会发生一些需求变更等突发状况，产品更新换代的过程会出现不可预测的设计变更传播现象。设计变更在学术领域的研究有显著的增加，许多方法和工具已经被研究来建立设计变更传播模型和支持设计变更预测与分析。

变更表达（Change Favorable Representation，C-FAR）方法使用矢量和矢量元素来表达模块及其属性，这不仅能表示变更，也能对变更结果提供一个合理的定性评价；变更预测方法（Change Prediction Method，CPM）方法利用设计结构矩阵来计算模块之间

的变更传播风险，在重设计项目中它能够指明变更传播的经验和更加详细的行为；信息结构架构（Information Structure Framework，ISF）采用跨领域的方法来描述一个设计和确定可能的变更传播连接，包括需求、功能、模块和详细的设计过程；参数连接网络（Parameter Linkage Network，PLN）从参数连接方面来构建，为了显示层级结构和参数连接的传播特点；系统建模语言（Systems Modeling Language，SysML）利用系统建模语言的端口概念来描述和分析变更分析的影响，这种方法有利于确定系统变更的效率和费用。上述大部分建模都是基于依赖关系建立产品的参数连接网络，根据这个网络的路径来描述变更传播影响。然而，这些方法缺乏一个系统的方法来描述和分析具有耦合结构、隐性功能和行为信息的复杂产品系统。

变更传播路径有多种可视化形式，包括设计结构矩阵、变更风险图、传播网络和传播树等。当显示庞大的复杂产品存在许多直接和间接的连接时，这些方式是不能使每条路径清晰可见的，并且去分析每一条传播路径是不明智的，降低了设计效率。因此需要开发一个设计变更模型辅助工具来缩减变更传播路径的数量，以提高设计效率。

在复杂产品系统中，改变任何一个需求参数可能需要改变功能、子系统和部件等。为了评估这些设计变更的影响，一个新的设计变更需要考虑多科学和多领域的耦合关系集成。对于复杂产品系统，重点是在行为层对多学科设计变更影响分析，然后映射这些行为到结构载体；同时在复杂产品系统设计变更中，参数数量多，参数连接具有耦合性和非线性的特点，可视化和评估大量的设计变更信息是困难的。因此，设计变更传播路径缩减工具对指导设计变更是有必要的。

1.2.4 铁路机车车辆模块化定制设计研究现状

近年来，模块化作为一种先进的工业生产制造模式已经应用在国外轨道交通领域。世界铁路机车车辆主要供应商如欧洲的阿尔斯通（ALSTOM）、庞巴迪（BOMBARDIER）、西门子（SIEMENS），从部件设计到整车系统集成设计，均采用模块化和集成化设计技术，从车体结构、内装结构、车下吊挂设备、布管和布线等均采用模块化设计手段，提高了部件和系统乃至整车的制造质量及运用的可靠性、安全性，提高了部件和系统从设计、制造到组装的通用性、互换性和产品升级更新。

德国 Dessau 轨道机车公司为适应客运公司购置动车组周期短、批量小的特点，较早采用模块化设计技术应用到动车组设计之上，研制出 PROTOS 动车组系列，可以配置出不同的牵引类型，编组灵活，并可以设置不同的地板高度和车内装饰。又如德国西门子公司的 ICE3 列车，分别按照西班牙、中国和俄罗斯的需求，衍生出 Velaro-E、Velaro-CN（CRH3）、Velaro-RUS 几种不同系列车型。这几种列车虽然在速度等级、车体宽度、座椅排布上有很大的区别，但由于采用模块化设计思想，充分实现了大量“可重用件”在不同列车上的重用，响应了客户多样化、个性化的需求，缩短了新产品的研发周期，降低了制造成本。

目前，国内也开始采用模块化设计思想进行动车组的设计。中车青岛四方机车车辆股份有限公司（简称中车四方股份）针对我国城际铁路的需求，以高速动车组先进的技术平台为基础，结合地铁的成熟技术，通过全面创新，构建了我国首个 CINOVA 城际市域动车组技术平台。在 CINOVA 技术平台下，中车四方股份已研制形成了覆盖速度 200 km/h、160 km/h 和 140 km/h 的城际动车组系列化产品，以及速度 120 ~ 140 km/h、100 ~ 120 km/h 的市域动车组系列产品。这些产品对满足区域城际、都市圈城际和市域交通的互联互通，加快我国区域经济一体化和新型城镇化建设都将产生深远的影响。中车其他主机厂，如长客、唐车公司也正在全力打造动车组产品平台，尽可能实现大量“可重用件”在新研制车上的重用，尽快响应客户多样化、个性化的需求，缩短新产品的研发周期，降低制造成本。

高速列车设计主要分为方案设计和技术设计。以高速列车转向架为例，现在的大部分的研究都集中在技术设计阶段，例如西南交通大学主要是在转向架动力学领域的设计、仿真与优化研究，北京交通大学主要是在转向架强度与疲劳领域的可靠性设计、仿真与优化研究。在方案设计阶段主要应用的技术手段有计算机辅助设计，根据转向架的设计任务书，以有经验的设计师人工选择相似的转向架设计方案做局部的调整和优化设计。针对转向架的方案设计阶段，很少有将复杂产品设计理论应用到转向架的设计中。西南交通大学以快速创新设计理论最新研究成果为基础，依照我国转向架设计的实际情况，系统性研究了模糊可重构设计理论与方法，并将该方法应用到铁道车辆转向架的设计领域，对转向架的快速设计提供了一种理论研究方法。北京交通大学将参数化设计技术应用到动车组转向架关键零部件，以提高转向架的设计效率。利用可拓理论建立转向架基元模型，提出转向架可拓适应性变型设计方法。提出广义模块化产品平台理论，进行悬挂装置的广义产品平台设计和评价，并研究了产品平台快速设计方法。建立转向架层次配置模型，基于配置规则与实例结合配置求解，并通过参数网络传播实现变型设计。

由上述现状可以看出，高速列车是典型的投标式、订单型产品，产品的批量不是很大，不但结构、功能、性能和行为复杂，而且在高速情况下，与周围环境的耦合度相当大，因而使高速列车的需求变得更为复杂，现有的文献显示相关的设计研究还刚刚起步，滞后于大规模定制产品。高速列车是典型的多学科耦合的复杂产品系统，其设计技术的发展必然要求从传统的“面向性能设计（Design for Performance）”转变为现代的“面向可持续性和质量设计（Design for Sustainability and Quality）”，即从对详细设计模型进行重要单项性能分析和串行、迭代的设计模式发展为追求系统综合使用效能、考虑全寿命周期费用的、集成并行设计模式。

1.2.5 研究现状总结

分析目前模块化定制设计相关技术的研究现状，可以得出以下结论。

（1）在工业领域，面向需求驱动的快速定制化设计已经成为研究热点，尤其是大规

模定制的相关理论比较成熟，但是其主要应用在规模生产化的中小型产品领域。而针对高速列车典型的复杂产品系统，由于其客户需求数据复杂、产品数据复杂、数据间关联度大、数据映射难度大等原因，导致已有的大规模定制理论和技术应用在复杂产品系统领域时存在适应性的问题。

（2）复杂产品系统概念设计技术体系尚处于起步探索阶段，还存在一些问题和不足。高速列车作为典型的复杂产品系统，其设计原理、设计模型生成技术受到发达国家的严密知识产权保护，但目前高速列车转向架主流的设计技术仍是基于详细设计的性能分析及优化，尚未有真正从现代系统设计理论出发，关注概念设计阶段系统方案生成、评价及优化的研究。

（3）复杂产品系统产品建模技术多种多样，并且都具有各自的优势。针对高速列车设计环境中是由分布的、不同工具开发的模块组成的联合体，需解决数据表达、存储、管理、集成与共享等问题，结合目前复杂产品系统建模存在的不足以及元模型建模方法的特点，将元模型的技术引入高速列车产品模型构建中，有助于解决上述高速列车设计问题，并能弥补复杂产品系统建模存在的不足。

（4）面向需求驱动的产品定制设计是研究的热点，主要集中在中小轻型产品的大规模定制方面，这些领域需求相对简单，易于模块化，实现大规模产品定制，从而满足产品的个性化、多样化需求。在重大装备方面，个性化、多样化定制开展得很少，主要原因是需求过于复杂，技术指标多，关联度大，难以进行映射。现有的产品快速定制设计方法各有优缺点，单一的方法很难直接应用于高速列车的快速定制设计中，如何提取现有的高速列车专业领域知识、推理知识等，构建支持高速列车定制的规范化的定制流程，实现高速列车的准确、快速设计成为一个关键问题。

1.3　高速列车模块化定制设计研究的必要性

高速列车通过引进、消化、吸收、再创新的历史过程，研发技术和手段逐渐被掌握，我国几万千米的高速铁路上奔驰着大量自主研发的高速列车，尤其复兴号车型的成功研制，使得我国高速列车具有了很强的技术竞争力。高速铁路作为外交名片被广为传播，高铁“走出去”作为国家战略在逐步实施，我国已经和几十个国家签署了高铁合作协议或备忘录。

随着世界各国高速铁路的运营，高速列车这一典型的复杂产品系统在全世界范围内有大量的需求，其需求呈现出高完备性和开放性的特点，包括不同运营条件、不同地理环境、不同气候环境、不同规模、不同文化宗教环境、不同标准等。多样化、个性化的需求，对高速列车研发技术提出了更高的要求，因此面向多样化、个性化需求，研制性能良好的高速列车谱系化产品是我国轨道交通装备技术发展的首要任务之一。“十二五”国家“863 计划”项目“高速列车谱系化技术平台及系列车型研制”，提出利用定制化和谱系化技术，研制满足不同运营环境需求的高速列车系列车型，面向多样化需求提供完善的装备来支撑我国高速铁路网可持续运营。依据国家重点研发计划 2016 年“先进轨道交通”重点专项及国家“十三五”科学和技术发展规划，以满足高速列车“走出去”的战略需求和“一带一路”沿线国家不同需求特征为目标，即将开展跨国互联互通高速动车组装备与运维系统研制，以及跨国互联互通运营的适应性技术研究。

谱系化是现代化高速列车发展的趋势，谱系化列车是未来先进列车的代表，列车的谱系化设计方法研究是谱系化高速列车的必然要求，也是高速列车设计领域的最前沿课题。高速列车的谱系化最终目标就是要形成以最短的开发周期、最合理的成本，且能够满足用户多样化、个性化的需求的快速定制技术，因而一直是世界铁路技术发达国家追求的目标和努力的方向。当今国际铁路中法国 TVG/AGV 系列高速列车、日本新干线高速列车、德国 ICE/Velaro 系列车高速列车、意大利 ETR 系列高速列车、西班牙 Tagle 系列高速列车等皆是谱系化高速列车的典范。上述高速列车最突出的特征，也是最关键的技术之一，即是实现了高速列车产品（及其重要零部件）的标准化、模块化，从而搭建了系列产品的公共平台，进而形成了满足用户需求的快速定制技术，持续开发了几代高速列车系列产品。如法国的 TGV-P、TGV-A、TGV-PBK/TGV-PBKA、TGV-R、TGV-Eurostar/TGV-Telays、TGV-KTX、TGV-Duplex、TGV-Pose，日本的新干线 0 系、100 系/N100 系、300 系、500 系、700 系，N700 系与 E1 系、400 系、E2 系、E3 系、E4 系、E5 系、E6 系、E7 系，德国的 ICE1、ICE2、ICE3、ICT、ICE-TD、Velaro E（西班牙运用）、Velaro RUS（俄罗斯运用）、Velaro D，意大利的 ETR401、ETR450、ETR460、ETR470、S220/SM3（芬兰运用）、ETR480、ETR500、ETR600、ETR1000 等系列高速列车产品。

我国自从 2004 年按照国务院批准的“引进先进技术、联合设计制造、打造中国品牌”的指导方针，通过 200 km/h 及以上速度级动车组的技术引进、消化吸收，搭建了 CRH1、CRH2、CRH3 和 CRH5 四个动车组持续研发平台，并通过再创新研发了 CRH380A/CRH380AL、CRH380BL/CRH380B、CRH380C、CRH380D 等 350 km/h 速度级动车组系列产品，自主研制了 CR400AF/BF、CR300AF/BF 系列动车组。上述型号动车组虽然基本满足了国内铁路用户当前的运用需求，但在标准化、模块化、系列化方面仍需继续加强，从而降低设计制造和运用维护成本，提高国际竞争力。

深入研究 CRH/CR 系列动车组的共性技术，取长补短、融会贯通，在深度消化吸收的基础上，坚持以标准化、模块化、系列化的理念，加大自主创新的力度，建立具有中国技术特征的高速动车组技术平台，建设具有中国特色的高速动车组完整技术体系，形成满足国内铁路用户多样化、个性化的需求的快速定制技术，对于满足随国民经济日益增长的国内高速铁路客运市场需求具有不可低估的意义和作用；同时，也将在国家推动的高铁“走出去”战略中，以最短的周期和最优惠价格参与国际竞争，促进 CRH 系列高速动车组走向世界发挥重要作用。

因此，研究需求驱动的高速列车模块化定制设计是极其必要而迫切的。如何在现有

技术研发的平台和运营经验的基础上，形成以最短的开发周期、最合理的成本，且能够满足用户多样化、个性化的需求的研发设计体系，搭建出适应多样化需求的高速列车快速设计技术平台，解决需求与创新研发资源之间的内在矛盾，使成熟度更高、技术引领性更强，可持续发展，是制造企业面临的一个共性问题。高速列车模块化定制设计技术将有效提高设计效率、降低研发成本、提升研发质量，是对我国高速列车研发手段的创新发展，将对我国高速列车的研制水平、高铁“走出去”战略等产生非常重要的影响，意义重大。

1.4 高速列车模块化定制设计研究内容

需求驱动的模块化定制设计技术是现代的设计理论与技术方法，涉及谱系化、模块化、定制化设计技术等多方面。谱系化是建立高速列车设计制造一体化的公共技术平台，以及完整的技术体系（包括设计体系、制造体系、质量控制体系、试验验证体系、运维体系、标准体系），形成基于不同平台的高速列车快速定制技术，进行技术储备和前瞻性技术研究；模块化是将具有特定功能与性能的子系统或零部件分别设计成不同系列的模块组群，然后在一定的范围内，按照一定的规则进行组合（重组），最终形成不同功能的系列产品，目的是减少设计复杂性、减少零部件数量、缩短产品设计生产周期、提高产品的可重构性、提高产品的可维护性、降低维修配件的库存、提高产品质量、降低成本；定制化是类似于标准化或大批量生产的成本和时间，建立在能配置成多种最终产品或服务的模块化基础之上，提供满足顾客多样化、个性化需求的产品和服务，解决生产效率与个性化的矛盾。谱系化是模块化与定制化的依托，模块化是谱系化和定制化的支撑。

本书以需求驱动的高速列车模块化定制设计技术为主要内容，结合项目组 10 多年的研究成果，围绕相关技术进行论述，重点阐述高速列车谱系化内涵、模块化定制设计技术架构、模块划分与建模技术、定制设计技术及其平台的搭建，以期对高速列车定制设计提供帮助，并对复杂产品系统的定制设计提供技术指导。

第 2 章

高速列车产品谱系内涵与构建

2.1　谱系内涵及研究现状

谱系（pedigree）的思想最初来源于生物进化遗传学领域，分别在狭义和广义上给出了谱系的含义，前者指的是家族谱系简单化图表，主要是描述家族成员之间的关系以及特征或疾病是怎样遗传的；后者泛指具有历史演化发展继承关系的事物形成的关系或系统。在中国的古代汉语中，谱系是指“家谱上的系统”，代表中国传统的谱系方法，以家族的血缘关系为基础，来记录家族世系繁衍的过程。

在现代科学技术体系中，谱系这一重视演进脉络、世系繁衍、血缘关系的特性被形成一种研究方法——谱系学法（也称谱系分类法）。谱系学（genealogy）来自拉丁文，本义指关于血统关系、重要人物事迹和家族世系的科学，研究类群谱系的学科，对理解事物的演变过程及其起源有帮助。最为典型的是在哲学、语言学和遗传生物进化论等中对谱系学方法的应用。在哲学领域，认为谱系学是一种历史方法；在语言学领域，谱系学是一个从宏观方面分析语言的发展历史进行世界语言分类的方法；在遗传学领域，认为进化论呈现为遗传因素“DNA”进化谱系，依据谱系分类方法形成谱系结构。

在产品设计研究领域中，认为产品谱系的构建是建立在人们认知规律的基础上，总结产品谱系形成的原因主要来自两个方面：一是随着科学技术的发展，产品要不断地更新换代来适应新的技术需求，表现为一种纵向的代系关系；二是随着市场需求的多样化、个性化发展，并且使产品具有品牌识别度，产品则开始从代系转为横向的谱系化发展，即是从单一化向多元化演变的过程，建立同代产品之间的相互关系。同时分别以庞巴迪系列列车车头的典型特征为例说明基于特征分析的产品谱系；以阿尔斯通系列车型为例说明基于原型匹配的产品谱系；以大众汽车设计为例说明基于综合识别模式的产品谱系。

目前，部分学者通过模拟生物进化理论，将进化谱系引入产品设计研究领域，认为产品的进化谱系是依据量变到质变的进化逻辑思想，将不同的产品系列设计方案形成互相关联的演化脉络关系，将谱系的生成方法分为主动方法和被动方法，前者根据进化的逻辑获取新的设计方案；后者指直接仿照生物学中的宏观进化研究方法，提出一种基于系谱的产品多方案设计方法，构建了产品概念设计的系谱模型，包含基于同构相似性的功能系谱与结构系谱。结构系谱是指具有共享、相对稳定结构、共同的特征和功能的一组可重用模块集合；功能系谱是指不同的功能单元按照进化逻辑形成的互相关联的演化脉络关系，这是一种结构单元具有扩展性和可演化性，同一功能单元具有同源性、可追溯性等特点的产品多方案设计方法。产品族的进化理论及其繁殖方法，将物种的进化繁衍关系视为谱系，将进化分支作为各分类单元区分标准和确定其谱系关系的依据，将共祖近度作为各分类单元亲缘关系的衡量标准和确定其谱系地位的依据，认为产品族谱系是进化过程中系列产品之间的繁殖关系，并以起重机作为一个物种为例验证了理论方法。

产品族谱系，是指依据市场需求的谱系特征，在可配置模块的聚合性的基础上，规划产品族的配置空间得到的配置区域分布体系。部分学者建立了产品族谱系模型，形成涵盖谱系特征、产品族谱系、类产品和产品平台的四层架构；基于产品族谱系模型采用需求与约束的分类求解方法，构建了谱系定位、关键配置、功能配置和个性配置的配置设计过程。

将谱系化称为解析分层，是一种系统分类学中重视分析推理过程和细节采样的分析方法，并提出了两类谱系划分法，分别是参照点法谱系划分原理（点式）和模式法谱系划分原理（体式）。其中参照点是指某主功能或拓扑结构等，模式则是范畴的概念，是结构规范、功能定义等的结合体，前者适用于简单体系，后者适用于复杂系统。

在汽车研发领域，东风汽车公司提出汽车产品的谱系化研发，为满足客户对汽车产品的多样化、个性化需求，由零部件组成模块，不同模块组合成不同的车型，不同的车型形成同一产品车型谱系，实现汽车产品研发的谱系化，以提高汽车产品设计研发的效率。在航空航天研发领域，波音 737 民航客机，在机身主体结构尽量不变的情况下，对发动机、内设、机身长度等的改变形成波音 737 型号谱系，来满足世界各个国家不同的航运需求。

由上述研究现状可以看出，谱系含义是指描述事物间本质特征遗传与变异的关系的一种结构性描述方法，其可视化的表达方式多为图表。对于复杂产品系统而言，产品谱系的形成是制造业不断适应和满足多样化、个性化市场需求的结果；产品谱系化是在产品标准化、系列化和模块化的基础上发展而来的。

2.2 产品谱系的定义与相关概念

产品的演化与发展同样具有遗传、变异与自适应三大特点，通过对产品家族进化的历史、现状和趋势的研究，基于产品基因进化得到的衍生出的具体产品将成为一个完整的产品谱系，它们之间不仅通过基因遗传使其存在内在的联系，即产品的共性技术，而且通过基因变异又使其相互区别，即产品适应性技术。在产品研发设计中进行系列化研制，重视演化脉络、迭代变化，并且同时又对某种相同属性或内在关联进行保留，就能够产生谱系；谱系中的个体各不相同，但又同宗同源，可以根据某些特定的共性特征索引为不同的系列。谱实际上是系的类聚，系是某一类或几类的分化结果。

在高速列车这一复杂产品系统设计领域中，产品谱系在产品历史、现状和未来认知规律分析的基础上，提取产品的共性技术和适应性技术，不仅全面反映了制造企业对该类产品的制造与研发能力，便于客户了解，提高市场竞争力；而且在提供现有规范化产品的同时，还具有预见性，能快速响应满足较长时期内该产品研制的需求。在分析产品谱系成因和研究目的的基础上，在复杂产品系统设计领域该如何科学合理地定义出产品谱系的内涵。在为数不多的文献中，并没有给出一个清晰合理的产品谱系的概念。为此，

结合各领域中谱系的相关含义给出产品谱系概念：

产品谱系，是指用来表达具有历史发展沿袭关系产品的宏观分类、演进脉络、发展趋势的信息图表，它由市场谱系需求、谱系产品、谱系关系信息组成。市场谱系需求信息是产品多样化、个性化需求以及未来发展需求的谱系聚类；谱系产品信息是指现有成熟产品的型号及其设计规格，也包含战略型系列产品；谱系关系信息包含市场需求与系列产品之间的映射关系、系列产品成员之间的演化脉络关系。

目前，在复杂产品系统设计领域，存在一些设计理论及概念，这些理论的内涵与谱系的内涵既有区别又有联系，同时提出了产品型谱的内涵及构建方法，将产品型谱定义为以最低数量的不同型号产品为标志，并能够在一定范围内及长时期满足全部需求的系列产品。以空间企业为例，说明产品型谱有利于保证产品的性能、可靠性，缩短研制周期，降低研发成本。采用的型谱划分是自上而下的市场化分类方法，通过纵线的整车型谱与横线的部件型谱构成的矩阵式结构，确定具体车型的零部件配置，形成产品型谱。产品型谱是产品规划的工具，同时也是产品规划的最直接输出物。下面我们选取比较典型的两个类似概念产品型谱、产品族与产品谱系化进行对比，如表 2-1 所示。

表 2-1　产品谱系化与产品族、产品型谱的比较

概念名称	产品族	产品型谱	产品谱系
概念含义	面向特定细分市场的一系列相似产品的集合，产品族中的每个产品个体具有相同或相近的功能、不同的特征或性能	以最低数量的不同型号产品为标志，并能够在一定范围内及长时期满足全部需求的系列产品	用来表达具有历史发展沿袭关系产品的宏观分类、演进脉络、发展趋势的信息图表
核心问题	通用化、模块化和标准化是产品族设计的核心	产品的通用化和系列化，按照产品的型号、规格编制成的表格、图册或文书	产品的谱系市场需求分析、产品分析以及发展趋势分析
基本方法	面向产品族设计的建模方法	建立产品型谱应以全面、协调和可持续发展的思想为指导，在分析比较的基础上编制	以谱系学思想为主导，在认知规律的基础上，梳理了产品谱系演进脉络，形成产品谱系
作用意义	实现模块之间的互换和产品的快速配置，同时使产品族派生产品的多样化和个性化，以适应不同用户的定制化要求	产品型谱是企业对某一类产品的开发与生产能力的全面体现，使客户更易了解，从而提高产品竞争力	使产品适应市场环境条件、企业生产能力以及满足用户不断的多样化、个性化需求
适用范围	具有相同细分市场定位，相似产品功能、结构、模块接口等	面向产品体系的建设	具有历史发展沿袭关系产品

由表 2-1 可知三种方式的区别主要在于核心问题、基本方法和适用范围等。三种模

式既可单独使用，也可相互结合。针对不同种类产品的优缺点，应根据产品具体的特点来选择具体方式。谱系的研究方式更加重视错综复杂的客观联系，而非线性规律，主要是对某种产品的历史发展“源流”进行建构和解读，分析产品在不同历史阶段的发展态势、动态成因、基本特征、内部结构等内容。

2.3 产品谱系的构建与描述方法

在给出产品谱系定义的基础上，对已知的某一产品进行产品的谱系描述与构造，产品的演化规律和市场需求环境的共同作用使产品形成不同的谱系结构。在产品谱系构建的过程中，首先，产品的谱系应符合科技发展，并且能够在一定范围内和长时期满足全部使用需求。在进行构建产品谱系之前，要对产品的市场需求进行分析，调研高速列车转向架各类已有型号、在研型号及产品的未来需求，并且收集国内外高速列车转向架的发展现状和趋势，提出现在以及未来产品所需要满足的技术指标，如功能指标、性能指标等。其次，谱系是以不同规格为标志的产品系列，一棵经过优化的、由不同规格产品构成的产品树，谱系必须是由最少数目的规范化产品组成。

谱系的构建重点是分析谱系的维度和粒度，本章采用一种复合谱系方式来构建产品谱系，将产品谱系分为三个维度：第一维度，根据产品的自顶向下市场化分类，建立产品的需求分类谱系；第二维度，根据产品演化脉络，建立产品的演化谱系；第三维度，根据产品的系列成员的基本特征，形成产品的谱系分类树和主要参数系列。最终将三者之间的相互关联关系以及映射关系结合在一起，建立产品清晰的、全面的谱系信息图表。产品谱系构建方法如图 2-1 所示。

各个维度谱系的构建方法如下：

1. 产品的第一维度谱系构建——产品的需求谱系

随着产品的多样化、个性化需求发展，将产品的需求进行采集与分析，主要是从宏观的角度对产品市场需求进行细分，以市场需求为基本元素，对产品的整个发展历史以及发展趋势，划分出产品的需求分类谱系。

2. 产品的第二维度谱系构建——产品的演化谱系

产品的第二维度谱系，主要明晰产品优秀特性沉淀形式，并通过产品的发展，对所衍生的产品形式进化升级。首先，对国内外产品的发展历程和发展趋势进行分析，产品的发展，并不是规矩地按照时间的横向和纵向发展，而是一种交叉的，同一时期多个产品形式发展的规律。根据产品这个特征的发展变化为主线，从时间的延续上，从科技发展上，设计师运用产品这一特征所产生的产品形式，纵向地给出产品的谱系方向，作为谱系的“主干”。然后根据其中的一种产品，衍生出多种产品形式，从产品形式上，从产品类别上，设计师运用同一种特征，产生不同的产品形式，横向地给出产品的谱系“枝叶”。

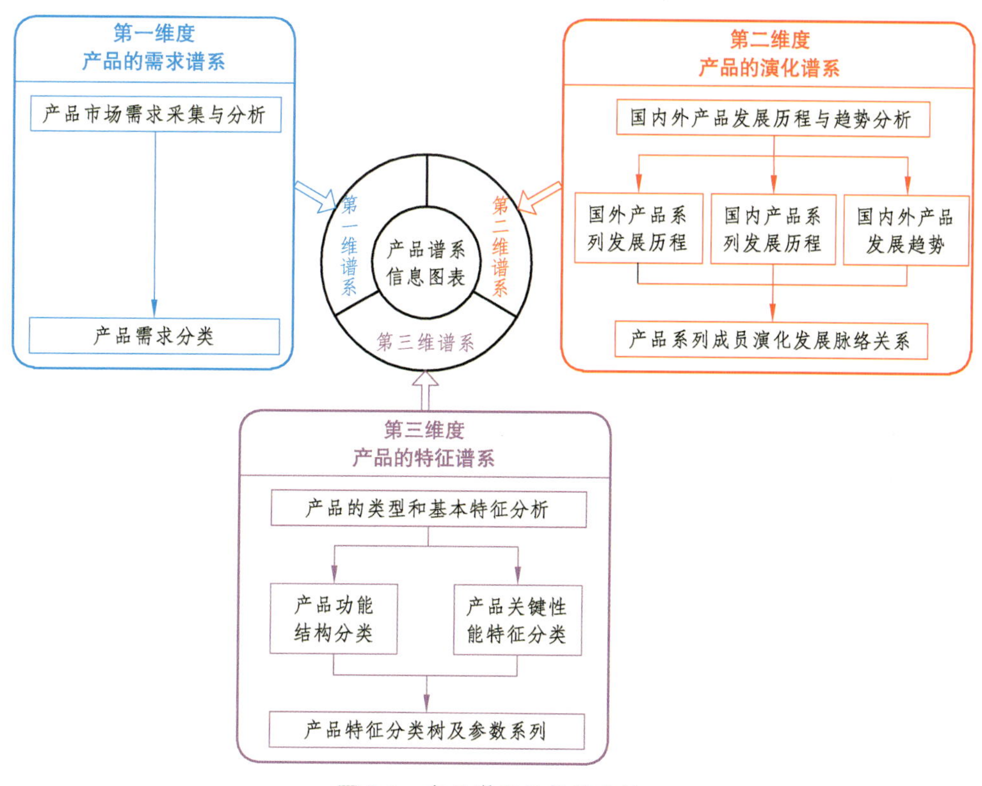

图 2-1　产品谱系的构建方法

3. 产品的第三维度谱系构建——产品的特征谱系

对谱系系列产品成员的功能结构特征和关键性能结构特征进行提取，然后对模块的特征方式进行归类，形成产品的特征分类树，再对产品的主要技术参数进行归纳总结，形成产品的主要技术参数系列化轴线图。

4. 谱系综合——产品谱系信息图表建立

将产品的需求谱系作为第一层级谱系，即顶层谱系，然后建立产品的演化谱系与需求谱系之间的对应关系，形成产品的第二层级谱系，并将产品的特征谱系与演化谱系组合形成产品的第三层级谱系。最后总体结合形成产品的总体谱系图——产品谱系信息图表。对于模块而言，按照同样的方法形成产品的关键子谱系图——模块谱系信息图表。

2.4　高速列车产品谱系构建实例

转向架是高速列车最核心的部件之一，也是列车高速、安全、舒适运行的直接保障。高速列车转向架是一个典型的复杂产品系统，由用于走行的轮对、用于承载的构架、用

于减振的悬挂装置、用于牵引和制动的执行装置等功能结构组成。本书以高速列车转向架为例阐述产品谱系构建方法。

随着高速列车技术的发展和市场的多样化需求，高速列车转向架不仅呈现出纵向的单一代系关系，而且开始向横向的多元化发展，将会形成庞大的产品谱系。高速列车转向架种类繁多，产品的演化规律和市场需求环境复杂多变，产品谱系构建的核心问题是对需求和产品类型进行分层、分类以及产品谱系表达。谱系原本是生物遗传学领域概念，而产品谱系并不是一个严格的理论术语，没有一个明确的概念。因此，在分析高速列车转向架产品共性和适应性技术特征的基础上，首先借鉴谱系生物遗传学定义，给出产品谱系的定义，并明确与其密切相关的设计理论之间的区别与联系，基于谱系学的思想，提出产品谱系的构建与描述方法；然后针对高速列车转向架，对其市场需求、谱系产品进行分析，构建科学合理的高速列车转向架谱系信息图表。

2.4.1 高速列车转向架产品共性和适应性技术特征分析

在高速列车转向架产品演化与发展形成产品谱系的过程中，系列产品成员具有共性技术及适应性技术特征。共性技术主要研究产品模型构建及高速列车转向架普适性的相关技术，适应性技术主要研究基于需求差异引起的转向架产品模型变量变化的相关技术。在构建产品谱系之前，需要对谱系系列产品成员的遗传信息和扰动信息进行描述与提取，也就是提取与分析产品的共性技术特征和适应性技术特征。其中，产品设计共性技术特征，是指产品继承的共性结构特征、功能特征和原理特征等特征的集合；产品设计适应性技术特征，是指为适应激烈的市场竞争环境、企业生产能力等满足多样化、个性化需求的变异与自适应的特征集合。

2.4.1.1 高速列车转向架设计共性技术特征

以工业设计中的产品基因理论为基础，产品共性设计技术特征是在产品中承载产品遗传特性，代表了产品在过往市场的成功要素。产品的设计基础共性技术主要从设计基本要素以及共性的功能、原理和结构特征等维度去提取，将提取的特征进行分类描述，形成产品的共性技术特征集合。

1. 高速列车转向架共性设计基本要素

随着列车运行速度的提高，转向架的运用环境发生了很大的变化，高速运行时转向架的动态环境具有轮轨动力作用加剧、横向运动失稳可能性提高、轨道激振频率范围增大、运行噪声突增、曲线通过条件恶化等特征。针对以上高速转向架面对的动态环境变化，提取出高速列车转向架设计基本要素。

1）轮对踏面设计

高速轮轨关系直接影响列车的运行安全和品质，轮轨关系的设计产生轮轨几何行为和力学行为，主要是实现优越的动力学性能、高抗疲劳磨耗性能、高黏着效果以及低噪

声特性。目前，不同国家的轨距、轨头形状、轨底坡、轮对内侧距等不同，这导致踏面的形状不同，形成了如欧洲的 S1002、日本的 JAPA、中国的 LMA 型高速列车踏面等，即基于不同的轮轨关系选择不同的踏面形式。

2）车轮直径选择

对于高速列车转向架来说，车轮直径受齿轮箱轴承和轴箱轴承的极限转速约束。车轮直径的大小与轮轨接触应力、车辆系统的临界速度和簧下质量的变化有关。目前，世界各国高速列车转向架车轮直径的选择范围为 790 ~ 1 000 mm，形成了系列化车轮直径 860 mm、890 mm、910 mm、915 mm 等。

3）固定轴距选择

固定轴距对车辆系统的稳定性和曲线通过性能具有重要的影响，运行的线路曲线半径较大时，固定轴距越大，则车辆系统的临界速度也越大，但固定轴距增加，构架摇头惯性半径增加，反而使临界速度降低；反之固定轴距越小，曲线通过能力越好。目前，世界各国高速列车转向架固定轴距形成了如 2 500 mm、2 560 mm、2 700 mm、3 000 mm 等系列化轴距。

4）轴重及簧下质量设计

轴重和簧下质量对轨道下沉量、垂向动作用力、轮重减载率等都有影响，设计时尽量减小轴重和降低簧下质量，从而降低转向架振动加速度及轮轨动力作用冲击力。目前，世界各国高速列车转向架形成了 11.2 t、11.3 t、14 t、15 t、15.2 t、16 t、17 t 等系列化轴重。

5）一系定位形式选择

轴箱定位对临界速度和脱轨系数等都有影响。转向架的轴箱实现定位作用的方式主要有导柱式、导框式、拉杆式、拉板式、转臂式和橡胶元件等定位方式，结构形式多种多样，不同国家不同的车型选择的定位方式不同。从结构、性能以及维护的角度考虑，各种方式都有各自的优缺点。

6）二系悬挂装置设计

二系悬挂装置主要对提高转向架的运行平稳性和抑制蛇行运动具有重要的作用。二系悬挂从有摇动台到无摇动台，有摇枕到无摇枕，最后成为无摇枕空气弹簧悬挂系统。空气弹簧的种类和控制形式多种多样，曲囊种类分为大曲囊式气囊、小曲囊式气囊、腰带式气囊、双曲囊式气囊等，进气孔方式分为上进气口和下进气口，橡胶堆形式分为平板式弹簧、锥形弹簧、锥形弹簧与平板弹簧组合弹簧、半沙漏堆弹簧等，控制方式分为两点控制、四点控制等。应结合实际高速列车的运营状况进行合理选取。

7）疲劳可靠性设计

疲劳可靠性设计主要是依据不同的标准体系（如 JIS、EN、UIC 标准等）进行转向架结构的设计优化和强度校核，分析在运用工况中各因素包括线路、速度、车轮磨耗以及异常振动对结构疲劳的影响，同时不同的运行环境和标准对转向架结构的材质选择有影响，如构架钢板、车轮、车轴的材质等。

基于上述共性设计基本要素分析可知，高速列车转向架的设计基本原则一致，但受不同的运行环境、不同的工况、不同的标准等影响，形成了标准化和系列化的基本结构形式和参数，这是形成产品谱系的重要基础。

2. 高速列车转向架共性功能和结构技术特征

转向架是高速列车车辆系统中最重要的组成部件之一，其结构设计的合理性直接影响车辆的运行品质和行车安全。任何高速列车转向架必须具有的功能如图 2-2 所示。

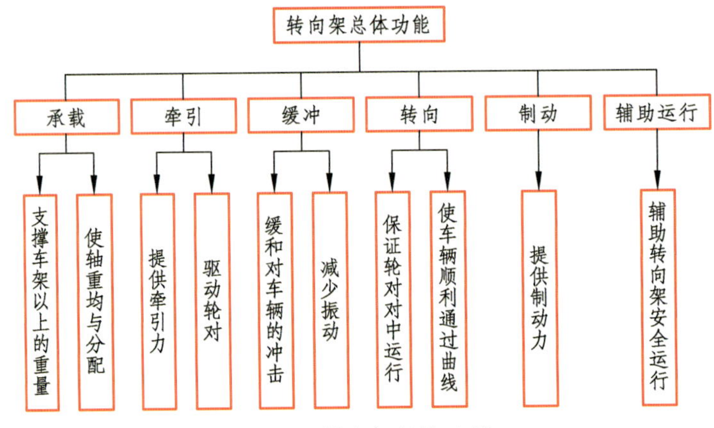

图 2-2 转向架总体功能

（1）承载：承受转向架以上各部分的重量（包括车体重量、旅客重量、水及动态载荷等），并使轴重均匀分配。

（2）牵引（动力转向架）：确保必需的轮轨黏着，同时将产生的牵引力传递给车体等，牵引列车前进。

（3）缓冲：减缓由于线路不平顺对车辆产生的冲击，确保车辆具有很好的运行平稳性。

（4）转向：保证车辆顺利通过曲线。

（5）制动：产生需要的制动力，能够让车辆在规定的距离范围内停车或减速。

（6）辅助运行：应用辅助装置和对转向架的运行状况进行实时检测，从而确保转向架的安全可靠运行。

基于转向架的基本功能和目前现有的高速列车转向架产品结构，确定出转向架模块及子模块结构树。转向架总体作为系统级一级模块，按照基本功能划分主要模块，包括构架模块、轮轴模块、传动模块、基础制动模块、一系悬挂模块和二系悬挂模块 6 个最基本的子系统级二级模块，各二级模块可拆分为部件级三级模块，再至零件级四级模块，形成最大的模块结构树，如图 2-3 所示。

以 CRH 系列高速列车动力转向架为例，各个型号转向架总体结构和组成模块的示意图如图 2-4 所示。

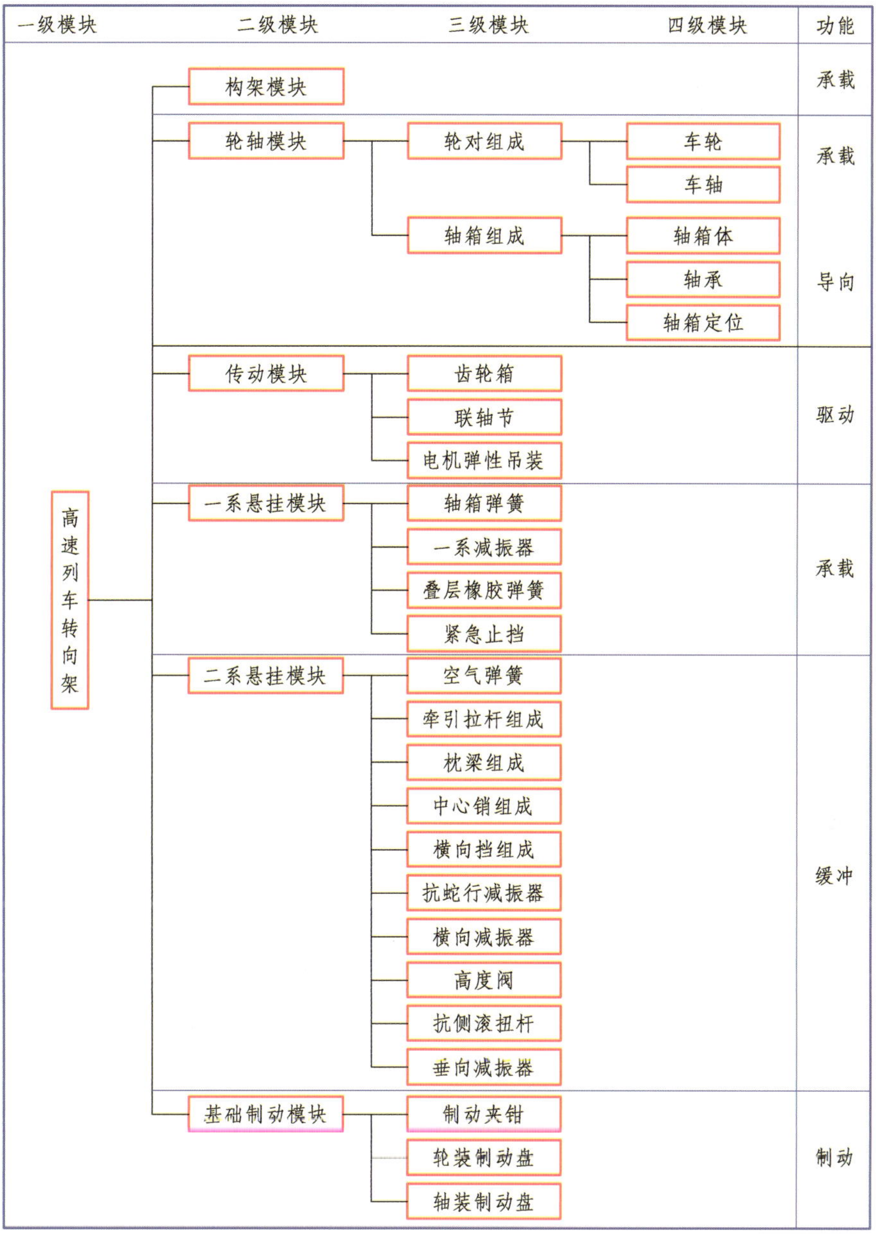

一级模块	二级模块	三级模块	四级模块	功能
高速列车转向架	构架模块			承载
	轮轴模块	轮对组成	车轮	承载
			车轴	
		轴箱组成	轴箱体	导向
			轴承	
			轴箱定位	
	传动模块	齿轮箱		驱动
		联轴节		
		电机弹性吊装		
	一系悬挂模块	轴箱弹簧		承载
		一系减振器		
		叠层橡胶弹簧		
		紧急止挡		
	二系悬挂模块	空气弹簧		缓冲
		牵引拉杆组成		
		枕梁组成		
		中心销组成		
		横向挡组成		
		抗蛇行减振器		
		横向减振器		
		高度阀		
		抗侧滚扭杆		
		垂向减振器		
	基础制动模块	制动夹钳		制动
		轮装制动盘		
		轴装制动盘		

图 2-3　高速列车转向架结构树

高速列车转向架各部位的作用：

（1）构架：转向架的主要承载部件，它将转向架的各个零、部件集成在一起，并承受和传递各种载荷。

（2）轮轴：轮对是车辆与轨道的接口，向钢轨传递载荷力，制动力或牵引力通过轮轨间的黏着产生，车辆在钢轨上的运行通过车轮的回转来实现；轴箱是连接轮对与构架的活动部件，确保轮对能够实现回转运动。

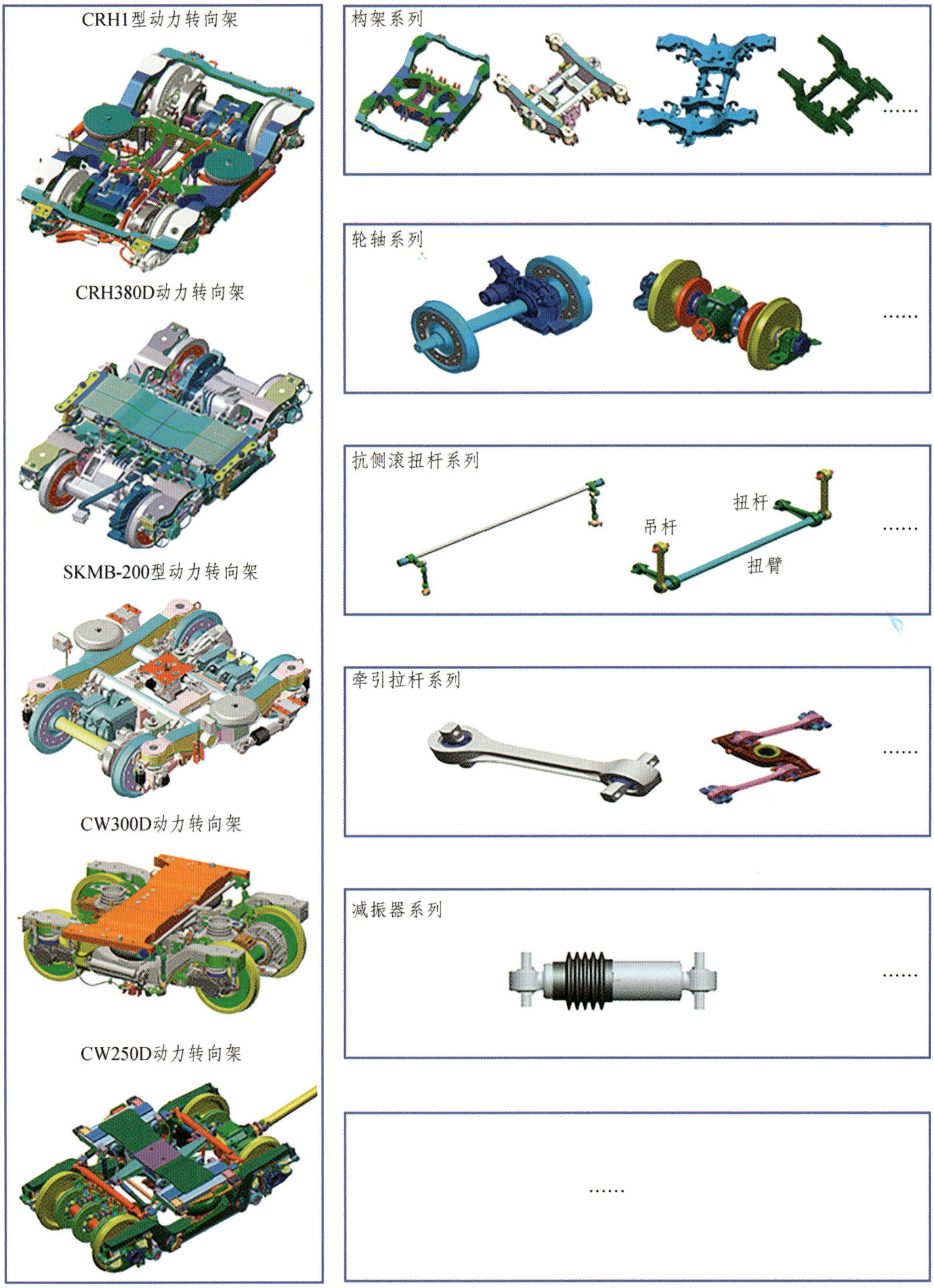

CRH1型动力转向架

CRH380D动力转向架

SKMB-200型动力转向架

CW300D动力转向架

CW250D动力转向架

构架系列 ……

轮轴系列 ……

抗侧滚扭杆系列
扭杆
吊杆
扭臂
……

牵引拉杆系列 ……

减振器系列 ……

……

图 2-4　CRH 系列动车组动力转向架

（3）一系悬挂：用来平衡轴重分配，缓和线路不平顺对车辆的冲击，并保证车辆运行的稳定性和安全性。

（4）二系悬挂：车体与转向架间的连接装置，用以传递车体与转向架间的垂向力和水平力，保证列车运行的平稳性，形成转向架与车体的接口。

（5）传动装置（动力转向架）：将动力装置的扭矩有效地传递给轮对，转换成牵引力。

（6）基础制动装置：将制动缸压力转换成制动力，使其压紧制动盘，对车辆施行制动。

为了保证转向架的安全运用，转向架轴端安装轴承温度传感器，根据需要部分型号转向架还安装了转向架构架横向振动加速度传感器和齿轮箱轴承温度传感器等。

通过上述高速列车转向架的功能作用和结构组成分析，高速列车转向架实现的功能相同，各种形式转向架的模块划分结构树一致，实现同一功能作用根据不同的需求形成了模块系列。模块化是构建产品谱系的重要基础要素之一。

3. 高速列车转向架共性性能技术特征

高速列车转向架设计的核心性能是动力学性能指标，车辆系统的动力学主要有运行稳定性、运行平稳性和安全性这三大核心问题。影响高速列车车辆系统动力学的因素很多，但最基本最核心的问题还在于转向架。转向架设计得好坏直接关系到列车的运行安全和运行品质。高速列车车辆系统动力学研究共性关键技术问题、核心要素以及评价指标，如图 2-5 所示。

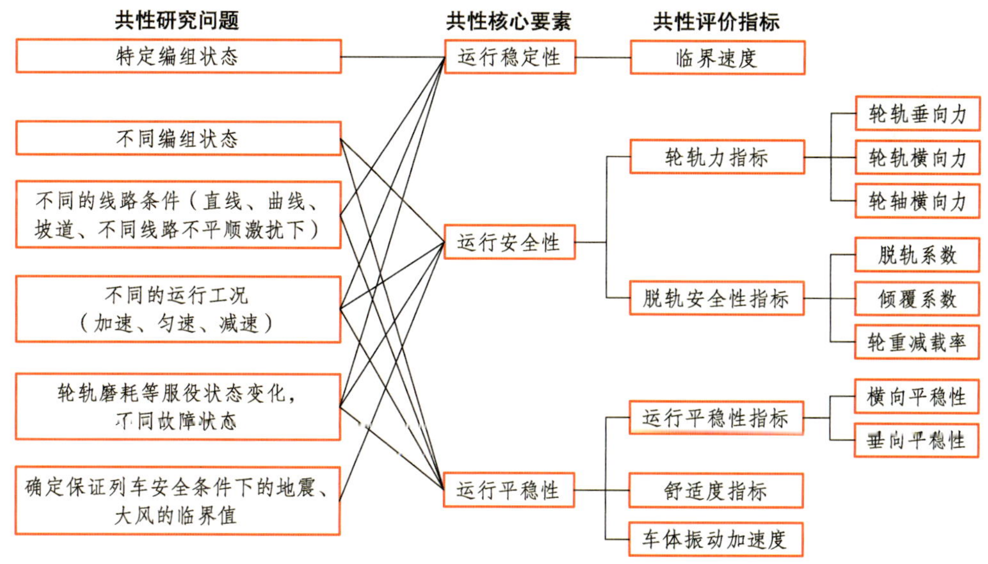

图 2-5　车辆系统动力学关键共性技术特征

对于上述动力学性能的共性关键技术问题研究的核心是分析转向架关键参数对三大动力学性能指标的影响。高速列车转向架动力学性能是多因素作用的结果，其中包括结构参数、弹性悬挂参数、轮轨关系参数等。通过动力学仿真与试验分析，归纳转向架关键技术参数对动力学性能的影响规律，对部分动力学性能指标影响的重要参数因素进行分类，得出共性影响的结果，如表 2-2 所示。

表 2-2 转向架关键参数对部分动力学性能指标的共性影响分类

技术指标	关键影响参数集
临界速度	固定轴距、车轮直径；一系纵向定位刚度、一系横向定位刚度、抗蛇行减振器的卸荷速度、抗蛇行减振器卸荷力、横向减振器阻尼；踏面等效锥度、轮轨接触应力、轮轨横向力、磨耗磨损状态
轮轴横向力	轮对侧滚转动惯量；空气弹簧横向刚度、空气弹簧垂向刚度、一系垂向减振器接头刚度
脱轨系数	车轮直径、轮缘角、轮缘与钢轨侧面的摩擦系数、抗蛇行减振器横向跨距、轮对质量；空气弹簧纵向刚度、一系圆弹簧横向刚度、二系垂向阻尼、二系横向阻尼、一系圆弹簧垂向刚度
倾覆系数	轮对侧滚转动惯量、转向架中心距；二系横向阻尼、轴箱转臂节点纵向刚度、轴向转臂节点横向刚度
轮重减载率	轮对质量、轮对摇头转动惯量、轮对侧滚转动惯量、车轮内侧距；空气弹簧纵向刚度、一系圆弹簧横向刚度
横向平稳性	转向架中心距、轮对的点头转动惯量、固定轴距；空气弹簧的横向刚度、横向减振器阻尼、一系圆弹簧纵向刚度
垂向平稳性	轮对侧滚转动惯量；一系垂向定位刚度、一系垂向阻尼、空气弹簧的垂向刚度、二系垂向阻尼

依据高速列车转向架的共性性能技术特征分析可知，高速列车转向架设计参数种类繁多，且设计参数之间以及与技术指标之间的关联关系复杂。在性能指标的约束下，高速列车转向架系列化的设计参数之间的选择、匹配与优化决定动力学性能的品质。优越的产品性能一直是产品设计追求的目标，共性性能技术特征分析为产品谱系构建提供了产品的认知规律。

2.4.1.2 高速列车转向架设计适应性技术特征

产品在演化与发展的过程中，要不断适应新的市场需求和环境，形成新的产品系列。在产品谱系的不同系列产品成员的继承性基础上，由于需求或技术等方面的扰动因素的影响，产品也在不断地做适应性变化。产品设计的适应性技术特征分析，首先要明确产品设计的边界条件，然后分析由于不同需求导致的不同设计边界条件的特点，再结合已有的产品，分析产品在不同的设计边界条件下，做了哪些适应性改变。最后结合设计边界和产品适应性改变组成产品的适应性技术特征集合。产品设计的适应性技术特征对产品的可持续性发展和进一步演化具有重要的作用。

针对高速列车转向架，主要从气候环境、轨道线路两个方面来分析高速列车转向架的适应性技术特征。目前，典型的气候环境包含高寒、高温、高湿、高原、荒漠等气候环境类型，线路类型包含长途和城际线路。首先分析典型的运用环境特点，分析不同类型的环境特点对转向架哪些结构模块有影响。高速列车转向架的适应性技术特征具体如图 2-6 所示。

气候环境适应性

高寒型
中国严寒的北方区域：以哈大线为代表
俄罗斯的高寒

高原型
中国青藏高原区域：以青藏线为代表

荒漠型
中国西北风沙地带：以兰新线为代表
沙特的风沙

高温高湿型
中国东南沿海通道：以海南岛为代表
东南亚的高湿
巴西的高热

线路适应性

长途干线
快速长跨距、长大干线：以京沪线、京广线为代表

城际线路
人口稠密的都市圈或城市带：以沪宁、成渝城际铁路为代表

	低温环境	多冰雪天气	低气压	昼夜温差大	多雷暴	强辐射	风沙环境	高温环境	腐蚀环境		
	疲劳 密封 润滑	黏着 涂装 防冰雪	密封	疲劳	防水	氧化 防腐蚀	涂装 密封 润滑 防沙石	密封 润滑 温升	疲劳 耐候 防腐蚀	温度差异 线路差异 涂装 温升 检修技术 服役寿命	空重载荷 短距离 牵引、制动 传动比 轮轨噪声
转向架	√	√			√		√			√	√
构架模块	√	√		√			√	√	√	√	
轮轴模块	√	√								√	
制动模块	√	√					√				√
悬挂模块	√	√	√	√		√	√				
驱动模块	√	√	√				√	√			√

图 2-6　高速列车转向架的适应性技术特征

基于高速列车转向架的适应性技术特征，高速列车转向架典型气候环境特点及影响分析如表 2-3 所示。针对典型高寒气候环境的影响分析，给出高速列车转向架模块适应性调整策略，如表 2-4 所示。

表 2-3　典型环境特点及影响分析

环境特点	影响分析
低温环境	对材料特性造成破坏，低温可使材料和构件产生收缩、脆化，导致变形、强度降低，同时还可使某些具有内应力的构件发生应力开裂
多冰雪天气	容易产生积雪结冰，影响运行安全性
大气压低	造成气密设备负压破坏、密封部件泄漏失封、金属活动部件接触表面发生黏合、密封容器开裂变形
日照时间长，紫外线辐射强	导致绝缘材料介电性质改变，绝缘性能下降，金属构件易发生氧化，表面锈蚀
温差大	引起一些易碎零部件变形或断裂，材料和构件经膨胀和收缩后产生结构应力变化或损坏，还会引起热胀冷缩变化剧烈，加速橡胶、塑料弹性等材料老化
多大风，多风沙	容易造成列车侧翻，大风带起的沙尘容易进入系统内部造成物理磨损，阻塞堵塞，侵蚀
高温	会使材料性能恶化，造成设备故障，并且由于长时间高温，可能使一些耐温材料部件产生累加故障
高湿	使金属及其他材料、部件腐蚀，影响设备的物理和化学性能
雷暴	雷暴有一定可能造成列车火灾，对电磁场、导电，磁场产生影响

表 2-4　高速列车转向架模块适应性调整策略

模块名称	高寒适应性调整策略
构架模块	① 提高构架结构材料的低温环境疲劳可靠性； ② 改进构架表面防护涂层技术； ③ 进行防冰雪积聚、防沙石打击、防大气腐蚀设计
轮轴模块	① 提高冰雪环境轮轨关系和脱轨安全性，改进轮轨材料匹配； ② 预防滚动接触疲劳裂纹萌生，改进轮轨润滑
基础制动模块	① 基础制动系统中非金属材料应采用耐低温性能材料； ② 提高低温环境下制动单元的零件疲劳和密封特性，制动盘除冰雪技术； ③ 进行基础制动、制动管路等制动系统的表面涂装，能适应冰雪、风沙、沙石等工况的防腐技术； ④ 重点针对制动系统受低气压影响上闸速度变快、黏着系数变化等问题进行调整

续表

模块名称	高寒适应性调整策略
驱动模块	① 在最低温度环境下，满足齿轮箱低温快速起动特性，使用适应低温环境的润滑油； ② 针对低温环境对齿轮箱密封结构的可靠性影响，制定防风沙策略； ③ 进行齿轮箱、联轴节等传动装置的表面涂装，分别适应冰雪、风沙、沙石工况，调整轴承间隙
悬挂模块	① 悬挂模块结构需适应低温环境可靠性、疲劳特性，空气弹簧等采用耐寒橡胶； ② 油压减振器介质油需满足低温环境下的特性和适应性； ③ 制定减振器、轴箱弹簧等元件的防冰雪聚集防护措施； ④ 在强紫外线环境中，提高定位节点、拉杆节点和减振器节点及外露空气弹簧的耐紫外线可靠性，非金属元件要避免受紫外线影响； ⑤ 提高减振器持续工作的密封可靠性，制定防风沙策略

高速列车转向架适应性技术特征分析是产品谱系构建的基础，产品的演化与发展的脉络就是为满足产品市场需求不断适应性改进与调整的过程，这种不同的地理、气候、线路等需求的多样性形成了产品的顶层需求谱系。

2.4.2　高速列车转向架产品需求谱系

我国幅员辽阔，人口众多，主要资源分布、经济发展、产业布局、气候环境等具有明显的地域特征，整个路网跨越了山地、高原、平原、丘陵等不同的地理环境，同时伴随高寒、高温、高湿、多风沙、强腐蚀、强紫外线等气候影响因素，因此具有高密度、高速度、大运量、长短途结合等特殊的运输需求。支撑国家“一带一路”“走出去”和“制造强国”政策的实施，并为适应跨国互联互通高速列车运营需求，要求我国研制满足不同国家、不同运营环境需求特征的高速列车。因此，高速列车产品需要满足包括不同运营条件、不同地形、不同气候、不同规模、不同文化、不同标准的完备的高速列车功能、特征的需求，以及高速列车产品需求的发展变化趋势。

在高速列车总体设计层面，将高速列车产品需求分为主体需求、关键需求和旅客需求三大类，主体需求包含线路需求和环境需求特征；关键需求包含速度、轴重、强度、动力学、制动距离等在内的关键需求特征；旅客需求包括旅客设施、车内环境、客室布置等在内的需求特征。为了使高速列车更好地适应整个快速铁路网以及研究不同线路所对应高速列车的车型及数量的需求，将高速铁路线路按照运行距离分为城际列车线路和长途干线列车线路，按照设计速度分为 200 ~ 250 km/h、300 ~ 350 km/h、360 ~ 400 km/h 速度等级线路，按照其所处的环境气候特点分为高寒地区线路、高原地区线路、荒漠地区线路以及高温高湿地区线路，按照线路所处区域的客流量及运输组织情况特点等又分为繁忙线路和非繁忙线路，按照线路轨距分为窄轨（600 mm、762 mm、1 000 mm、

1 067 mm 等)、准轨(1 435 mm)、宽轨(1 520 mm、1 524 mm、1 676 mm 等)线路。高速列车线路分类如图 2-7 所示。

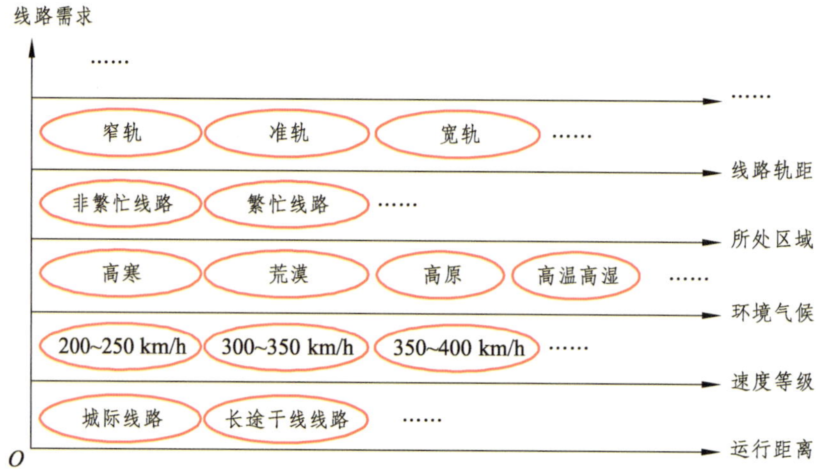

图 2-7 高速列车线路需求分类

世界各国在发展高速列车时均在转向架上下了很大精力，高速列车转向架作为核心部件，需要适应不同线路环境需求，从采集的复杂、多样化的高速列车产品需求中提取与转向架相关的产品核心、必要的需求特征要素，组成转向架的需求特征域，如表 2-5 所示。

表 2-5 高速列车转向架产品设计需求

需求分类		需求项点	规格示例
主体需求特征	环境需求	环境温度	−40 ~ +50 °C，最高 70 °C
		相对湿度	≤95%；≤97%（最高温度为 25 °C）
		海拔高度	≤1 500 m
		最大风速	≤15 m/s、≤20 m/s、≤25 m/s、≤30 m/s
		盐雾强度	空气含盐度 0.01 g/m^3
		冰雪强度	最大积雪厚度 1 000 mm
		风沙强度	0.01 ~ 4 g/m^3
	线路需求	运行距离	区域城际、长大干线
		轨距	1 000 mm、1 067 mm、1 435 mm、1 600 mm、1 676 mm
		限界	GB146.1
		坡度	20‰、30‰
		最小曲线半径	2 200 m
		最大超高	180 mm、150 mm
		线间距	4.2 ~ 5 mm
		站台距轨道中心距	1 750 mm

续表

需求分类		需求项点	规格示例
关键需求特征	性能需求	设计速度	200 ~ 250 km/h、300 ~ 350 km/h、350 km/h 及以上
		轴重	14 t、15 t、16 t、17 t
		制动减速度	≥0.96 m/s^2、≥0.75 m/s^2
		制动距离	≤1 600 m、≤3 200 m
		加速度性能	0.5 ~ 0.7 m/s^2、≥0.35 m/s^2
		动力学性能执行标准	GB/T 5599
		设计寿命	20 年

因此高速列车转向架产品需求谱系的分类主要是按照主体需求、关键需求进行分类。主体需求中选取线路环境需求特征要素分类，包括环境气候、线路轨距、运行距离、所处区域；关键需求中选取性能和结构需求特征要素分类，包括将速度等级作为核心分类要素，这些分类要素形成了产品需求的谱特征。环境气候包含普适、高寒、荒漠、高温高湿、高原等，轨距包含窄轨、宽轨、准轨等，这些分类节点组成了产品需求的系特征，其中标准需求和轨距作为一种约束需求；将产品需求的谱特征与系特征结合形成产品需求谱系，具体如图 2-8 所示。

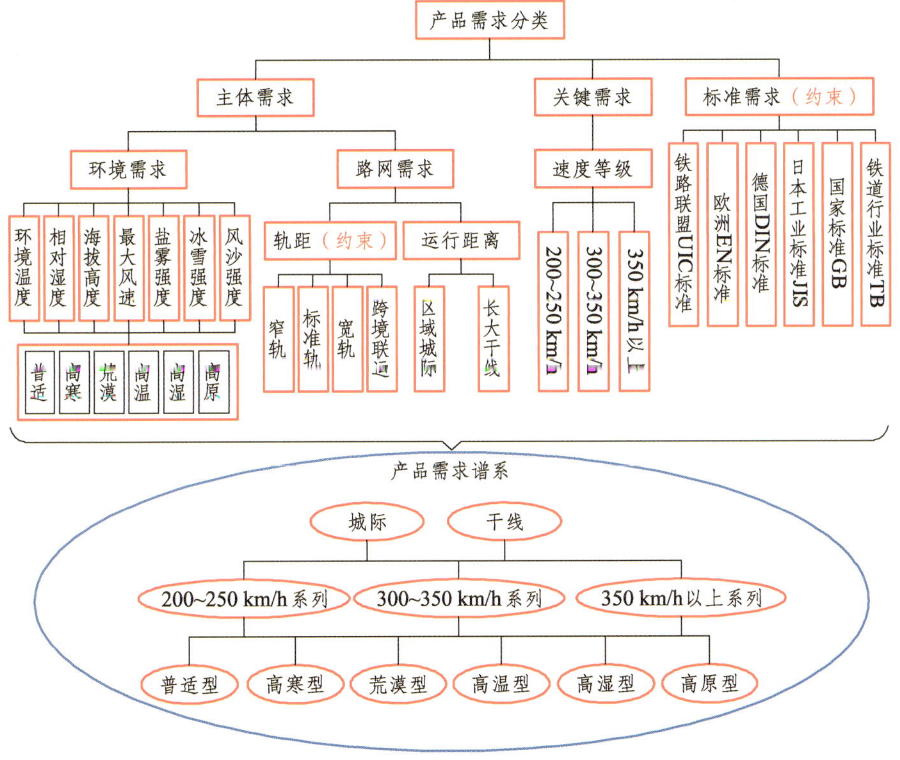

图 2-8　高速列车转向架产品需求谱系

2.4.3 高速列车转向架产品演化谱系

基于产品谱系的定义以及构建方法，分别分析日本新干线系列、德国 ICE 系列、法国 TGV 系列和中国 CRH 系列四个国家的高速列车转向架产品系列演化与发展脉络，主要从代系关系、具体产品型号、使用年份、速度等级、适用车型几个角度来绘制高速列车转向架发展的演化脉络图，具体演化脉络如图 2-9 ~ 图 2-12 所示。

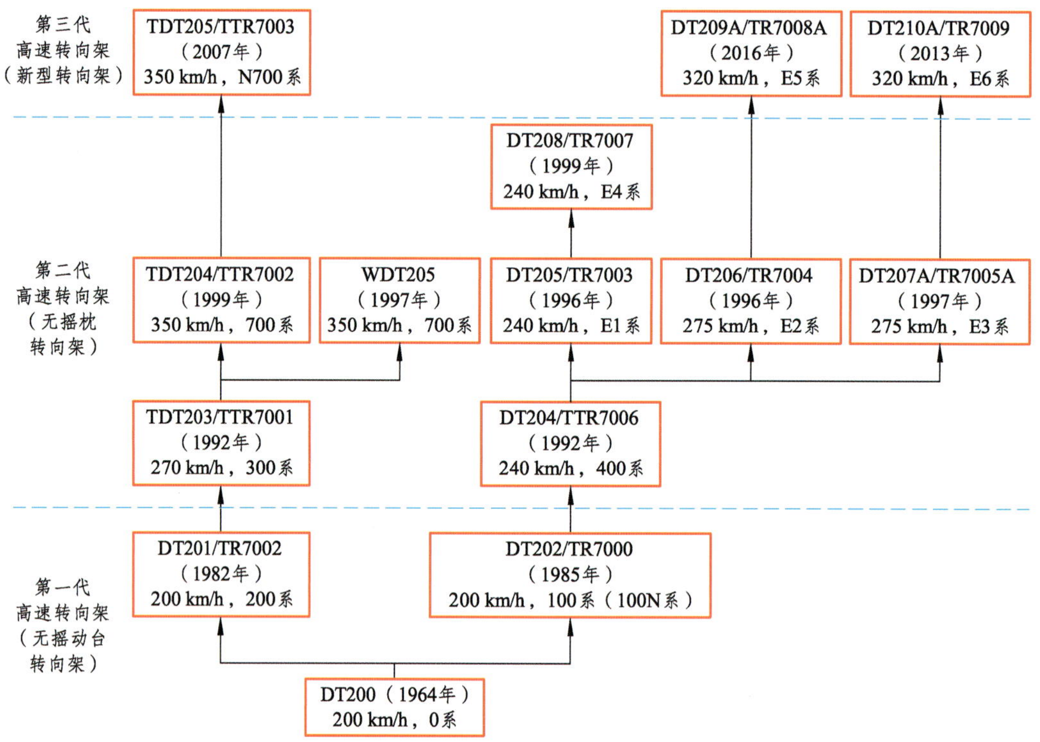

图 2-9 日本新干线高速列车转向架演化脉络

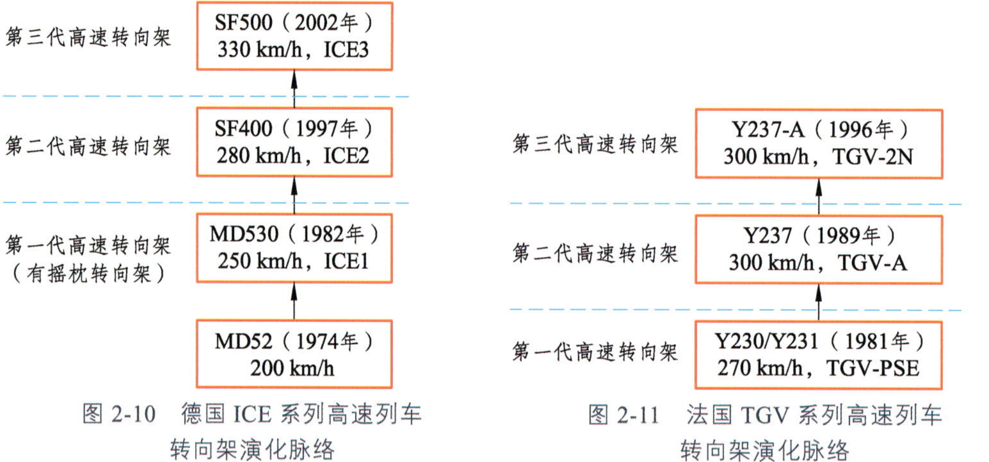

图 2-10 德国 ICE 系列高速列车转向架演化脉络

图 2-11 法国 TGV 系列高速列车转向架演化脉络

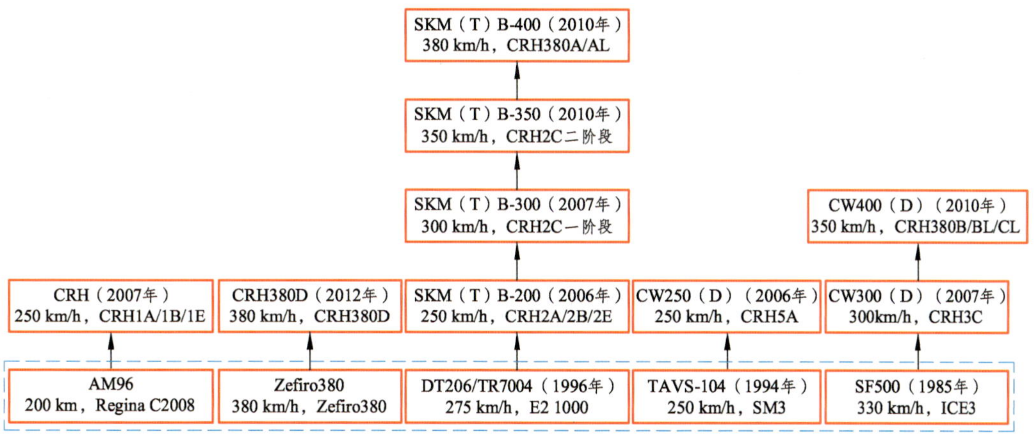

图 2-12 中国 CRH 系列高速列车转向架演化脉络

上述各个系列高速列车转向架演化脉络形成了产品演化谱系，构建已有产品的谱系信息的核心目标就是为后续新产品开发提供谱系设计依据。

产品的演化与发展脉络关系中也应包含高速列车转向架未来的发展趋势。以中国为例，后续将要开展 250 km/h 和 350 km/h 速度级高速列车转向架产品平台，包括 250 km/h 速度级中国标准动车组、抗风沙耐高寒型动车组、适应高温高湿环境型动车组、高原动车组等系列转向架产品；同时根据市场需求以及技术发展的要求，还要开发适应空重车变化 250 km/h 速度级双层动车组转向架、250 km/h 速度级摆式动车组转向架、250 km/h 及以上速度级动力分散型铰接式动车组转向架、360 ~ 400 km/h 速度级高速转向架、300 ~ 350 km/h 速度级宽轨高速转向架等。未来产品则是既有产品谱系的后续发展节点。

2.4.4 高速列车转向架产品特征谱系

以现有的各种转向架的区别特征为分类要素，形成高速列车转向架的产品谱系。由于高速列车用途、制造维修方法、运行技术条件不同等因素的影响，同时对转向架的结构、参数、性能和采用的材料工艺等要求的不同，转向架呈现出多种形式。各种转向架的主要区别在于：弹簧悬挂系统的结构与参数、垂向载荷的传递方式、轴箱定位方式、制动装置的类型与安装、构架的结构形式以及作用原理等诸多方面。

首先，对转向架产品进行谱分类，主要从原理结构上将高速列车转向架分为独立转向架和铰接式转向架，独立式和铰接式转向架又分为摆式转向架和非摆式转向架。在结构模块上，高速列车转向架从构架类型上分为“日”“口”“H”“Ⅱ”型等；从一系悬挂装置轴箱定位方式上分为转臂式、拉杆式、拉板式、导柱定位、导框定位和固定定位等；从传动装置的牵引电机悬挂方式上分为体悬式和架悬式等；从基础制动装置的制动方式上分为轴盘制动、轮盘制动、磁轨制动、涡流制动等；从二系悬挂装置的牵引装置上分为“Z”形拉杆、单拉杆等。上述分类形成的产品谱特征如图 2-13 所示。

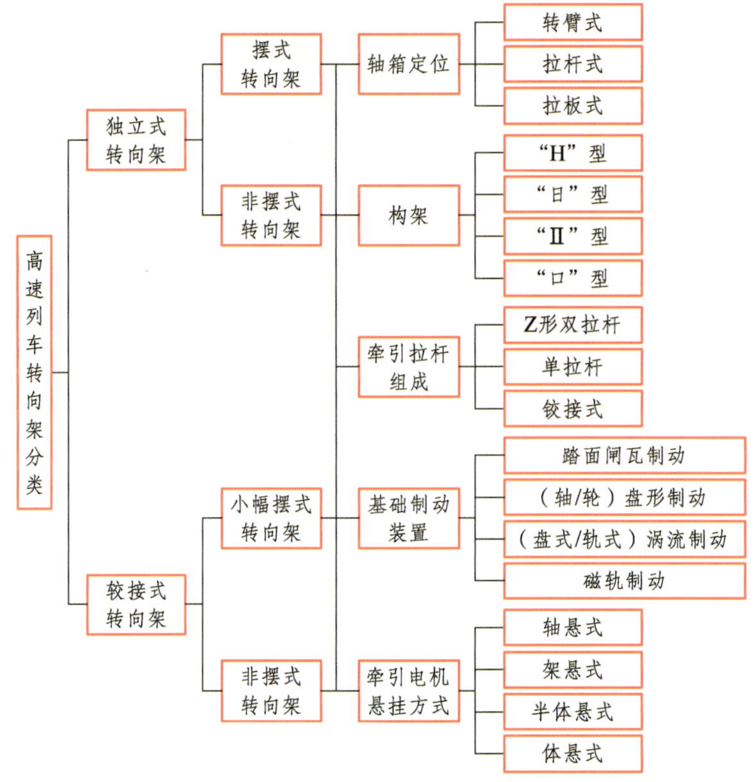

图 2-13 高速列车转向架产品谱化分类

然后，对转向架产品进行系化分类，主要从产品的性能尺寸和参数变化范围角度去分析，例如轴重（14 ~ 17 t）、固定轴距（2 500 ~ 2 800 mm）、车轮直径（860 ~ 920 mm）、踏面形式（LMA、LM、LMD、S1002G、XP55）、中央悬挂横向跨距（2 000 ~ 2 500 mm）等设计参数，在其合理的范围内形成系列化产品。各种类型的转向架在结构上的区别主要是构架结构不同，在性能上的区别主要是悬挂参数不同，但这两种不同并没有一个合理的系列范围，根据产品的不同设计要求做相应的改变。这些设计参数形成产品的系特征，高速列车转向架产品系化分类如图 2-14 所示。

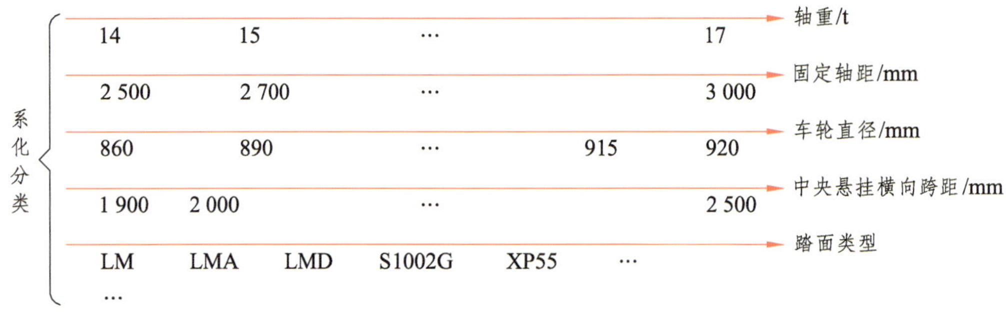

图 2-14 高速列车转向架产品系化分类

2.4.5　高速列车转向架谱系信息图表

在高速列车转向架的产品需求谱系、演化谱系和特征谱系构建的基础上，产品需求谱系作为顶层设计分析和求解的依据，根据客户群的需求特点，形成需求的谱系配置区域，从而确定目标新产品的谱系位置；产品特征谱系作为新产品设计的基型模板和实例依据，根据各个产品系列的产品特点，形成既有产品的谱分类和系分类，从而提供目标新产品模块配置和参数选配的基型实例库；产品演化谱系既包括现有产品，也应该包含未来的产品，基于新产品的谱系特征，从而形成与现有产品之间的继承演化关系。最终结合这些信息形成高速列车转向架产品谱系信息图表，如图 2-15 所示。

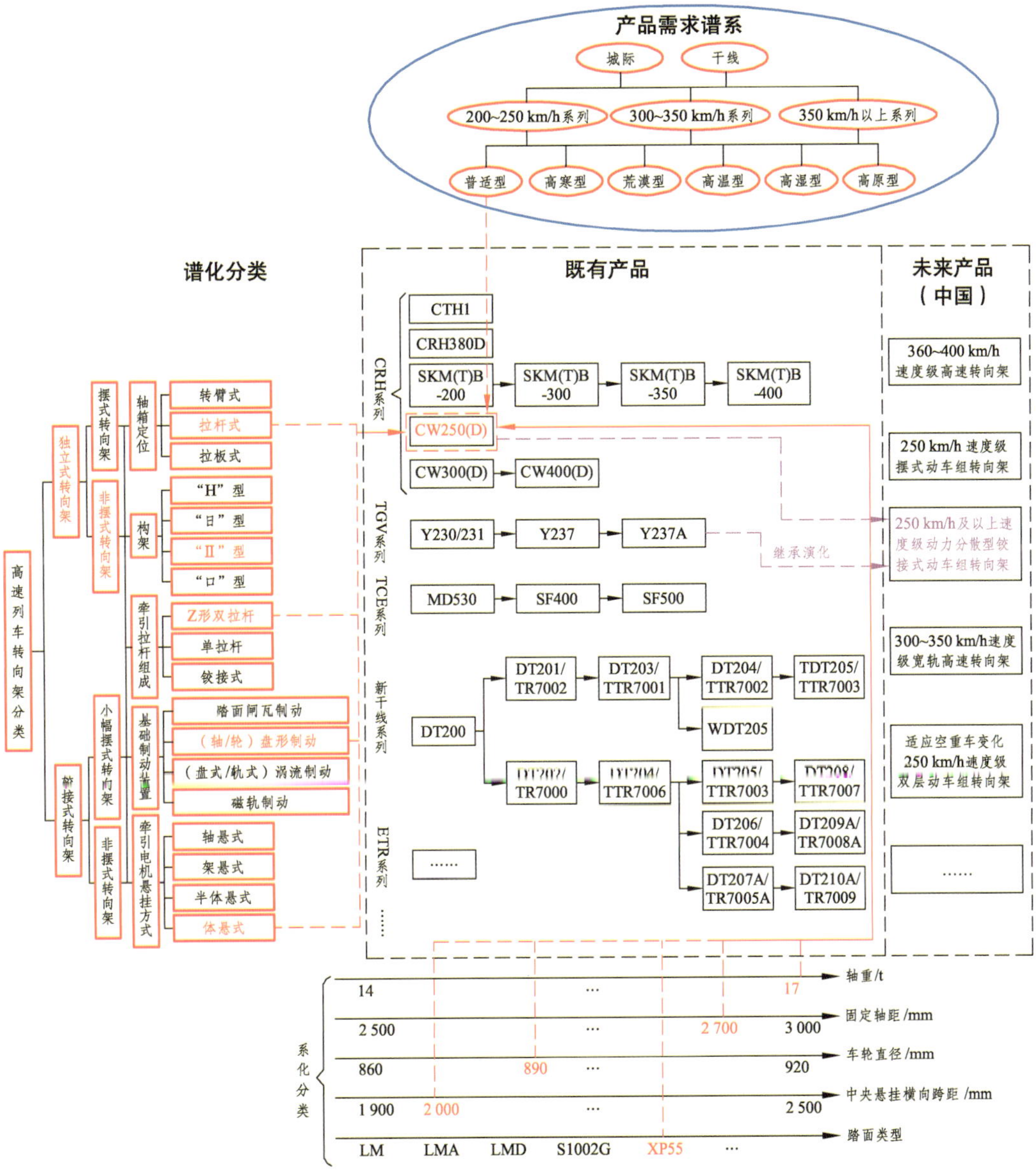

产品需求谱系
城际　干线
200~250 km/h系列　300~350 km/h系列　350 km/h以上系列
普适型　高寒型　荒漠型　高温型　高湿型　高原型

谱化分类
高速列车转向架分类
独立式转向架　铰接式转向架
摆式转向架　非摆式转向架　小幅摆式转向架　非摆式转向架
轴箱定位：转臂式　拉杆式　拉板式
构架：“H”型　“日”型　“Π”型　“口”型
牵引拉杆组成：Z形双拉杆　单拉杆　铰接式
基础制动装置：踏面闸瓦制动　（轴/轮）盘形制动　（盘式/轨式）涡流制动　磁轨制动
牵引电机悬挂方式：轴悬式　架悬式　半体悬式　体悬式

既有产品
CRH系列：CTH1　CRH380D　SKM(T)B-200 → SKM(T)B-300 → SKM(T)B-350 → SKM(T)B-400　CW250(D)　CW300(D) → CW400(D)
TGV系列：Y230/231 → Y237 → Y237A
TCE系列：MD530 → SF400 → SF500
新干线系列：DT200 → DT201/TR7002 → DT203/TTR7001 → DT204/TTR7002 → TDT205/TTR7003；WDT205；DT202/TR7000 → DT204/TTR7006 → DT205/TTR7003 → DT208/TTR7007；DT206/TTR7004　DT209A/TR7008A；DT207A/TR7005A　DT210A/TR7009
ETR系列：……
……

继承演化

未来产品（中国）
360~400 km/h速度级高速转向架
250 km/h速度级摆式动车组转向架
250 km/h及以上速度级动力分散型铰接式动车组转向架
300~350 km/h速度级宽轨高速转向架
适应空重车变化250 km/h速度级双层动车组转向架
……

系化分类
轴重/t：14　…　17
固定轴距/mm：2 500　…　2 700　3 000
车轮直径/mm：860　890　…　920
中央悬挂横向跨距/mm：1 900　2 000　…　2 500
踏面类型：LM　LMA　LMD　S1002G　XP55　…

图 2-15　高速列车转向架谱系信息图表

图 2-15 中以 CW250（D）型转向架为例，将产品的需求谱系、谱化分类、系化分类与演化和发展脉络关联在一起，形成一个产品完整的谱系信息，其余各个产品谱系成员的产品谱系信息组成方法与此类似。这些目标新产品的开发是现有产品的继承与发展，如 250 km/h 及以上速度级动力分散型铰接式动车组转向架的开发，需要继承企业现有产品 CW250（D）转向架，同时借鉴法国 TGV 系列铰接式高速列车转向架，共同实现新产品的研发。

构建的高速列车转向架产品谱系需要不断进行完善，这是一个动态扩展与变更的过程。产品谱系的构建是对某一领域产品的系统性梳理，形成的谱系信息图表将作为新产品研发的重要依据。在高速列车转向架产品谱系构建的基础上，需要重点研究面向产品谱系实现新的高速列车转向架定制设计问题。

第 3 章

高速列车模块化定制设计架构

3.1 高速列车定制设计技术内涵

3.1.1 需求驱动的高速列车定制设计

近二十年来，从“和谐号”到“复兴号”，中国高速列车技术快速发展，成为彰显我国科技实力的亮丽名片。与德国、法国、日本等传统高铁技术强国相比，我国高铁技术虽起步晚，但迅速实现了技术引进、追赶，再到超越的华丽蜕变，成为世界高铁技术强国，究其根本原因就在于我国对发展高铁技术有着最急迫的现实需求，即幅员辽阔、人口众多，经济的迅猛发展造成巨大的人口流动需求，使得发展高铁相关行业、研制高速列车成为不二选择。

我国高速列车研发技术最初引自日本、德国、法国等国家，这些国家在幅员、气候、地理条件等方面远不及我国庞大和复杂。在快速引进消化吸收国外高速列车研制技术之后，急需针对我国复杂的需求形成自主的研发技术，支撑国家“一带一路”“走出去”“川藏铁路”和“制造强国”政策的实施。传统基于订单式以产品为中心，要求客户适应产品的生产方式和研发技术体系已经不能适应网络时代对制造企业的要求。以大批量定制（Mass Customization，MC）生产为代表的需求驱动、市场牵引的生产模式及研发方式将企业、客户、供应商和环境有机地集成，充分利用现代先进产品研发技术和管理模式，使大批量生产和定制生产这两种生产方式的优势有机地结合，使得企业能以与大批量生产相接近的时间和成本生产出满足客户个性化需求的产品。

需求驱动的大批量定制核心技术难题是如何在准确把握客户的个性化需求的基础上，有效地组织产品和设计，并在时间和成本的约束下快速地形成最终符合要求的产品。基于模块化的产品配置是解决这一问题的主流技术，是大批量定制产品设计的使能技术。产品的配置设计是在模块化产品族模型的支持下，根据客户对定制产品的需求，按合理的配置规则对模块进行选择、组合、匹配或变型设计，快速生成满足客户需求的产品设计方案的设计方法，从而提高企业的竞争能力。

据统计，在现代的产品设计中，75%的设计是基于变型设计或适应性设计，复杂产品这一比例还更高，因而基于实例（Case-Based）的设计是最常采用的设计技术。新产品研发时，绝大多数模块可以继承已有产品的模块，或只需做少量的修改，只有 10%~20%的零部件是全新的设计，这意味着产品设计时有效重用已有的设计知识至关重要。产品配置设计技术基于模块化产品族模型、模块配置单元和配置规则积累及沉淀大量有价值的研发知识，使得产品设计过程实质上是一个高效的知识共享和重用过程。因此，采用产品配置设计是实现大批量定制的一种最为行之有效的方法，能有效缩短产品的开发周期，是一种有效需求驱动复杂产品定制设计的手段。

高速列车研发以需求为引导，运用模块化、参数化和标准化技术，形成完整需求驱

动的高速列车定制设计技术体系，使企业能快速研发出响应变化的市场需求和复杂的运营环境的高速列车谱系产品，成为支撑高速列车高质量、高效率研发的关键技术。需求驱动的高速列车定制设计技术流程如图 3-1 所示。

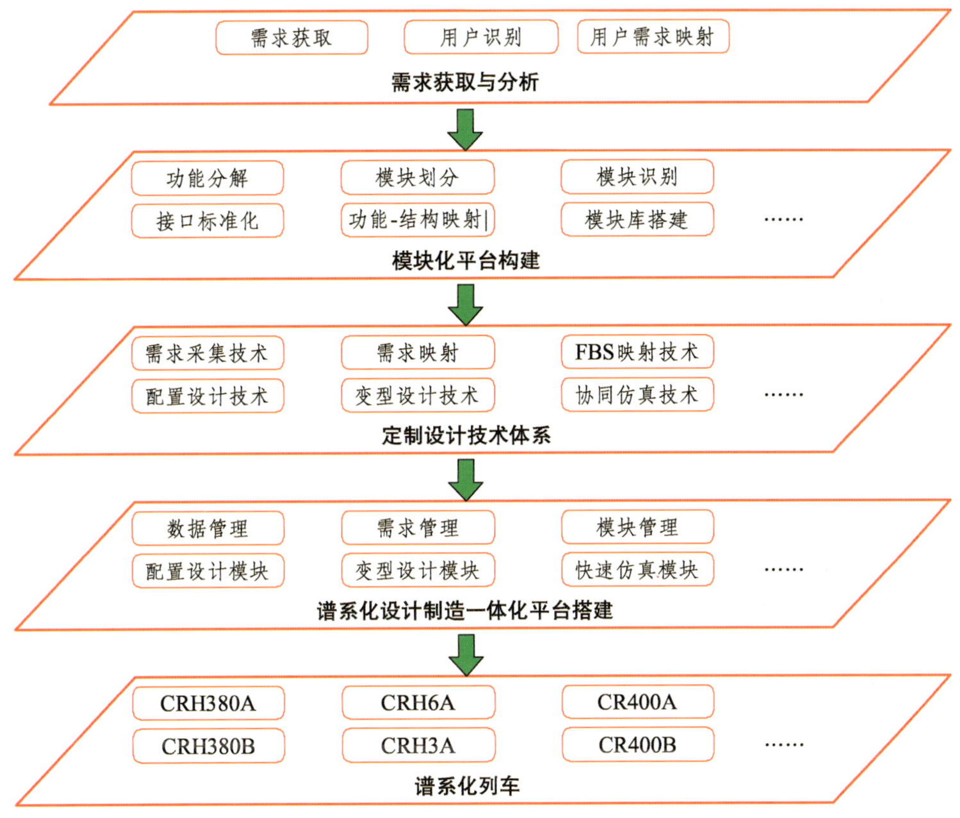

图 3-1　需求驱动的高速列车定制设计技术流程

3.1.2　高速列车模块化设计

模块化的产品设计技术有两种基本模式：第一种是自顶向下法（Top-down），也称为主动平台方法，企业在需求调研和市场规划的基础上精心设计适用于产品系列的模块族，并进行战略性管理；第二种是自底向上法（Bottom-up），也称为反应式重新设计方法，企业在综合分析大量相似模块类型的基础上，重新设计或整合一组规范化的模块族，并对其进行标准化，以达到规模经济的目的。

自顶向下模块化设计基于系统分解的思想，首先在对系统进行详细、准确描述的基础上，对需求向产品技术指标的映射。然后逐层、递阶地对系统进行分解，形成子系统、模块、零部件等低层次元素。理想状态下，该分解过程一直持续到能获得相对独立的底层功能结构载体元素为止。自顶向下法实现过程实质上是在需求定义的目标集和边界条件约束下的各层级寻优的过程，因此需要结合系统、模块和零部件层级对应的基于各类优化方法，在设计空间可行域中，通过改变一个或多个设计参数来获得产品，以满足不同用户和市场需求。因而，自顶向下法不但能很好地响应需求和市场，也能确保产品在系统层面的全局优化，但当产品层级多，元素之间的耦合关系复杂时，完全采用自上向下法难度极大，实施成本也非常高，因而在企业实践中难以单独采用。

自底向上模块化设计基于相似性归类或聚类的思想，全面考察企业产品系统级之下的各层元素的相似性、重复性，将无必要的重复元素进行聚类或归类，在标准化、规范化其共性特征的基础上，尽可能保留兼容的差异化特征，从而形成规范化的模块集。在这个过程中，首先详细描述的是相互独立的基本元素或模块，而后再对多个模块进行组合、拼合获得子系统和产品系统，这是一个由最初的简单、微小逐步发展成复杂、完善的过程。

自底向上法适用于具有良好可分性的简单产品，其优点在于部件设计的标准化和设计重复的最小化。设计者可以充分利用现有的设计经验和成果，稍加改动设计出新的部件，从而节省设计时间。由于自底向上设计是设计师先详细设计系统底层组件，再将这些底层组件逐层向上组装或集成为整个产品系统，最后对整个产品系统分析、测试、调整和验证。复杂产品不同学科、不同部门的设计师必然存在不同的知识背景和对设计的不同理解，因而不可避免地造成设计意图沟通和团队协作困难，设计错误难以及时发现，局部的更改可能导致系统整体调整，更改的工作量大幅度增加。考虑到需求多样化对产品复杂性的影响，甚至造成系统设计柔性难以实现，系统集成困难、设计效率低下，整个设计的可控性、鲁棒性和适应性差的问题。自底向上设计方法到目前为止还没有有效解决设计的整体可优化性和需求可追溯性。所有这些缺点使得自底向上方法难以应用于复杂产品系统的设计中。

高速列车设计目前尚没有形成完善的模块化设计技术体系，主机厂已积累了丰富的市场经验和大量的零部件设计技术，因此，将自顶向下法和自底向上法有机结合，采用自顶向下的分解思路，建立需求驱动的多层级产品定制设计体系，实现产品级技术指标的逐层分解和追溯，在底层功能配置元素，如模块或零部件层，借鉴或提升已有的零部件设计技术，通过归纳、提炼不同产品间的相似功能，设计相应的模块，快速得到构成模块化系统的基础组成部分。同时，结合分解和映射到底层的设计需求知识，在构建标准化、规范化模块元素的同时，充分考虑需求变化导致的模块差异化设计，实现模块的功能拓展，在缩减工作量的同时保证设计的正确性，减少设计过程的反复修改。

3.1.2.1 模块设计阶段

模块化产品是由一组模块按照特定关系配置而成的。模块的性能和模块配置规则决定了模块化产品的性能，也决定了产品配置设计的复杂程度和效率。具体到每一模块，应满足如下要求：

① 具有独立的功能；

② 数量和种类应满足产品布局类型的需要；

③ 在产品系列的方案中应具有通用性；

④ 有关联关系的模块之间应具有对应的接口特征；

⑤ 可互换的模块应具有相同的功能和接口特征；

⑥ 充分考虑模块之间的运动关系和位置关系。

高速列车模块设计采用自顶向下与自底向上相结合的方法，包括三个环节：产品功能设计及模块划分、模块识别和模块关系分析、产品模块表达。其中前两个环节的任务是实现功能到结构的映射，目的是建立模块化产品功能结构，通过寻求合适的作用原理将其组合成工作结构来确定原理解（解决方案）。考虑到高速列车研发中新技术层出不穷，采用“功能-行为-结构”功能-结构映射框架，以支持高速列车定制设计的创新性和创造性。产品模块表达环节的目的是形成合理的高速列车元模型建模及表达技术，实现高速列车模块化设计模型有序有向表达，为高速列车定制设计建立良好的信息化模型。

1. 产品功能设计及模块划分

产品功能设计及模块划分包括产品总功能设计、功能分解、分解结果评价、功能模块划分等步骤。产品功能设计和模块划分采用自顶向下方法，确保高速列车产品架构的合理性和整体性。

（1）总功能设计：在需求映射得到的产品设计指标基础上进行总功能分析。总功能分析采用“黑箱法”的研究思路。对于一个复杂、未知的系统，通过外部观察和测量确定其与外部环境的联系（输入和输出），分析物质流、能量流、信号流的转换关系，从而确定总功能。

（2）功能分解：将总功能分为易于求解的子功能，包括功能分解方法、功能分解底层确定、功能分解结果表示，最后考虑功能之间的能量、物质、信息流关系，建立功能分解结构图。

（3）分解结果评价：根据需求重要性及关联性分析，建立功能分解合理性评价的指标，对分解结果进行评价，修正功能分解结构图。

（4）功能模块划分及识别：根据功能分解结构图和模块划分原则，建立高速列车功能模块划分过程模型，综合考虑功能相关性、装配相关性、空间相关性、能量流相关性、物质流相关性、信号流相关性、时间相关性等相关准则，以谱系聚类方法为数学基础实现功能模块划分，根据模块设计的独立性和功能性原则，对模块划分和识别结果进行分析评价。

2. 模块识别和模块关系分析

模块识别和模块关系分析包括模块接口标准化、模块识别、模块功能-结构映射和模块库构建等步骤。在模块接口标准化、模块识别和模块功能-结构映射等几个步骤中有机融合自顶向下和自底向上的模块设计方法，广泛调研和分析企业已有的模块或零部件设计知识，实现设计知识的重用和在模块中的沉淀。

（1）模块接口标准化：对现有各种变型产品的相似性功能模块接口进行调研，评估各种接口类型的适用性和优缺点，然后分别进行接口特性分析。在保证功能需求的基础上，基于接口综合性能最优评价来确定出基型结构，并确定接口参数系列。最后对设计的接口进行各类指标的分析计算，如强度指标、刚度指标、韧性、耐磨性、经济性等检测，完成接口的标准化设计。

（2）模块识别：模块化产品平台（Modular Product Platform，MPP）是一定市场需求范围内产品间共用模块以及模块间组合关系的集合。模块识别是指对系列产品中的组成模块进行类型识别。模块划分从功能、物理、几何三个因素构建了产品零部件的相关性，其主要是以“静态”的形式表达了其零部件组成之间的相关强度，而针对模块类型识别，需要从客户需求与模块以及模块之间的“动态”影响关系，分析模块在产品平台规划区间内的稳定性。模块识别的过程为：在模块划分的基础上，首先通过市场区间内的分类客户需求，识别出个性模块和基础模块，然后通过分析并量化需求-模块映射关系以及模块之间的传播影响关系，分别得到模块变异指数（MVI）和模块传播指数（CPI），最后基于 MVI 以及 CPI 进行综合分析实现模块类型的识别。

（3）模块功能-结构映射：模块本质上是能与需求建立一定关联关系的、能通过非破坏性地从产品中移除、合并或替换的功能-结构单元。考虑到高速列车的功能与技术实现原理之间存在 1∶N 的关系，采用 FBS（Function-Behavior-Structure，功能-行为-结构）的思想，建立模块功能-技术单元-结构两级映射模型，并在此过程中充分重用企业有效的设计知识，实现知识的积累。

（4）建立模块库：在模块接口标准化、模块识别和模块功能-结构映射完成之后，研究模块的管理信息、性能信息、接口信息、装配信息、尺寸信息等结构技术，建立规范化的模块信息模型，以利于以后模块的重用。建立模块的数据存储组织结构，对模块进行编码，形成模块库。

3. 产品模块表达

产品模块表达环节的目的是构建基于产品元结构树的产品结构化客户需求元模型、技术指标元模型建模和表达技术，从而保障高速列车产品设计能快速响应市场需求、提高设计效率，形成合理的产品谱系。首先研究领域通用的元模型定义、描述方法及其建模流程；在此基础上，通过产品结构树的建模分析明确产品元结构树的定义、构建过程与模型表达，并形成产品元结构树；再以此作为产品需求数据管理和建模的载体及核心，集合客户需求以及技术指标的各领域属性参数的分析，构建出统一的结构化客户需求元模型和技术指标元模型。

3.1.2.2 产品定制设计阶段

产品定制设计包括产品配置设计和产品变型设计两种方式。产品配置设计是根据预

定义的模块集以及模块之间的相互约束关系，通过合理地选择模块组合，形成满足用户个性化要求的产品设计过程。模块化产品配置设计是在产品设计的模块化、参数化、标准化和规范化的基础上，根据客户的定制条件，搜索模块化实例库，提取出满足客户需求的功能模块，并进行合理组合，配置出满足客户需求的产品方案。模块化产品配置实质上是用户需求驱动下对模块属性赋值（确定、匹配）的过程，也是一个知识推理的过程和在动态模块模型上进行产品实例化的过程。与一般的产品设计方法相比较，基于模块化的产品配置设计具有需求驱动、配置快速的特点，为准确、快速响应市场提供了必要的保证。

高速列车配置设计主要包括以下几个环节：

（1）用户需求分析及建模。用户需求是贯穿于整个配置设计过程中的信息流，直接或间接作用于技术需求的确定、配置单元的选择、配置组合方案的求解以及配置结果的评价等过程中。由于模块设计阶段通过功能分解、功能-结构映射等步骤建立起需求与产品各层级元素的对应关系，因此基于模块化配置设计形成高速列车设计时方案的过程能确保合理有效地将用户需求转化为设计的目标和约束条件等，很好地实现需求的可追溯性。

（2）新产品定制概念设计，以产品设计需求为输入，首先建立产品概念设计模型；然后基于产品概念设计模型，生成产品概念设计方案；最后将设计方案结果赋值给产品元模型属性参数，进行下一阶段的产品结构详细设计。

（3）非新产品定制设计，即结构定制设计，首先将采集到的设计需求赋值给需求模型，得出需求实例，而需求实例作为下一阶段的输入；然后进行产品需求映射、配置设计以及变型设计；最后提取产品模块实例进行组合，形成满足需求的产品数字样机。

（4）需求驱动模块选择，需求模型实例既是带有具体值的需求，也为设计所需要达到的条件和目标。首先根据产品的映射规则将需求模型实例映射为设计指标，再将设计指标作为转向架的设计输入，下一步即为产品元模型参数赋值。若所有的产品元模型参数赋值是完整的，则可以直接输出所选择模块实例。

（5）模块配置设计，在所有模块选择完成后，根据模块配置规则，形成可行的配置组合方案；通过运动仿真、强度分析、动力特性分析、可靠性分析等验证方案的可行性，并通过优化设计比较得出最佳设计方案；调用对应的模块三维模型，输出产品设计实例。

（6）模块变型设计，若模块或零部件设计参数不匹配，则需要对模块或零件进行变型设计或全新设计。若能生成满足需求的新实例，将变型后的新实例存入实例数据库，以便进行模块的匹配选择。变型设计选取相似实例模块或模板作为基型，应用需求参数及对应的技术参数，驱动结构类似模块或模板快速生成变型模块。这一步的基础是设计变更路径的规划，根据需求的变化规划相应地变更模块及其设计参数，指导变型设计中模块调用及参数化变型。

3.2 高速列车模块化定制设计技术框架

高速列车产品需求复杂，个性化、多样化强，现有的产品技术架构相对单一，如何建立适应多样化需求的产品设计技术统一架构，是研究高速列车定制设计的首要问题。高速列车定制设计的研究思路是在高速列车产品模块化构建的基础上，研究产品建模、需求映射、配置设计、变型设计等定制设计技术，构建基于需求驱动的高速列车定制设计系统，生成系列化产品。

技术架构是有效组织和综合应用各种技术，建立合理高效的技术协同机制来实现高速列车的研发。为了建立合理的技术架构，系统研究系统设计理论、公理设计理论和功能-行为-结构映射理论，针对高速列车研发过程实际上是对重要性能不断满足的过程，研究并提出性能（功能）驱动的高速列车研发理论，研究客户需求、性能（功能）要求激励下高速列车产品的逐步演变过程，构建出整个高速列车的产品演化和设计规范过程。结合产品自身固有特性框架，综合分析出演变和设计过程中各个步骤之间的内在关系，形成性能导向的高速列车规范化设计过程，构建出面向需求驱动的高速列车模块化定制设计技术架构，其功能是以客户的高速列车需求为产品设计源，通过需求元模型、映射规则、产品元模型等一系列流程，最终驱动出能够支撑高速列车快速设计的一组设计数据，形成最终的高速列车集成数字化样机。

高速列车模块化定制设计技术架构如图 3-2 所示。整个技术架构分为两个部分：一是如何构建产品建模方法，建立支持高速列车转向架定制设计的集成数据模型；二是如何实现客户需求定制，基于需求驱动高速列车转向架定制设计流程，构建高速列车转向架定制设计逻辑，实现产品定制。产品模型既是产品谱系的抽象表达，也是客户定制的数据支撑；定制设计逻辑是谱系产品设计的实现路线。

高速列车模块化快速定制设计流程主要阐述的是需求驱动设计的整个流程，即描述的是如何实现以需求为输入，逐步运用产品元模型，进行设计、仿真、验证评估等流程。具体描述如下：

（1）需求元模型处理流程：首先通过需求采集得出具体需求，通过对需求的辨识，进行需求的分析、匹配与映射等，得出需求实例，而需求实例作为下一阶段的输入。

（2）需求元模型实例既是带有具体值的需求，也为设计所需要达到的条件和目标。需求元模型实例作为输入开始进入列车/车辆的总体设计。总体设计指的是由列车/车辆顶层技术指标进行总体方案设计，同时需要进行列车/车辆元模型映射，得出总体设计指标。由于设计是一个逐步细化到具体结构的过程，则需要对总体技术指标进行分解，得出各个组份、部件及零件的设计指标，从而指导下一阶段的详细设计。

（3）完成列车/车辆的总体设计后进入组份设计。组份设计对应的元模型包括组份元模型、部件元模型和零件元模型。组份设计包括承载组份、走行组份、动力组份和其他组份。通过上一步的技术指标分解可以得出组份的技术指标，进行某一组份的具体设计，即为元模型参数赋值。若所有元模型参数赋值是完整的，则可以直接输出设计实例。

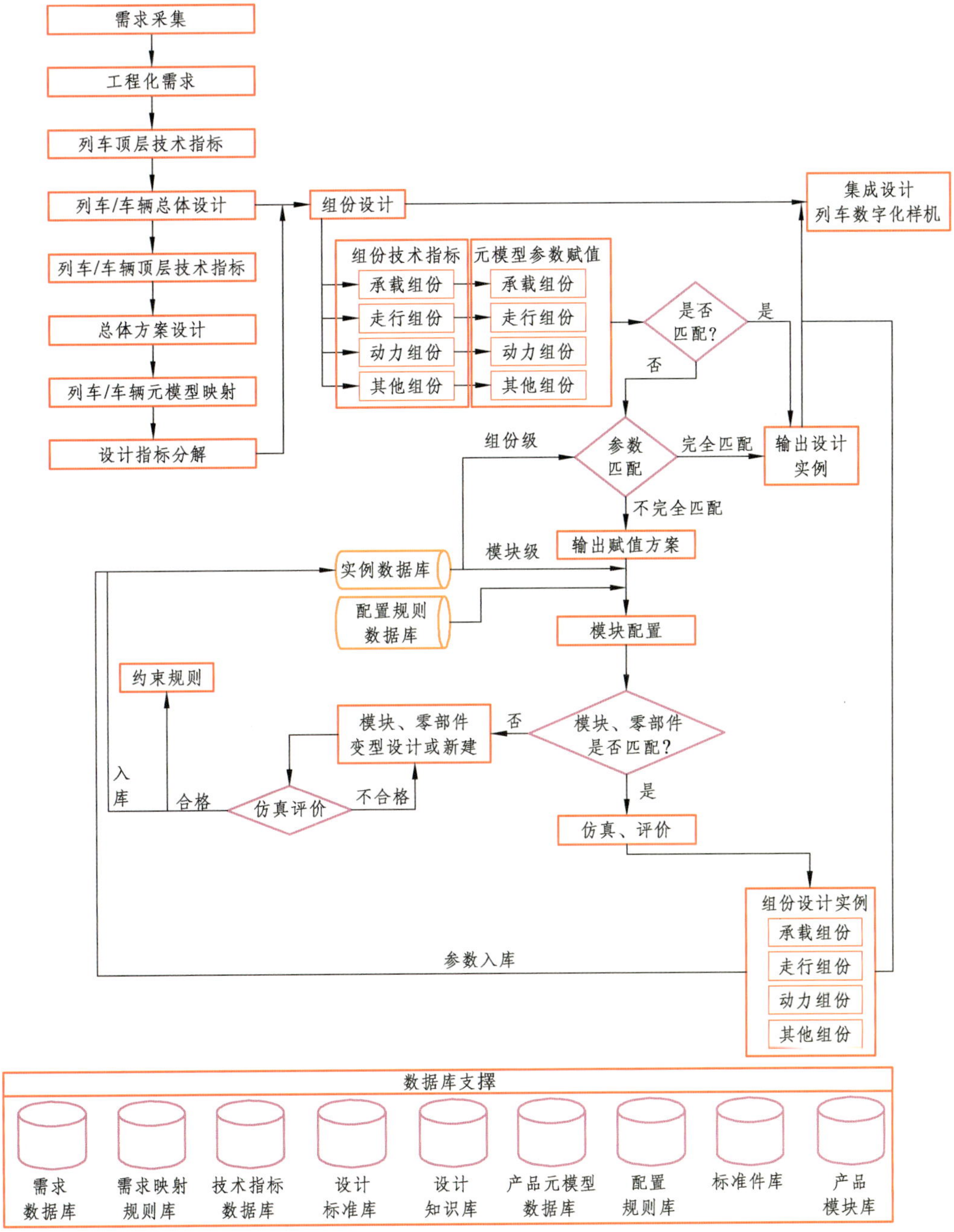

图 3-2　高速列车模块化定制设计技术架构

（4）针对具体某个组份的设计，若元模型赋值不完整，则进入参数匹配，在组份级的实例数据库支持下进行组份的参数匹配，所有参数是完全匹配的，则也可以输出设计实例。如果参数不完全匹配，则首先输出赋值方案。在赋值方案的基础上，基于模块级的实例数据库和配置规则数据库的支撑来进行模块配置。模块配置又分为两级，如果模块完全匹配，则选出模块并进行仿真评价等；若模块不完全匹配，则需要进行下一级的零部件匹配，匹配的零部件再进行仿真评价。

（5）若模块、零部件不匹配，则需要对模块进行变型设计或新建设计，变型设计或新建设计得出的模型需要进行仿真评价。若不合格，则反馈回去进行重新变型或新建；若合格，则需要进行两个步骤，第一步是输出变型后的设计实例，第二步是将变型后的实例存入并充实实例数据库，以便下次设计的匹配与运用。

（6）重复（3）~（5）的步骤可以实现承载组份、走行组份、动力组份和其他组份等的设计，得出的是产品元模型实例。基于组份的设计实例可以进行高速列车集成设计，得出列车的数字化样机。

综上描述的是需求驱动的高速列车定制化设计流程，清晰地表达出需求作为设计输入，通过配置、变型、仿真分析与验证等进行高速列车设计全过程。为实现高速列车模块化定制设计，正常维持设计流程的进行与设计过程的驱动，需要庞大的数据、设计标准与知识的支撑，因此必须搭建一个数据子系统来支撑。数据库子系统主要包括需求数据库、需求映射规则库、技术指标库、设计标准库、设计知识库、产品元模型数据库、配置规则库、标准件库、产品实例数据库等。需求数据库与需求映射规则库主要支撑参数化需求管理，实现需求数据管理和需求映射。技术指标数据库、设计标准库、设计知识库、产品元模型数据和配置规则库等支撑快速设计与协同仿真等。

3.3　高速列车模块化定制设计关键技术问题

基于上述逻辑技术架构，高速列车模块定制设计关键技术研究主要是在需求、模块化、定制设计相关研究理论和方法的基础，为定制化车型研制提供关键技术支撑，同时为高速列车定制设计数据库提供数据来源。为适应国家战略需求和高速列车的发展趋势，这种个性化和多样化的需求对高速列车的适应性技术研究和创新研发带来了新的要求和技术挑战，主要体现在以下两个方面：

一方面，个性化、多样化需求对高速列车现有研发模式提出了挑战。高速列车需求变得越来越复杂，适应在多地域、复杂气候环境条件和不同线路条件下运用，适应不同速度级、大运量、长交路、频繁起动及制动等运用需求，需要不断进行速度和技术升级。这种个性化和多样化的需求对现有的、相对固定的研发模式提出了挑战，现有的研发模式主要还是以订单式开发为主，研发平台和手段相对稳定，设计流程难以变更来适应更为复杂需求的高速列车研发。目前，高速列车主流的设计技术仍是基于详细设计的性能分析及优化，这使得产品研发的周期长，反复次数多，难以实现系统创新。真正从现代系统设计理论出发，关注面向多样化、个性化需求的高速列车设计方法学的研究才刚刚起步。

另一方面，高速列车设计知识的积累与重用不足。我国的轨道交通装备制造企业已经掌握高速列车装备的关键技术，目前按照国内的运营环境需求研制出 20 多种车型，

覆盖速度 300 ~ 350 km/h、200 ~ 250 km/h 等不同速度等级的各型高速列车产品，但现有的研发手段对设计知识的积累、重用不够，以前设计的积累以图纸，尤其以二维图纸的工程化表达居多，按照设计流程和规范整理设计相关的、可重用和共享的知识目前开展得很少，这导致设计和修改过程中存在大量的重复工作，研发的效率低下，研发的流程得不到有效控制。在设计过程中，高速列车研发的信息孤岛还大量存在，使得设计过程不流畅，尤其需求变得更为复杂后，高速列车的变型设计必须依赖于前期设计工作的积累，并且需要打通各设计环节尤其是需求与方案设计之间的通道，而目前高速列车的顶层设计指标与部件指标之间的关联度、耦合度非常大，没有有效的驱动机制来使顶层指标向下逐层分解，给重视高速列车整机性能设计的自顶向下和考虑部件可靠的自底向上的双向设计理念带来了难度。

根据高速列车定制设计的技术架构以及面临的技术挑战，提炼出如下关键技术问题。

（1）如何划分高速列车产品模块？

高速列车产品结构复杂，零部件众多，模块划分粒度大小并没有统一的定论，需按照实际的工程需求而定。在模块划分逻辑方面，首先需要考虑产品市场特征定义、研发组织结构、整车通用功能分解、供货状态、产线布局、装配工艺等模块划分影响因素；其次是模块划分粒度大小问题，不同的生命周期阶段对模块粒度大小的需求不同。因此，模块划分是高速列车模块化定制设计的首要难题。

（2）如何构建适应高速列车产品谱系的产品建模方法？

高速列车结构和研发流程复杂，多样化需求导致谱系产品多，高速列车产品设计环境中是由分布的、不同工具开发的模块组成的联合体，需解决数据表达、存储、管理、集成与共享等问题，并且不同制造商产品存在差异，种类繁多，难点在于建立支撑具有深度和广度复杂特性的高速列车定制设计的底层数据模型。

（3）如何实现高速列车概念设计方案生成？

高速列车为满足用户多样化定制需求，全新的产品定制设计即是概念设计方案生成的过程，难点是如何建立高速列车概念设计模型，实现高速列车需求参数的自顶向下逐级映射并生成产品设计方案，从而形成产品模型。

（4）如何构建支持谱系产品共享和重用的高速列车的结构定制设计？

在高速列车需求映射到产品模型以后，开始进行高速列车配置设计和变型设计，高速列车设计需求与产品设计参数之间的映射过程以及模块之间的匹配需要设计知识支持，由于高速列车需求复杂，顶层指标分解难度很大，难点是如何提取支撑产品动态映射和配置过程中由大量映射规则、配置规则组成的经验知识，并且高速列车设计参数之间存在复杂的关联关系，而且具有耦合性和非线性的特点，另一个难点是在选定基型实例后，如何随需求改变寻找设计变更的路径，以提供设计依据。

（5）如何搭建支撑谱系产品设计过程的定制设计系统？

为了缩短产品设计周期来提高产品竞争力，如何打通数据流、业务流、过程流与现有的高速列车设计研发平台融合，搭建面向产品谱系的高速列车定制设计技术平台是一个难点。

第 4 章

高速列车产品模块划分技术

4.1 高速列车产品模块划分方法

4.1.1 产品模块的定义与划分原则

模块是一组具有同一功能和接合要素（指连接部位的形状、尺寸，连接件间的配合或啮合等），但性能、规格或结构不同却能互换的单元。其具有三大特征：

① 独立性：可以对模块单独进行设计、制造、调试、修改和存储，这便于由不同的专业化企业分别进行生产。

② 互换性：模块接口部位的结构、尺寸和参数标准化，容易实现模块间的互换，从而使模块满足更大数量的不同产品的需要。

③ 通用性：有利于实现横系列、纵系列产品间的模块的通用，实现跨系列产品间的模块的通用。

模块化是指将一个复杂产品自顶向下逐层划分成若干模块的过程。产品模块化设计就是将具有特定功能与性能的子系统或零部件分别设计成不同系列的模块组群，然后在一定的范围内，按照一定的规则进行组合（重组），最终形成不同功能的系列产品。产品族是具有相似功能和/或结构的产品集合。模块化产品平台是产品经过模块化设计后形成的基本模型、通用模块和专用模块以及关系的集合。对于模块分类问题，按照（GB/T 31982—2015）《机械产品模块化设计规范》面向不同分类依据（包括模块粒度、功能和结构、模块通用程度、配置选型要求、变型要求）对模块进行分类，模块类别及其关系如图 4-1 所示。

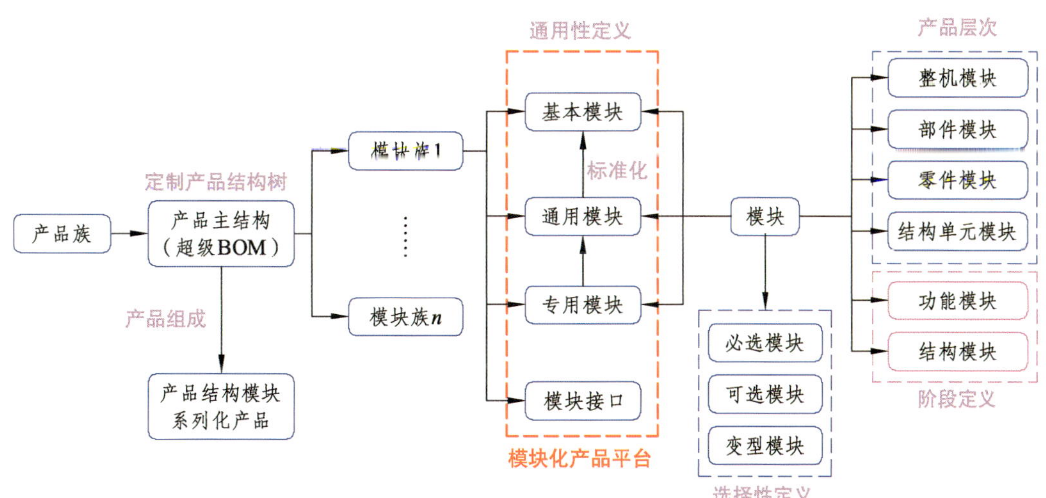

图 4-1　模块类别及其关系

模块化设计技术是由产品通用化、系列化、组合化和标准化的需求而孕育的。

① 组合化：在对一定范围内的不同产品进行功能分析的基础上，划分并设计生产出一系列通用模块或标准模块，然后从这些模块中选取模块并补充新设计的专用模块和零件一起进行相应组合，以构成满足各种产品的一种标准化形式。

② 系列化：根据对产品的不同需求将同一品种或同一形式的产品规格按最佳数列，以最少的品种数满足最广泛的需要的一种标准化形式。其目的是合理简化产品的品种，提高零部件、设备的通用化程度，便于采用新技术、新工艺、新材料，提高产品质量与劳动生产率，以利于压缩品种。

③ 通用化：在互换性原理的基础上，尽可能地扩大同一个产品的使用范围，它是在互相独立的各系统中，选择和确立具有功能互换或尺寸互换性的功能单元（产品）的一种标准化形式。

针对高速列车产品零部件数量多、零部件关联关系复杂、零部件结构复杂等特点，模块划分应该使产品模块分解和模块组合都易于开展，从而实现模块的有效重用，缩短设计、制造周期。因此，产品在进行模块划分时一般需要按照以下几个原则：

（1）模块功能-结构独立和完整。

模块在一定程度上能独立完成某项功能，需要相对独立和比较完整的结构与之对应。模块的功能独立有利于工程师根据客户需求进行产品的组合并减少功能冗余，而结构独立性则有利于工程师进行模块的设计、制造和产品的组装，减少模块间的交互。

（2）模块接口便于连接和分离。

模块划分要使模块的连接和分解过程易于开展。因此，模块必须具有保证它与外界进行物质、信息、能量交换的一致性的边界或接口。

（3）模块内部强聚合，模块间为弱耦合。

模块划分时，要尽量保证模块内部零部件间的关联度最大，模块间的关联度最小。由此，既能保证模块的独立性和完整性，又使模块间的连接容易，有利于模块接口的设计。

（4）模块粒度适中。

模块粒度如果太大，模块间的关联度增加，导致模块设计时交互过多，不利于产品的并行设计，从而使产品设计周期延长。模块粒度如果太小，则不利于模块化产品的设计、制造和模块管理。

（5）尽量以部件作为模块。

尽量以结构相对独立的部件作为模块，以利于模块间的互换，使模块具有较好的通用性。同时，模块结构形式、参数受客户需求驱动，有利于模块的变型设计。

4.1.2　产品模块划分方法

对产品零部件组成在功能、物理和几何上的相关性进行分析，并以此构建零部件间各因素的综合相关性矩阵。在综合相关性矩阵的基础上结合模块划分矩阵，构建合理的目标函数，采用遗传算法得到产品模块聚类划分结果，为后续模块化产品平台的组成奠定基础，同时也为基于模块化产品平台的应用提供支撑。

4.1.2.1　模块划分流程

模块化产品是面向一定市场区间进行设计，模块划分的输出结果是构建模块化产品平台的基础。因此，平台所包含的模块需要具有区间覆盖性，将已有的产品零部件进行整合分析，放入市场区间内，在此基础上对产品进行特性分析，构建产品组成零部件的相关性并得到综合相关性矩阵，然后结合模块划分矩阵，构建模块划分的目标准则函数，采用遗传算法得到划分结果，如图 4-2 所示。

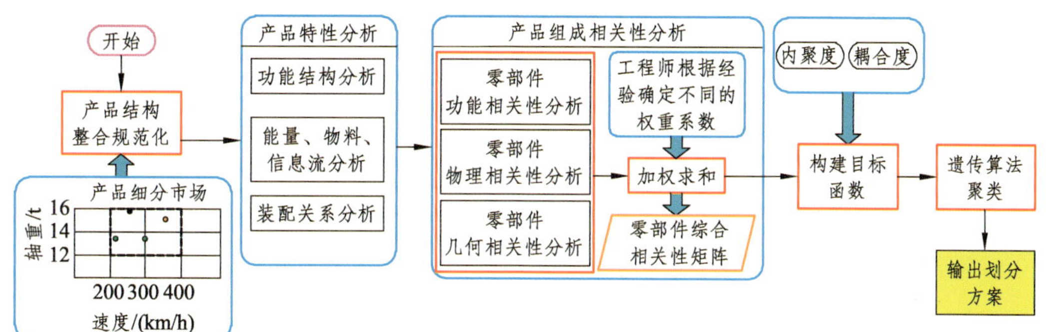

图 4-2　模块划分流程

4.1.2.2　产品结构整合规范化

模块划分是针对产品的某类基型进行划分，其组成是抽象的，结构不具有实际参数值。模块化产品平台衍生产品具有多样性，平台产品变体之间存在差异，其表现在结构参数、结构组成两方面。收集规划区间内的现有产品实例，对规划区间内已有产品的结构组成进行整合，得到结构组成的全集。同时，从中找出产品间共同的结构组成以及其他有差异的零部件。对规划区间内的已有产品的零部件名称、类型等进行规范化，有利于产品模块的组织管理。

在已有产品结构全集的基础上对零部件构建功能、物理、几何相关性矩阵，然后进行模块聚类分析，得到模块聚类划分结果。已有产品中某些差异零部件主要由功能上的差异引起，其在并集下模块聚类划分得到的结果中一般为单独的模块，由此可以对零部件在并集下模块划分结果进行一定程度的验证。

4.1.2.3　产品组成相关性分析

对已有产品进行模块划分，是为了优化产品结构，能够更好地实现产品的配置设计和变型设计，在进行模块划分时，不仅要考虑功能独立性，而且要考虑结构完整性。为此建立已有产品零部件在功能、几何、物理三方面的相关性矩阵，为后续模块聚类提供基础。零部件各因素的相关性强度定义如下：

1. 零部件功能相关性

零部件功能相关性是指在模块划分时，将实现同一功能的零部件进行聚合形成模块，尽量满足模块功能独立的原则，其强度定义如表 4-1 所示。

表 4-1 零部件功能相关性

类 型	相关性描述	强度值
功能相关性	共同完成某一功能，缺一不可	9
	辅助功能关系强	4 ~ 8
	辅助功能关系弱	1 ~ 3
	无功能关系	0

2. 零部件几何相关性

零部件几何相关性是指零部件之间在空间、几何关系上的物理连接强度，以及垂直度、平行度和同轴度等几何定位精度，满足模块接口易于分离和连接的原则，其强度定义如表 4-2 所示。

表 4-2 零部件几何相关性强度定义

类 型		相关性描述	强度值
几何相关性	连接相关性	零部件间永久连接，不可拆分，如焊接、黏合、铸造等	9
		零部件间紧密连接，难以拆卸，如通过热压、冷缩等进行连接	6-8
		零部件间紧密连接，较难拆分，如通过铆钉、键、销等进行连接	3 ~ 5
		零部件间紧密连接，较易拆卸，如螺纹等	1 ~ 2
		无连接关系	0
	形位相关性	两者存在严格的形位关系，如同轴度、平行度、垂直度等	6 ~ 9
		两者存在一般的形位关系	1 ~ 5
		无形位关系	0

3. 零部件物理相关性

零部件物理相关性是指零部件之间存在能量流、信息流、物料流的传递，强度定义如表 4-3 所示。

表 4-3　零部件物理相关性强度定义

类　型		相关性描述	强度值
物理相关性	能量流	主流	9
		支流	5
		无关联	0
	物质流	主流	9
		支流	5
		无关联	0
	信息流	主流	9
		支流	5
		无关联	0

4. 零部件综合相关性

不同产品的定制化程度存在差异，则其功能、几何和物理三个因素的相关性，在不同类型的产品中所占的权重也会不同。各因素权重分配的合理性会对模块划分结果的准确性造成影响，因此针对不同类型产品的特点，采用层次分析法或根据工程师设计经验，确定各相关性因素的权重，综合分析使得模块划分结果更加准确。相关权重符号定义如表 4-4 所示。

表 4-4　功能、几何、物理相关性权重分配

相关性	权　重	子级相关性	权　重
功能相关性	ω_1	—	—
几何相关性	ω_2	连接关系	ω_{21}
		形位关系	ω_{22}
物理相关性	ω_3	能量流	ω_{31}
		物质流	ω_{32}
		信息流	ω_{33}

设任意两个子结构（或零部件）的编号为 i 和 j，两者的相关值为 r_{ij}，则两者的相关值计算公式为

$$r_{ij} = \omega_1 RF_{ij} + \omega_2(\omega_{21}RC_{ij} + \omega_{22}RL_{ij}) + \omega_3(\omega_{31}RE_{ij} + \omega_{32}RM_{ij} + \omega_{33}RS_{ij}) \quad (4\text{-}1)$$

式中，RF_{ij} 为功能相关强度；RC_{ij} 和 RL_{ij} 分别表示几何相关性中的连接和形位相关强度；RE_{ij}、RM_{ij} 和 RS_{ij} 分别表示物理相关性中的能量流、物质流和信息流相关强度。

4.1.2.4 基于 DSM 的目标准则函数

1. 零部件模块划分数学模型

假设产品由 n 个关键的零部件组成，$P=\{P_1, P_2, \cdots, P_n\}$，被划分成 l 个模块，$M=\{M_1, M_2, \cdots, M_l\}$，模块 i 内的零部件数量为 N_i，由于不同零部件不可能在同一模块中出现，因此，$P=M_1\cup M_2\cup\cdots\cup_l$，$M_i\cap M_j=\varnothing$，$\sum_{i=1}^{l}N_i=n$。零部件模块划分模型的表达形式为

$$\begin{bmatrix} M_1 \\ M_2 \\ \vdots \\ M_l \end{bmatrix}=\begin{bmatrix} a_{11} & a_{12} & \cdots & a_{1n} \\ a_{21} & a_{22} & \cdots & a_{2n} \\ \vdots & \vdots & \vdots & \vdots \\ a_{l1} & a_{l2} & \cdots & a_{ln} \end{bmatrix}\cdot\begin{bmatrix} P_1 \\ P_2 \\ \vdots \\ P_n \end{bmatrix} \tag{4-2}$$

式中，$\boldsymbol{A}=[a_{ij}]_{l\times n}$ 表示产品零部件模块划分矩阵，其中 a_{ij}=1 或 0，表示 P_j 是否属于 M_i，当 $a_{ij}=1$ 时表示属于 M_i，当 $a_{ij}=0$ 时表示不属于 M_i，$\sum_{i=1}^{l}a_{ij}=1$，$\sum_{j=1}^{n}a_{ij}=N_i$。

2. 零部件模块划分目标函数构建

通过上述方法构建产品零部件之间的功能、物理、几何三个因素各自的相关性矩阵，加权后得到综合相关性强度矩阵 $\boldsymbol{R}$：

$$\boldsymbol{R}=\begin{bmatrix} r_{11} & r_{12} & \cdots & r_{1n} \\ r_{21} & r_{22} & \cdots & r_{2n} \\ \vdots & \vdots & \vdots & \vdots \\ r_{n1} & r_{n2} & \cdots & r_{nn} \end{bmatrix} \tag{4-3}$$

根据上述模块划分的相关原则可以得出，模块内部强聚合、模块间弱耦合为其关键划分原则，其他原则均与其相关。因此，以模块的内部聚合度与模块间的耦合度构建模块划分的目标准则函数，根据上述方法得到零部件综合相关性矩阵 $\boldsymbol{R}$ 和划分矩阵 $\boldsymbol{A}$，联合分析得到模块内部聚合度和模块间耦合度。

假设模块 M_u 所对应的模块划分向量为 $\boldsymbol{a_u}=[a_{u1}, a_{u2}, \cdots, a_{ui}, \cdots, a_{un}]$，因此一个模块内的聚合度为

$$f_u=\sum_{i=1}^{n-1}\sum_{j=i+1}^{n}a_{ui}\times a_{uj}\times r_{ij}\Big/\frac{\sum_{i=1}^{n}a_{ui}\times(\sum_{i=1}^{n}a_{ui}-1)}{2} \tag{4-4}$$

根据式（4-4），l 个模块的总聚合度为

$$F_1=\sum_{u=1}^{l}f_u=\sum_{u=1}^{l}\left[\sum_{i=1}^{n-1}\sum_{j=i+1}^{n}a_{ui}\times a_{uj}\times r_{ij}\Big/\frac{\sum_{i=1}^{n}a_{ui}\times(\sum_{i=1}^{n}a_{ui}-1)}{2}\right] \tag{4-5}$$

任意两个模块间的耦合度可用一个模块内的所有零部件与另一个模块内所有零部件间的总关联度来度量，因此，假设模块 M_p 和 M_q 所对应的模块划分向量分别为 $\boldsymbol{a_p}=[a_{p1}, a_{p2}, \cdots, a_{pi}, \cdots, a_{pn}]$ 和 $\boldsymbol{a_q}=[a_{q1}, a_{q2}, \cdots, a_{qi}, \cdots, a_{qn}]$，则模块 M_p 与 M_q 之间的耦合度可以表示为

$$\begin{aligned} f_{pq} &= \sum_{i=1}^{n}\sum_{j=1}^{n} a_{pi}\times a_{qj}\times r_{ij} / f_{pq\max} \\ &= \sum_{i=1}^{n}\sum_{j=1}^{n} a_{pi}\times a_{qj}\times r_{ij} / (\sum_{i=1}^{n} a_{pi}\times \sum_{j=1}^{n} a_{qj}) \end{aligned} \tag{4-6}$$

所有模块间的总耦合度为

$$F_2 = \sum_{p=1}^{l-1}\sum_{q=p+1}^{l} f_{pq} \tag{4-7}$$

根据模块划分的基本原则，综合模块内聚度和模块间耦合度，构建目标准则函数为

$$\min F_0 = \frac{F_2}{F_1\times l} \tag{4-8}$$

4.1.2.5 遗传算法聚类

根据零部件综合相关性矩阵和模块划分矩阵，采用遗传算法进行遗传编码和适应度函数的构建，实现产品模块聚类划分。遗传算法最早是由生物学家 Fraser 提出的通过计算方法模拟生物“遗传和选择”的思想。1975 年，美国 Michigan 大学的 Holland 教授首次明确提出了遗传算法的概念，其算法是对解集进行二进制表达，概率搜索解集。根据适应度函数大小，概率选择适应性好的个体进入下一代；下一代中的个体通过交叉和变异等操作得到新的个体；经过多代进化，算法收敛于最好的个体。

1. 编码及总群初始化

根据式（4-2）中模块划分矩阵 $\boldsymbol{A}=[a_{ij}]_{l\times n}$ 可得，矩阵由 n 个元素组成，其中 $a_{ij}=1$ 或 0，表示 P_j 是否属于 M_i，当 $a_{ij}=1$ 时表示 P_j 属于 M_i，当 $a_{ij}=0$ 时表示 P_j 不属于 M_i，且矩阵 $\boldsymbol{A}$ 必须满足：$\sum_{i=1}^{l} a_{ij}=1$，$\sum_{j=1}^{n} a_{ij}=N_i$，$N_i$ 表示模块 i 内零部件数量，$\sum_{i=1}^{n}\sum_{j=1}^{n} a_{ij}=n$。根据上述条件，以模块划分矩阵 $\boldsymbol{A}$ 为染色体编码矩阵，如图 4-3 所示，矩阵中每一行代表一个聚类模块，每一列包含一个零部件组成，保持零部件排列顺序与划分矩阵中元素排列顺序一致，在遗传算法中一个模块划分矩阵相当于一条染色体。

		P_1	P_2	…	p_n
	M_1	a_{11}	a_{12}	…	a_{1n}
$A=$	M_2	a_{21}	a_{22}	…	a_{2n}
	…	…	…	…	…
	M_V	a_{V1}	a_{V2}	…	a_{Vn}

→

		P_1	P_2	…	p_n
	M_1	0	1	…	0
$A=$	M_2	1	0	…	1
	…	…		…	…
	M_V	0	0	…	0

图 4-3　染色体编码矩阵

以模块划分矩阵 $\boldsymbol{A}$ 作为染色体进行种群的初始化，任意一条染色体 $\boldsymbol{A}_i$ 中包含了 n 列，每一列中有 l 个元素，其中 $i=1$，2，…，m，m 表示种群数量。按照上述矩阵 $\boldsymbol{A}$ 必须满足的条件，依次随机对矩阵中 n 列赋值，使得每一列中的一个元素为 1，其余均为 0，得到染色体 A_i。由于种群过小可能会引起早熟，种群过大则会降低计算效率，通常选取染色体种群数为 $m=50\sim300$。

2. 评价群体

耦合度和内聚度组成的目标准则函数的目标是最小值，而遗传算法中的适应度函数的目标是最大值，综合得到目标染色体的适应度函数，如式（4-9）所示：

$$F(i)=1/F_0(i) \tag{4-9}$$

其中，$F(i)$ 为目标种群中第 i 条染色体的适应度函数值；$F_0(i)$ 为目标种群中第 i 条染色体的准则函数值，$i=1$，2，…，m，m 表示种群数量。

3. 遗传操作

常见的遗传操作有选择、交叉和变异。根据种群中个体的适应度函数取值，从群体中选择优胜个体，淘汰劣质个体，个体适应度越大，被选择的概率越大，选择概率计算，如式（4-10）所示：

$$P(i)=\frac{F(i)}{\sum_{k=1}^{m}F(k)} \tag{4-10}$$

其中，$P(i)$ 表示第 i 条目标染色体的选择概率；$F(k)$ 表示目标种群中第 k 条染色体的适应度值，i，$k=1$，2，…，m，m 表示种群数量。

为了选择交配个体，根据式（4-10）得到种群中各个个体的选择概率，进行多轮选择，每一轮产生一个[0, 1]之间的均匀随机数，根据随机数大小选择进入下一代个体，下一代个体进行交叉和变异操作，本书采用单点交叉法和随机均匀变异法，具体方法如下：

（1）单点交叉法：在两条父染色体中任取一个交叉点，把两个父染色体中位于交叉点位置右侧的编码进行交换，从而生成两个子染色体，如图 4-4 所示。

（2）随机均匀变异法：根据变异率随机选择父染色体，然后随机选择变异点生产变异编码，保持其余行列元素不变，产生子染色体并替换父染色体，如图 4-5 所示。

交叉前

	P_1	P_2	P_3	P_4	P_5	P_6	P_7
M_1	0	1	0	0	0	0	0
M_2	1	0	0	1	0	0	0
M_3	0	0	1	0	0	1	0
M_4	0	0	0	0	1	0	1

交叉点

	P_1	P_2	P_3	P_4	P_5	P_6	P_7
M_1	0	0	0	0	0	0	1
M_2	1	0	0	0	1	1	0
M_3	0	1	0	1	0	0	0
M_4	0	0	0	0	0	0	0

交叉后

	P_1	P_2	P_3	P_4	P_5	P_6	P_7
M_1	0	1	0	0	0	0	1
M_2	1	0	0	1	1	1	0
M_3	0	0	1	0	0	0	0
M_4	0	0	0	0	0	0	0

	P_1	P_2	P_3	P_4	P_5	P_6	P_7
M_1	0	0	0	0	0	0	0
M_2	1	0	0	0	0	0	0
M_3	0	1	0	1	0	1	0
M_4	0	0	1	0	1	0	1

图 4-4　遗传交叉操作

	P_1	P_2	P_3	P_4	P_5	P_6	P_7
M_1	0	0	0	0	0	0	0
M_2	1	0	0	0	0	0	0
M_3	0	1	0	1	0	1	0
M_4	0	0	1	0	1	0	1

	P_1	P_2	P_3	P_4	P_5	P_6	P_7
M_1	0	0	0	0	0	0	0
M_2	0	0	0	0	0	0	0
M_3	0	1	0	1	0	1	0
M_4	1	0	1	0	1	0	1

图 4-5　遗传均匀变异法操作

4.1.2.6　高速列车转向架模块划分实例

1. 转向架结构整合规范化

转向架模块化产品平台的基础是模块，转向架模块划分是针对平台规划区间内覆盖的现有产品进行划分，在转向架模块化产品平台规划区间内收集实例，如图 4-6 所示。在规划区间内收集转向架实例的零部件组成进行规范化处理，找出现有转向架实例结构组成并集，同时找出有差异的结构，得到平台区间内转向架中的共同组成和差异性组成，由于转向架有动车和拖车之分，经过整理后得到转向架结构组成集合如图 4-7 所示。

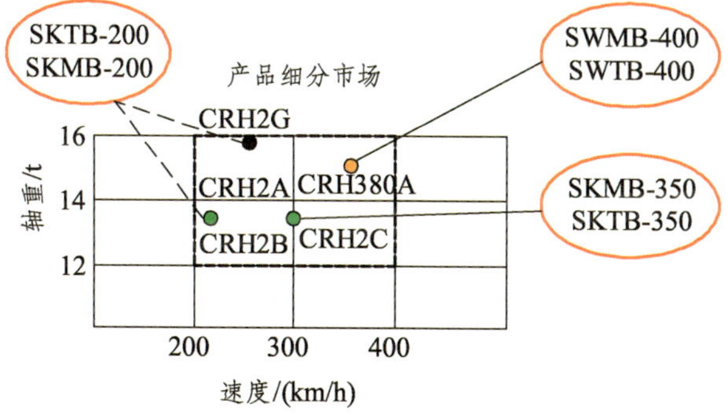

图 4-6　转向架模块化产品平台规划区间及转向架实例

图 4-7　转向架结构组成全集

2. 转向架零部件相关性矩阵构建

1）功能相关性矩阵

由第 2 章转向架功能结构的相关分析可得，转向架主要起到走行、牵引、制动、减振等功能，通过相关零部件的共同作用实现相应的功能，其中某些零部件对多个功能均有影响作用，通过零部件之间功能相关性强度的大小来表示零部件倾向于哪些零部件聚类形成实现相应功能的模块，如图 4-8 所示。

2）物理相关性矩阵

转向架在高速列车中的主要作用是承载和支撑，物理相关性中包括能量流、信息流、物料流，对于转向架来说，主要是考虑零部件能量流之间的相关性，如图 4-9 所示。

3）几何相关性矩阵

转向架零部件之间的几何相关性体现在连接强度和连接的形位精度，分别如图 4-10（a）和（b）所示。通过零部件的几何相关性分析，可以保证模块划分结果便于安装、拆卸、互换。

根据模块划分的原则可得，功能和物理相关性所占的比例较大，本章通过层次分析得到相应的权重，如表 4-5 所示。

功能相关性矩阵		1 减速器	2 轴箱定位节点	3 牵引拉杆	4 轴箱弹簧	5 联轴节	6 一系垂向减振器	7 空气弹簧	8 抗侧滚扭杆	9 抗蛇行减振器	10 制动气缸	11 二系横向减振器	12 牵引电机	13 车轮	14 车轴	15 制动力放大装置	16 轴装制动盘	17 轴承	18 轴箱体	19 侧梁	20 横梁	21 纵向连接梁	22 电机安装座	23 齿轮箱吊座	24 抗蛇行减振器安装座	25 轴箱定位节点安装座	26 一系垂向减振器安装座	27 空簧安装座	28 基础制动安装座	29 二系横向减振器安装座	30 牵引拉杆节点	31 闸片组成	32 横向止挡
减速器	1	—	0	0	0	0	0	0	0	0	0	0	9	0	7	0	0	0	0	0	0	0	0	0	0	0	0	0	0	0	0	0	0
轴箱定位节点	2	0	—	0	7	0	7	7	7	7	0	7	0	0	0	0	0	0	0	0	0	0	0	0	0	5	0	0	0	0	7	0	0
牵引拉杆	3	0	7	—	0	0	0	0	0	0	0	0	0	0	0	0	0	0	0	5	5	0	0	0	0	0	0	0	0	0	7	0	0
轴箱弹簧	4	0	7	0	—	0	7	7	7	7	0	7	0	0	0	0	0	0	0	0	0	0	0	0	0	0	0	0	0	0	5	0	0
联轴节	5	7	0	0	0	—	0	0	0	0	0	0	7	0	0	0	0	0	0	0	0	0	0	0	0	0	0	0	0	0	0	0	0
一系垂向减振器	6	0	7	0	7	0	—	7	7	7	0	7	0	0	0	0	0	0	0	0	0	0	0	0	0	0	0	0	0	0	5	0	0
空气弹簧	7	0	7	0	7	0	7	—	7	7	0	7	0	0	0	0	0	0	0	0	0	0	0	0	0	0	0	7	0	0	5	0	0
抗侧滚扭杆	8	0	5	0	7	0	7	7	—	7	0	7	0	0	0	0	0	0	0	0	0	0	0	0	0	0	0	0	0	0	7	0	0
抗蛇行减振器	9	0	7	0	0	0	7	8	0	—	0	7	0	0	0	0	0	0	0	0	0	0	0	0	5	0	0	0	0	0	7	0	0
制动气缸	10	0	0	0	0	0	0	0	0	7	—	0	0	0	0	9	7	0	0	0	0	0	0	0	0	0	0	0	0	0	0	7	0
二系横向减振器	11	0	7	0	5	0	7	7	7	7	0	—	0	0	0	0	0	0	0	0	0	0	0	0	0	0	0	0	0	0	5	0	7
牵引电机	12	7	0	0	0	7	0	0	0	0	0	0	—	5	5	0	0	0	0	0	0	0	5	5	0	0	0	0	0	0	0	0	0
车轮	13	7	5	5	0	0	0	0	0	0	0	0	0	—	7	0	0	7	7	5	5	5	0	0	0	0	0	0	0	0	5	0	0
车轴	14	7	5	5	0	0	0	0	0	0	0	0	0	0	—	0	0	7	7	5	5	5	0	0	0	0	0	0	0	0	5	0	0
制动力放大装置	15	0	0	0	0	0	0	0	0	0	9	0	0	0	0	—	7	0	0	0	0	0	0	0	0	0	0	0	0	0	0	0	0
轴装制动盘	16	0	0	0	0	0	0	0	0	0	7	0	0	0	0	7	—	0	0	0	0	0	0	0	0	0	0	0	0	0	0	0	0
轴承	17	5	0	0	0	0	0	0	0	0	0	0	5	7	7	0	0	—	7	0	0	0	0	0	0	0	0	0	0	0	0	0	0
轴箱体	18	0	0	7	5	0	0	0	0	0	0	0	0	0	0	0	0	7	—	5	5	5	0	0	0	7	0	0	0	0	7	0	0
侧梁	19	0	5	5	7	0	0	7	0	0	0	0	0	0	0	0	0	0	0	—	7	7	0	0	0	5	0	5	5	0	5	0	0
横梁	20	0	5	5	5	0	0	5	0	0	0	0	0	0	0	0	0	0	0	7	—	7	0	0	0	0	0	0	0	0	0	0	0
纵向连接梁	21	0	5	5	5	0	0	5	0	0	0	0	0	0	0	0	0	0	0	7	0	—	0	0	0	0	0	0	5	5	0	0	0
电机安装座	22	0	0	0	0	3	0	0	0	0	0	0	6	0	0	0	0	0	0	6	7	6	—	3	0	0	0	0	0	0	0	0	0
齿轮箱吊座	23	0	0	0	0	0	0	0	0	0	0	0	0	0	0	0	0	0	0	6	7	6	0	—	0	0	0	0	0	0	0	0	0
抗蛇行减振器安装座	24	0	0	0	0	0	0	0	0	0	0	0	0	0	0	0	0	0	0	6	7	6	0	0	—	0	0	0	0	0	0	0	0
轴箱定位节点安装座	25	0	0	0	0	0	0	0	0	0	0	0	0	0	0	0	0	0	0	6	7	6	0	0	0	—	0	0	0	0	0	0	0
一系垂向减振器安装座	26	0	0	0	0	0	0	0	0	0	0	0	0	0	0	0	0	0	0	6	7	6	0	0	0	0	—	0	0	0	0	0	0
空簧安装座	27	0	0	0	0	0	0	0	0	0	0	0	0	0	0	0	0	0	0	6	7	6	0	0	0	0	0	—	0	0	0	0	0
基础制动安装座	28	0	0	0	0	0	0	0	0	0	0	0	0	0	0	0	0	0	0	6	7	6	0	0	0	0	0	0	—	0	0	0	0
二系横向减振器安装座	29	0	0	0	0	0	0	0	0	0	0	0	0	0	0	0	0	0	0	6	7	6	0	0	0	0	0	0	0	—	0	0	0
牵引拉杆节点	30	3	5	9	0	3	0	0	0	0	0	0	5	0	0	0	0	0	0	5	5	5	0	0	0	0	0	0	0	0	—	0	0
闸片组成	31	0	0	0	0	0	0	0	0	0	7	0	0	0	0	7	0	0	0	0	0	0	0	0	0	0	0	0	0	0	0	—	0
横向止挡	32	0	5	0	0	0	0	0	0	0	0	7	0	0	0	0	0	0	0	0	0	0	0	0	0	0	0	0	0	5	0	0	—

图 4-8　转向架零部件功能相关性

功能相关性矩阵		1	2	3	4	5	6	7	8	9	10	11	12	13	14	15	16	17	18	19	20	21	22	23	24	25	26	27	28	29	30	31	32
		减速器	轴箱定位节点	牵引拉杆	轴箱弹簧	联轴节	一系垂向减振器	空气弹簧	抗侧滚扭杆	抗蛇行减振器	制动气缸	二系横向减振器	牵引电机	车轮	车轴	制动力放大装置	轴装制动盘	轴承	轴箱体	侧梁	横梁	纵向连接梁	电机安装座	齿轮箱吊座	抗蛇行减振器安装座	轴箱定位节点安装座	一系垂向减振器安装座	空簧安装座	基础制动安装座	二系横向减振器安装座	牵引拉杆节点	闸片组成	横向止挡
减速器	1	—	0	0	0	9	0	0	0	0	0	0	9	9	9	0	0	0	0	0	0	0	0	0	0	0	0	0	0	0	0	0	0
轴箱定位节点	2	0	—	0	0	0	0	0	0	0	0	0	0	9	9	0	0	0	9	0	0	0	0	0	0	9	0	0	0	0	0	0	0
牵引拉杆	3	0	0	—	0	0	0	0	0	0	0	0	0	0	0	0	0	0	0	0	0	0	0	0	0	0	0	0	0	0	0	0	0
轴箱弹簧	4	0	0	0	—	0	0	0	0	0	0	0	0	9	9	0	0	9	9	9	5	0	0	0	0	0	0	0	0	0	5	0	0
联轴节	5	9	0	0	0	—	0	0	0	0	0	0	9	9	9	0	0	9	0	0	0	0	0	0	0	0	0	0	0	0	0	0	0
一系垂向减振器	6	0	0	0	0	0	—	9	0	0	0	0	0	9	9	0	0	9	9	9	0	0	0	0	0	9	9	9	0	0	0	0	0
空气弹簧	7	0	0	0	0	0	0	—	0	0	0	0	0	9	9	0	0	9	9	9	0	0	0	0	0	9	9	9	0	0	0	0	0
抗侧滚扭杆	8	0	0	0	0	0	0	0	—	0	0	0	0	0	0	0	0	0	0	0	9	0	0	0	0	0	0	0	0	0	0	0	0
抗蛇行减振器	9	0	0	0	0	0	0	0	0	—	0	0	0	0	0	0	0	0	0	0	0	0	0	0	0	0	0	5	0	0	0	0	0
制动气缸	10	0	0	0	0	0	0	0	0	0	—	0	0	0	0	9	9	0	0	0	0	0	0	0	0	0	0	0	0	0	0	9	0
二系横向减振器	11	0	0	0	0	0	0	0	0	0	0	—	0	0	0	0	0	0	0	0	0	0	0	0	0	0	0	0	0	9	0	0	0
牵引电机	12	9	0	0	0	9	0	0	0	0	0	0	—	9	9	0	0	9	0	0	0	0	0	0	0	0	0	0	0	0	0	0	0
车轮	13	9	0	0	0	9	0	0	0	0	0	0	0	—	9	0	0	9	0	0	0	0	0	0	0	0	0	0	0	0	0	0	0
车轴	14	9	0	0	0	9	0	0	0	0	0	0	0	0	—	0	0	9	0	0	0	0	0	0	0	0	0	0	0	0	0	0	0
制动力放大装置	15	0	0	0	0	0	0	0	0	0	9	0	0	0	0	—	9	0	0	0	0	0	0	0	0	0	0	0	0	0	0	0	0
轴装制动盘	16	0	0	0	0	0	0	0	0	0	9	0	0	0	0	9	—	0	0	0	0	0	0	0	0	0	0	0	0	0	0	9	0
轴承	17	0	0	0	9	0	0	0	0	0	0	0	0	9	9	0	0	—	9	0	0	0	0	0	0	9	0	0	0	0	9	0	0
轴箱体	18	0	0	0	9	0	0	0	0	0	0	0	0	0	0	0	0	9	—	0	0	0	0	0	0	9	0	0	0	0	9	0	0
侧梁	19	0	9	5	9	0	9	0	0	0	0	0	0	0	0	0	0	9	9	—	5	5	0	0	5	9	9	5	0	0	9	0	0
横梁	20	0	5	5	5	0	5	5	9	0	0	0	0	5	5	5	5	5	5	5	—	5	9	9	5	5	5	5	9	5	5	0	0
纵向连接梁	21	0	0	5	0	0	0	0	0	0	0	9	0	0	0	0	0	0	0	5	9	—	5	5	0	5	0	0	0	0	5	0	5
电机安装座	22	0	0	0	5	0	0	0	0	0	0	0	5	5	5	0	0	5	5	5	5	0	—	0	0	0	0	0	0	0	0	0	0
齿轮箱吊座	23	5	0	0	5	0	0	0	0	0	0	0	0	5	5	0	0	5	5	5	5	0	0	—	0	0	0	0	0	0	0	0	0
抗蛇行减振器安装座	24	0	0	0	0	0	0	0	0	5	0	0	0	0	0	0	0	0	0	5	0	0	0	0	—	5	0	0	0	0	5	0	0
轴箱定位节点安装座	25	0	9	5	0	0	0	0	0	0	0	0	0	0	0	0	0	0	0	9	5	5	0	0	0	—	0	0	0	0	5	0	0
一系垂向减振器安装座	26	0	0	0	0	0	9	5	0	0	0	0	0	0	0	0	0	0	0	9	5	5	0	0	0	0	—	5	0	0	0	0	0
空簧安装座	27	0	0	0	9	0	0	9	0	0	0	0	0	0	9	9	0	9	9	9	5	5	0	0	0	0	0	—	0	0	0	0	0
基础制动安装座	28	0	0	0	0	0	0	0	0	0	5	0	0	0	0	5	0	0	0	0	0	0	0	0	0	0	0	0	—	0	0	0	0
二系横向减振器安装座	29	0	0	0	0	0	0	5	0	0	0	9	0	0	0	0	0	0	5	5	5	0	0	0	0	0	0	5	0	—	0	0	9
牵引拉杆节点	30	0	9	9	0	0	0	0	0	0	0	0	0	9	9	0	0	9	9	9	0	0	0	0	0	9	0	0	0	0	—	0	0
闸片组成	31	0	0	0	0	0	0	0	0	0	9	0	0	0	0	9	9	0	0	0	0	0	0	0	0	0	0	0	0	0	0	—	0
横向止挡	32	0	5	5	0	0	0	0	0	0	0	5	0	5	5	0	0	5	5	5	5	9	0	0	0	5	0	0	0	0	5	0	—

图 4-9　转向架零部件物理相关性

功能相关性矩阵		1 减速器	2 轴箱定位节点	3 牵引拉杆	4 轴箱弹簧	5 联轴节	6 一系垂向减振器	7 空气弹簧	8 抗侧滚扭杆	9 抗蛇行减振器	10 制动气缸	11 二系横向减振器	12 牵引电机	13 车轮	14 车轴	15 制动力放大装置	16 轴装制动盘	17 轴承	18 轴箱体	19 侧梁	20 横梁	21 纵向连接梁	22 电机安装座	23 齿轮箱吊座	24 抗蛇行减振器安装座	25 轴箱定位节点安装座	26 一系垂向减振器安装座	27 空簧安装座	28 基础制动安装座	29 二系横向减振器安装座	30 牵引拉杆节点	31 闸片组成	32 横向止挡
减速器	1	—	0	0	0	5	0	0	0	0	0	0	0	0	7	0	0	0	0	0	0	0	0	2	0	0	0	0	0	0	0	0	0
轴箱定位节点	2	0	—	0	0	0	0	0	0	0	0	0	0	0	0	0	0	0	2	0	0	0	0	0	0	2	0	0	0	0	0	0	0
牵引拉杆	3	0	0	—	0	0	0	0	0	0	0	0	0	0	0	0	0	0	0	0	2	0	0	0	0	0	0	0	0	0	2	0	0
轴箱弹簧	4	0	0	0	—	0	0	0	0	0	0	0	0	0	0	0	0	0	2	2	0	0	0	0	0	0	0	0	0	0	0	0	0
联轴节	5	5	0	0	0	—	0	0	0	0	0	0	5	0	0	0	0	0	0	0	0	0	0	0	0	0	0	0	0	0	0	0	0
一系垂向减振器	6	0	0	0	0	0	—	0	0	0	0	0	0	0	0	0	0	0	2	0	0	0	0	0	0	0	2	0	0	0	0	0	0
空气弹簧	7	0	0	0	0	0	0	—	0	0	0	0	0	0	0	0	0	0	0	0	0	0	0	0	0	0	0	5	0	0	0	0	0
抗侧滚扭杆	8	0	0	0	0	0	0	0	—	0	0	0	0	0	0	0	0	0	0	0	2	0	0	0	0	0	0	0	0	0	0	0	0
抗蛇行减振器	9	0	0	0	0	0	0	0	0	—	0	0	0	0	0	0	0	0	0	0	0	0	0	0	0	0	0	5	0	0	0	0	0
制动气缸	10	0	0	0	0	0	0	0	0	0	—	0	0	0	0	2	5	0	0	0	0	0	0	0	0	0	0	0	0	0	0	0	0
二系横向减振器	11	0	0	0	0	0	0	0	0	0	0	—	0	0	0	0	0	0	0	0	0	0	0	0	0	0	0	0	0	2	0	0	0
牵引电机	12	0	0	0	0	5	0	0	0	0	0	0	—	0	0	0	0	0	0	0	0	0	2	0	0	0	0	0	0	2	0	0	0
车轮	13	0	0	0	0	0	0	0	0	0	0	0	0	—	7	0	3	0	0	0	0	0	0	0	0	0	0	0	0	0	0	0	0
车轴	14	7	0	0	0	0	0	0	0	0	0	0	0	7	—	0	0	7	2	0	0	0	0	0	0	0	0	0	0	0	0	0	0
制动力放大装置	15	0	0	0	0	0	0	0	0	0	2	0	0	0	0	—	0	0	0	0	0	0	0	0	0	0	0	0	2	0	0	2	0
轴装制动盘	16	0	0	0	0	0	0	0	0	0	0	0	0	3	0	0	—	0	0	0	0	0	0	0	0	0	0	0	0	0	0	0	0
轴承	17	0	0	0	0	0	0	0	0	0	0	0	0	0	7	0	0	—	5	0	0	0	0	0	0	0	0	0	0	0	0	0	0
轴箱体	18	0	2	0	2	0	2	0	0	0	0	0	0	0	2	0	0	7	—	0	0	0	0	0	0	0	0	0	0	0	0	0	0
侧梁	19	0	0	0	2	0	0	0	0	0	0	0	0	0	0	0	0	0	0	—	9	9	0	0	0	9	9	9	0	0	0	0	0
横梁	20	0	0	0	0	0	0	0	2	0	0	0	0	0	0	0	0	0	0	9	—	9	9	9	0	0	0	0	0	0	0	0	0
纵向连接梁	21	0	0	0	0	0	0	0	0	0	0	0	0	0	0	0	0	0	0	0	9	—	0	0	0	0	0	0	0	9	0	0	5
电机安装座	22	0	0	0	0	0	0	0	0	0	0	0	2	0	0	0	0	0	0	0	9	0	—	0	0	0	0	0	0	0	0	0	0
齿轮箱吊座	23	2	0	0	0	0	0	0	0	0	0	0	0	0	0	0	0	0	0	0	9	0	0	—	0	0	0	0	0	0	0	0	0
抗蛇行减振器安装座	24	0	0	0	0	0	0	0	0	2	0	0	0	0	0	0	0	0	0	0	0	0	0	0	—	0	0	9	0	0	0	0	0
轴箱定位节点安装座	25	0	2	0	0	0	0	0	0	0	0	0	0	0	0	0	0	0	0	9	0	0	0	0	0	—	0	0	0	0	0	0	0
一系垂向减振器安装座	26	0	0	0	0	0	2	0	0	0	0	0	0	0	0	0	0	0	0	9	0	0	0	0	0	0	—	0	0	0	0	0	0
空簧安装座	27	0	0	0	0	0	0	5	0	0	0	0	0	0	0	0	0	0	0	9	0	0	0	0	9	0	0	—	0	0	0	0	0
基础制动安装座	28	0	0	0	0	0	0	0	0	0	0	0	0	0	0	2	0	0	0	0	9	0	0	0	0	0	0	0	—	0	0	0	0
二系横向减振器安装座	29	0	0	0	0	0	0	0	0	0	0	2	0	0	0	0	0	0	0	0	0	9	0	0	0	0	0	0	0	—	0	0	0
牵引拉杆节点	30	0	0	2	0	0	0	0	0	0	0	0	0	0	0	0	0	0	0	0	0	0	0	0	0	0	0	0	0	0	—	0	0
闸片组成	31	0	0	0	0	0	0	0	0	0	0	0	0	0	0	2	0	0	0	0	0	0	0	0	0	0	0	0	0	0	0	—	0
横向止挡	32	0	0	1	0	0	0	0	0	0	0	0	0	0	0	0	0	0	0	0	0	5	0	0	0	0	0	0	0	0	0	0	—

（a）转向架零部件连接相关性矩阵

功能相关性矩阵		1 减速器	2 轴箱定位节点	3 牵引拉杆	4 轴箱弹簧	5 联轴节	6 一系垂向减振器	7 空气弹簧	8 抗侧滚扭杆	9 抗蛇行减振器	10 制动气缸	11 二系横向减振器	12 牵引电机	13 车轮	14 车轴	15 制动力放大装置	16 轴装制动盘	17 轴承	18 轴箱体	19 侧梁	20 横梁	21 纵向连接梁	22 电机安装座	23 齿轮箱吊座20 横梁	24 抗蛇行减振器安装座	25 轴箱定位节点安装座	26 一系垂向减振器安装座	27 空簧安装座	28 基础制动安装座	29 二系横向减振器安装座	30 牵引拉杆节点	31 闸片组成	32 横向止挡
减速器	1	—	0	0	0	7	0	0	0	0	0	0	0	0	7	0	0	0	0	0	0	0	0	6	0	0	0	0	0	0	0	0	0
轴箱定位节点	2	0	—	0	0	0	0	0	0	0	0	0	0	0	0	0	0	0	5	0	0	0	0	0	0	8	0	0	0	0	0	0	0
牵引拉杆	3	0	0	—	0	0	0	0	0	0	0	0	0	0	0	0	0	0	0	0	7	0	0	0	0	0	0	0	0	0	0	6	0
轴箱弹簧	4	0	0	0	—	0	0	0	0	0	0	0	0	0	0	0	0	0	8	6	0	0	0	0	0	0	0	0	0	0	0	0	0
联轴节	5	7	0	0	0	—	0	0	0	0	0	0	7	0	0	0	0	0	0	0	0	0	0	0	0	0	0	0	0	0	0	0	0
一系垂向减振器	6	0	0	0	0	0	—	0	0	0	0	0	0	0	0	0	0	0	4	0	0	0	0	0	0	0	4	0	0	0	0	0	0
空气弹簧	7	0	0	0	0	0	0	—	0	0	0	0	0	0	0	0	0	0	0	0	0	0	0	0	0	0	0	5	0	0	0	0	0
抗侧滚扭杆	8	0	0	0	0	0	0	0	—	0	0	0	0	0	0	0	0	0	0	0	4	0	0	0	0	0	0	0	0	0	0	0	0
抗蛇行减振器	9	0	0	0	0	0	0	0	0	—	0	0	0	0	0	0	0	0	0	0	0	0	0	0	0	0	0	5	0	0	0	0	0
制动气缸	10	0	0	0	0	0	0	0	0	0	—	0	0	0	0	6	6	0	0	0	0	0	0	0	0	0	0	0	0	0	0	0	0
二系横向减振器	11	0	0	0	0	0	0	0	0	0	0	—	0	0	0	0	0	0	0	0	0	0	0	0	0	0	0	0	0	6	0	0	0
牵引电机	12	0	0	0	0	7	0	0	0	0	0	0	—	0	0	0	0	0	0	0	0	0	7	0	0	0	0	0	0	0	0	0	0
车轮	13	0	0	0	0	0	0	0	0	0	0	0	0	—	8	0	7	0	0	0	0	0	0	0	0	0	0	0	0	0	0	0	0
车轴	14	7	0	0	0	0	0	0	0	0	0	0	0	8	—	0	0	7	6	0	0	0	0	0	0	0	0	0	0	0	0	0	0
制动力放大装置	15	0	0	0	0	0	0	0	0	0	6	0	0	0	0	—	0	0	0	0	0	0	0	0	0	0	0	0	5	0	0	4	0
轴装制动盘	16	0	0	0	0	0	0	0	0	0	6	0	0	7	0	0	—	0	0	0	0	0	0	0	0	0	0	0	0	0	0	0	0
轴承	17	0	0	0	0	0	0	0	0	0	0	0	0	0	7	0	0	—	5	0	0	0	0	0	0	0	0	0	0	0	0	0	0
轴箱体	18	0	5	0	8	0	4	0	0	0	0	0	0	0	6	0	0	7	—	0	0	0	0	0	0	0	0	0	0	0	0	0	0
侧梁	19	0	0	0	6	0	0	0	0	0	0	0	0	0	0	0	0	0	0	—	9	9	0	0	0	9	9	9	0	0	0	0	0
横梁	20	0	0	7	0	0	0	0	4	0	0	0	0	0	0	0	0	0	0	9	—	9	9	9	0	0	0	0	0	0	0	0	0
纵向连接梁	21	0	0	0	0	0	0	0	0	0	0	0	0	0	0	0	0	0	0	0	9	—	0	0	0	0	0	0	0	9	0	0	5
电机安装座	22	0	0	0	0	0	0	0	0	0	0	0	7	0	0	0	0	0	0	0	9	0	—	0	0	0	0	0	0	0	0	0	0
齿轮箱吊座	23	6	0	0	0	0	0	0	0	0	0	0	0	0	0	0	0	0	0	0	9	0	0	—	0	0	0	0	0	0	0	0	0
抗蛇行减振器安装座	24	0	0	0	0	0	0	0	0	2	0	0	0	0	0	0	0	0	0	0	0	0	0	0	—	0	0	9	0	0	0	0	0
轴箱定位节点安装座	25	0	8	0	0	0	0	0	0	0	0	0	0	0	0	0	0	0	0	9	0	0	0	0	0	—	0	0	0	0	0	0	0
一系垂向减振器安装座	26	0	0	0	0	0	4	0	0	0	0	0	0	0	0	0	0	0	0	9	0	0	0	0	0	0	—	0	0	0	0	0	0
空簧安装座	27	0	0	0	0	0	0	5	0	0	0	0	0	0	0	0	0	0	0	9	0	0	0	0	9	0	0	—	0	0	0	0	0
基础制动安装座	28	0	0	0	0	0	0	0	0	0	0	0	0	0	0	2	0	0	0	0	9	0	0	0	0	0	0	0	—	0	0	0	0
二系横向减振器安装座	29	0	0	0	0	0	0	0	0	0	0	6	0	0	0	0	0	0	0	0	0	9	0	0	0	0	0	0	0	—	0	0	0
牵引拉杆节点	30	0	0	6	0	0	0	0	0	0	0	0	0	0	0	0	0	0	0	0	0	0	0	0	0	0	0	0	0	0	—	0	0
闸片组成	31	0	0	0	0	0	0	0	0	0	0	0	0	0	0	4	0	0	0	0	0	0	0	0	0	0	0	0	0	0	0	—	0
横向止挡	32	0	0	1	0	0	0	0	0	0	0	0	0	0	0	0	0	0	0	0	0	5	0	0	0	0	0	0	0	0	0	0	—

（b）转向架零部件形位相关性矩阵

图 4-10　转向架零部件几何相关性

表 4-5　转向架相关性权重分配

相关性	权重	权重值	子级相关性	权重	权重值
功能相关性	ω_1	0.537	—	—	—
几何相关性	ω_2	0.105	连接相关性	ω_{21}	0.674
			形位相关性	ω_{22}	0.326
物理相关性	ω_3	0.358	能量流	ω_{31}	1
			物质流	ω_{32}	—
			信息流	ω_{33}	—

根据表 4-5 所示的权重，对功能、物理、几何相关性进行加权得到综合矩阵，如图 4-11 所示。

3. 转向架模块聚类划分结果

根据前面高速列车转向架功能-结构分析，高速列车转向架主要具有六大功能，按照功能-结构独立的关键模块划分原则，同时结合功能、物理、几何三方面的相关性，设定染色体矩阵 $\boldsymbol{A}$ 中的聚类数 $l=5\sim8$。设定遗传算法中染色体的种群数 $m=200$，遗传操作的交叉概率为 0.99，变异概率为 0.05，在每一聚类数下循环终止代数为 2 000，得到最终的模块划分结果，如表 4-6 所示。

表 4-6　转向架模块划分结果

模　块	模块包含零部件编号	模块分析
M_1	1，5，12	模块组成在动车与拖车转向架中为差异结构，主要用于提供和传递动力
M_2	2，4，6	主要用于缓冲减振，保障行车安全
M_3	10，15，16，31	用于制动减速
M_4	7，8，9，11	模块中 8 为差异结构，随着转向架的发展，其已经成为共性结构，主要用于缓冲减振，保障行车安全和舒适性
M_5	13，14，18	用于提供动力
M_6	19，20，21，22，23，24，25，26，27，28，29，32	模块中 22、23 为差异结构，与模块 M_1 在转向架中同时存在，用于承载和安装
M_7	3，30	传递转向架与车体之间的载荷

功能相关性矩阵		1 减速器	2 轴箱定位节点	3 牵引拉杆	4 轴箱弹簧	5 联轴节	6 一系垂向减振器	7 空气弹簧	8 抗侧滚扭杆	9 抗蛇行减振器	10 制动气缸	11 二系横向减振器	12 牵引电机	13 车轮	14 车轴	15 制动力放大装置	16 轴装制动盘	17 轴承	18 轴箱体	19 侧梁	20 横梁	21 纵向连接梁	22 电机安装座	23 齿轮箱吊座	24 抗蛇行减振器安装座	25 轴箱定位节点安装座	26 一系垂向减振器安装座	27 空簧安装座	28 基础制动安装座	29 二系横向减振器安装座	30 牵引拉杆节点	31 闸片组成	32 横向止挡
减速器	1	0	0	0	0	0.607	0	0	0	0	0	0	4.847	0.0135	4.508	0	0	0	0	0	0	0	0	0.347	0	0	0	0	0	0	0	0	0
轴箱定位节点	2	0	0	0	3.759	0	3.759	3.759	3.759	3.759	0	3.759	0	0.0135	0.014	0	0	0	0.326	0	0	0	0	0	0	3.114	0	0	0	0	3.759	0	0
牵引拉杆	3	0	3.759	0	0	0	0	0	0	0	0	0	0	0	0	0	0	0	0	2.685	3.066	0	0	0	0	0	0	0	0	0	4.106	0	0
轴箱弹簧	4	0	3.759	0	0	0	3.759	3.759	3.759	3.759	0	3.759	0	0.0135	0.014	0	0	0.014	0.429	0.36	0.008	0	0	0	0	0	0	0	0	0	2.693	0	0
联轴节	5	4.366	0	0	0	0	0	0	0	0	0	0	4.366	0.0135	0.014	0	0	0.014	0	0	0	0	0	0	0	0	0	0	0	0	0	0	0
一系垂向减振器	6	0	3.759	0	3.759	0	0	3.773	3.759	3.759	0	3.759	0	0.0135	0.014	0	0	0.014	0.292	0.014	0	0	0	0	0	0.014	0.2929	0.014	0	0	2.685	0	0
空气弹簧	7	0	3.759	0	3.759	0	3.759	0	3.759	3.759	0	3.759	0	0.0135	0.014	0	0	0.014	0.014	0.014	0	0	0	0	0	0.014	0.014	4.298	0	0	2.685	0	0
抗侧滚扭杆	8	0	2.685	0	3.759	0	3.759	3.759	0	3.759	0	3.759	0	0	0	0	0	0	0	0	0.292	0	0	0	0	0	0	0	0	0	5.193	0	0
抗蛇行减振器	9	0	3.759	0	0	0	3.759	4.296	3.759	0	0	3.759	0	0	0	0	0	0	0	0	0	0	0	0	2.69	0	0	0.533	0	0	5.759	0	0
制动气缸	10	0	0	0	0	0	0	0	0	0	0	0	0	0	0	5.193	4.3317	0	0	0	0	0	0	0	0	0	0	0	0	0	0	3.773	0
二系横向减振器	11	0	3.759	0	2.685	0	3.759	3.759	3.759	3.759	0	0	0	0	0	0	0	0	0	0	0	0	0	0	0	0	0	0	0	0.36	2.685	0	3.76
牵引电机	12	3.773	0	0	0	4.366	0	0	0	0	0	0	0	2.6985	2.699	0	0	0.014	0	0	0	0	3.07	2.685	0	0	0	0	0	0	0	0	0
车轮	13	3.773	2.685	2.69	0	0.014	0	0	0	0	0	0	0	0	4.542	0	0.4519	3.773	3.759	2.685	2.685	2.685	0	0	0	0	0	0	0	0	2.685	0	0
车轴	14	4.508	2.685	2.69	0	0.014	0	0	0	0	0	0	0	0.7692	0	0	0	4.508	4.106	2.685	2.685	2.685	0	0	0	0	0	0	0	0	2.685	0	0
制动力放大装置	15	0	0	0	0	0	0	0	0	0	5.193	0	0	0	0	0	3.7725	0	0	0	0	0	0	0	0	0	0	0	0.31	0	0	5.125	0
轴装制动盘	16	0	0	0	0	0	0	0	0	0	3.964	0	0	0.4519	0	3.773	0	0	0	0	0	0	0	0	0	0	0	0	0	0	0	3.773	0
轴承	17	2.685	0	0	0.014	0	0	0	0	0	0	0	2.685	3.7725	4.508	0	0	0	4.298	0	0	0	0	0	0	0.014	0	0	0	0	0.014	0	0
轴箱体	18	0	0.313	3.76	3.114	0	0.278	0	0	0	0	0	0	0	0.347	0	0	4.508	0	2.685	2.685	2.685	0	0	0	3.773	0	0	0	0	3.773	0	0
侧梁	19	0	2.699	2.69	4.119	0	0.014	3.759	0	0	0	0	0	0	0	0	0	0.014	0.014	0	4.712	4.712	0	0	0.01	3.644	0.959	3.638	2.69	0	2.699	0	0
横梁	20	0	2.693	3.07	2.693	0	0.008	2.693	0.292	0	0	0	0	0.0075	0.008	0.008	0.0075	0.008	0.008	4.712	0	4.712	0.96	0.959	0.01	0.008	0.008	0.008	0.01	0.008	0.008	0	0
纵向连接梁	21	0	2.685	2.69	2.685	0	0	2.685	0	0	0	0.014	0	0	0	0	0	0	0	3.767	0.959	0	0.01	0.008	0	0.008	0	0	2.69	3.63	0.008	0	0.53
电机安装座	22	0	0	0	0.008	1.611	0	0	0	0	0	0	3.611	0.0075	0.008	0	0	0.008	0.008	3.23	4.712	3.222	0	1.611	0	0	0	0	0	0	0	0	0
齿轮箱吊座	23	0.354	0	0	0.008	0	0	0	0	0	0	0	0	0.0075	0.008	0	0	0.008	0.008	3.23	4.712	3.222	0	0	0	0	0	0	0	0	0	0	0
抗蛇行减振器安装座	24	0	0	0	0	0	0	0	0	0.2175	0	0	0	0	0	0	0	0	0	3.23	3.759	3.222	0	0	0	0.008	0	0.008	0	0	0.008	0	0
轴箱定位节点安装座	25	0	0.429	0.01	0	0	0	0	0	0	0	0	0	0	0	0	0	0	0	4.181	3.767	3.23	0	0	0	0	0	0	0	0	0.008	0	0
一系垂向减振器安装座	26	0	0	0	0	0	0.292	0.008	0	0	0	0	0	0	0	0	0	0	0	4.181	3.767	3.23	0	0	0	0	0	0.008	0	0	0	0	0
空簧安装座	27	0	0	0	0.014	0	0	0.539	0	0	0	0	0	0	0.014	0.014	0	0.014	0.014	4.181	3.767	3.23	0	0	0.95	0	0	0	0	0	0	0	0
基础制动安装座	28	0	0	0	0	0	0	0	0	0	0.008	0	0	0	0	0.218	0	0	0	3.222	4.704	3.222	0	0	0	0	0	0	0	0	0	0	0
二系横向减振器安装座	29	0	0	0	0	0	0	0.008	0	0	0	0.36	0	0	0	0	0	0	0	3.23	3.767	4.175	0	0	0	0	0	0.008	0	0	0	0	0.01
牵引拉杆节点	30	1.611	2.699	5.19	0	1.611	0	0	0	0	0	0	2.685	0.0135	0.014	0	0	0.014	0.014	2.699	2.699	2.685	0	0	0	0.014	0	0	0	0	0	0	0
闸片组成	31	0	0	0	0	0	0	0	0	0	3.773	0	0	0	0	4.051	0.0135	0	0	0	0	0	0	0	0	0	0	0	0	0	0	0	0
横向止挡	32	0	2.693	0.11	0	0	0	0	0	0	0	3.767	0	0.0075	0.008	0	0	0.008	0.008	0.008	0.008	0.539	0	0	0	0.008	0	0	0	2.685	0.008	0	0

图 4-11　转向架零部件综合性矩阵

4.2　产品模块接口标准化设计

4.2.1　机械产品模块接口标准化原则

产品模块化设计的目的是使企业能通过功能、结构相对固定的模块选择和组合来实现多样化产品的快速定制和配置，满足不断变化的市场需求，从而最终实现降低成本、减少设计周期、提高生产效益和产品质量。但是一系列独立、分散的模块是不能组成一个产品的，必须要按照一定的结构、一定的模块接口形式进行连接才能形成一个完整的产品。因此接口的标准化设计对模块的互换性和通用性具有决定性作用。

机械产品模块接口标准化主要有两个原则，即模块接口几何形状的统一性原则和模块接口几何尺寸的优选性原则。此外还要求模块接口材料尽可能相同，几何尺寸的形位精度、表面粗糙度等尽可能保持一致。

模块接口几何形状统一性原则：具有相同功能的模块接口应采用相同的几何形状或者拓扑结构。即对于系列化的模块接口，其接口几何形状都应相同，只有尺寸上的差异。

模块接口几何尺寸优选原则：对于同一系列的模块接口，其几何尺寸的选定应满足优先数系，从而产生系列化模块。其中系列化模块通常指具有相同功能、不同性能参数的模块。

4.2.2　机械产品模块接口标准化流程

4.2.2.1　标准化总体流程框图

机械产品模块接口标准化的总体流程如图 4-12 所示。首先对现有各种变型产品的相似性功能模块接口进行调研，找出各种接口类型的适用性和优缺点，然后分别进行接口特性分析。在保证功能需求的基础上，基于接口综合性能最优评价来确定出基型结构，并确定接口参数系列，尤其是主参数系列、主参数系列范围和主参数系列分级。最后对设计的接口进行各类指标的分析计算，如强度指标、刚度指标、韧性、耐磨性、经济性等检测。若不符合要求则进行方案的再设计，若符合要求则进行接口的标准化编码，完成接口的标准化设计。

4.2.2.2　复杂机械产品模块接口特性分析

机械产品模块接口是指有着相互结合关系的模块在结合部位存在的具有一定几何形状、尺寸和精度的边界结合表面。模块之间的边界结合面是成对出现的，因此模块接口具有对偶性。通常将成对出现的边界结合表面称为接口副。

两模块的结合要素和结合表面特征均可以通过模块接口的特性来体现，或者通过模块接口采用的具体连接要素来描述，接口特性可用于评测模块互换性程度，也常用于评价模块独立性、耦合性的强弱。

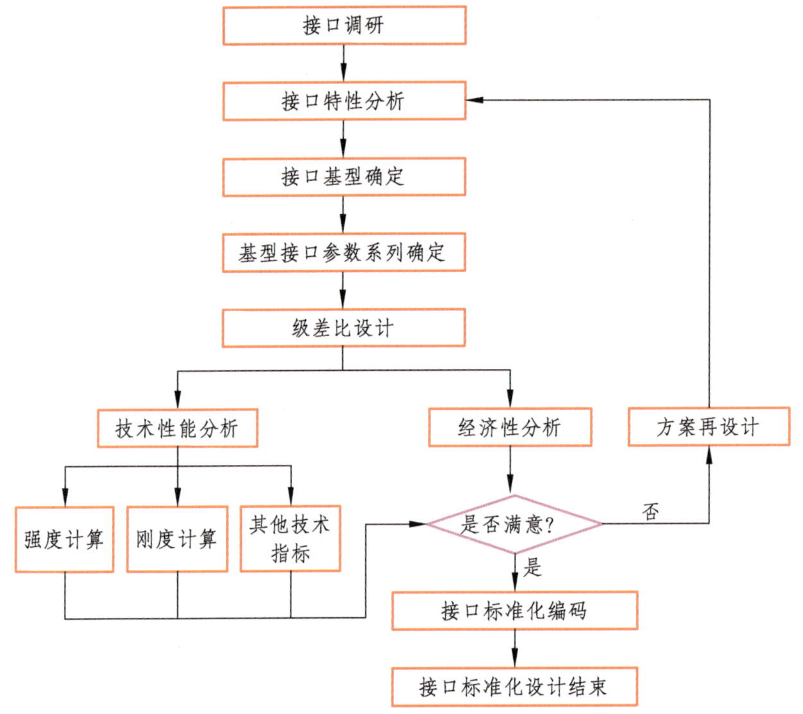

图 4-12　接口标准化流程

基于模块接口从设计、工艺、制造、使用、维护等全生命周期过程分析的基础上，可以总结出机械产品模块通常具有如图 4-13 所示的接口特性：接口通常包括功能特性、几何特性、材料特性和制造特性四大类。其中，功能特性指模块接口传递功能流（能量流、物料流、信息流）的特性。对于高速列车、汽车、飞机等复杂运动机械产品来说，这四类特性具体如下：

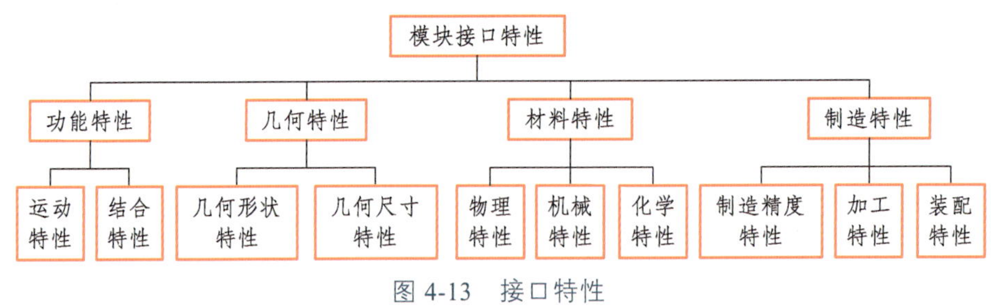

图 4-13　接口特性

（1）功能特性：复杂运动机械的模块接口通常用于传递动力和运动，因此功能特性包括运动特性和结合特性。

（2）几何特性：主要包括几何形状特性和几何尺寸特性，也称为几何拓扑与尺寸，是模块实现功能特性的具体载体。

（3）材料特性：主要包括物理特性、机械特性和化学特性。物理特性主要指电学特性（导电率、压电性、铁电性、介电常数等）、磁学特性（抗磁性、顺磁性、铁磁性等）、

光学特性（折射指数、吸收光谱等）、热学特性（熔点、热导率、热膨胀系数等）。化学特性指氧化腐蚀性、耐酸碱性、耐有机溶剂、抗有机溶剂、耐老化性等。机械特性主要包括弹性、塑性、刚度、强度、硬度、冲击韧性、断裂韧性和疲劳强度等。通常对于机械动力接口，必须进行接口强度、刚度、冲击韧性、断裂韧性和疲劳强度等的分析。

（4）制造特性：主要包括制造精度特性、加工特性和装配特性，即接口连接要素要有一定的精度，包括形状精度和位置精度，同时还要适应现有的加工技术，并具有较好的装配性能。

4.2.2.3 模块接口数据结构

模块接口数据结构是模块接口特性的一个更详细化、逻辑层次化的表示，它不仅包含接口的基本特征元素，还包括特征元素之间的逻辑关系。因此，接口数据结构可以有利于实现接口设计装配的程序化。由于接口数据结构是所有接口特性元素的集合，每一种特定的接口类型都由其独有的特征元素组成。如图 4-14 所示为常见机械零部件接口数

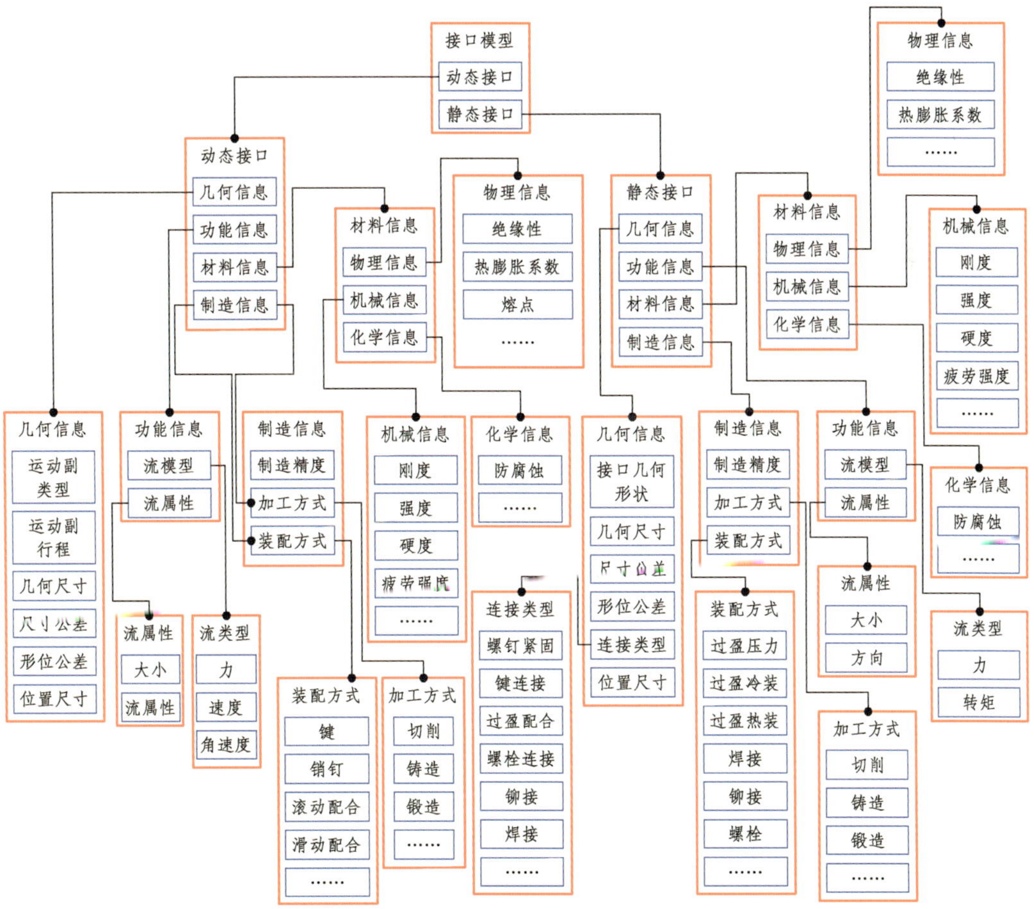

接口模型：动态接口、静态接口
动态接口：几何信息、功能信息、材料信息、制造信息
材料信息：物理信息、机械信息、化学信息
物理信息：绝缘性、热膨胀系数、熔点、……
静态接口：几何信息、功能信息、材料信息、制造信息
材料信息：物理信息、机械信息、化学信息
物理信息：绝缘性、热膨胀系数、……
机械信息：刚度、强度、硬度、疲劳强度、……
几何信息：运动副类型、运动副行程、几何尺寸、尺寸公差、形位公差、位置尺寸
功能信息：流模型、流属性
流属性：大小、流属性
流类型：力、速度、角速度
制造信息：制造精度、加工方式、装配方式
装配方式：键、销钉、滚动配合、滑动配合、……
加工方式：切削、铸造、锻造、……
机械信息：刚度、强度、硬度、疲劳强度、……
化学信息：防腐蚀、……
几何信息：接口几何形状、几何尺寸、尺寸公差、形位公差、连接类型、位置尺寸
连接类型：螺钉紧固、键连接、过盈配合、螺栓连接、铆接、焊接、……
制造信息：制造精度、加工方式、装配方式
装配方式：过盈压力、过盈冷装、过盈热装、焊接、铆接、螺栓、……
功能信息：流模型、流属性
流属性：大小、方向
加工方式：切削、铸造、锻造、……
化学信息：防腐蚀、……
流类型：力、转矩

图 4-14 模块接口数据结构图

据结构图。按结构数据的变化性将接口分为动态接口和静态接口，其主要特性区别如下：动态接口的几何信息中，通常要进行运动副和运动行程的描述，而静态接口应进行接口形状和接口连接类型的描述；静态接口的功能信息中主要的流类型为力、力矩，而动态接口还包括的流类型有速度、角速度等，因而相应的流属性也不相同。由于动态接口中会出现相对运动，故产生摩擦力，从而导致磨损，此外摩擦做功会产生热，导致材料的胶合等，因此动态接口的物理信息中还应考虑耐磨性、热膨胀系数、熔点等特性。动态接口和静态接口的装配方式有所不同，动态接口通常用销钉、滑动键等形式进行装配，而静态接口通常用过盈压力装配、冷装、热装、焊接、螺钉、螺栓等方式进行装配。

接口数据的另一个特点是数据的相互关联性，从图 4-15 中可以看出几何信息、功能信息、材料信息、制造信息的相互关系。具体来说，如所示，功能信息是由接口功能需求决定的，根据接口的功能信息，可以设计接口的几何信息和材料信息，如根据功能信息的流类型和作用方向可以设计接口的几何信息（尺寸、形状等），根据功能信息流大小可以设计几何信息（尺寸）和材料信息（强度、刚度等）。制造信息则由几何信息和材料信息决定，如接口的尺寸精度、结构形状、材料的硬度和可铸造性能等，但现有的制造技术水平是制造信息的一个约束，如果现有制造技术无法达到制造要求，则应对几何信息和材料信息进行修改，使其在满足功能信息的条件下可以达到可行性制造。

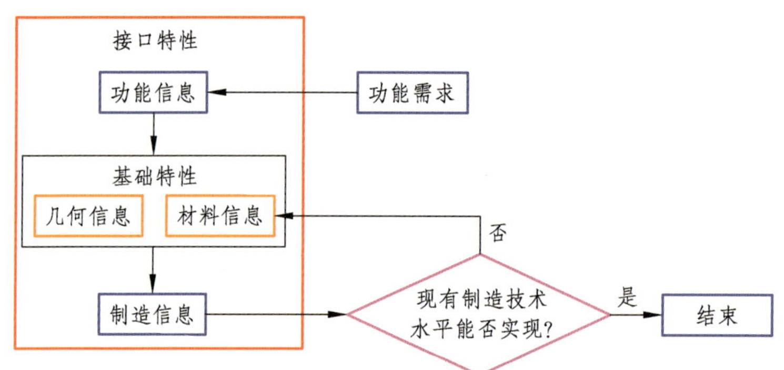

图 4-15　接口特征之间的联系

4.2.2.4　模块接口基型结构确定

模块接口基型结构的确定就是面向相同适用环境下对相同功能的模块接口几何形状的统一，以减少接口的种类，增强模块的互换性。从图 4-15 中可以看出，几何形状信息是由功能信息决定的，由于功能与几何信息为多对多的映射（即功能可以由多种几何结构来实现，而一种几何结构可以实现多个功能），故导致相同功能模块接口的形状有多种。模块接口的基型结构可以通过两种方式得到：选择统一和融合统一。选择统一就是对现有各种形式的模块接口类型进行综合分析评价，选择综合评价最优的一种接口形式作为基型结构，这相当于接口的优胜劣汰原则，具有较广的适用性。而融合统一是指从现有接口类型中博采众长，取长补短，融合成一种更好的形式，这相当于接口的改进创新原则，适用于接口结构具有互补性的情况。根据两种基型结构确定方式的分析，则

可以采用选择统一的方法来选择基型结构。若所选择的基型结构某些方面存在不足，则可通过适当改进来得到最终的基型结构。

由于是针对相同功能模块的接口，其接口具有相同的功能特性，故可以从接口的各方面的性能来建立目标函数进行评价，因此接口基型的确定是一种多准则决策问题，而层次分析法（AHP）可以将定性分析和定量分析相结合，从而有效进行方案的优劣评价。如图 4-16 所示，针对接口基型结构的选择问题，将影响因素分为三层：第一层为目标层，选择最佳的接口类型；第二层为准则层，包括接口的装配性能、工艺性能、接口精度、接口可靠性、接口重复利用率 5 个方面；第三层为方案层，就是现有的接口类型。

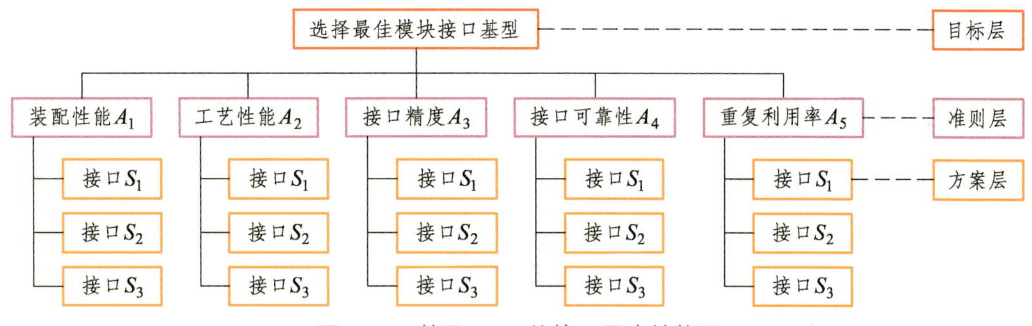

图 4-16　基于 AHP 的接口层次结构图

基于 AHP 的接口基型分析步骤如图 4-17 所示。

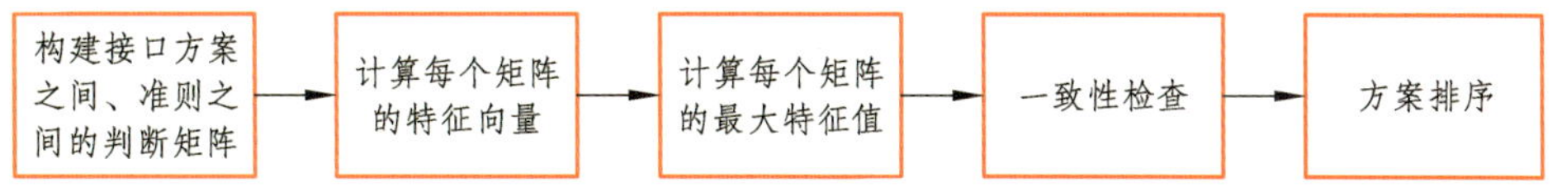

图 4-17　基于 AHP 的接口基型分析步骤

（1）首先建立准则之间的两两对比矩阵 $\boldsymbol{A}_{准则}$（可靠性是指接口的强度、疲劳强度等，通常对于动力类的机械产品，接口的主要作用是传递动力，因此需要保证一定的可靠性；工艺性和装配性分别指接口制造和装配的难易程度；而接口精度通常指配合面的形位精度、表面质量等，对动态接口要求较高；接口的可重复利用率主要指接口连接方式是否是永久性连接、是否可修复，但其必须在保证接口有效性的基础上来提高重复利用率），再分别建立接口方案之间的两两对比矩阵 $\boldsymbol{A}_{准则}$、$\boldsymbol{A}_{装配性能}$、$\boldsymbol{A}_{工艺性能}$、$\boldsymbol{A}_{接口精度}$、$\boldsymbol{A}_{接口可靠性}$、$\boldsymbol{A}_{重复利用率}$。

（2）然后依次计算各个对比矩阵的特征向量 $\omega_{准则}$、$\omega_{装配性能}$、$\omega_{工艺性能}$、$\omega_{接口精度}$、$\omega_{接口可靠性}$、$\omega_{重复利用率}$。

（3）计算各个对比矩阵的最大特征值 $\lambda_{准则}$、$\lambda_{装配性能}$、$\lambda_{工艺性能}$、$\lambda_{接口精度}$、$\lambda_{接口可靠性}$、$\lambda_{重复利用率}$。

（4）依次进行一致性检查。

（5）计算综合性能序列矩阵 $\boldsymbol{R}$。计算公式如下：

$$\boldsymbol{R} = (\omega_{装配性能}, \omega_{工艺性能}, \omega_{接口精度}, \omega_{接口可靠性}, \omega_{重复利用率})\omega_{准则}$$

列向量 $\boldsymbol{R}$ 的元素最大值所对应的接口方案即为最优方案，如所选择的接口方案具有一定的性能缺陷，则可以根据设计经验进行局部改进，以获得性能更优的接口类型作为基型结构。

4.2.2.5 模块接口参数系列化

模块接口参数是指用来标识接口的结构特性（如外形尺寸）和功能特性（如额定转矩、转速）的一组量值。其中用来反映基本结构和主要性能的一组参数称为基本参数，如联轴器接口的孔径、孔深、额定转矩等参数。而在基本参数中起主导作用的一两个参数称为主参数，如联轴器的额定转矩为其主参数。对基型结构进行接口参数系列化的过程如图 4-18 所示。

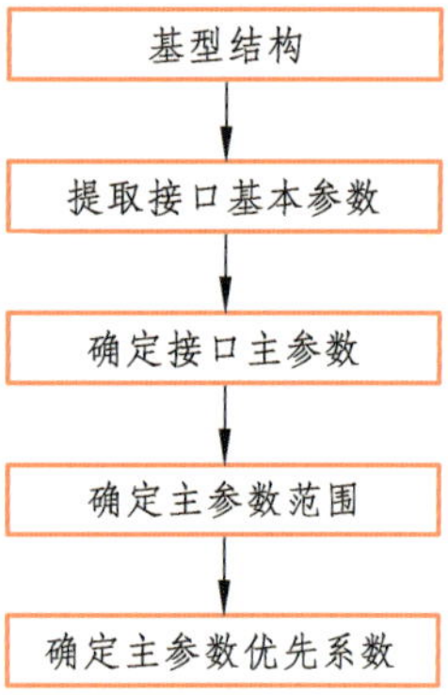

图 4-18 接口参数系列化的过程

（1）首先基于基型结构，提取出接口的基本参数。

（2）然后进行接口主参数的确定。接口主参数的确定原则主要包括如下方面：能够反映接口的主要特性和功能；是否是接口中最稳定的参数，能作为接口设计出发点的参数；能否作为用户选用接口或者功能模块的主要依据。通常主参数最多为两个，然后再根据重要性将其设为第一主参数、第二主参数。

（3）确定主参数的数值范围：确定该模块的最大规格和最小规格。数值范围的确定一般要经过对现有性能需求和长远需求情况、生产情况和质量水平、技术发展等多方面的调查研究及周密的分析后才能确定。

（4）确定参数系列：根据主参数的数值范围比值，选用常见的优先数（如 R_5、R_{10}、R_{20}），运用优先数系的等比数列分级方法进行合理地分档分级。所选定的参数系列最好可能包含现有模块接口的主参数系列（即满足现有的需求），同时还可以满足未来的需求。

4.2.2.6 模块接口标准化编码规则

模块接口的标准化编码是实现模块检索、查询、调用以及管理模块库中模块接口信息所使用的代码。它通常是根据模块接口的结构功能特性而建立的一套用来规范接口命名机制的编码规则。首先，良好的编码规则应该具有较好的可读性，因此编码规则提取的属性应该是可以作为模块接口选择依据的属性，如模块接口的主参数。其次，编码应具有唯一性，有利于实现数据库的存储、查询和调用。此外还应具有足够的扩展空间，为基于基型的变型系列的扩充提供空间。

接口编码：主要包括 9 个码段，如图 4-19 所示。第一个码段为接口代码，以英文“接口”（Interface）首字母 I 表示，码段大小为 1 个码位；第二个码段为产品类型码，产品对象不同则该码段占用的码位不同，如对象为机床时，通常表示机床类别、组别和型号代码，因此占 3 个码位，而当对象为高速列车转向架时，通常表示为转向架的型号，如 CRH380A，因此占 7 个码位；第三个码段为接口类型码，是表示模块接口结合面类型的代码；第四个码段为接口第一主参数码，如接口性能参数，码位不定；第五个码段为接口第二主参数码，它

也是接口设计选型的重要依据参数，但是不同的接口类型不一定具有第二主参数；第六个码段为接口所属的模块代码，由于产品的复杂度不同，故模块代码的码位不定；第七个码段为模块码位之间的间隔符 “—”；第八个码段为配合模块（模块 2）的代码，码位不定；第九个码段为扩展码，由于一对模块结合可能会有多个不同方向和位置的接口，为了表示不同的接口形式和接口的唯一性，故用扩展码进行区别，通常取一个码位。

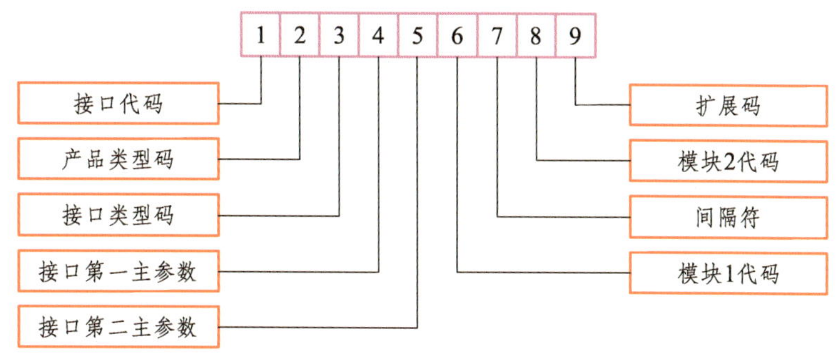

图 4-19　接口编码示意图

4.2.3　高速列车转向架模块接口标准化实例

以高速列车转向架轮对轴箱模块与侧梁模块接口为对象进行接口标准化的实例分析。

4.2.3.1　接口调研

轮对轴箱模块与侧梁模块接口与轴箱定位装置的结构形式有关。转向架中常见的轴箱定位形式有：层叠式橡胶弹簧定位、导框式定位、拉板式定位、拉杆式定位和转臂式定位。但各种定位方式具有不同的适用性和优缺点：层叠式橡胶弹簧定位主要用于现代地铁车辆和城市轻轨，其具有无摩擦磨损、重量轻、结构简单、可吸收高频振动和减少噪声等优点。导框式定位是轴箱在纵向和横向采用刚性连接，同时与侧梁间存在无法消除的自由间隙和相互摩擦，难以保证转向架的高速运动稳定性，目前已很少采用。拉板式定位主要用于日本 0 系和 E2-1000 系转向架，其缺点是纵向尺寸过长。拉杆式定位主要用于我国普通铁路大部分机车，同时也应用于高速列车转向架（CRH5），其相对拉板式定位可以缩短转向架尺寸，并容许具有较大的垂向相对位移。转臂式定位以其结构简单、拆卸方便、定位参数容易精确计算等优点广泛应用于高速动车组，如日本动车组 500 系、700 系和国产 CRH1、CRH2、CRH3 转向架。其中，由于轴箱定位装置的纵向和横向定位刚度的选取对高速列车的横向动力学性能、曲线通过性能和抑制抗蛇行运动具有决定性作用，因此转臂式定位方式可实现各向定位刚度参数的独立设置，体现了重大的优势。在此选择转臂定位的结构形式进行接口标准化研究。

4.2.3.2　接口特性分析

转臂定位结构形式下，轮对轴箱模块与侧梁模块的接口主要有两个配合部分组成，包括轴箱弹簧与侧梁弹簧安装座的配合对和转臂定位节点与转臂定位座的配合对，分别用配合对A和配合对B进行表示。配合对A的功能主要用于垂向力和小部分横向力的传递，而配合对B的功能主要用于传递纵向力和横向力的传递，虽然均采用转臂定位方式，但是接口对的形式却多种多样。图4-20（a）、（b）、（c）分别为CRH1、CHR2、CRH3的接口形式。

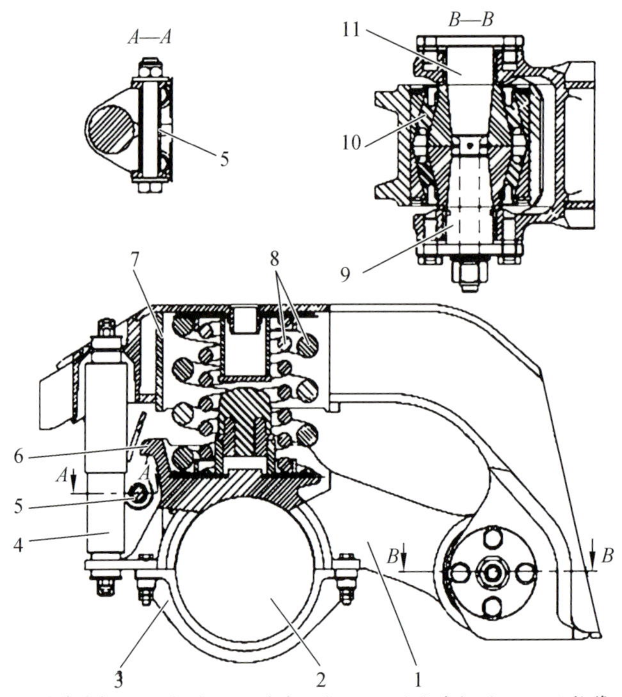

1—定位转臂（包括弹簧座）；2—轴箱；3—底部压板；4—垂向减振器；5—止挡管；6—转臂凸台；7—弹簧套；8—螺旋弹簧；9—锥形套；10—柱形橡胶套；11—锥形销。

（a）CRH1型转向架轴箱模块——侧梁模块接口

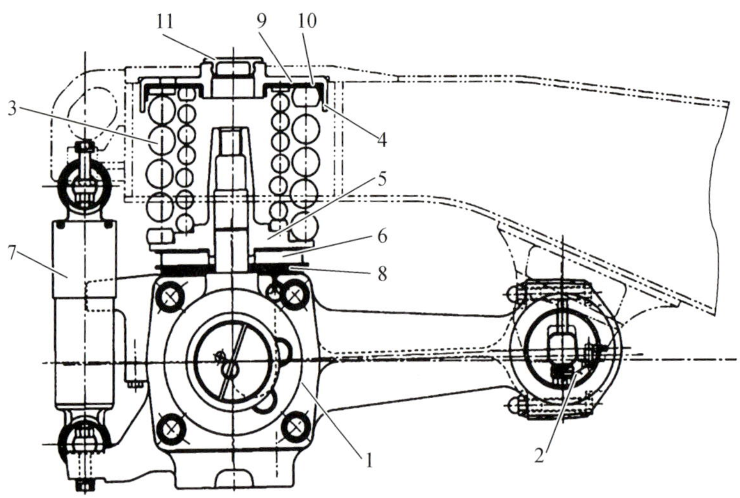

1—轴箱组装（包括转臂）；2—转臂定位销（含弹性橡胶节点）；3—圆弹簧；4—圆弹簧座（上）；5—圆弹簧座（下）；6—防振橡胶；7—油压减振器；8—调整垫；9—绝缘罩；10—挡板；11—防尘盖。

（b）CRH2型转向架轴箱模块——侧梁模块接口

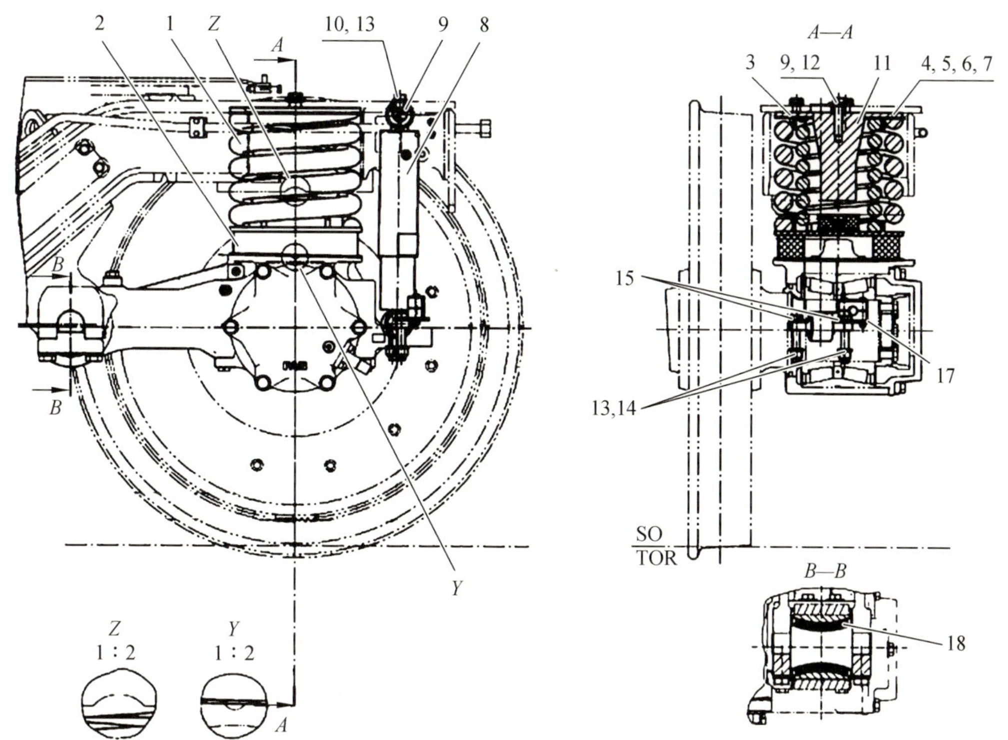

1—螺旋压缩弹簧装置；2—橡胶垫；3—弹簧支架；4—10 mm 间隔垫圈；5—5 mm 间隔垫圈；6—2 mm 间隔垫圈；7—1 mm 间隔垫圈；8—一系垂向减振器；9，13—垫圈；10，12，15—螺钉；11—导柱；14—六角螺母；17—卡座；18—橡胶关节。

（c）CRH3 型转向架轴箱模块——侧梁模块接口

图 4-20　各型转向架转臂式轴箱定位结构示意图

（1）CRH1 型接口的配合对 A1 形式为：以一短孔一大平面定位，连接方式为间隙配合，主要通过大平面来传递车体的垂向重力，短孔柱面传递少部分横向力；B1 形式为：以一长孔、一定位销、一小平面定位，连接方式为间隙配合和销连接、螺钉连接，主要通过配合孔柱面来传递纵向力，通过端平面传递横向力。A1、B1 配合对相关的接口特性如表 4-7 所示。

表 4-7　CRH1 轴箱定位接口特性

接口名称		CRH1	
配合对组成		A1	B1
接口动静态		静态	静态
几何信息	接口形状（定位方式）	大平面 + 短孔	小平面 + 定位销 + 长孔
	几何尺寸	孔径 + 孔深 + 配合平面直径	平面直径 + 螺栓、定位销配合孔径
	位置尺寸	A1 大平面与 B1 定位销中心线的垂直距离，A1 短孔中心线与 B1 定位销中心线的水平距离，螺栓、定位销分布尺寸	

续表

<table>
<tr><th colspan="2">接口名称</th><th colspan="2">CRH1</th></tr>
<tr><td rowspan="4">几何信息</td><td>尺寸公差</td><td>间隙配合带</td><td>间隙配合带</td></tr>
<tr><td rowspan="2">形位公差</td><td>孔、平面垂直度</td><td>前后定位座配合面的平行度、孔的同轴度、锥形销的端面与轴线的垂直度</td></tr>
<tr><td colspan="2">B1 定位销中心线与 A1 大平面、A1 短空中心线的位置度</td></tr>
<tr><td>连接类型</td><td>间隙配合</td><td>间隙配合＋定位销＋螺钉</td></tr>
<tr><td rowspan="3">功能信息</td><td>流类型</td><td>力</td><td>力</td></tr>
<tr><td>流大小</td><td>—</td><td>—</td></tr>
<tr><td>流方向</td><td>垂向力＋少部分横向力</td><td>纵向力＋横向力</td></tr>
<tr><td>材料信息</td><td>强度</td><td>—</td><td>—</td></tr>
<tr><td rowspan="2">制造信息</td><td>加工方式</td><td>切削</td><td>模锻＋切削</td></tr>
<tr><td>装配方式</td><td></td><td>销＋螺钉</td></tr>
</table>

（2）CRH2 型接口的配合对 A2 形式为：以一短孔一大平面定位，连接方式为间隙配合，主要通过大平面来传递车体的垂向重力，短孔柱面传递少部分横向力；B2 形式为：以一孔两平面定位，连接方式为过盈配合和螺钉连接（两平面为转臂定位槽的两平行侧面，可视为一孔一面，此时还具有垂向自由度，通过垂向螺钉来控制垂向自由度），主要通过两平行侧面来传递纵向力，螺钉传递横向力。A2、B2 配合对相关的接口特性如表 4-8 所示。

表 4-8　CRH2 轴箱定位接口特性表

<table>
<tr><th colspan="2">接口名称</th><th colspan="2">CRH2</th></tr>
<tr><td colspan="2">配合对组成</td><td>A2</td><td>B2</td></tr>
<tr><td colspan="2">接口动静态</td><td>静态</td><td>静态</td></tr>
<tr><td rowspan="7">几何信息</td><td>接口形状（定位方式）</td><td>大平面＋短孔</td><td>两平面（平行）＋孔</td></tr>
<tr><td>几何尺寸</td><td>A 孔径＋孔深＋配合平面直径</td><td>矩形槽尺寸＋孔径＋孔深</td></tr>
<tr><td>位置尺寸</td><td colspan="2">A2 短孔中心线与 B2 矩形槽中心平面的水平距离，A2 大平面与 B2 矩形槽顶面的垂直距离</td></tr>
<tr><td>尺寸公差</td><td>间隙配合带</td><td>过盈配合带</td></tr>
<tr><td rowspan="2">形位公差</td><td>孔、平面垂直度</td><td>矩形槽两平行平面的平行度</td></tr>
<tr><td colspan="2">B2 矩形槽中心面与 A2 短孔轴线的平行度，B2 矩形槽中心面与 A2 大平面的垂直度</td></tr>
<tr><td>连接类型</td><td>间隙配合</td><td>过盈配合＋螺钉</td></tr>
</table>

续表

接口名称		CRH2	
功能信息	流类型	力	力
	流大小	—	—
	流方向	垂向力 + 少部分横向力	纵向力 + 横向力
材料信息	强度	—	—
制造信息	加工方式	切削	模锻 + 切削
	装配方式	—	过盈压装 + 螺钉

（3）CRH3 型接口的配合对 A3 形式为：以一短孔一大平面定位，连接方式为螺钉连接，主要通过大平面来传递车体的垂向重力，短孔柱面传递少部分横向力；B3 形式为：以圆柱面和底部平面定位，连接方式为螺钉，主要通过半圆面传递纵向力，通过螺栓预紧使其在配合面产生的摩擦力来传递横向力。A3、B3 配合对相关的接口特性如表 4-9 所示。

表 4-9　CRH3 轴箱定位接口特性表

接口名称		CRH3	
配合对组成		A3	B3
接口动静态		静态	静态
几何信息	接口形状（定位方式）	大平面 + 短孔	圆柱面 + 平面
	几何尺寸	孔径 + 孔深 + 配合平面直径	U 形槽尺寸 + 孔径 + 孔深
	位置尺寸	A3 短孔中心线与 B3 U 形槽中心平面的水平距离，A3 大平面与 B3U 形槽孔轴线的垂直距离，螺钉孔间距	
	尺寸公差	间隙配合带	间隙配合带
	形位公差	导柱孔与顶面的垂直度、配合平面的平面度	前后 U 形定位座孔轴线的同轴度
		B3 矩形槽中心面与 A3 大平面的垂直度，B3 矩形槽中心面与 A3 大平面、短孔轴线的位置度	
	连接类型	螺钉连接	间隙配合 + 螺钉
功能信息	流类型	力	力
	流大小	—	—
	流方向	垂向力 + 少部分横向力	纵向力 + 横向力
材料信息	强度	—	—
制造信息	加工方式	切削	模锻 + 切削
	装配方式	螺钉	销 + 螺钉

4.2.3.3 接口基型确定

通过对接口特性进行分析后，可以基于选择统一的方式实现接口基型结构的选择。下面基于 AHP 实现轮对轴箱模块和车轮模块的接口方案的选择。过程如下：

（1）分别从装配性、工艺性、接口精度、接口可靠性、重复利用率 5 个方面建立 CRH1、CRH2、CRH3 三种接口方案的两两比较矩阵。其中装配性能优劣可以从装配时间、装配难易程度等方面考虑；工艺性可根据加工工序的复杂度进行考虑，如 U 形槽比矩形槽容易加工；接口精度可从接口的形位公差、表面质量要求等方面进行考虑；接口可靠性从接口的受力情况、强度、疲劳等方面进行考虑，并参考产品相应接口形式的转向架在转臂定位处的检修次数进行评估；重复利用率根据接口连接方式是否是永久性连接、是否可修复等方面进行考虑。对于转向架这类动力机械产品，其接口的主要作用是传递动力，因此可靠性是最重要的，而工艺性和装配性分别指接口制造和装配的难易程度，其对生产效率、加工成本和接口功能实现的质量均有一定影响。接口精度通常对传递运动类型的接口（即动态接口）具有较高要求，而这里为静态接口，故其相对影响权重较小。接口的可重复利用率是在接口有效性的基础上来降低成本，因此赋予最小的影响权重值。接口的对比矩阵如下所示：

$$\boldsymbol{A}_{\text{装配性能}}=\begin{bmatrix}1 & 1/3 & 1/3\\ 3 & 1 & 1\\ 3 & 1 & 1\end{bmatrix}$$

$$\boldsymbol{A}_{\text{工艺性能}}=\begin{bmatrix}1 & 1/3 & 1/5\\ 3 & 1 & 1/3\\ 5 & 3 & 1\end{bmatrix}$$

$$\boldsymbol{A}_{\text{接口精度}}=\begin{bmatrix}1 & 3 & 1\\ 1/3 & 1 & 1/3\\ 1 & 3 & 1\end{bmatrix}$$

$$\boldsymbol{A}_{\text{接口可靠性}}=\begin{bmatrix}1 & 1/2 & 1/2\\ 2 & 1 & 1/2\\ 2 & 2 & 1\end{bmatrix}$$

$$\boldsymbol{A}_{\text{接口重复利用率}}=\begin{bmatrix}1 & 3 & 3\\ 1/3 & 1 & 1\\ 1/3 & 1 & 1\end{bmatrix}$$

（2）分别计算特征向量所得结果如下：

$$\boldsymbol{\omega}_{\text{装配性能}}=(0.1429\quad 0.4286\quad 0.4286)^{\mathrm{T}}$$

$$\boldsymbol{\omega}_{\text{工艺性能}}=(0.1047\quad 0.2583\quad 0.6370)^{\mathrm{T}}$$

$$\boldsymbol{\omega}_{\text{接口精度}}=(0.4286 \quad 0.1429 \quad 0.4286)^{\mathrm{T}}$$

$$\boldsymbol{\omega}_{\text{可靠性能}}=(0.1958 \quad 0.3108 \quad 0.4934)^{\mathrm{T}}$$

$$\boldsymbol{\omega}_{\text{接口重复利用率}}=(0.6 \quad 0.2 \quad 0.2)^{\mathrm{T}}$$

$$\boldsymbol{\omega}_{\text{准则}}=(0.2080 \quad 0.2408 \quad 0.0884 \quad 0.3853 \quad 0.0775)^{\mathrm{T}}$$

（3）计算最大特征值 λ 并进行一致性检验 CR：

$$\lambda_{\text{装配性能}}=3$$

$$\lambda_{\text{工艺性能}}=3.0385$$

$$\lambda_{\text{接口精度}}=3$$

$$\lambda_{\text{接口可靠性}}=3.0536$$

$$\lambda_{\text{重复利用率}}=3$$

$$\lambda_{\text{准则}}=6.5981$$

$$CR_{\text{装配性能}}=CR_{\text{接口精度}}=CR_{\text{重复利用率}}=0<0.1$$

$$CR_{\text{工艺性能}}=0.033<0.1$$

$$CR_{\text{可靠性}}=0.0462<0.1$$

$$CR_{\text{准则}}=0.0117<0.1$$

均符合一致性要求。

（4）计算综合性能来选择最佳接口基型方案。

$$(\boldsymbol{\omega}_{\text{装配性能}},\ \boldsymbol{\omega}_{\text{工艺性能}},\ \boldsymbol{\omega}_{\text{接口精度}},\ \boldsymbol{\omega}_{\text{接口可靠性}},\ \boldsymbol{\omega}_{\text{重复利用率}})\ \boldsymbol{\omega}_{\text{准则}}$$

$$=\begin{bmatrix} 0.1429 & 0.1047 & 0.4286 & 0.1958 & 0.6 \\ 0.4286 & 0.2583 & 0.1429 & 0.3108 & 0.2 \\ 0.4286 & 0.6370 & 0.4286 & 0.4934 & 0.2 \end{bmatrix} \begin{bmatrix} 0.2080 \\ 0.2408 \\ 0.0884 \\ 0.3853 \\ 0.0775 \end{bmatrix} = \begin{bmatrix} 0.2148 \\ 0.2992 \\ 0.4860 \end{bmatrix}$$

可见接口类型 CRH3 具有较好的综合性能，其次是 CRH2，最后为 CRH1。因此可选择 CRH3 即可作为基型结构。

4.2.3.4　接口参数系列化

下面对接口 CRH3 基型进行接口基本参数提取，提取结果如表 4-10 所示，其中主要包括性能参数和结构尺寸参数。性能参数对静态接口而言通常指接口可传递的额定载荷，对动态接口而言通常指可传递的额定功率、额定转速等。因此静态接口 CRH3 的性能参数即为可传递的额定载荷（垂向力、纵向力和横向力）；结构参数包括接口的形状尺寸（如 U 形槽宽度 L_6、圆簧座筒内径 d_1 等）和位置尺寸（如螺钉孔间距尺寸 L_{12}、U

形槽中心面与圆弹簧座孔轴线水平距离 L_2 等），具体如图 4-21 所示。

表 4-10　接口 CRH3 型基本参数表

<table>
<tr><th colspan="3">额定垂向载荷/N</th><th colspan="2" rowspan="2">定位节点安装直径 d_1/mm</th><th colspan="2" rowspan="2">圆弹簧外径 d/mm</th><th rowspan="2">U 型槽宽度 L_6/mm</th><th colspan="2" rowspan="2">侧梁圆簧座底板厚度 t_1/mm</th><th rowspan="2">U 形槽孔轴线与侧梁圆簧座底平面垂直距离 L_1/mm</th><th rowspan="2">U 形槽中心面与圆弹簧座孔轴线水平距离 L_2/mm</th><th colspan="2" rowspan="2">定位座螺钉安装孔间距 L_{12}/mm</th><th colspan="2" rowspan="2">定位座板厚度 t_2/mm</th><th colspan="2" rowspan="2">定位座螺钉直径 d_6/mm</th></tr>
<tr><th>垂向力</th><th>纵向力</th><th>横向力</th></tr>
<tr><td colspan="18">其余尺寸/mm</td></tr>
<tr><td>d_2</td><td>d_3</td><td>L</td><td>t</td><td>d_1</td><td>d_5</td><td>d_6</td><td>L_3</td><td>L_4</td><td>L_5</td><td>L_7</td><td>L_8</td><td>L_9</td><td>L_{10}</td><td>L_{11}</td><td>r_1</td><td>r_2</td><td>r_3</td></tr>
</table>

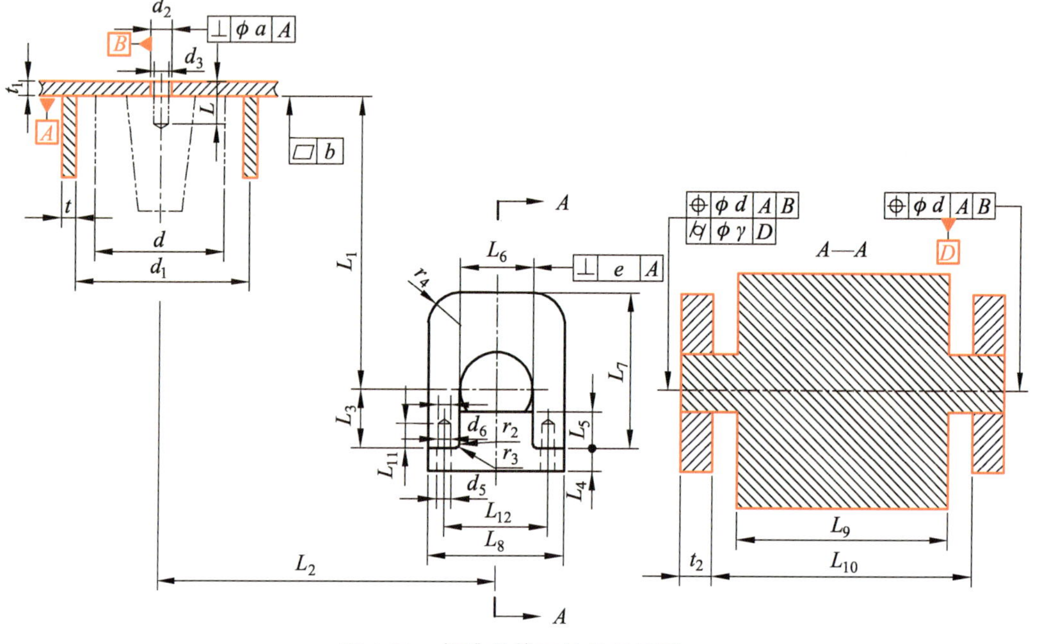

图 4-21　标准化接口结构示意图

1. 确定主参数

从基本参数中进行主参数的选取，主参数是最能反映接口的主要性能和功能特性并可以作为设计依据的一个或两个参数。因此可以选取额定载荷作为接口选取的第一主参数。此外，由于弹性定位节点的设计对转向架来说尤为重要，因此定位节点的结构尺寸设计应作为设计的上游（或者定位节点实现了系列化），故节点两侧安装直径 d_1 在设计定位节点芯轴的时候已经确定，故可以选定节点安装直径 d_1 作为第二主参数之一。此外由于一系圆弹簧的设计对转向架设计很重要，因此圆弹簧的结构尺寸设计或者选型应作为设计的上游，即圆簧外径直径 d 已经确定，而 d 与圆簧座筒内径 d_1 是间隙配合参数，故可以选圆簧外径直径 d 作为第二主参数之一进行选型。综上所述，可选择接口传递的

额定载荷作为主参数，选择定节点安装直径 d_1、圆簧外径直径 d 作为第二主参数。

2. 系列化参数

确定接口主参数后应对其进行系列化，主要途径是通过对高速列车发展趋势如速度、载客量等影响接口性能的相关需求进行调研，换算成接口性能参数（额定载荷）的最大、最小值，选择合理的优先系数进行分级，同时结合圆弹簧和定位节点的系列化尺寸，通过相似性理论计算性能参数和结构尺寸参数相似比（由于接口的性能参数为可传递的额定载荷，主要与接触面的受力面积和预紧力大小有关。因此可以推断出 U 形槽宽度 L_6、定位座厚度 t_2、定位座安装螺钉的直径 d_6，圆簧座筒内径 d_1、侧梁圆簧座上盖板厚度 t_1 是影响性能的主要设计参数），从而得到相应系列化性能参数所对应的系列化结构尺寸参数。最终实现轮对轴箱模块和侧梁模块接口的标准化和系列化。

4.2.3.5　接口标准化编码

最后进行接口的标准化编码。遵循所介绍的通用编码规则进行编码，但是面对高速列车转向架，各个码段的具体表示形式又有所区别：第二个码段（即产品类型码）可用转向架型号进行表示，如 CRH380A、CRH380C。根据转向架所具有的接口类型，第三个码段表示形式为 1-01/2-02，其中“/”为多个接口配合对的连接符（有些模块之间有多个配合对），1、2 表示接口类型的大类，规则表示如下：1-机械动态接口，2-机械静态接口，3-焊接接口，4-液路接口，5-电气接口。01、02 表示相应接口类型大类下的小类：如机械动态接口下可分为 01-铰接，02-移动副连接，03-凸轮副连接，04-齿轮副连接等；机械静态接口下可分为 01-螺钉连接，02-T 形槽连接，30-U 形槽连接，04-键连接，05-螺栓连接，06-过盈连接等；焊接接口下可分为 01-对接接头，02-T 形接头，03-角接接头等。接口类型大类和小类之间用“-”连接。第四个码段即主参数，即传递的载荷，若传递载荷有多个设计要求，则用“.”连接，如纵向载荷、横向载荷、垂向载荷都有要求，则用 $F_1.F_2.F_3$ 的形式表示。第五个码位为第二主参数码，按实际接口情况可能没有、有一个或者多个。多个第二主参数之间可用“.”连接，为了区分第一主参数和第二主参数，可用在第二主参数前添加“*”以示区别，如*$d_1.d_2$。第六、第八个码段为模块代号码，根据第 3 章对转向架的模块化划分结果，可以对所得的七个模块和独立模块进行编码：A-牵引传动模块，B-横梁模块，C-侧梁模块，D-空气支撑梁模块，E-轮对轴箱模块，F-制动模块，G-驱动模块，H-一系垂向减振器，I-二系垂向减振器，J-二系横向减振器，K-抗蛇行减振器。按照以上编码规则，可用得到轮对轴箱模块和侧梁模块的接口编码示例结果：表示型号为 CRH380A 的转向架的侧梁模块和轮对轴箱模块的接口，如图 4-22 所示。该接口由 U 形槽连接和螺钉连接的静态接口组成，第一主参数即传递的额定载荷为垂向力 200 kN，纵向力 150 kN，横向力 100 kN，此外第二主参数圆弹簧外径为 100 mm，定位节点安装直径为 20 mm。该接口标准化系列化后即可根据传递额定载荷和圆弹簧外径、定位节点安装直径进行选型。

接口编码	→	I CRH380A 2-01/2-03 200.150.100*100.20 C-E 1

图 4-22　接口编码实例

4.3　模块识别与映射关联分析

4.3.1　模块识别流程

模块化产品平台（Modular Product Platform，MPP）是一定市场需求范围内产品间共用模块以及模块间组合关系的集合，其中共用模块包括基础模块、可配置模块、变型模块，它在保持基础模块通用的基础上，通过可配置模块的配置选型和变型模块的参数调节满足产品性能变化，并通过个性模块的添加或移除响应个性化的功能，实现产品设计的定制化和敏捷化。

MPP = {BM，CM，VM，R（BM，CM，VM）}，其中：BM（Basic Module）表示基础模块，CM（Configurable Module）表示可配置模块，VM（Variable Module）表现变型模块，R（BM，FM，VM）表示模块之间的约束、组织关系。关于本章涉及的基础模块 BM、可配置模块 CM、变型模块 VM、个性模块 PM（Personal Module）的定义如表 4-11 所示。

表 4-11　模块类型定义

模块类型	模块定义
基础模块	产品设计中的必选项。在一定市场区间范围内，不受客户需求影响或影响不大，结构形式固定
可配置模块	产品设计中的必选项。在一定市场区间范围内，受客户定制需求影响，通过模块配置来适应变化的性能指标
变型模块	产品设计中的必选项。在一定市场区间范围内，受客户定制需求影响，通过模块变型来适应变化的性能指标
个性模块	产品设计中的可选项。在一定市场区间范围内，受客户个性需求影响，通过个性模块的添加或移除响应个性化功能

模块化产品平台组成元素识别，即是对系列产品中的组成模块进行类型识别。模块划分从功能、物理、几何三个因素构建了产品零部件的相关性，其主要是以“静态”的形式表达了其零部件组成之间的相关强度，而针对模块类型识别，需要从客户需求与模块以及模块之间的“动态”影响关系，分析模块在产品平台规划区间内的稳定性。因此，在模块划分的基础上，首先通过市场区间内的分类客户需求，识别出个性模块和基础模块，然后通过分析并量化需求-模块映射关系以及模块之间的传播影响关系，分别得到模

块变异指数（MVI）和模块传播指数（CPI），最后基于 MVI 以及 CPI 进行综合分析实现模块类型的识别，具体过程如图 4-23 所示。

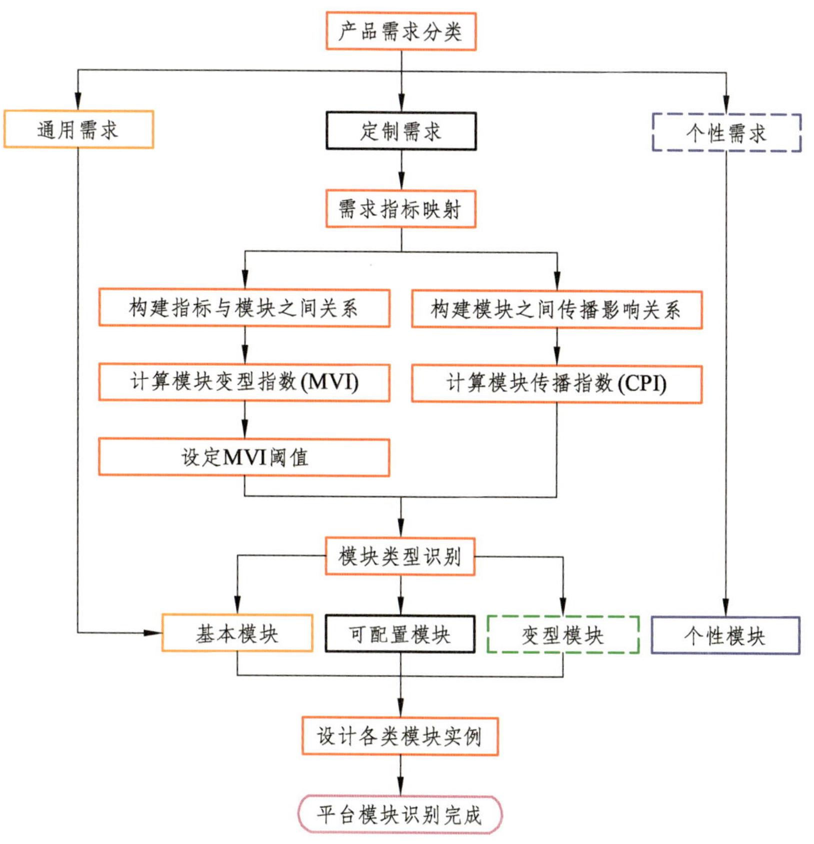

图 4-23　模块化产品平台组成元素识别流程

4.3.2　需求分类

模块化产品平台的组成元素，能够在客户需求驱动下重用模块实例，快速输出模块方案，因此客户需求分类是模块识别的一个关键因素。通过分析以往订单、客户问卷调查等方法对客户需求进行采集，得到需求集合$\{CR_1, CR_2, \cdots, CR_m\}$，然后基于工程师的设计经验对客户需求进行分类，将需求细分为通用需求、定制需求和个性需求。

以往的模块识别方法一般是通过建立分类需求与模块的映射关系，从而识别出模块的类型，其中：① 通用需求表示相同属性、相同水平的需求，对应模块化产品平台的基础模块；② 定制需求表示相同属性、不同水平值的需求，对应着模块化产品平台的可配置模块和变型模块；③ 个性需求表示不同属性、为了满足客户的个性化需求，对应着个性模块。

该方法存在一定的主观性，尤其是针对定制需求，因为受定性需求影响的模块不一定就是可配置模块或变型模块，那些受它影响较弱的模块可以被固化为基础模块。因此，后续将重点分析定制需求与模块之间的映射关系，从而准确识别出平台的可配置模块、变型模块和基础模块。

4.3.3 技术指标与模块映射分析

需求变化是引起模块变异的根源，由于需求具有不确定性，直接通过分析需求与模块之间的映射关系进行模块识别模糊性太强、结果准确性难以保证。因此先建立定制需求与技术指标之间的映射关系，获得技术指标受定制需求的影响强度，然后再分析技术指标与模块之间的映射关系。

假设需求集合为 $\boldsymbol{CR}=\{CR_1, CR_2, \cdots, CR_m\}$，技术指标集合为 $\boldsymbol{TP}=\{TP_1, TP_2, \cdots, TP_n\}$，构建需求-技术指标相关性矩阵，如图 4-24 所示。

			技术指标			
			TP_1	TP_2	…	TP_n
客户需求	CR_1	w_1	r_{11}	r_{12}	…	r_{1n}
	CR_2	w_2	r_{21}	r_{22}	…	r_{2n}
	CR_3	w_3	r_{31}	r_{32}	…	r_{3n}
	…	…	…	…	…	…
	CR_m	w_m	r_{m1}	r_{m2}	…	r_{mn}

$\boldsymbol{R}=[r_{ij}]$

图 4-24 需求-技术指标相关性矩阵

由图 4-24 可得矩阵 $\boldsymbol{R}=[r_{ij}]$，其中 r_{ij}（$i=1, 2, \cdots, m$；$j=1, 2, \cdots, n$）表示第 i 项需求对第 j 项技术指标的影响度，其强度定义为：关联强—9，关联较大—7，关联中等—5，关联较小—3，无关联—0。

对矩阵 $\boldsymbol{R}$ 进行归一化，得到矩阵 $\boldsymbol{R}'$，见式（4-11）。

$$\boldsymbol{R}'=\left[r'_{ij}\right]=\left[r_{ij}/\sum_{j=1}^{n} r_{ij}\right] \tag{4-11}$$

计算技术指标 TP_j 受需求影响的总强度 r_j（$j=1, 2, \cdots, n$），见式（4-12）。

$$r_j=\sum_{i=1}^{m} \omega_i r'_{ij} \tag{4-12}$$

式中，ω_i 为需求权重，且 $\sum_{i=1}^{m} \omega_i=1$，采用层次分析法获得。

基于需求-技术指标的映射结果，进一步分析技术指标与模块之间的影响关系，构建技术指标-模块相关性矩阵 $\boldsymbol{B}=[b_{ij}]$，$\boldsymbol{M}=\{M_1, M_2, \cdots, M_l\}$为模块集合，如表 4-12 所示。

表 4-12　技术指标-模块相关性矩阵

技术指标	权重	M_1	M_2	…	M_l
TP_1	r_1	b_{11}	b_{12}	…	b_{1l}
TP_2	r_2	b_{21}	b_{22}	…	b_{2l}
…	…	…	…	…	…
TP_n	r_n	b_{n1}	b_{n2}	…	b_{nl}
模块变异指数（MVI）		MVI_1	MVI_2	…	MVI_l

表 4-12 中，r_j（$j=1, 2, \cdots, l$）为技术指标 j 的权重，b_{ij}（$i=1, 2, \cdots, n$；$j=1, 2, \cdots, l$）表示技术指标 i 对模块 j 的影响度，其影响强度定义同上。MVI_j 为模块变异指数，表示模块 j 受技术指标影响的总强度，见式（4-13）。

$$MVI_j = \sum_{i=1}^{n} r_i b_{ij} \tag{4-13}$$

4.3.3.1　转向架需求-技术指标映射关系分析

转向架是高速列车最重要的组成部件之一，通过第 3 章得到模块划分方案为：M_1（减速器、联轴节、牵引电机），M_2（轴箱定位节点、轴箱弹簧、一系垂向减振器），M_3（制动气缸、放大装置、制动盘、闸片组成），M_4（空气弹簧、抗侧滚扭杆、抗蛇行减振器、二系横向减振器），M_5（车轮、车轴、轴箱体），M_6（侧梁、横梁、纵向连接梁、电机安装座、齿轮箱吊座、抗蛇行减振器安装座、轴箱定位节点安装座、一系垂向减振器安装座、空簧安装座、基础制动安装座、二系横向减振器安装座、横向止挡），M_7（牵引拉杆、牵引拉杆节点）。

分析某高速列车主机厂的已有项目订单，采集转向架需求并对其进行分类，如表 4-13 所示。

表 4-13　转向架设计需求

需求项名称	参数取值范围	类型
运营速度/（km/h）	250、300、350…	定制需求
轴重/t	14、15、16、17	定制需求
……	……	……
安全性	95J01-M	通用需求
舒适性	GB/T 5599—2019	通用需求
轨距/mm	1 435	通用需求
……	……	……

表 4-13 中运营速度和轴重为转向架设计的关键定制需求，在不同项目中具有一定差异，而其他定制需求在一定程度上与其相关，因此主要考虑速度和轴重进行指标映射，构建需求-技术指标相关性矩阵，如图 4-25 所示。

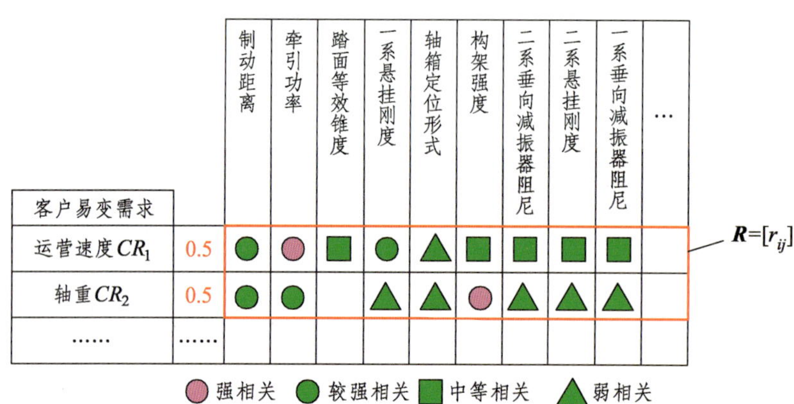

图 4-25 转向架需求-技术指标相关性矩阵

4.3.3.2 转向架技术指标-模块映射关系分析

由式（4-11）和式（4-12）计算得到技术指标权重，然后构建技术指标与模块相关性矩阵，由式（4-13）计算得到模块变异指数，结果如表 4-14 所示。

表 4-14 转向架技术指标-模块相关性矩阵

技术指标	权重/%	M_1	M_2	M_3	M_4	M_5	M_6	M_7
TP_1	16	7	3	9	0	7	5	3
TP_2	18	9	3	7	3	7	5	7
TP_3	4.9	7	9	3	0	9	0	0
TP_4	10.8	7	9	3	5	3	3	0
TP_5	6.9	0	5	5	3	7	3	0
TP_6	16.7	5	3	5	3	3	9	0
TP_7	8.9	3	0	0	9	3	5	0
TP_8	8.9	3	0	3	9	3	5	0
TP_9	8.9	5	7	3	3	7	0	0
影响度（MVI）		5.653	3.902	4.885	3.657	5.286	4.624	1.74

4.3.4 模块变更影响分析

模块为了响应定制需求将进行适应性变化，而这些适应性变化将会引发模块之间的变更传播。因此，判断一个模块是不是基础模块，需要分析模块之间的变更影响关系。

由于产品模块之间具有较强的耦合性，变更传播影响关系复杂。因此，为了帮助设计师更加明确地分析模块之间的变更影响，考虑模块结构、接口、材料变更对其余模块的影响，具体强度定义如表 4-15 所示。

表 4-15　模块间变更传播强度定义

类型名称	强度定义	权　重
结构参数（S）	9，7，5，3，0 依次表示变化强、较强、中等、较小、无影响	W_S
接口参数（I）		W_I
材料属性（M）		W_M

根据表 4-15 的变更传播强度定义，构建模块间传播影响相关性矩阵 $\boldsymbol{P}=[P_{ij}]$，如表 4-16 所示。P_{ij}（$i, j=1, 2, \cdots, l$）表示模块 i 对模块 j 的传播影响度，P_{ij} 计算见式（4-14）：

$$P_{ij}=W_S \cdot PS_{ij}+W_I \cdot I_{ij}+W_M \cdot PM_{ij} \tag{4-14}$$

式中：W_S、W_I、W_M 分别表示结构、接口、材料变更影响权重，且 $W_S+W_I+W_M=1$，通过层次分析法获得，PS_{ij}、PI_{ij}、PM_{ij} 分别表示模块 i 变更对模块 j 的结构影响度、接口影响度、材料影响度。

表 4-16　模块间传播影响相关性矩阵

模块	M_1	M_2	…	M_l	P_i^{out}
M_1	—	P_{12}	…	P_{1l}	P_1^{out}
M_2	P_{21}	—	…	P_{2l}	P_2^{out}
…	…	…	…	…	…
M_l	P_{l1}	P_{l2}	…	—	P_l^{out}
P_j^{in}	P_1^{in}	P_2^{in}	…	P_l^{in}	
CPI	CPI_1	CPI_2	…	CPI_l	

表 4-16 中 P_i^{out} 表示模块发出传播指数，见式（4-5），P_j^{in} 表示模块吸收传播指数，见式（4-6），CPI 表示模块综合传播指数，见式（4-17）：

$$P_i^{\text{out}}=\sum_{j=1}^{l} p_{ij} \tag{4-15}$$

$$P_j^{\text{in}}=\sum_{i=1}^{l} p_{ij} \tag{4-16}$$

$$CPI_i=P_i^{\text{out}}-P_j^{\text{in}}, \quad i=j \tag{4-17}$$

以高速列车转向架为例，在需求-模块映射分析基础上，进一步分析模块间变更影响关系。根据表 4-16 所示，确定转向架模块间传播影响强度，并根据式（4-15）~ 式（4-17）计算得到各模块 P^{out}、P^{in}、CPI，结果如表 4-17 所示。

表 4-17 转向架模块间传播影响相关性矩阵

模块	M_1	M_2	M_3	M_4	M_5	M_6	M_7	P_i^{out}
M_1	—	7	7	3	3	3	2	25
M_2	3	—	0	5	5	0	0	13
M_3	7	0	—	3	3	3.6	3	19.6
M_4	0	5	0	—	3	3	0	11
M_5	5	5.6	5	5	—	3	0	23.6
M_6	3	1	3	0	3	—	2	12
M_7	0	0	1	0	0	3	—	4
P_j^{in}	18	18.6	16	16	17	15.6	7	
CPI	7	−5.6	3.6	−5	6.6	−3.6	−3	

4.3.5 模块类型识别

通过上述方法步骤，得到模块变异指数（MVI）和模块传播指数（CPI）。由于模块同时受到需求变化及其他模块变更的影响，因此只有通过综合分析 MVI 和 CPI 两个指标才能保证模块识别结果的准确性。

以 MVI 和 CPI 作为横、纵坐标建立坐标系，并以 $MVI = m$ 构建辅助线将坐标系分为 4 个区域，如图 4-26 所示，其中 m 为根据工程经验对 MVI 设定的阈值。基于模块的 MVI 及 CPI 值将受定制需求影响的模块纳入 4 个区域中，确定出模块的所属类型，具体分析如下：

第一区域：MVI 较小，CPI 较大。此区域的模块由于受定制需求影响较小，一般不发生变更，但一旦变更，将对其他模块产生较大影响。因此，建议消除模块变更的可能性，通过冗余设计、稳健设计将其固化为基础模块。

第二区域：MVI 较大，CPI 较大。此区域的模块由于受定制需求影响较大，一般会发生变更，并且变更也会对其他模块产生较大影响。因此，建议研究需求变化对它、它变更对其他模块的影响规律，将其设计成可配置模块，通过规划模块相关参数的系列值进行组合以响应客户变化的需求，并且使得该类模块对其他模块的变更影响变得可控。

第三区域：MVI 较小，CPI 较小。此区域的模块受定制需求影响较小，但受其他模块变更的影响较大。在进行该区域模块识别时，需要对受其他模块（主要指第二区域的

可配置模块）变更产生的影响进行判断，如果受其他模块的影响没有严格的对应关系，通过冗余设计、稳健设计将其固化为基础模块，如果受其他模块的影响有严格的对应关系，则将其设计为可配置模块，进行系列值规划。

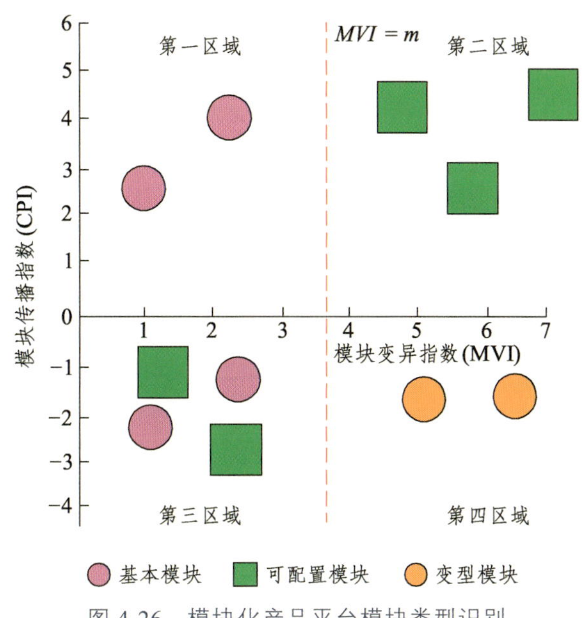

图 4-26　模块化产品平台模块类型识别

第四区域：MVI 较大，CPI 较小。此区域的模块由于受定制需求影响较大，一般会发生变更，但变更对其他模块影响较小，反而受其余模块变更的影响较大。因此，建议研究需求变化对它、其余模块变更对它的影响规律，通过固化对其余模块的变更影响，主要响应需求和其余模块对其的影响，将其设计成可适应性变型动态响应客户变化需求的变型模块。

针对上述方法识别出的各类模块，在模块化产品平台中需要对其在平台划分市场区间内规划出模块实例或是模块模板，针对不同类型模块给出以下流程，构建模块化产品平台的组成实例元素，如图 4-27 所示。对平台中各类模块进行实例或模板构建时需要考虑各类模块间的相互影响关系，根据工程师经验进行综合协调，最终得到符合模块化产品平台规划区间要求的模块实例，本章不对各类模块实例的实现方法进行详细讲解。

基于上述步骤得到模块的变异指数（MVI）和模块的传播指数（CPI）。以 MVI 和 CPI 分别作为横、纵坐标建立坐标系，并以 $MVI = 4$ 构建辅助线将坐标系分为 4 个区域，基于模块的 MVI 及 CPI 值将受定制需求影响的转向架模块纳入 4 个区域中，确定出模块的所属类型，如图 4-28 所示。基础模块：M_7；可配置模块：M_1，M_2，M_3，M_4，M_5；参数化模块：M_6。

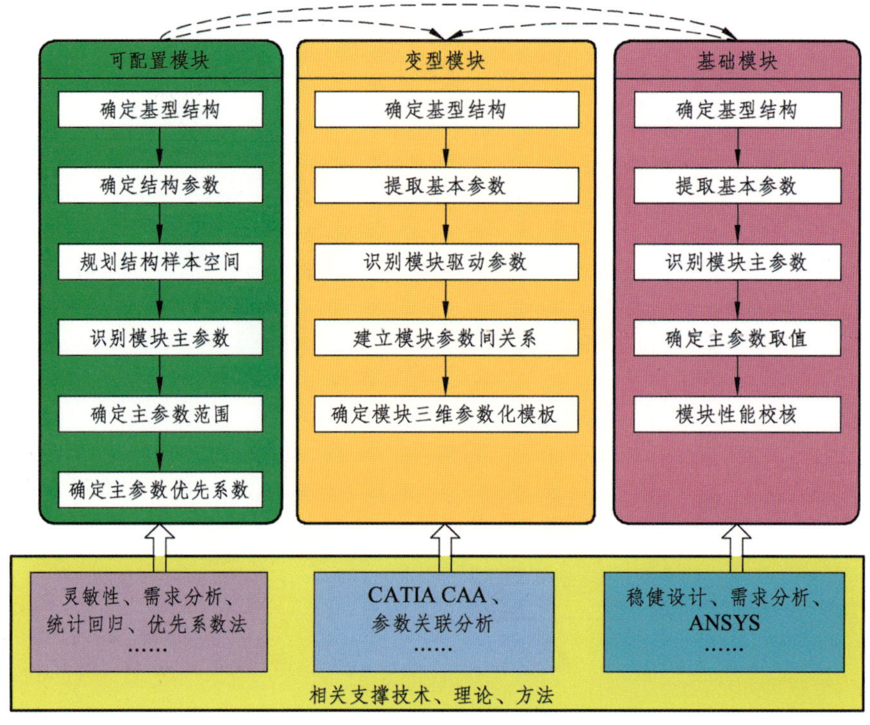

图 4-27　模块类型识别实现流程

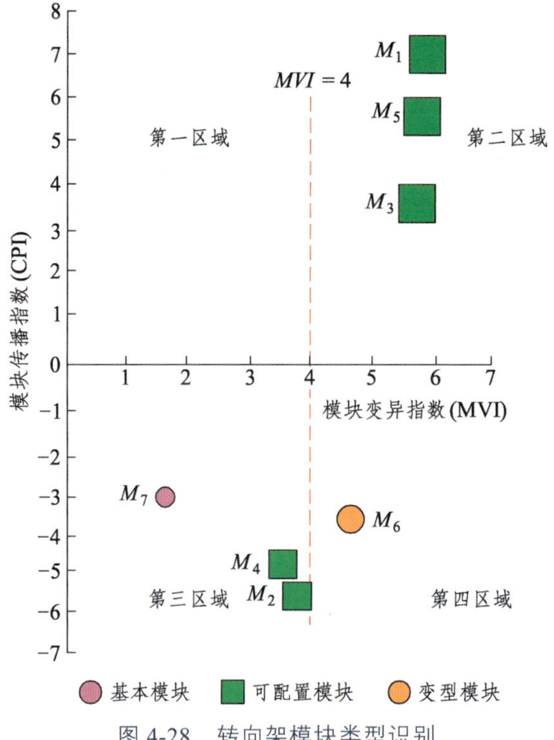

图 4-28　转向架模块类型识别

第 5 章

高速列车产品模块表达技术

5.1 模块元建模分析

高速列车产品谱系是根据市场需求特性，基于产品特征的多样性，对产品的演化与发展脉络进行规划所获得的分布体系。这一分布体系的树形体系结构如图 5-1 所示。

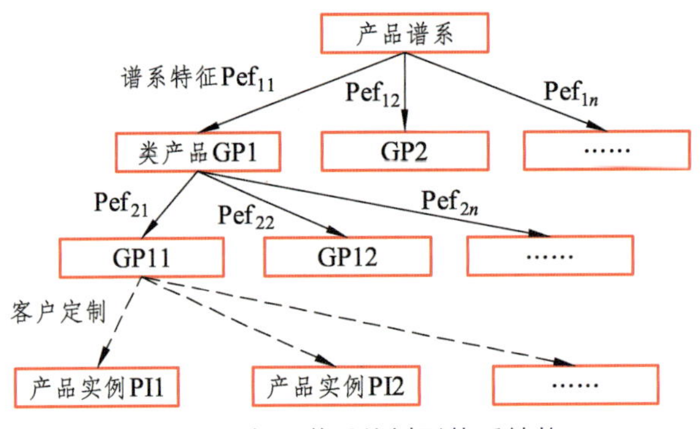

图 5-1　产品谱系的树形体系结构

树中的每一个节点都代表一个产品定制分区，分区内产品在需求、功能、技术、结构等方面具有某种共性谱系特征（Pedigree Features，Pef），类产品（Generic Product，GP）为基于一类产品的通用表示，对系统级分区进一步细分为下级子区域，划分为最小的定制分区单元，客户定制产品实例（Product Instance，PI）由相应的定制单元区域产生。

产品谱系的树形体系结构包括产品实例、产品定制单元、类产品等多个产品抽象层次。元模型架构与产品谱系的建模层次相符，同时产品的谱系和元模型的构建基础都是产品的共性技术和适应性技术分析，采用元模型技术对产品谱系进行设计模型构建，是对产品谱系的抽象化和计算机化描述的一种有效方法。合理地构建高速列车产品模块设计模型是快速响应市场需求、提高设计效率的关键。随着高速列车的谱系化发展，种类和形式多样化，并且其设计参数种类繁多，需要对设计空间的参数根据数据的作用、内容和形式对数据集合进行分类描述。面向产品谱系提出了一种高速列车元模型建模及表达技术。

元模型是对象管理组织（Object Management Group，OMG）的统一建模语言标准的核心概念。元模型（Meta-model）是关于模型的模型，是关于如何建立模型、模型的语义或模型之间如何集成和互操作等信息的描述，是对某一特定领域建模环境的规范定义，它定义了该领域的语法和语义，能够表示该领域内的所有或全部系统。

定义元模型的根本目的是实现具体应用与模型抽象间的分离，保证复杂产品系统元模型在不同的产品全生命周期阶段（如需求分析、概念设计、详细设计、装配分析、生产制造、试验验证和回收服务等）、不同的层次（产品、子系统、部件、零件和特征等）和不同的学科领域（机械、电气、控制和液压等）等复杂的维度中的独立性、唯一性、一致性、重用性和集成性，提供逻辑上完整的定义，进一步支持产品的配置设计、参数化设计和变型设计。基于此目的，元模型被分为四个建模层次，具体如图 5-2 所示。

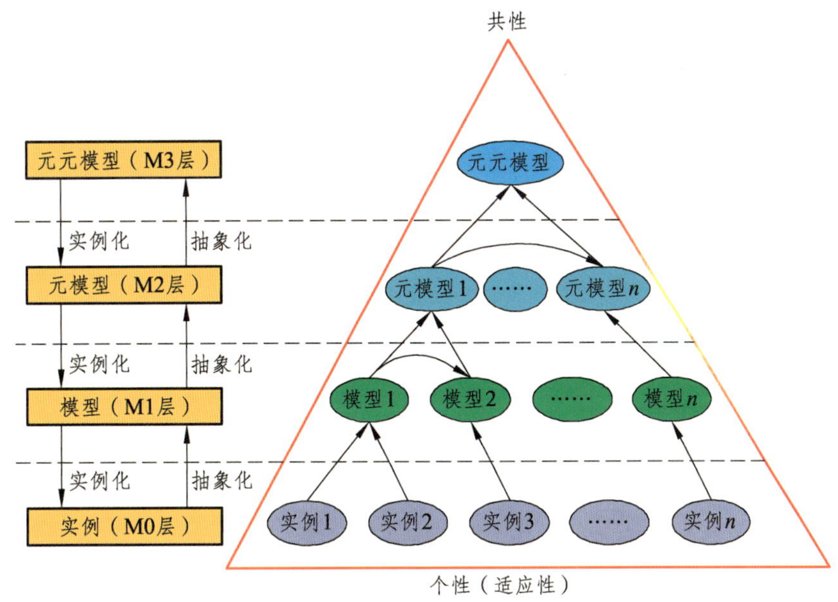

图 5-2　元模型的建模层次

由图可知，元模型分为元元模型层（M3）、元模型层（M2）、模型层（M1）和实例层（M0）四个层次，高层次模型是对低层次模型的抽象化，低层次模型则是对高层次模型的实例化，在顶级的元元模型层表达了事物的共性，在低级的实例层则表达了事物的个性（适应性）。例如高速列车转向架产品具有多层级、多学科等特点，谱系化的高速列车转向架产品即为个性化实例，由系列具体的转向架实例归纳出的普适性原理的共性技术特征，不断抽象成为模型、元模型和元元模型。

面向需求驱动的高速列车模块化产品定制设计，基于元模型的定义，构建三类元模型包括需求元模型、产品元模型和过程元模型，在需求元模型和产品元模型的支持下，得到产品静态数据模型；在过程元模型的支持下，得到定制设计流程各环节的产品动态数据模型，元模型之间的关联关系如图 5-3 所示。

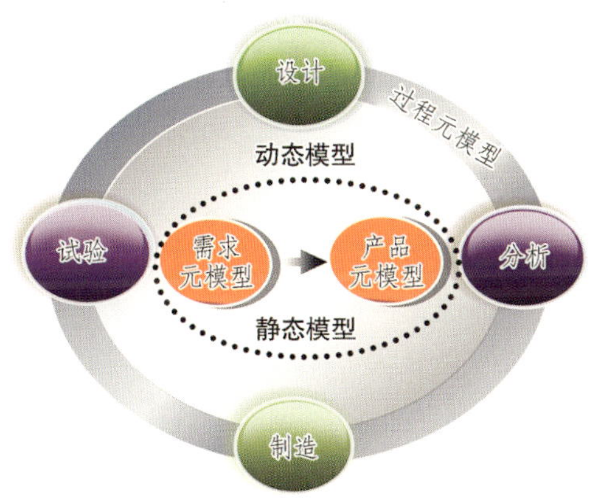

图 5-3　元模型之间的关联关系

5.2 需求元模型构建

合理、统一地构建高速列车的客户需求模型和技术指标模型，能够有效地解决高速列车研发从需求分析阶段到产品设计阶段的数据表达不一致问题，实现不同域的数据之间快速地关联和映射，简化高速列车客户需求数据与技术指标数据的管理难度，提高企业产品的研发效率。产品结构树在产品数据描述和管理中起到了非常重要的作用，不同阶段有不同的产品结构树作为对应，但是目前缺乏对设计前端的有效支撑。鉴于客户需求、技术指标与产品结构组成等也有相应的对应和映射关系，因此将基于产品结构树的数据管理思想延伸到产品研发前端的需求分析阶段，从而实现产品全生命周期数据的一体化管理思路。结合元模型建模理论，提出一种基于产品元结构树的高速列车产品结构化客户需求元模型与技术指标元模型建模和表达技术。首先研究领域通用的元模型定义、描述方法及其建模流程；在此基础上，通过产品结构树的建模分析明确产品元结构树的定义、构建过程与模型表达，并形成高速列车产品元结构树；再以此作为产品需求数据管理和建模的载体及核心，集合客户需求以及技术指标的各领域属性参数的分析，构建出统一的结构化客户需求元模型和技术指标元模型。

5.2.1 产品元结构建模

5.2.1.1 产品结构建模需求分析

高速列车产品通常由多个模块、部件、子部件以及零件组成，将它们按照构成产品的隶属关系组织起来所形成的树状层次模型称为产品结构树。产品结构树是企业应用、组织、控制和管理产品数据信息的源头和核心，更是实现产品研发过程中各全生命周期阶段产品数据进行分解、转化及传递操作的核心信息载体。

在企业中高速列车研制过程涉及多个不同阶段和不同部门，而各阶段和部门的研发特点以及所需的数据信息之间存在极大的差异性，例如需求数据、技术指标数据、工程数据、制造数据、销售数据等，这就导致产品结构树在产品生命周期的不同研发阶段产生了多种动态变化，形成了多个具有了不同的层级和组织结构形式的产品结构树视图，如图 5-4 所示。例如在产品设计阶段是以功能-结构映射为核心来形成主要满足产品功能和性能的产品设计结构树，而在生产制造阶段，产品结构主要是按照零件类型来组织，如轴类、箱体类等，这就形成了产品制造结构树。

随着产品研制过程的展开，产品结构树多视图中的数据不一致和共享问题会严重影响到产品数据在全生命周期各阶段研发过程传递的效率和精度，极大地延长了产品研制的周期，增加了产品研发成本，也为产品数据的管理带来了极大的挑战和压力。尤其对于高速列车研制周期更长、结构更复杂、涉及的部门和设计人员众多的产品，使得这一问题更加凸显。为了保持动态变化的产品结构树多视图在逻辑上的一致性，以解决全生命周期内的产品数据一致、共享和重用等数据管理问题，就有必要建立一个面向企业产品全生命周期的统一产品结构树模型。

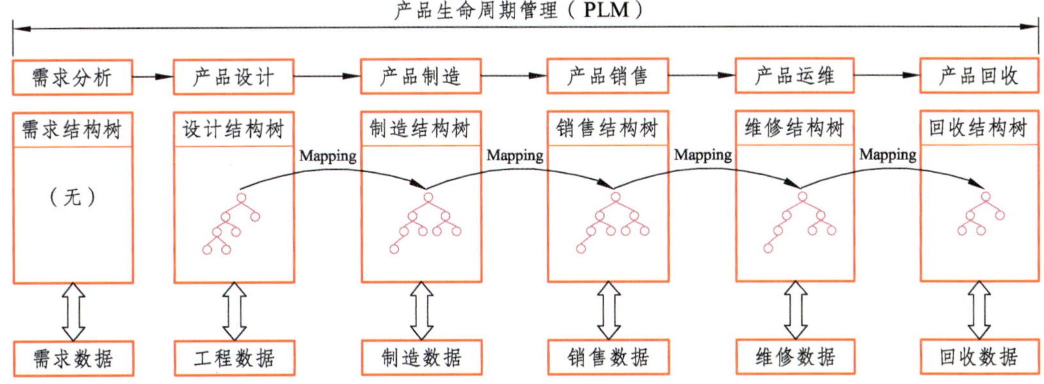

图 5-4　产品全生命周期各阶段结构树视图

结合元模型建模理论提出一种产品元结构树模型，通过将产品不同阶段的产品结构进行抽象，构建一个集成产品结构树作为管理产品全生命周期各研发阶段的产品逻辑基础。利用产品元结构树节点之间关系的动态变化，能够快速和有效地映射出产品不同阶段和不同部门所对应的产品结构树视图，支撑产品生命周期内各结构树视图之间的动态演化和映射，同时其独立于不同阶段产品结构树的细节数据以及不同产品结构树的异构性，使得产品元结构树可以成为通用和高效的产品数据管理载体。

5.2.1.2　产品元结构树定义与构建

产品元结构树是某特定领域内产品结构建模语义和语法的规范化定义，也是产品研发过程中不同阶段、不同部门以及不同学科所涉及产品结构的最大集合，是该领域内产品所有结构实例的抽象化集合。其包含特定领域产品的所有结构、结构间的关系、结构属性、相关操作方法等元素。

产品元结构树的构建过程如图 5-5 所示，首先对某领域内的所有产品实例进行分析，提取其在全生命周期内所涉及的全部产品结构，然后通过相关的元模型建模规则对产品元结构树的构建进行约束，基于约束性规则提取与产品元结构树相关的属性、关系和方法集合，最后采用结构化方法对产品元结构树进行抽象化描述，构建出包含本领域所有结构及其属性的产品结构全集。

设计人员可以通过对产品元结构树的对象、属性、方法和关系等内容实例化得出产品研发周期各阶段对应的产品结构树视图。另外，产品元结构树可以灵活地进行局部结构树的实例化，能够满足企业面向需求驱动的产品局部快速研制的要求。例如某铁路客户专门定制某列车制造企业的某型走行组份而非整列高速列车时，产品元结构树可以针对其相关的各阶段结构树进行局部实例化，以支持走行组份产品订单的快速研发、制造和运维，如图 5-6 所示。

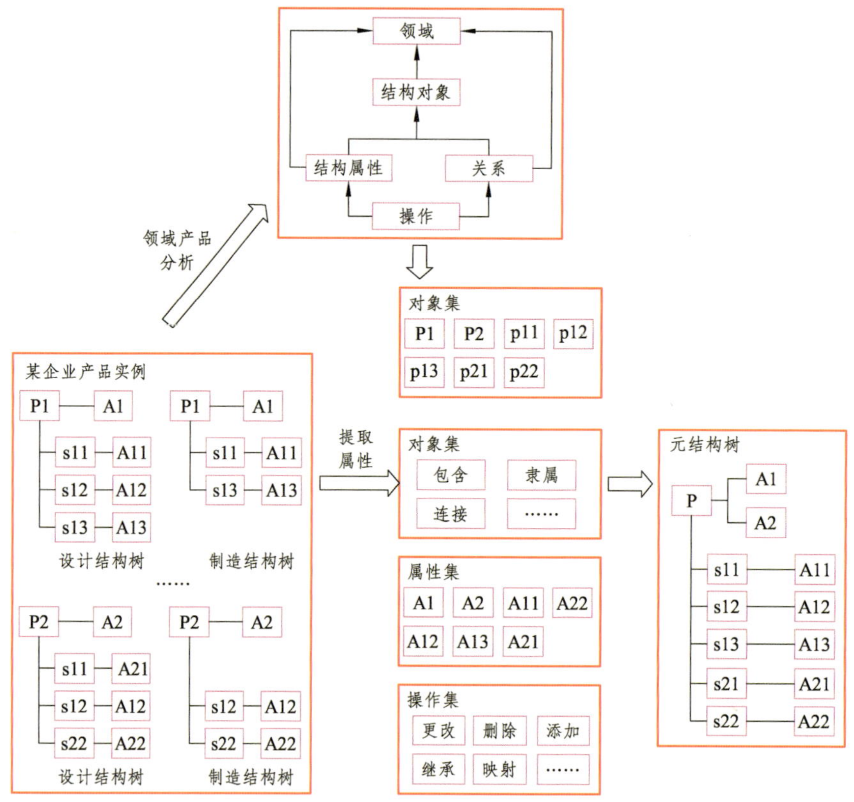

图 5-5 产品元结构树构建过程

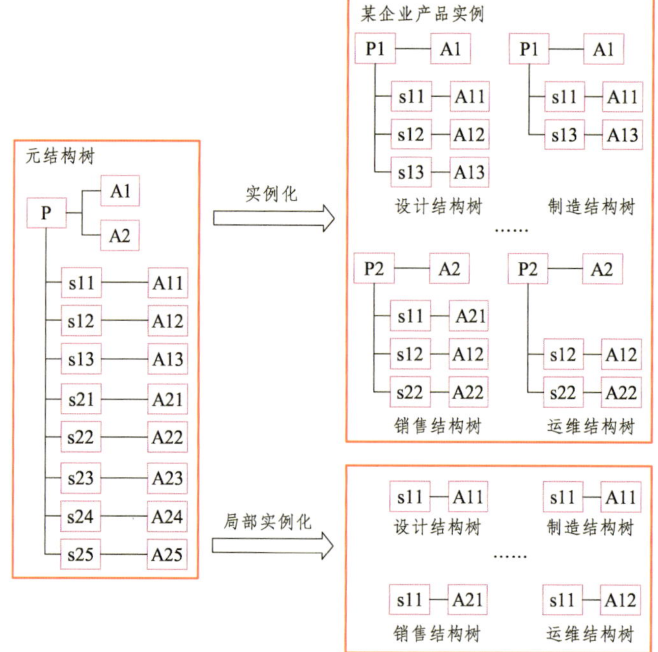

图 5-6 产品元结构树的实例化过程示例

基于上述分析，采用五元组对产品元结构树进行表达，包括领域、对象、属性、关系和操作，如下所示：

Meta-Structure = {Domain，Object，Attribute，Relation，Operation}

具体的产品元结构树的各个组元的详细分析如下：

1. 领域（Domain）

领域表达了对象、属性、关系、方法等组元所处的特定产品领域，限定了产品元结构树表达的边界。例如某列车制造企业涉及的产品领域包括了高速列车、普通列车、地铁车辆等不同的产品领域，通过对领域的限定可以分别构建出高速列车元结构树、普通列车元结构树以及地铁车辆元结构树来支撑企业不同产品的快速研制和数据管理过程。

2. 结构对象（S-Object）

产品元结构树的对象是对不同阶段和部门所应用的产品结构树中结构的抽象，它关联的属性集和方法集反映了产品的结构和相关操作。以高速列车为例，提取出的高速列车产品元结构树的对象如图 5-7 所示。

结构对象数据						
列车	车辆	动力组份	其他组份	轴箱弹簧	车轮	端墙结构
走行组份	承载组份	高压系统	空调系统	定位节点	车轴	司机室结构
构架	头形	受电弓	辅助供电系统	一系减振器	轴箱组成	门窗结构
侧梁组成	车体断面	高压互感器	辅助电源装置	开闭机构	制动系统	高压线缆及组件
横梁组成	车体结构	高压隔离开关	辅助整流器	车体附件	牵引变压器	空气弹簧
空簧支撑梁	底架结构	保护接地开关	蓄电池	钩缓装置	牵引系统	横向减振器
轮对	车顶结构	主断路器	二系悬挂	内外风挡	牵引变流器	牵引电机通风机
轮轴轮对	侧墙结构	避雷器	牵引装置	导流罩	抗侧滚扭杆装置	设备舱结构
一系悬挂	制动装置	驱动装置	牵引电机	排障器	抗蛇行减振器	……

图 5-7　高速列车产品元结构树的对象集合示例

3. 结构属性（S-Attribute）

结构属性描述了对象所具有的特征，包括基本信息（装配体属性、零件体属性等）、层次属性（产品层、组份层、部件层、子部件层以及零件层）、特征信息（自制件属性、外购件属性等）、阶段属性（需求分析阶段、产品设计阶段、产品制造阶段等）、部门属性（设计部门、制造部门等）以及版本属性等。其中，层次属性表示的对象所处在产品元结构树的具体层次，主要根据领域产品的结构的连接关系进行确定，不易划分过细。阶段属性和部门属性是以领域产品研发过程和企业部门的划分作为依据进行划分，具体的粒度调节需要结合企业实际情况确定。

4. 关系（Relationship）

关系主要包括产品元结构树对象之间的关系，元模型组元之间的关系和对象与其他数据之间的引用关系。具体关系描述如表 5-1 所示。

表 5-1 产品元结构树关系描述

<table>
<tr><th>关系类型</th><th>关系对象</th><th>关系名称</th><th>描 述</th></tr>
<tr><td rowspan="3">对象关系 <Object Relationship></td><td>S-Object—S-Object</td><td>Contain（包含关系）</td><td>某结构对象包含另一结构对象</td></tr>
<tr><td>S-Object—S-Object</td><td>Part_of（隶属关系）</td><td>某结构对象隶属于另一结构对象</td></tr>
<tr><td>S-Object—S-Object</td><td>Connect（连接关系）</td><td>结构对象之间的连接关系</td></tr>
<tr><td rowspan="5">元结构树的组元关系 <Component Relationship></td><td>A-B</td><td>Isa（从属关系）</td><td>B 从属于 A</td></tr>
<tr><td>A-B</td><td>Attached to（连接关系）</td><td>组件 A 与组件 B 连接</td></tr>
<tr><td>A-B</td><td>Constraint（约束关系）</td><td>组件 A 约束了组件 B</td></tr>
<tr><td>A-B</td><td>Action on（作用关系）</td><td>组件 A 作用于组件 B</td></tr>
<tr><td>A-B</td><td>Provide（提供关系）</td><td>组件 A 为组件 B 提供</td></tr>
<tr><td>引用关系</td><td>Object—other_data</td><td>Quote（关联关系）</td><td>结构对象关联其他数据</td></tr>
</table>

通过高速列车走行组份的关系实例来说明元结构树中的部分关系描述，如表 5-2 所示。

表 5-2 高速列车走行组份关系集合示例

关系数据描述	关系名称	关系来源
走行包含构架	包含关系	对象之间
走行包含轮对	包含关系	对象之间
走行包含一系	包含关系	对象之间
走行包含二系	包含关系	对象之间
走行包含驱动	包含关系	对象之间
走行包含制动	包含关系	对象之间
构架隶属走行	隶属关系	对象之间
构架包含侧梁	包含关系	对象之间
构架包含横梁	包含关系	对象之间
构架包含空簧支撑梁	包含关系	对象之间

续表

关系数据描述	关系名称	关系来源
轮对隶属走行	隶属关系	对象之间
轮对包含轮轴	包含关系	对象之间
轮对包含轴箱	包含关系	对象之间
一系隶属走行	隶属关系	对象之间
一系包含轴箱弹簧	包含关系	对象之间
一系包含定位节点	包含关系	对象之间
一系包含垂向减振器	包含关系	对象之间
二系隶属走行	隶属关系	对象之间
二系包含牵引装置	包含关系	对象之间
二系包含横向减振器	包含关系	对象之间
二系包含空气弹簧	包含关系	对象之间
二系包含抗蛇行减振器	包含关系	对象之间
二系包含抗侧滚扭杆	包含关系	对象之间
传动隶属走行	隶属关系	对象之间
传动包含齿轮箱	包含关系	对象之间
传动包含联轴节	包含关系	对象之间
制动隶属走行	隶属关系	对象之间
制动包含夹钳	包含关系	对象之间

5. 操作（Operation）

操作表示对产品元结构树中对象、属性、关系等操作方法的集合，是支持产品元结构树在产品全生命周期内各研发阶段之间实现动态变化的基础。通过“操作”提供的方法可以将产品元结构树向不同产品研制阶段的产品结构树视图进行映射，并随着研发过程的推进实现各个阶段产品结构树之间的动态转化。具体操作的描述如表 5-3 所示，包含更改、增加、删除、引用、抽取、聚合以及映射等操作方法。

表 5-3　产品元结构树操作描述

操　作	具体描述
更改<Update>	改变对象、属性和关系等元结构树组元，如更改两对象之间的关系等
增加<Addition>	增加对象、属性以及关系，如增加新的阶段属性和新的部门属性等
删除<Delete>	删除已有的对象、属性和关系
引用<Reference>	产品元结构树引用其他数据元模型的对象
抽取<Extraction>	根据相关的领域规则抽取产品结构模型的应用实例
聚合<Aggregation>	按照实例规则和关系聚合得到不同应用的产品结构树模型以及实例
映射<map>	通过产品元结构树对象间映射操作实现不同阶段产品结构树的转化

在上述各产品元结构树组元分析的基础上，依据产品元结构树的对象、属性、关系、和操作五个组元的描述及其之间的关系，利用 E-R 图的方法构造产品元结构树的视图，如图 5-8 所示。

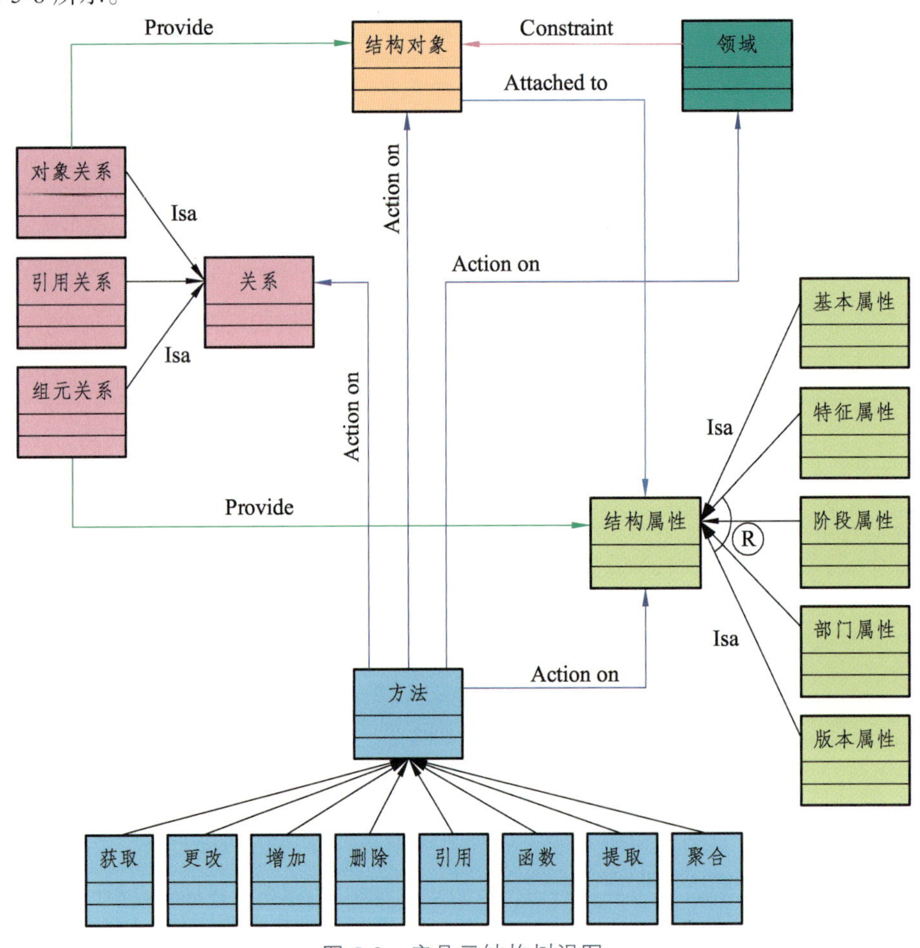

图 5-8　产品元结构树视图

5.2.1.3　产品元结构树的应用分析

（1）支撑产品全生命周期内数据的统一化建模与传递。

在现有的企业数据管理系统中，产品物料清单（BOM）已经成为产品数据管理的核心，BOM 表达了产品结构清单，包括产品结构、结构关系、结构属性以及相对应的数据信息。然而，现有企业对整个产品全寿命周期的两端数据管理缺乏有效的解决思路而导致管理瓶颈，使得在快速响应市场、研发成本、后期增值服务等方面不能得到很好的控制。而以提出的产品元结构树作为数据建模的核心载体来进行产品全生命周期各阶段数据建模与管理，就能够有效地将 BOM 的管理思想贯穿到产品的前端需求、后端、产品服务及维修，构建出一体化的数据模型，如需求元模型、技术指标元模型、工程 BOM（Engineering BOM，EBOM）、工艺 BOM（Process BOM，PBOM）、制造 BOM（Manufacturing BOM，MBOM）、销售（Sale

BOM，SBOM）等，贯穿整个全寿命周期，为产品的不同阶段提供有效和有用的数据，如图 5-9 所示。另外，虽然不同 BOM 数据信息表的结构组成具有差异性，但是由于它们都是利用产品元结构树作为核心生成的差异化结构树，其本质上是一致的，这也就为产品全生命周期内各研发阶段数据进行高效传递和映射提供了基础。

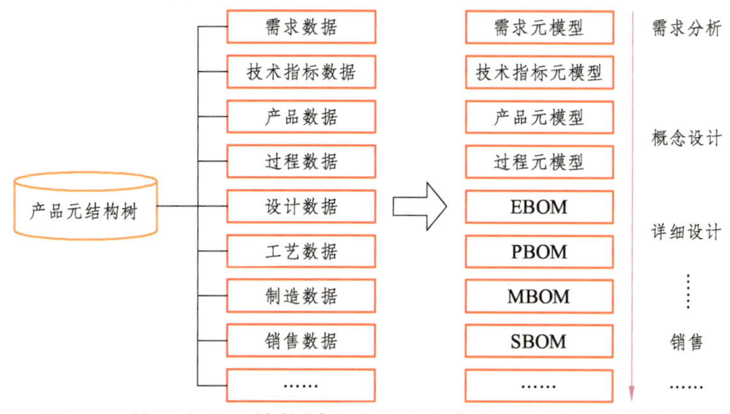

图 5-9　基于产品元结构树的产品全生命周期各阶段数据模型

（2）支撑现有企业 PLM 系统与其他软件工具内各类 BOM 数据的无缝集成。

通过产品元结构树所关联的结构树属性信息（名称、编号、装配关系等）、索引接口信息等属性来实现与各阶段 BOM 信息表内相对应属性的相互映射，支撑企业不同系统和软件内的 BOM 数据无缝集成，提高产品各数据管理系统内信息的转化效率，有利于解决企业存在的信息化孤岛问题，从而大幅度降低数据管理难度和成本，如图 5-10 所示。

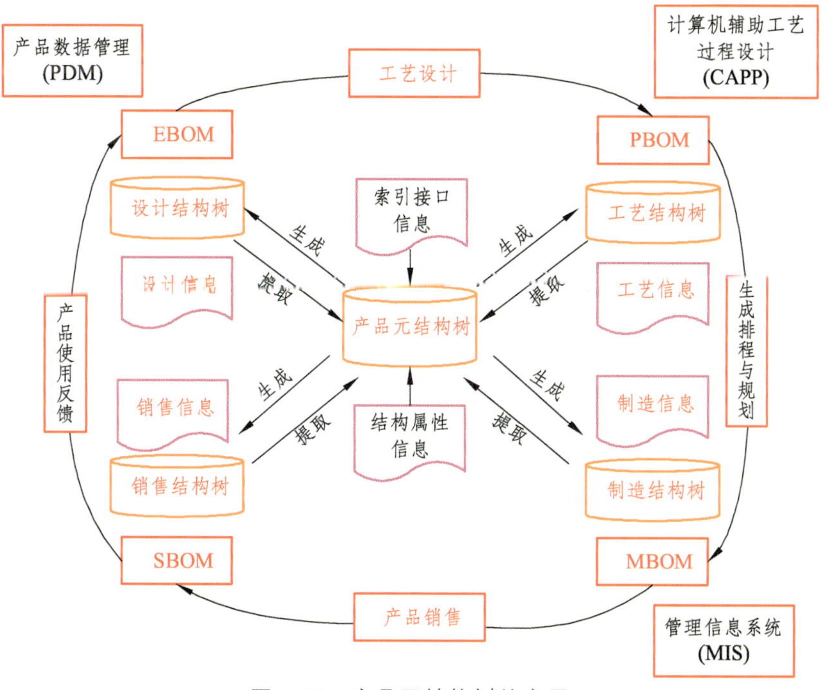

图 5-10　产品元结构树的应用

5.2.2 产品需求元模型构建

5.2.2.1 需求建模分析

随着高速列车客户需求的日益增多，需求之间的关系日益复杂，需求所包含的信息日益增加，这为产品客户需求管理和建模带来了极大的压力和挑战。目前，客户需求建模在面向高速列车应用时存在一些问题：第一，多局限于高速列车研制的初期，忽略了客户需求对产品全生命周期的影响关系，出现后续产品研制过程脱离客户需求的问题，造成客户对产品出现不满意的情况；第二，现有的客户需求模型所包含的信息不完备，多数仅仅考虑了客户需求自身的参数数据和基本信息的描述，而忽略了其他属性信息，例如客户需求的学科信息、结构信息等，这些属性的缺失增加了客户需求向后续产品研制阶段的数据转化和迁移的难度，同时客户需求信息模型的重用性、扩展性和柔性较差，难以满足需求信息模型的动态特性和信息重用修改等要求；第三，在需求分析阶段，由于需求信息模型缺乏产品结构作为数据载体支撑，导致客户需求模型在表达上与产品生命周期的其他数据存在异构性，严重影响高速列车研发过程中的数据转化效率和精度。

为了解决上述问题，结合元模型建模理论和产品元结构树概念，提出了结构化客户需求元模型，通过对高速列车客户需求进行高层次抽象，明确和统一客户需求的术语和概念，并利用产品元结构树作为数据基础架构来实现客户需求元模型的结构化管理，消除各阶段数据之间的异构性。此模型不仅能够保证复杂产品客户需求在产品的不同全生命周期阶段、不同结构层次、不同学科领域等信息维度中的独立性、唯一性、一致性、重用性和集成性，同时有助于高速列车需求信息的共享、集成、转化、查询、阅读等高效管理和应用，为面向需求驱动的全生命周期的产品研制过程提供统一的数据支撑。

5.2.2.2 需求元模型定义和构建

需求元模型是描述特定领域内客户需求模型的模型，定义了客户所提出需求基本特征的语义和语法规范，是该领域内产品所有相关客户需求实例的抽象化集合，包含了特定领域内客户需求的基本对象、客户需求之间的影响关系、客户需求属性以及相关操作方法等。

需求元模型的构建过程参照元模型的建模过程，首先通过需求获取和需求处理过程实现对领域内客户需求的系统性分析，基于元模型建模规则中的约束规则提取出需求元模型所包含的需求对象、属性、关系和方法等元素集合，构建出客户需求元模型。然后根据所构建的产品元结构树以及客户需求与产品结构的关系，实现客户需求元模型与产品元结构树的引用关联，最终形成结构化的客户需求抽象表达，其过程如图 5-11 所示。

基于上述分析，采用五元组对客户需求元模型进行表达，包括领域、需求对象、需求属性、关系和操作，如下所示：

$$\text{Meta-R}=\{\text{Domain},\ \text{R-Object},\ \text{R-Attribute},\ \text{Relation},\ \text{Operation}\}$$

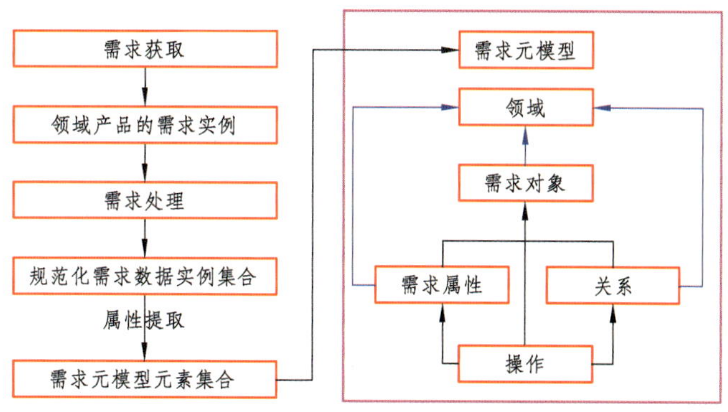

图 5-11　产品客户需求元模型构建过程

具体的客户需求元模型的各个组元的详细分析如下：

1. 领域（Domain）

领域表达了需求对象、需求属性、关系、操作等客户需求元模型组元所处的特定产品领域，限定了客户需求元模型表达和描述的边界。

2. 需求对象（R-Object）

需求对象描述的是特定产品领域内客户需求的规范化语义抽象，表示的是产品涉及的所有客户需求的集合，它关联的属性集和操作集反映了客户需求的特征和相关操作。以高速列车为例，提取出高速列车客户需求元模型对象集合，如图 5-12 所示。

需求对象						
限界	环境温度	编组形式	设计速度	座席需求	控制模式	接触网结构高度
坡度	最大风速	动力形式	加速性能	行李存放	信号系统	接触导线高度变化
曲线	盐雾强度	列车总长	制动性能	通行需求	最小发车间隔	接触网跨距
超高	风沙强度	列车断面	动力学性能	餐饮需求	停车时间	接触网最大拉出值
轨距	冰雪强度	车钩高度	曲线性能	饮水需求	救援列车形式	供电制式
线间距	海拔高度	车端距离	空气动力学	给水卫生	回送和救援	供电品质
隧道	环保性	车长	安全性	垃圾收集	站台高度	站台距轨道中心距
强度	轴距	列车断面	可靠性	特旅需求	站间距	过分相信号
振动与冲击	平面布置	车钩高度	舒适性	安全需求	库用电源	接触线张力
水密性	车辆定距	轴重	寿命	公共网络	供水设施	……

图 5-12　高速列车需求元模型的需求对象集合示例

3. 需求属性（R-Attribute）

需求属性描述的是需求对象所具有的一系列特征，具体包括了以下属性：

参数属性，是需求对象所具备的基本参数信息特征，由参数值类型、参数值、参数单位以及需求重要度四元组组成。具体表述如下所示：

R-p = {Value-type，Range，unit,Importance}

式中 Value-tpye——客户需求的值类型，如整数型、浮点型、字符型、枚举型等。

Range——客户需求的值域，分为离散型、连续型和文本型。离散型的需求参数值是一个有限值的列表；连续型需求参数值通常是数值型，取值满足最大值和最小值区间的要求；文本型需求参数值是文本形式的，可以是一个字母或一段文字等。

unit——客户需求参数属性的单位。

Importance——客户需求的重要度，由于产品客户需求数量巨大，导致其重要度排序异常复杂，因此为了更确切地对客户需求进行评价，可将客户需求重要度按照数值区间进行等级划分，具体的划分阈值则依据企业情况进行确定。

以高速列车为例，提取出对应需求对象的参数属性，如表 5-4 所示。

表 5-4 高速列车客户需求元模型参数属性示例

需求对象	值类型	参数值范围	单位	重要度
环境温度	范围型	− 50 ~ + 50	°C	1
相对湿度	范围型	≤95	%	1
海拔高度	范围型	≤1 500	m	1
最大风速	范围型	≤15、≤20、≤25、≤30	m/s	1
盐雾强度	数值型	空气含盐度 0.01	g/m^3	1
冰雪强度	数值型	最大积雪厚度 1 000	mm	1
风沙强度	范围型	0.01 ~ 4	g/m^3	1
轨距	数值型	1 435、1 000、1 600	mm	1
限界	文本型	GB 146.1	—	1
坡度	数值型	20、30	‰	1
最小曲线半径	数值型	2 200	m	1
最大超高	数值型	≤180	mm	1
线间距	范围型	4.2 ~ 5	m	1
站台高度	范围型	500 ~ 1 250	mm	1
站台距轨道中心距	数值型	1 750	mm	1
设计速度	数值型	200、250、300、350	km/h	1
轴重	数值型	14 ~ 17	t	1

续表

需求对象	值类型	参数值范围	单位	重要度
供水设施	文本型	TB/T 1720—2010	—	1
排污设施	文本型	通用 2.5″快速接头，参照 TB/T 3163	—	1
供电制式	文本型	单相 AC	—	1
供电制式-电压	数值型	25	kV	1
供电制式-频率	数值型	50	Hz	1
供电品质	范围型	17.5 ~ 31	kV	1
过分相信号	文本型	线路设点式信号设施为列车提供过分相区域信号	—	1
接触网形式	文本型	采用全补偿简单链型悬挂和全补偿弹性链型悬挂	—	1
接触网张力	范围型	15 ~ 25	kN	1
接触网结构高度	范围型	1.1 ~ 1.8	m	1
接触导线高度	范围型	5 150 ~ 5 500	mm	1
接触导线高度变化	范围型	<3	‰	1
接触网跨距	范围型	60 ~ 65	m	1
接触网最大拉出值	数值型	400	mm	1
……	……	……	……	……

用户属性，需求对象的采集来源，通过客户需求获取过程的研究进行确定。

多学科属性，需求对象所具备的学科属性，包括机械学科、电气学科、控制学科和液压学科等。

阶段属性，表达的是需求对象所关联的产品生命周期内的不同研发阶段，包括需求分析阶段、概念设计阶段、产品详细设计阶段和产品制造阶段等。

部门属性，表达的是需求对象所关联的企业研发部门，包括设计部门、制造部门等。具体的粒度调节需要结合企业实际情况进行确认。

适应性属性，表达的是需求对象的可重用属性，包括共性、适应性和个性。

特征属性，表达的是需求对象自身的基本特征，包括了数据特征（二元、选项和描述等）、层次特征（功能、性能和外延等）和自身属性（几何、动力学、外观和安全等）等。

4. 关系（Relation）

需求元模型之间的影响关系、需求元模型组元之间的关系以及需求对象与其他数据的引用关系具体如表 5-5 所示。

表 5-5　产品需求元模型关系描述

关系类型	关系对象	关系名称	描述
需求对象关系（R-Object Relationship）	R-Object—R-Object	Positive correlation（正相关关系）	某需求对象与另一需求对象存在正向相关影响
	R-Object—R-Object	Negative correlation（负相关关系）	某需求对象与另一需求对象存在反向相关影响
组元关系（Component Relationship）	A-B	Isa（从属关系）	组元 B 从属于组元 A
	A-B	Attached to（连接关系）	组元 A 与组元 B 连接
	A-B	Action on（作用关系）	组元 A 作用于组元 B
	A-B	Provide（提供关系）	组元 A 为组元 B 提供
引用关系	R-Object—other_data	Quote（关联关系）	需求对象关联其他数据，例如与产品元结构树的关联

以高速列车的需求元模型的需求对象之间的关系实例来说明需求元模型中部分关系描述，如表 5-6 所示。

表 5-6　高速列车需求元模型关系集合示例

关系数据描述	关系名称	关系来源
设计速度-试验速度	正相关关系	需求对象之间
设计速度-最高运行速度	正相关关系	需求对象之间
设计速度-牵引性能	正相关关系	需求对象之间
设计速度-制动性能	正相关关系	需求对象之间
冰雪强度-密封性	正相关关系	需求对象之间
设计速度-气动性能	正相关关系	需求对象之间
设计速度-研发成本	负相关关系	需求对象之间
研发成本-研发周期	负相关关系	需求对象之间
研发成本-产品质量	负相关关系	需求对象之间
研发成本-座席等级	负相关关系	需求对象之间

5. 操作（Operation）

操作表示的是针对需求元模型中需求对象、需求属性和关系等组元进行操作的方法集合，是实现需求元模型动态变化、结构化管理的基础。通过“操作”提供的方法可以将需求元模型在后续产品研发过程进行数据转化、传递和映射，具体如表 5-7 所示，包含更改、增加、删除、引用、抽取以及映射等。

表 5-7　客户需求操作描述

操　作	具体描述
更改（Update）	用于改变需求对象、需求属性和关系等组元，如更改两个需求对象之间的关系等
增加（Addition）	增加需求对象、需求属性以及关系，如增加新的阶段属性、部门属性、学科属性等
删除（Delete）	删除已有的需求对象、需求属性和关系，如删除某一需求对象或者其相关的需求属性等
引用（Reference）	需求元模型引用其他元模型的对象
抽取（Extraction）	根据相关的领域规则抽取需求元模型的应用实例
映射（map）	需求元模型对象与其他数据间通过相关映射操作，实现产品需求元模型向其他数据的转化和传递

在上述各个需求元模型组元分析的基础上，依据需求元模型的需求对象、需求属性、关系和操作五个组元的描述以及它们之间的关系构造产品需求元模型的视图，具体如图 5-13 所示。

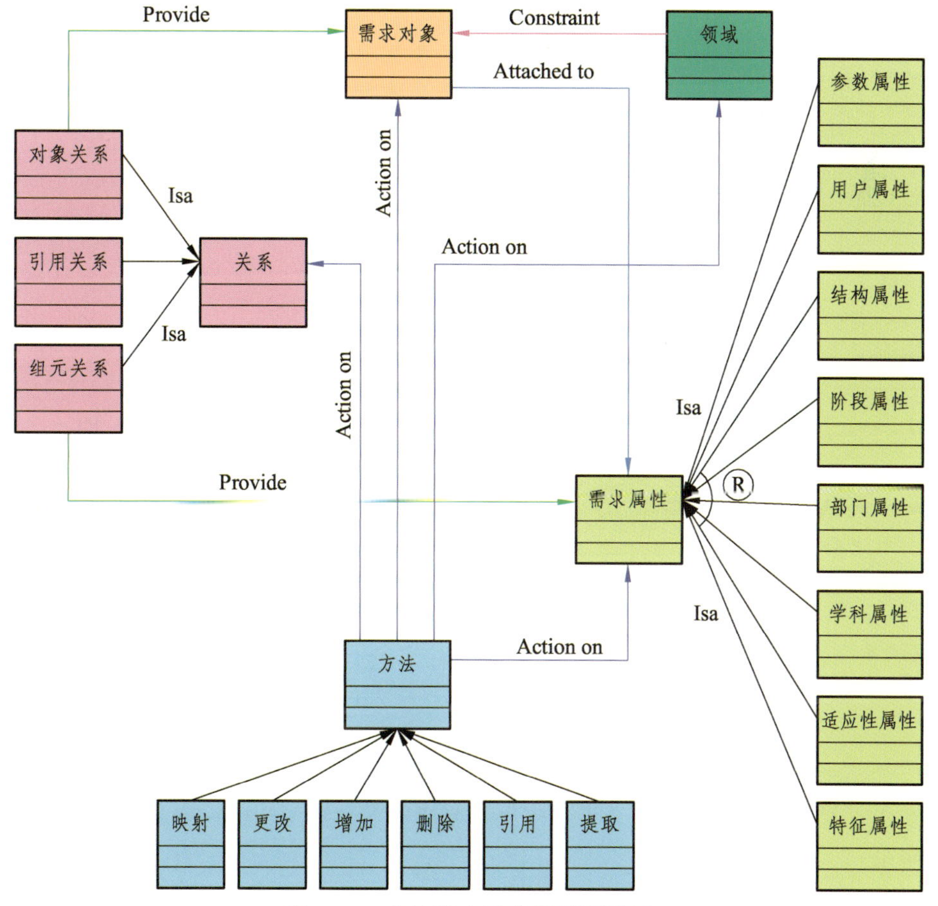

图 5-13　产品客户需求元模型视图

通常意义上产品设计在需求分析阶段还没有产生产品结构，但是考虑到产品在创新研发的过程中大量重用原始已有的产品数据信息，产品的结构绝大部并无变化，甚至多数新产品只在产品性能上有变化而无结构的变化。因此需求元模型的构建可以采用产品结构作为模型的载体，利用产品结构的相对固定化，将需求元模型信息与之关联，构建出统一的结构化客户需求元模型。其主要的构建过程如图 5-14 所示，在元结构树模型的基础上，将需求元模型的需求对象与其对象集进行关联，并且将两者间的关联关系扩充到产品元结构树的引用关系集合中，实现需求元模型的结构化管理，具体如下所示：

$$\text{Meta-R} \otimes \text{Meta-S}$$

算子⊗表示的是通过客户需求面向产品结构树的分类中的关联关系。

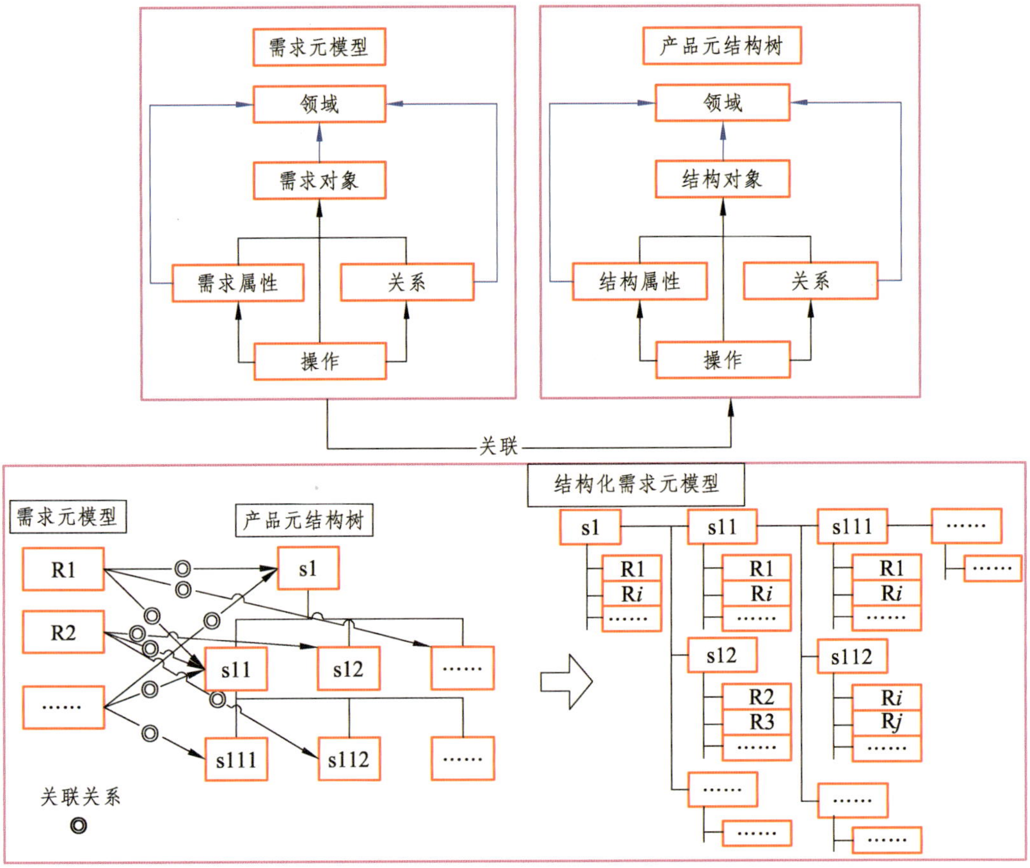

图 5-14 基于产品元结构树的结构化需求元模型构建及示例

以高速列车走行组份示例说明结构化的客户需求元模型构建过程和表达形式，如图 5-15 所示。

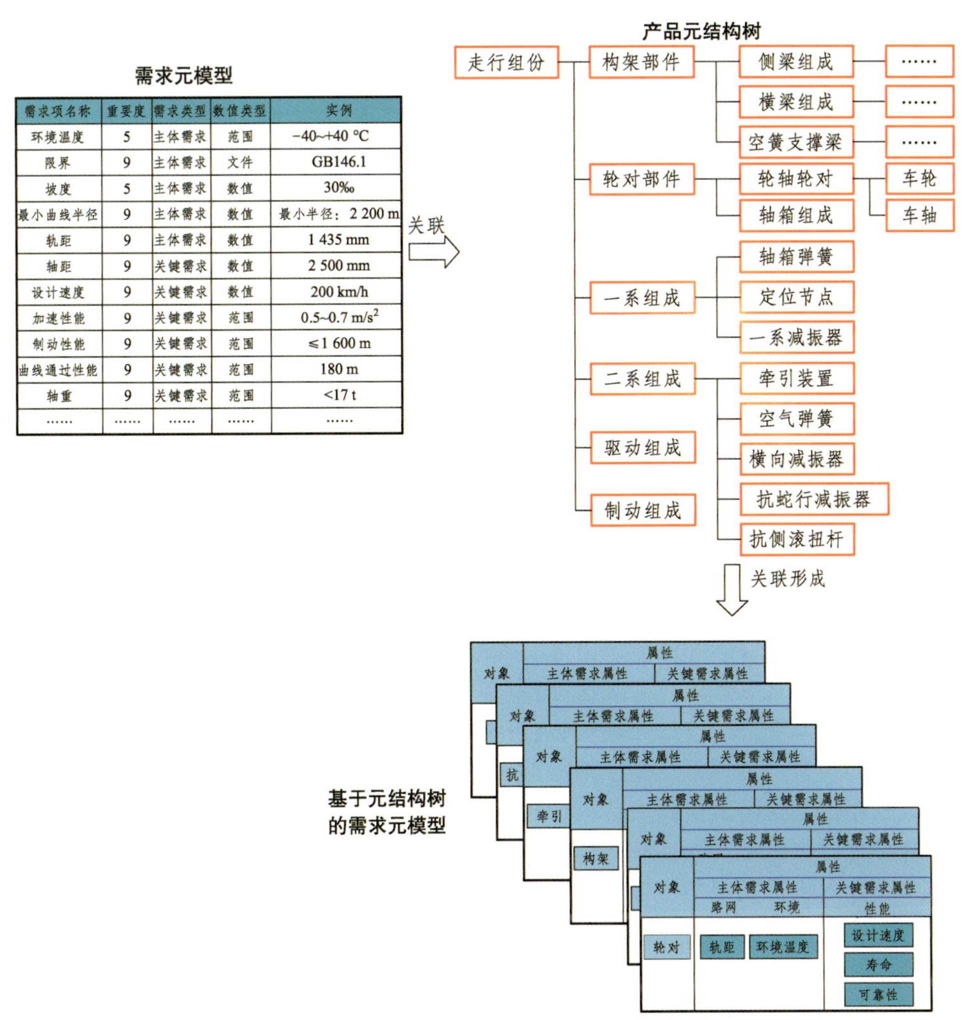

图 5-15　高速列车走行组份结构化客户需求元模型示例

5.2.3　技术指标元模型构建

产品技术指标是从产品设计人员角度描述的为了满足客户需求所需要达到的产品要求，体现了产品不同方面的各项功能、行为和性能以及产品在企业技术可行域内为满足客户需求应达到的技术参数，是企业技术人员进行产品设计的专业要求，也是区分行业内其他产品竞争性的主要因素。可知，技术指标是面向产品设计技术人员表述的产品信息，具有可行、专业和准确的特点。

高速列车的技术指标获取过程如图 5-16 所示，在现有成熟产品的基础上，通过召集产品设计制造等相关技术人员采用头脑风暴集思广益的方式，以及对已有产品设计过程形成的设计文件或对已有产品的功能、性能和结构分析对产品技术指标进行广泛收集，并分析和提取技术指标的相关属性特征，包括基本参数信息、阶段信息、学科信息和部门信息等，然后组建技术指标特征域并利用领域专家知识实现面向属性特征域的产品技术指标映射和分类。

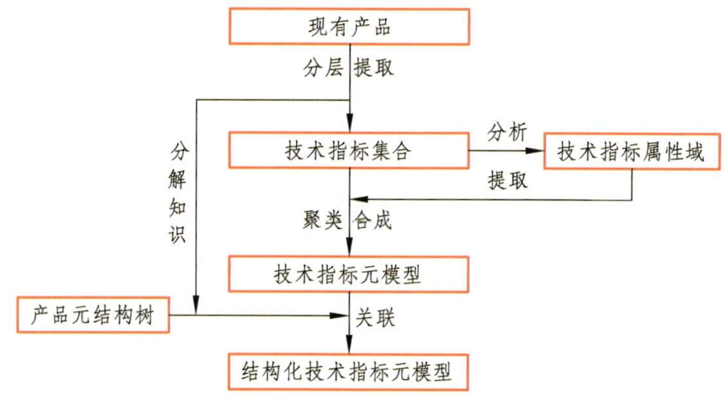

图 5-16 产品技术指标元模型构建过程

客户需求无法直接驱动产品的快速设计，企业需要将其映射和转化为产品技术指标才能有效地指导和约束产品的研发。为了提高客户需求映射的高效性和准确性，降低产品技术指标数据的管理难度，必须保证客户需求模型与产品技术指标模型表达上的一致性。因此基于元模型理论并参考结构化客户需求元模型的定义和概念，提出了产品结构化技术指标元模型，通过对产品技术指标进行高层次的抽象来明确和统一相关的术语和概念，并采用产品元结构树作为数据管理架构来实现产品技术指标元模型的结构化，以此来保证产品客户需求与产品技术指标之间的数据一致性。

基于上述分析，采用类似于客户需求元模型五元组的表达方式对产品技术指标元模型进行表达，包括领域、指标对象、指标属性、关系和操作，如下所示：

$$\text{Meta-I}=\{\text{Domain}, \text{I-Object}, \text{I-Attribute}, \text{Relation}, \text{Operation}\}$$

具体的各个组元的详细分析如下：

1. 领域（Domain）

领域表示的是指标对象、指标属性、关系、操作等组元所处的特定产品领域，限定了产品技术指标表达和描述的边界。

2. 指标对象（I-Object）

指标对象是特定领域内的产品技术指标的规范化语义抽象，表示产品所有技术指标的集合。

3. 指标属性（I-Attribute）

指标属性描述的是产品技术指标对象所具有的一系列特征，包括参数属性、多学科属性（机械、电气、控制和力学等学科）、阶段属性（概念设计阶段、产品详细设计阶段、产品制造阶段、产品销售阶段、产品运维阶段等）、部门属性（设计部门、制造部门、销售部门、维修部门等）、特征属性和结构属性等。

其中参数属性描述是技术指标对象所具备的基本参数信息特征，由参数值类型（VT）、参数值、参数单位以及重要度四元组组成。具体描述如下所示：

I-p = {Value-type，Range，unit,Importance}

其中：Value-type 表示产品技术指标的值类型，如数值型、文本型、枚举型和范围型等；Range 表示产品技术指标的值域；Unit 表示产品技术指标参数值的单位；Importance 表示技术指标的重要度。

另外，特征属性表示的是技术指标在特定产品领域内的专有分类属性，以高速列车的特征属性为例，主要包括运输能力指标、动力学性能指标、安全性指标、舒适性指标、环境条件指标、线路条件指标、供电条件指标、节能环保性指标和可靠性指标等。

4. 关系（Relationship）

关系包括各指标对象之间的影响关系（正相关关系和负相关关系）、技术指标组元之间的关系（从属、连接和作用等）以及技术指标与其他数据模型的引用关系。

5. 操作（Operation）

操作是对指标对象、指标属性和关系等进行动态操作的方法集合，它是实现产品技术指标动态变化和结构化管理的基础手段，包含更改、增加、删除、引用、抽取以及映射等方法。其中，具体的映射研究在后一章节进行详细论述。

根据上述各个产品技术指标组元的分析，仿照客户需求元模型的视图表达，依据产品技术指标的指标对象、指标属性、关系、领域和操作五个组元的描述以及各组元间的关系构造产品技术指标元模型视图，如图 5-17 所示。

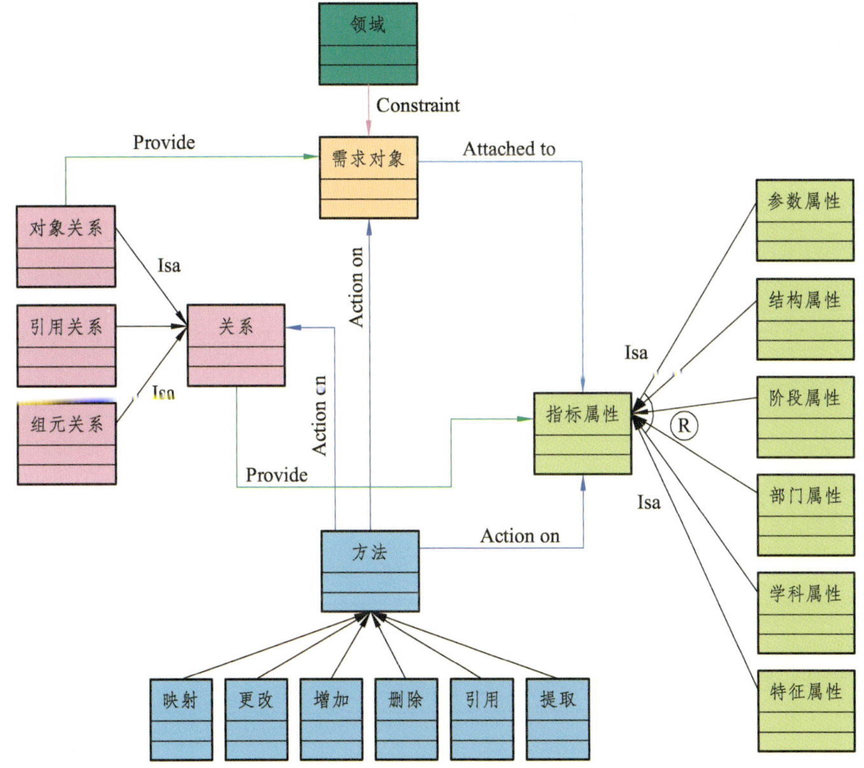

图 5-17　产品技术指标元模型视图

产品技术指标元模型结构化处理是依据指标属性集中的结构属性来实现产品技术指标与产品元结构树的关联，进而形成基于元结构树管理的产品结构化技术指标元模型。产品结构化技术指标元模型可以与客户需求元模型实现无缝对接，解决产品研发过程中需求分析阶段到产品设计阶段的数据表达不一致问题，方便建立起客户需求与产品技术指标之间的映射关系，为实现面向需求驱动的产品快速研发提供了基础。如表 5-8 所示，以高速列车走行组份示例说明结构化的客户需求元模型构建的表达形式。

表 5-8 高速列车走行组份技术指标示例

指标特征属性	技术指标对象	值类型	示例值	单位
运输能力指标	持续运行速度	数值	250	km/h
	最高运行速度	数值	312.5	km/h
	最高试验速度	数值	322.5	km/h
	轴重	数值	14	t
	起动加速度（0 ~ 40 km/h）	范围	0.4 ~ 0.6（250）	—
	剩余加速度	范围	>0.05	m/s^2
	动拖比	数值	3.04	—
动力学性能指标	蛇行失稳临界速度	数值	312.5	km/h
	脱轨系数	范围	≤0.8	—
	轮重减载率	范围	准静态 $\Delta P/P\leq 0.65$ 动态 $\Delta P/P\leq 0.8$	—
	动态横向力（轮轴）	范围	≤（$10+P_0/3$）	kN
	轮轴横向力平均值	范围	≤20	kN
	轮轨最大垂向力	范围	≤170	kN
	运行平稳性	范围	$W\leq 2.5$	—
环境条件指标	风沙强度	范围	0.01 ~ 4	g/m^3
	雨雪强度	数值	1 000	mm
	环境温度	范围	− 25 ~ + 40	°C
线路条件指标	最小曲线半径-列车运行时	数值	180	m
	最小曲线半径-单节车调车时	数值	150	m
	车辆限界	文本	符合 GB 146.1	—

续表

指标特征属性	技术指标对象	值类型	示例值	单位
线路条件指标	坡度	数值	30	‰
	最大超高	数值	150	mm
	欠超高	数值	110	mm
	轨距	数值	1 435	mm
安全性	烟火报警系统	文本	有	—
	轴温报警系统	文本	有	—
	牵引系统温度检测	文本	有	—
	转向架失稳检测装置	文本	有	—
	制动距离	范围	≤1 600	m
可靠性指标	平均无故障时间	范围	≥300	h
	平均无故障间隔距离	范围	≥50	万千米
	振动与冲击	文本	GB/T 21563—2008/IEC 61373：1999	—
	使用年限	范围	20～30	年
	最小曲线半径-列车运行时	数值	180	m
	最小曲线半径-单车调车时	数值	150	m

5.3　产品元模型构建

5.3.1　产品元模型定义

结合元模型和复杂产品系统两个概念，针对谱系化产品，给出产品元模型的定义如下：产品元模型是特定领域产品建模的语义和语法的规范化定义，也是产品研发过程中不同阶段、不同层次和不同学科所用数据信息的最大集合，能够表示该谱系化产品的所有实例。根据元模型的四层含义，具体的复杂产品系统的产品元模型四层体系的描述与特点如表 5-9 所示。

表 5-9 产品元模型的含义及四层体系描述

层次	描述与特点	示 例
元元模型（M3）	具有最高抽象层次，定义元模型描述语言的基本要素，形成元元类，包括元对象、元属性、元约束、元关系和元方法等	元对象：对象、功能、行为等。 元属性：功能属性、关系属性等。 元约束：功能约束、结构约束等。 元关系：继承关系、语义关系等。 元方法：更改、增加、删除等
元模型（M2）	元元模型（元元类）的实例化，定义模型描述语言的基本要素来形成元类，包括对象、属性、约束、关系、方法等	转向架设计元模型
模型（M1）	元模型（元类）的实例化，描述定义模型的结构和语义形成类，包括各种类对象	CRH1 型转向架类、CRH2 型转向架类……
实例（M0）	模型（类产品）元素的赋值实例化，定义了特定平台的产品实例	SKMB200 型转向架

其中，产品的元元类是某一领域元模型建模基本元素的语义字典集合，包括元对象、元属性、元约束、元关系、元方法五个语义子集合；元类描述对象的行为规则，由某种特定的元数据组成内聚的包，由对象、属性、约束、关系和操作五个组元组成；类描述与某一具体物理对象相关的设计模型；实例是类的实现，对应具体的设计对象。

5.3.2 产品元模型建模流程

针对复杂产品系统不同的应用阶段和领域，在组成这个系统的各个层次子系统及其之间关系的研究基础之上，采用元模型建模技术建立复杂产品系统产品元模型，通常包括四个阶段：复杂产品系统分析阶段、元模型建模规则制定阶段、元模型属性创建阶段、元模型集成和结构化实现阶段。具体的元模型建模流程如图 5-18 所示。

1. 复杂产品系统分析阶段

结合元模型的建模特点，在不同的层次、不同的阶段、不同的领域进行产品的需求分析、系统分析、子系统及其信息交换等，目的是为元模型属性创建阶段提供信息分析基础。例如高速列车转向架的产品需求谱系及其分类特点，满足产品设计需求是建立产品元模型的核心目标；高速列车转向架的系统分析，即共性技术和适应性技术分析，是构建产品元模型的必要基础；高速列车转向架子系统及其信息交换，即转向架模块分类及其接口分析，从而确定产品元模型的元结构树及其关系。

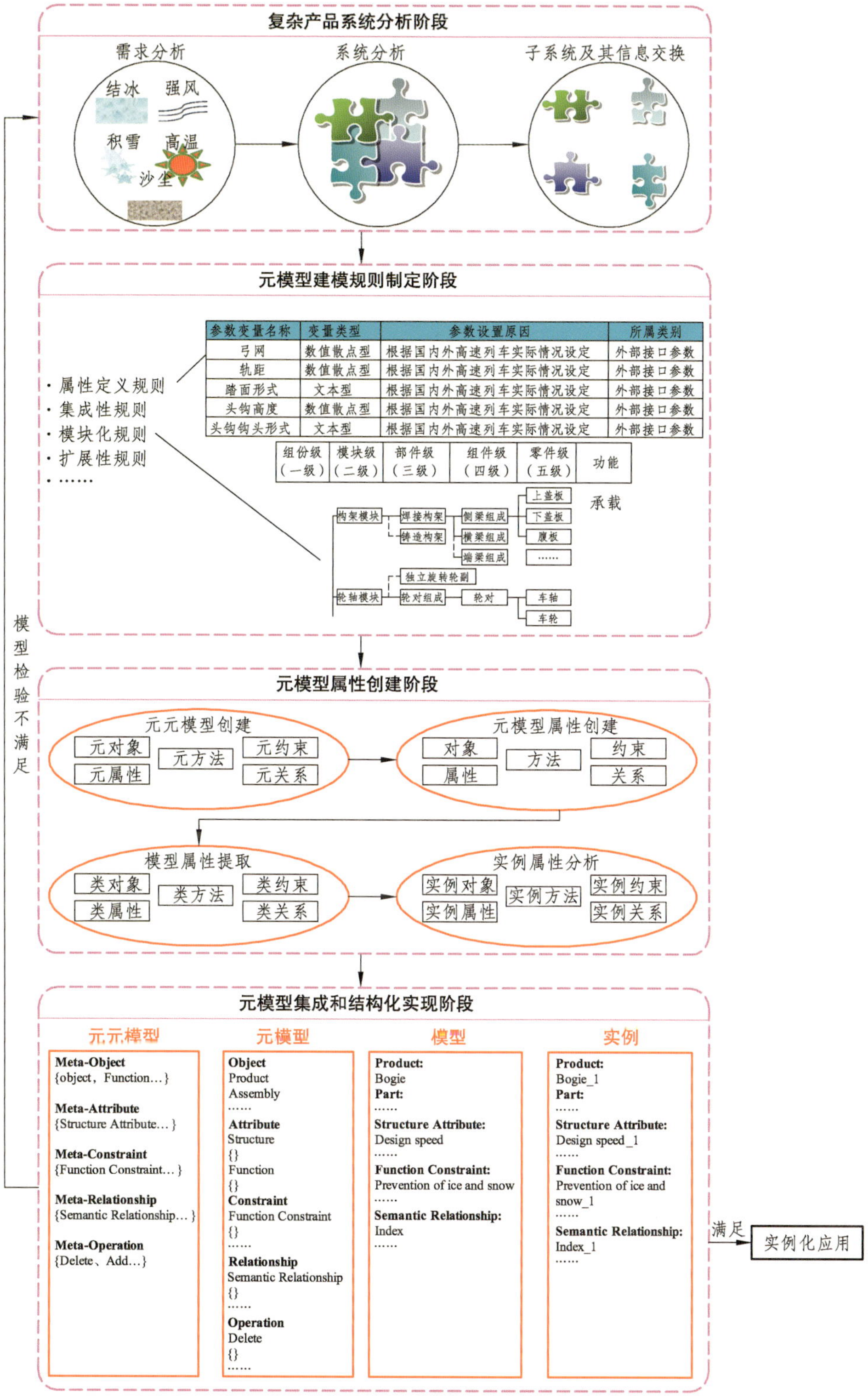

复杂产品系统分析阶段

需求分析　结冰　强风　积雪　高温　沙尘

系统分析

子系统及其信息交换

元模型建模规则制定阶段

· 属性定义规则
· 集成性规则
· 模块化规则
· 扩展性规则
· ……

参数变量名称	变量类型	参数设置原因	所属类别
弓网	数值散点型	根据国内外高速列车实际情况设定	外部接口参数
轨距	数值散点型	根据国内外高速列车实际情况设定	外部接口参数
踏面形式	文本型	根据国内外高速列车实际情况设定	外部接口参数
头钩高度	数值散点型	根据国内外高速列车实际情况设定	外部接口参数
头钩钩头形式	文本型	根据国内外高速列车实际情况设定	外部接口参数

组份级（一级）	模块级（二级）	部件级（三级）	组件级（四级）	零件级（五级）	功能

构架模块　焊接构架　铸造构架　侧梁组成　横梁组成　端梁组成　上盖板　下盖板　腹板　……　承载

轮轴模块　独立旋转轮副　轮对组成　轮对　车轴　车轮

元模型属性创建阶段

元元模型创建：元对象　元属性　元方法　元约束　元关系

元模型属性创建：对象　属性　方法　约束　关系

模型属性提取：类对象　类属性　类方法　类约束　类关系

实例属性分析：实例对象　实例属性　实例方法　实例约束　实例关系

元模型集成和结构化实现阶段

元元模型

Meta-Object
{object，Function…}

Meta-Attribute
{Structure Attribute…}

Meta-Constraint
{Function Constraint…}

Meta-Relationship
{Semantic Relationship…}

Meta-Operation
{Delete、Add…}

元模型

Object
Product
Assembly
……
Attribute
Structure
{}
Function
{}
Constraint
Function Constraint
{}
……
Relationship
Semantic Relationship
{}
……
Operation
Delete
{}
……

模型

Product:
Bogie
Part:
……
Structure Attribute:
Design speed
……
Function Constraint:
Prevention of ice and snow
……
Semantic Relationship:
Index
……

实例

Product:
Bogie_1
Part:
……
Structure Attribute:
Design speed_1
……
Function Constraint:
Prevention of ice and snow_1
……
Semantic Relationship:
Index_1
……

满足　实例化应用

模型检验不满足

图 5-18　复杂产品系统产品元模型建模流程

2. 元模型建模规则制定阶段

复杂产品系统元模型层级结构和参数种类繁多，需要建立建模规则对元模型进行约束，确保元模型的准确性和有效性，其中需要遵循的建模技术规则包括属性定义规则、普适性规则、集成性规则，模块化规则、扩展性规则等。

① 元模型属性定义规则：制定元模型属性定义的规则，明确属性类别，确保元模型规范化和一致性表达。

② 元模型的普适性规则：使产品元模型具有通用性，明确元模型的最大覆盖范围，确保元模型的结构具有代表性和前瞻性。

③ 元模型的集成性规则：产品元模型具有一定的集成性，基于设置的有效接口和关系，集成所有相关信息，形成统一的整体，从而获得实例模型。

④ 元模型的模块化规则：在元模型建立过程中，从不同用途和不同功能的角度对元模型进行模块分解，对接口进行标准化，提高元模型的建立效率。在具体的实现过程中，选用合适模块实现元模型功能。

⑤ 元模型的扩展性规则：元模型参数随着技术进步而不断更新，在元模型通用性的基础上，建立扩展接口，实现元模型的扩充和完善。

3. 元模型属性创建阶段

采用元模型建模技术，依次按照产品的实例属性进行分析、模型的属性提取、元模型属性创建、元元模型的属性创建四个不断抽象的层次来提取产品元模型属性特征，并形成属性元素集合。

4. 元模型集成和结构化实现阶段

采用结构化方法或语言对产品元模型进行抽象化描述，提供完整、唯一、多视图的产品模型的抽象模型，从而实现元模型的重用和共享。在建模完成后，对产品元模型进行检验，能否满足需求条件实现产品模型的实例化，以进一步完善产品元模型。

5.3.3 高速列车转向架产品元模型构建

5.3.3.1 高速列车转向架设计空间

重点研究高速列车转向架在产品设计阶段的不同层次、不同学科的产品元模型建立。在复杂的设计空间环境下，高速列车转向架产品元模型建立的依据是高速列车转向架产品设计过程以及设计过程中用到的所有数据信息。因此，基于公理设计理论，将产品概念设计过程活动分为需求域（R）、功能域（F）、性能域（P）、行为域（B）、结构域（S）5 个区域，并构成相互之间的映射关系；基于现有的高速列车转向架的模块划分在结构域分为四个层级的模块，即系统级模块、子系统级模块、部件级模块、零件级模块；基于产品特性的属性分类信息，将设计对象的属性信息分为几何属性、关系属性、约束属性、性能属性、材料属性和接口属性等；基于高速列车转向架设计所涉及的学科领域，将学科领域分为车辆动力学分析、疲劳强度结构分析、材料分析、

控制系统分析及其他学科分析；从四个维度描述高速列车转向架设计空间，具体如图 5-19 所示。

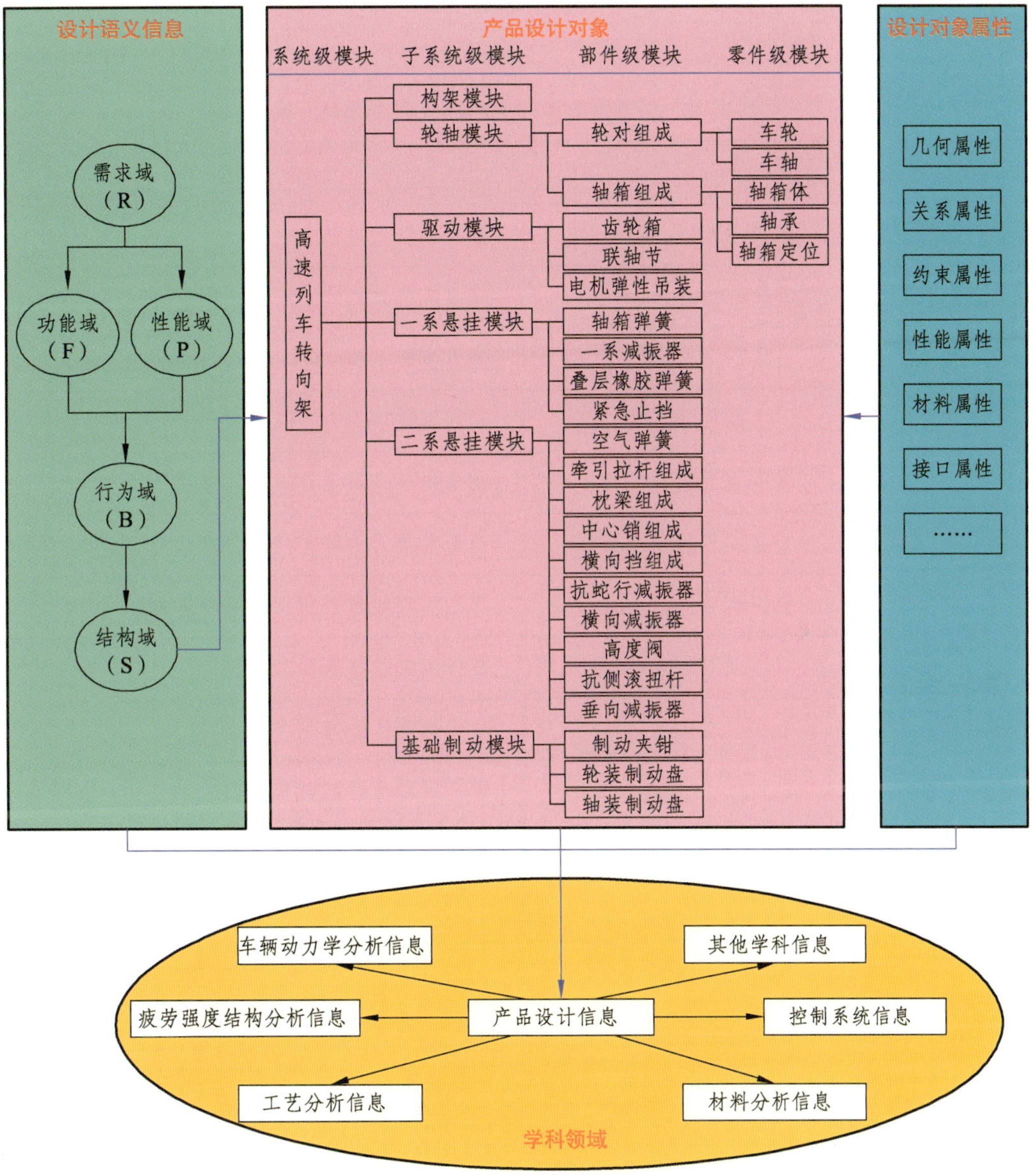

设计语义信息
需求域（R）
功能域（F）
性能域（P）
行为域（B）
结构域（S）

产品设计对象
系统级模块　子系统级模块　部件级模块　零件级模块
高速列车转向架
构架模块
轮轴模块
轮对组成
车轮
车轴
轴箱组成
轴箱体
轴承
轴箱定位
驱动模块
齿轮箱
联轴节
电机弹性吊装
一系悬挂模块
轴箱弹簧
一系减振器
叠层橡胶弹簧
紧急止挡
二系悬挂模块
空气弹簧
牵引拉杆组成
枕梁组成
中心销组成
横向挡组成
抗蛇行减振器
横向减振器
高度阀
抗侧滚扭杆
垂向减振器
基础制动模块
制动夹钳
轮装制动盘
轴装制动盘

设计对象属性
几何属性
关系属性
约束属性
性能属性
材料属性
接口属性
……

学科领域
产品设计信息
车辆动力学分析信息
其他学科信息
疲劳强度结构分析信息
控制系统信息
工艺分析信息
材料分析信息

图 5-19　高速列车转向架设计领域空间

由图 5-19 可知，考虑到多学科领域的应用问题，产品设计元模型不仅需要表达复杂产品的设计语义信息、属性等信息，并能够支持产品设计模型的动态扩展。

5.3.3.2　高速列车转向架产品元模型属性提取

产品元模型包含对象、属性、约束、关系和方法，其中对象与设计空间中设计对象产品结构树组成相对应，属性、约束和关系与设计空间中设计对象属性以及不同学科的属性相对应，方法即为元模型的自身的操作方法。按照产品元模型的建立规则，结合高速列车转向架的特点，建立高速列车转向架产品元模型的元类元素，如表 5-10 所示。

表 5-10 高速列车转向架产品元模型元类元素

元模型组元	元 类	设置依据
对象<Object>	产品<Product>	整个系统级模块
	子系统<Sub-System>	子系统级模块
	部件<Assembly>	部件装配级模块
	零件<Part>	零件级模块
属性<Attribute>	需求属性<Req-Atb>	抽象描述产品设计的输入信息
	功能属性<Fuc-Atb>	产品各组元协同作用的内容集合
	行为属性<Beh-Atb>	产品物理状态改变相关的内容集合
	结构属性<Stu-Atb>	设计对象结构属性的集合
	性能属性<Per-Atb>	设计对象性能属性的集合
	材料属性<Mat-Atb>	设计对象材料属性的集合
	接口属性<Int-Atb>	设计对象的内部接口和外部接口集合
约束<Constraint>	几何约束<Gem-Con>	形状约束和尺寸约束等信息
	功能约束<Fuc-Con>	产品需要实现的功能约束条件，如功能、性能等约束信息
	结构约束<Stu-Con>	产品结构相关的约束条件，包括结构刚度、强度和稳定性等约束信息
	装配约束<Ase-Con>	用于产品几何拓扑关系的约束，满足产品设计的装配约束
关系<Relationship>	对象关系<Obj-Re>	包括设计对象关系和组成构件关系，表示产品的层次关系
	语义关系<Sem-Re>	通过对产品元模型组元关系的描述，可以综合表达产品元模型设计意图
	元模型的组件关系<Com-Re>	表示产品元模型中五个组元之间的关系

续表

元模型组元	元　类	设置依据
方法<Method>	获取<Get>	保持并获得对象原特性，如读取属性值
	更改<Update>	用于改变对象及其属性
	增加<Addition>	添加对象及其属性，如增加约束和特征等
	删除<Delete>	删除已有的对象及其属性，如删除行为、结构等
	引用<Reference>	学科元模型中引用设计元模型对象
	函数<Function>	变换产品设计元模型组元并得到学科元模型
	提取<Extraction>	根据学科领域规则提取产品模型的应用实例
	聚合<Aggregation>	按照实例信息表达规则聚合设计模型对象并得到应用实例

下面分别对高速列车转向架的各个组元进行分析。

1. 对象<Object>

<Object>是高速列车转向架的设计对象集合，包含产品<Product>、子系统<Sub-System>、部件<Assembly>、零件<Part>。其中：

<Product> = {高速列车转向架（P_1）}；

<Sub-System> = {构架模块（SS_1）、轮轴模块（SS_2）、一系悬挂（SS_3）、二系悬挂（SS_4）、传动模块（SS_5）、基础制动模块（SS_6）}；

<*Assembly*> = {轮对组成（A_1）、轴箱组成（A_2）、齿轮箱（A_3）、轴箱弹簧（A_4）、一系减振器（A_5）、叠层橡胶弹簧（A_6）、紧急止挡（A_7）、空气弹簧（A_8）、牵引拉杆组成（A_9）、枕梁组成（A_{10}）、中心销组成（A_{11}）、横向挡组成（A_{12}）、抗蛇行减振器（A_{13}）、横向减振器（A_{14}）、高度阀（A_{15}）、抗侧滚扭杆（A_{16}）、垂向减振器（A_{17}）、联轴节（A_{18}）、电机弹性吊装（A_{19}）、制动夹钳（A_{20}）、轮装制动盘（A_{21}）、轴装制动盘（A_{22}）}；

<Part> = {车轮（P_1）、车轴（P_2）、轴箱体（P_3）、轴承（P_4）、轴箱定位（P_5）}。

2. 属性<Attribute>

对象属性参数集合应该包含相关的需求属性<Req-Atb>、功能属性<Fuc-Atb>、行为属性<Beh-Atb>、结构属性<Stu-Atb>（形状、尺寸、拓扑结构等）、性能属性<Per-Atb>（动力学性能、结构强度、刚度和稳定性等）、材料属性<Mat-Atb>（材料类别、材料牌号等）、接口属性<Int-Atb>（内部接口参数、外部接口参数）。

属性<Attribute>由属性名（a）、属性类型（t）、属性值（v）、属性单位（u）四元组组成。属性集合具体表述如下：

<Attribute> = <Req-Atb> ∪ <Fuc-Atb> ∪ <Beh-Atb> ∪ <Stu-Atb> ∪ <Per-Atb> ∪ <Mat-Atb>∪<Int-Atb> = （a，t，v，u）。

3. 约束<Constraint>

约束属性主要是定义性能之外对设计的其他要求，如标准规范、节能环保、成本等。对象约束属性集合应该包括几何约束<Gem-Con>、功能约束<Fuc-Con>、结构约束<Stu-Con>和装配约束<Ase-Con>。

4. 关系<Relationship>

关系为包含和映射关系的集合，主要包括产品各设计对象之间的结构层次关系、产品设计语义信息以及元模型组件之间的关系，具体如表 5-11 所示。

表 5-11 设计对象之间的各种关系信息

关系类型	关系对象	关系名称	描 述
设计对象关系 <Object Relationship>	Product-Assembly	Contain	产品包含某些部件
	Assembly-Part	Part_of/Has_part	部件和零件的层次关系
	Part-Feature	Have	零件具有的特征
	Assembly-Assembly/ Part-Part	Connect	部件与部件或者零件与零件之间的连接关系
设计语义关系 <Semantic Relationship>	Function-Subfunction	Has_subfunction/ subfuncation_of	功能与子功能关系
	Structure-Substructure	Has_Substructure/ Substructure _of	结构与子结构的关系
	Function-Structure	Satisfies/Satisfied_by	功能与结构关系
	Performance-Parameter	Map	性能与结构参数映射关系
元模型的组件关系 <Component Relationship>	A-B	Isa	A 与 B 有从属关系，A 包含 B
	A-B	Attached to	A 与 B 相连接
	A-B	Constraint	A 对 B 有约束
	A-B	Action on	A 作用于 B
	A-B	Provide	A 为 B 提供

5. 方法<Method>

方法表示对产品元模型中对象、属性、约束和关系等的操作方法集合，是元模型转化的手段，支持产品动态设计的基础，包含获取<Get>、更改<Update>、增加<Addition>、删除<Delete>、引用<Reference>、函数<Function>、提取<Extraction>、聚合<Aggregation>等方法。在此基础上，依据元模型的对象、属性、关系、约束和方法五个组元之间的关系，构造高速列车转向架产品设计元模型的视图，如图 5-20 所示。

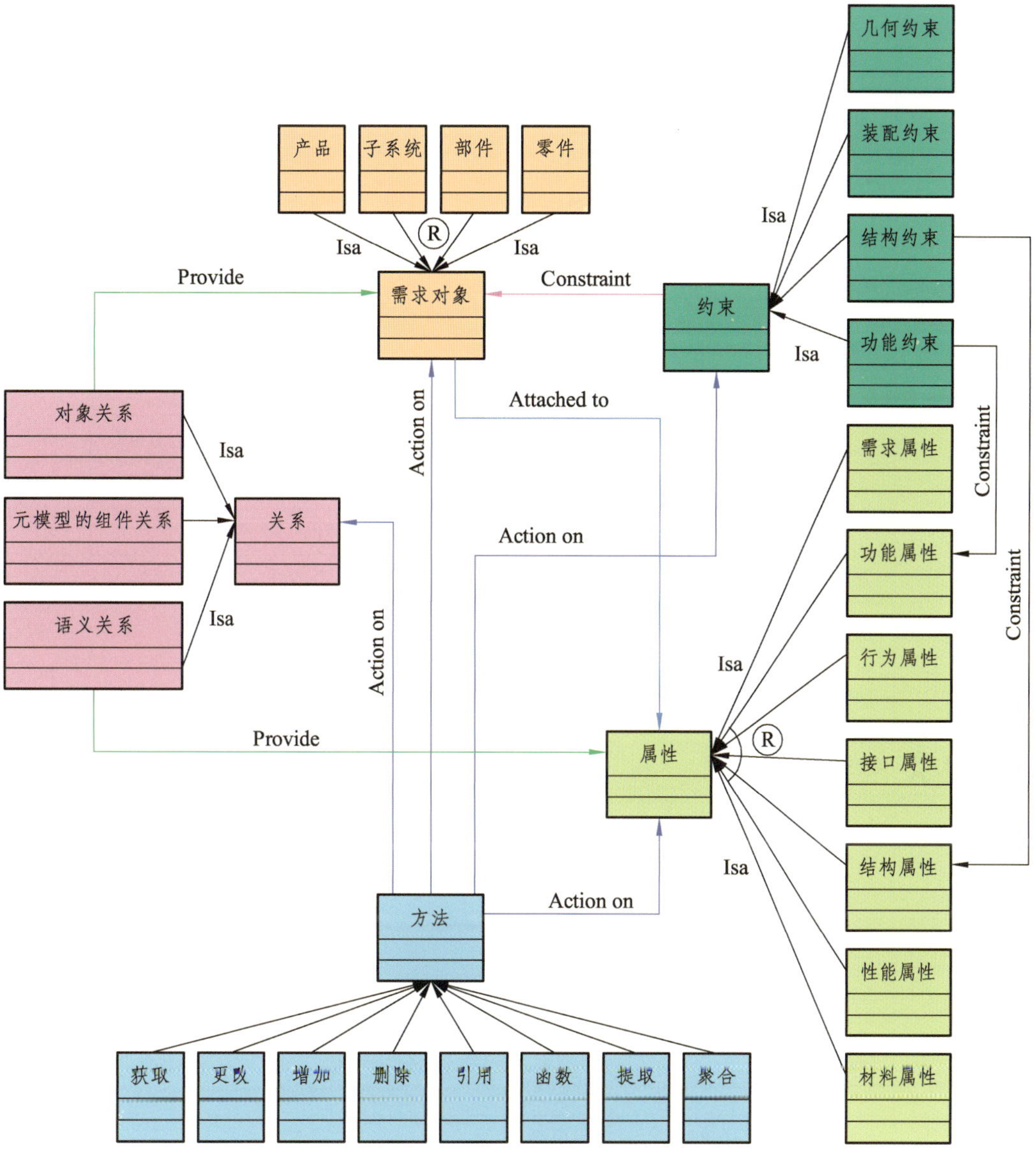

图 5-20　产品元模型视图

根据产品元模型的视图，基于高速列车产品元模型的视图可知，产品设计对象与属性相连接，约束集合约束产品设计对象和属性、关系集合提供设计对象关系和属性语义关系，方法则是作用于对象、约束和关系的操作集合。针对高速列车转向架属性、关系和约束组元进行提取，归纳出元模型各组元的集合列表，形成元模型定义字典，其中属性集合如表 5-12 所示，关系集合如表 5-13 所示，约束集合如表 5-14 所示。

表 5-12　高速列车转向架产品元模型属性集合

所属类别	属性名称（a）	类型（t）	属性值范围示例（v）	单位(u)
<Req-Atb>	环境温度（RA_1）	范围型	－50～＋50	°C
	相对湿度（RA_2）	范围型	≤95	%
	海拔高度（RA_3）	范围型	≤1 500	m
	最大风速（RA_4）	范围型	≤15；≤20；≤25；≤30；>30	m/s
	盐雾强度（RA_5）	数值型	空气含盐度 0.01	g/m^3
	冰雪强度（RA_6）	数值型	最大积雪厚度 1 000	mm
	风沙强度（RA_7）	范围型	0.01～4	g/m^3
	运行距离（RA_8）	文本型	区域城际、长大干线	—
	轨距（RA_9）	数值型	准轨 1 435；窄轨 1 000；宽轨 1 600	mm
	限界（RA_{10}）	文本型	GB 146.1	—
	坡度（RA_{11}）	数值型	20；30	‰
	最小曲线半径（RA_{12}）	数值型	2 200	m
	最大超高（RA_{13}）	数值型	≤180	mm
	线间距（RA_{14}）	范围型	4.2～5	m
	站台高度（RA_{15}）	范围型	500～1 250	mm
	站台距轨道中心距（RA_{16}）	数值型	1 750	mm
	设计速度（RA_{17}）	数值型	200 以上	km/h
	轴重（RA_{18}）	数值型	14～17	t
	制动减速度（RA_{19}）	范围型	≥0.75	m/s^2
	制动距离（RA_{20}）	范围型	≤3 200	m
	加速度性能（RA_{21}）	范围型	≥0.35	m/s^2
	轮轴横向力（RA_{23}）	范围型	$H \leqslant 1.0 \times [10 + (P_{st1} + P_{st2})/3]$	kN
	轮轨平均横向力（RA_{24}）	范围型	≤20	kN
	轮轨垂向力（RA_{25}）	范围型	≤170	kN
	脱轨系数（RA_{26}）	范围型	≤0.8	—
	轮重减载率（RA_{27}）	范围型	准静态≤0.65 动态≤0.8	—
	运行平稳性（RA_{28}）	文本型	W<2.5	—
	可靠性（RA_{29}）	文本型	静强度和疲劳强度应满足标准的要求	—
	舒适性（RA_{30}）	文本型	满足有关标准的要求（GB/T 5599—2019）	—
	设计寿命（RA_{31}）	数值型	20	年

续表

所属类别	属性名称（a）	类型（t）	属性值范围示例（v）	单位（u）
<Fuc-Atb>	承载（FA_1）	文本型	转向架、构架、轮对	—
	传动（FA_2）	文本型	转向架	—
	导向（FA_3）	文本型	转向架	—
	制动（FA_4）	文本型	转向架	—
	缓冲（FA_5）	文本型	转向架	—
	安装载体（FA_6）	文本型	构架	—
	产生牵引力、制动力（FA_7）	文本型	轮对	—
	连接构架与轮对（FA_8）	文本型	轴箱	—
	缓和轮轨冲击（FA_9）	文本型	一系悬挂	—
	连接车体与转向架（FA_{10}）	文本型	二系悬挂	—
	限制弹簧过度变位（FA_{11}）	文本型	横向止挡	—
	弹性定位作用（FA_{12}）	文本型	轴箱定位装置	—
	抑制蛇行运动（FA_{13}）	文本型	抗蛇行减振器	—
	防止车体侧翻（FA_{13}）	文本型	抗侧滚装置	—
<Beh-Atb>	输入电能，输出牵引力（BA_1）	文本型	—	—
	输入制动指令，输出制动力（BA_2）	文本型	—	—
	输入垂向力、横向力、纵向力，输出阻尼力（BA_3）	文本型	—	—
	轮轨关系原理行为（BA_4）	文本型	—	—
	摩擦原理行为（BA_5）	文本型	—	—
	杠杆原理行为（BA_6）	文本型	—	—
	气动原理行为（BA_7）	文本型	—	—
<Stu-Atb>	轮对内侧距（SA_1）	数值型	标准轮对 1 353±3，快速轮对 1 353±2	mm
	固定轴距（SA_2）	数值型	2 500～2 800	mm
	轮径（SA_3）	数值型	860、920	mm
	空簧跨距（SA_4）	数值型	2 000～2 500	mm
	空簧距轨面高（SA_5）	数值型	960～1 000	mm
	定位形式（SA_6）	文本型	转臂式、双耳式	—
	辐板形式（SA_7）	文本型	直辐板、锥形辐板	—
	轮毂孔径（SA_8）	数值型	195～215	mm

续表

所属类别	属性名称（a）	类型（t）	属性值范围示例（v）	单位（u）
<Stu-Atb>	轴径中心距（SA_9）	数值型	2000～2030	mm
	齿轮箱定位尺寸（SA_{10}）	数值型	横向：435～450	mm
	轴端形式（SA_{11}）	文本型	大螺母、压盖	—
	牵引形式（SA_{12}）	文本型	单拉杆、双拉杆	—
	悬挂形式（SA_{13}）	文本型	四点支撑、两点支撑	—
	空簧工作高（SA_{14}）	数值型	200～350	mm
	空簧进气口形式（SA_{15}）	文本型	锥形、圆柱	—
	空簧形式（SA_{16}）	文本型	小区囊、大曲囊	—
	空簧有效直径（SA_{17}）	数值型	510～550	mm
	空簧安装形式（SA_{18}）	文本型	单、双进气嘴/上进气	—
	连杆跨距（SA_{19}）	数值型	跨距：1 450～2 650	mm
	扭杆轴直径（SA_{20}）	数值型	40～50	mm
	驱动形式（SA_{21}）	文本型	平行万向轴＋齿轮传动装置	—
	传动比（SA_{22}）	范围型	2.2～4.5	—
	制动形式（SA_{23}）	文本型	动车：2WMD/拖车：2AMD、3AMD	—
<Per-Atb>	设计速度（PA_1）	数值型	200～380	km/h
	轴重（PA_2）	数值型	14～17	t
	寿命（PA_3）	数值型	20～30	年
	动力学性能（PA_4）	文本型	满足动力学性能相关标准	—
	加速性能（PA_5）	范围型	≥0.35～0.4	m/s^2
	制动性能（PA_6）	范围型	≥0.72～0.98 m/s^2；≤800～6 500 m	—
	安全性（PA_7）	文本型	设置轴温报警系统、牵引系统温度检测、转向架失稳检测装置保护功能等	—
	可靠性（PA_8）	文本型	≥80 万	千米
	舒适度（PA_9）	范围型	$N≤2$	—
<Mat-Atb>	构架材料（MA_1）	文本型	耐候钢材料	—
	车轴材料（MA_2）	文本型	EA4T、30NiCrMoV12、S38C	—
	车轮材料（MA_3）	文本型	ER8、ER9、ER8C	—
	轴箱箱体材料（MA_4）	文本型	高强度铸造铝合金和球墨铸铁等	—
	轴箱定位节点材料（MA_5）	文本型	金属材料优质碳素结构钢、低合金高强度结构钢或合金结构钢和橡胶材料	—
	轴箱弹簧材料（MA_6）	文本型	51CrV4、60Si2CrVAT、60Si2CrVA	—
	扭杆轴材料（MA_7）	文本型	52CrMoV4、34CrNiMo6	—
	扭转臂材料（MA_8）	文本型	42CrMo4＋QT、39NiCrMo3QT	—

续表

所属类别	属性名称（a）	类型（t）	属性值范围示例（v）	单位(u)
<Int-Atb>	转向架-车体（IA_1）	文本型	螺栓连接/空簧跨距：2 000～2 500	mm
	转向架-轨道（IA_2）	文本型	轮对内侧距：1 363 + 3/2	mm
	构架-一系（IA_3）	文本型	中径：200～230/簧条直径：38～45	mm
	构架-二系（IA_4）	文本型	跨距：1 900～2 500	mm
	构架-轮对（IA_5）	文本型	横向跨距：2 000～2 030/纵向：2 500～2 700	mm
	构架-驱动（IA_6）	文本型	横向：435～450/高度：230～250	mm
	构架-制动（IA_7）	文本型	动车 2WMD/拖车：2AMD、3AMD	—
	轮对-一系（IA_8）	文本型	横向跨距：2 000～2 030	mm
	轮对-制动（IA_9）	文本型	动车：2WMD/拖车：2AMD、3AMD	—
	轮轴-轴箱（IA_{10}）	文本型	轴径：120～140	mm
	轮轴-驱动（IA_{11}）	文本型	横向：435～450/大齿轮座：200～220	mm
	轮轴-制动（IA_{12}）	文本型	动车：2WMD/拖车：2AMD、3AMD	—
	车轮-车轴（IA_{13}）	文本型	轮对内侧：1 353/轮座内孔：195～215	mm
	弹簧-轴箱（IA_{14}）	文本型	中径：200～230/簧条直径：38～45	mm
	定位节点-轴箱（IA_{15}）	文本型	定位孔：170～200/直径：100～140	mm
	一系减振器-轴箱（IA_{16}）	文本型	定位孔：85～115	mm
	牵引装置-承载（IA_{17}）	文本型	4×M30 螺栓连接	—
	牵引装置-构架（IA_{18}）	文本型	单拉杆/双拉杆	—
	横向减振器-牵引装置（IA_{19}）	文本型	定位孔：120～140/跨距：390～410	mm
	空气弹簧-构架（IA_{20}）	文本型	直径：50～70/空簧跨距：2 000～2 500	mm
	空气弹簧-承载（IA_{21}）	文本型	进气口：锥形/空簧跨距：2 000～2 500	mm
	抗蛇行-构架（IA_{22}）	文本型	单、双抗蛇行/跨距：2 600～2 800	mm
	抗蛇行-承载（IA_{23}）	文本型	单、双抗蛇行/跨距：2 600～2 800	mm
	抗侧滚-构架（IA_{24}）	文本型	内、外置式、穿横梁/跨距：1 500～2 500	mm
	抗侧滚-承载（IA_{25}）	文本型	内、外置式、穿横梁\跨距：1 450～2 650	mm

表 5-13 高速列车转向架产品元模型关系集合

类别	关系名称	关系对象	关系对象描述
<Obj-Rel>	Contain	Product-Assembly	转向架-构架（OR_1）
			转向架-轮对（OR_2）
			转向架-一系（OR_3）
			转向架-二系（OR_4）
			转向架-驱动（OR_5）
			转向架-制动（OR_6）
	Part_of	Assembly-Part	构架-侧梁（OR_1）
			构架-横梁（OR_2）
			构架-空簧支撑梁（OR_3）
			轮对-轮轴（OR_4）
			轮轴-车轮（OR_5）
			轮轴-车轴（OR_6）
			轮对-轴箱（OR_7）
			一系-轴箱弹簧（OR_8）
			一系-定位节点（OR_9）
<Obj-Rel>	Part_of	Assembly-Part	一系-垂向减振器（OR_{10}）
			二系-牵引装置（OR_{11}）
			二系-横向减振器（OR_{12}）
			二系-空气弹簧（OR_{13}）
			二系-抗蛇行减振器（OR_{14}）
			二系-抗侧滚扭杆（OR_{15}）
			传动-齿轮箱（OR_{16}）
			传动-联轴节（OR_{17}）
			制动-夹钳（OR_{18}）
			制动-踏面清扫（OR_{19}）
	Connect	Assembly-Assembly	构架-轮对（OR_1）
			构架-一系（OR_2）
			构架-二系（OR_3）
			构架-驱动（OR_4）
			构架-制动（OR_5）
		Part-Part	车轮-车轴（OR_6）
			车轴-轴箱（OR_7）
			车轮-制动盘（OR_8）
<Sem-Rel>	Has_subfunction/ subfuncation_of	Function-Subfunction	
	Has_Substructure/ Substructure _of	Structure-Substructure	
	Satisfies/Satisfied_by	Function-Structure	
	Map	Performance-Parameter	

表 5-14　高速列车转向架产品元模型约束集合

约束类别	约束描述	约束对象
<Fuc-Con>	满足轮轨动力学指标要求	一系
	满足轮轨动力学舒适性指标	一系、二系
	满足侧风稳定性	二系
	环境温度：模块材料选型满足不同温度需求	构架、轮对、一系、二系、传动、制动
	风沙强度：满足密封要求	轮对、二系、传动、制动
	冰雪强度：满足密封及抗击打要求	构架、轮对、一系、二系、制动
	转向架承载部件的静强度、疲劳强度满足持续运行要求	构架、轮对、一系、二系、驱动、制动
	RAM 指标要求：平均无故障间隔时间≥300 h；平均无服务故障间隔距离≥50 万千米	构架、轮对、一系、二系、传动、制动
<Gem-Con>	轴重：根据最大轴重分解各组份的重量指标，确定各组份轻量化水平	构架、轮对、一系、二系、传动、制动
<Ase-Con>	限界：需要满足 GB146.1 要求	一系和二系悬挂参数
	坡道：齿轮传动系统满足牵引力要求	传动装置
	曲线：转向架通过最小半径曲线时与车体不相抗，低噪声、低轮缘磨耗，各部件变位能力满足曲线通过性	一系、二系
	轨距：考虑轨距对轮对内侧距设计的影响	轮对

5.3.3.3　高速列车转向架产品元模型表达

在高速列车转向架产品元模型属性分析和提取的基础上，表达产品设计元模型，形成高速列车转向架及其模块的元模型类。根据产品元模型的视图关系，采用三元组表示产品及模块的设计元模型（Design meta-model，DMM），实现高速列车转向架产品元模型的抽象化和参数化。

<Object>-DMM = {<Attribute><Constraint><Relationship>}

式中：

<Attribute> = {<Req-Atb> ∪ <Fuc-Atb> ∪ <Beh-Atb> ∪ <Stu-Atb> ∪ <Per-Atb> ∪ <Mat-Atb> ∪ <Int-Atb>} = {RA1RA2 ⋯ RAn} ∪ {FA1FA2 ⋯ FAn} ∪ {SA1SA2 ⋯ SAn} ∪ {PA1PA2⋯PAn} ∪ {MA1MA2⋯MAn} ∪ {IA1IA2⋯IAn}；

<Constraint> = {<Fuc-Con> ∪ <Gem-Con> ∪ <Stu-Con> ∪ <Ase-Con>} = {FC1FC2⋯FCn} ∪ {GC1GC2⋯GCn} ∪ {SC1SC2⋯SCn} ∪ {AC1AC2⋯ACn}；

<Relationship> = {<Obj-Rel> ∪ <Sem-Rel>} = {OR1OR2⋯ORn} ∪ {SR1SR2⋯SRn}。

从上述表达可以看出，现有的产品设计元模型表达没有对模型中参数的重要程度进

行序列化描述，致使众多的参数处于一种无序的状态，影响设计效率；同时没有充分反映出模型中参数之间的映射关系，致使设计过程的相关参数处于一种无向的状态，无法体现设计参数与设计目标间的关联关系，难以实现一致性映射。

矢量是数学、物理学和工程科学等多个自然科学中的基本概念，指一个同时具有大小和方向的几何对象。采用矢量的方式对属性参数进行描述，能够解决上述问题。产品元模型矢量表达是指将各个属性参数作为标量，以各属性参数的重要度作为其矢量大小，以关系元中属性的语义关系来表征矢量方向，即由各属性参数、参数的重要度、属性的语义关系来组成其矢量化表达，使得产品元模型整体呈现有向有序状态。具体实施方案包括 4 个步骤：

（1）将产品设计元模型中多元参数初始化为各个元数组。

（2）对产品设计元模型阵列化描述，各元数组按参数的重要度降序排列转化为有权值的序列化数组，采用一种带有权值的数组来描述。

即是将需求、功能、行为、性能、结构、接口、材料属性参数数组序列化，根据各类属性参数重要程度将参数划分为核心参数（权值为 1）、重要参数（权值为 2）、影响参数（权值为 3），以参数分级结果为依据对各类属性参数进行排序，采用加权值数组方式来描述。

以需求属性为例，具体如下：

已知需求初始化数组 $\boldsymbol{RA}=[RA_1\ RA_2\ RA_3\ RA_4\ RA_5\ RA_6\ RA_7\ RA_8\ RA_9]$，需求各参数的重要度划分结果，核心参数为 RA_2，RA_5，RA_8；重要参数为 RA_1，RA_3，RA_9；影响参数为 RA_4，RA_6，RA_7。

则多元参数数组序列化描述为 $\boldsymbol{RA}_\omega=[RA_{2\omega}=1\ \ RA_{5\omega}=1\ \ RA_{8\omega}=1\ \ RA_{1\omega}=2\ \ RA_{3\omega}=2\ \ RA_{9\omega}=2\ RA_{4\omega}=3\ RA_{6\omega}=3\ RA_{7\omega}=3]$。

（3）对产品设计元模型矢量化描述，将模型中映射关系即语义关系转化为关系矩阵，采用一种有向边来作为映射关系的载体，以一种矢量图描述该设计元模型参数之间的映射方向。

即是将语义关系转化为关系矩阵，语义关系表征参数之间的关联关系，即各个元之间参数映射的关系，两个元之间的关联关系可能存在 3 种映射关系，分别为一对一、一对多、多对一，以拓扑矩阵来描述两个元之间参数的映射关联。在高速列车转向架设计领域中，主要包括需求到功能、性能和结构映射，功能和结构映射，结构和性能双向映射，接口和结构双向映射关系。以需求与性能属性之间的参数映射关系为例说明，将对象设计客户的需求和性能形成映射，将客户需求反映到对象模型性能属性当中，具体如下：

已知需求属性序列化数组为 $\boldsymbol{RA}_\omega=[RA_{2\omega}=1\ \ RA_{5\omega}=1\ \ RA_{8\omega}=1\ \ RA_{1\omega}=2\ \ RA_{3\omega}=2\ \ RA_{9\omega}=2\ \ RA_{4\omega}=3\ \ RA_{6\omega}=3\ \ RA_{7\omega}=3]$；性能属性序列化数组为 $PA_\omega=[PA_{6\omega}=1\ \ PA_{2\omega}=1\ \ PA_{3\omega}=1\ PA_{1\omega}=2\ PA_{4\omega}=3\ PA_{5\omega}=3]$。

需求与性能属性之间参数映射的关系为关系元数组中部分参数：SR_1、SR_2、SR_3、SR_5、SR_6、SR_7、SR_{10}。以需求属性序列化数组为列名，性能属性序列化数组为行名，以关系属性数组中的参数为矩阵元素，在矩阵中以数字 1 来表示存在的关系，则形成 6×9 的拓扑关系矩阵：

$$SR_{PA\times RA}=\begin{bmatrix}1&0&0&0&0&0&0&0&0\\0&0&1&0&0&0&0&0&0\\0&1&0&0&0&0&0&0&0\\0&0&0&0&1&0&1&0&0\\0&0&1&0&0&0&0&0&0\\0&0&0&0&0&0&0&1&0\end{bmatrix}$$

则需求与功能之间的映射矩阵为 $SR_{FA\times RA}$，功能与行为之间的映射矩阵为 $SR_{BA\times FA}$，行为与结构之间的映射矩阵为 $SR_{SA\times BA}$，结构与性能之间的映射矩阵为 $SR_{PA\times SA}$，但性能是结构、接口、材料和约束综合起来的共同体现。

（4）结合产品设计元模型的矢量化和阵列化描述构造其矢量阵列描述。

最后，对于转向架及其组成模块而言，每一个结构层级对象采用这一过程进行矢量阵列描述，对象之间通过关系元将各个矢量阵列结合形成最终的转向架整个产品的矢量阵列描述。

分别将其带有权值的序列化属性矩阵和拓扑关系矩阵结合最终形成一种矢量阵列的数据结构，建立的产品设计元模型的矢量阵列抽象描述如图 5-21 所示。

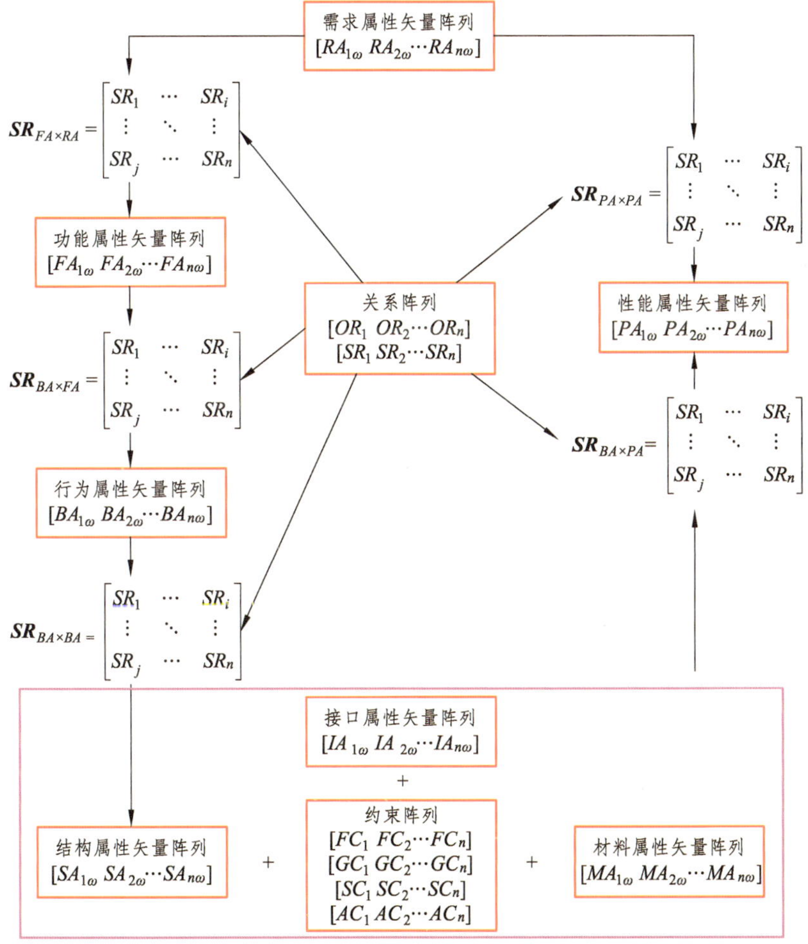

图 5-21　产品设计元模型的矢量阵列抽象描述

转向架产品元模型赋值为产品元模型类的实例，定义了特定企业研发流程及平台具体的产品。转向架产品元模型类中赋值变量为属性参数，基于成熟动车组转向架进行归纳赋值，以高速列车转向架的轮对组成（A1）产品设计元模型为实施实例，以 CRH2 型车转向架轮对组成赋值实例，其余与此同理，进行表达：

A1-DMM = {{<A1-Req-Atb> ∪ <A1-Fuc-Atb> ∪ <A1-Beh-Atb> ∪ <A1-Stu-Atb> ∪ <A1-Per-Atb>∪<A1-Mat-Atb>∪<A1-Int-Atb>} {A1-Constraint} {A1-Relationship}}

式中：

<A1-Req-Atb> = {设计速度环境温度轨距可靠性寿命}；

<A1-Fuc-Atb> = {承载牵引制动导向}；

<A1-Beh-Atb> = {轮轨关系原理行为}；

<A1-Stu-Atb> = {轴颈中心距轮径踏面形式}；

<A1-Per-Atb> = {设计速度轴重寿命动力学性能强度}；

<A1-Mat-Atb> = {车轮材料车轴材料}；

<A1-Int-Atb> = {轮对-轨道轮对-传动轮对-制动轮对-一系}；

A1-Constraint = {轨距可靠性}；

A1-Relationship = {轮对-车轮轮对-车轴设计速度-轮径轨距-轴颈中心距承载-轴重牵引-轮径制动-轮径动力学性能-轮径动力学性能-踏面形式导向-轮径导向-踏面形式环境温度-材料设计速度-动力学性能环境温度-强度可靠性-强度、承载-强度-材料}。

对模型中各个参数进行赋值即得到相应的具体设计实例。以 CRH2 转向架的轮对为实例，赋值结果如下：

<CRH2-A1-Req-Atb> = {（设计速度，数值型，200，km/h）
（环境温度，范围型，－20～40，°C）
（轨距，数值型，1 435，mm）
（可靠性，文本型，JIS E4501）
（寿命，数值型，20，年）}；

< CRH2-A1-Fuc-Atb> = {承载牵引制动导向}；

< CRH2-A1-Beh-Atb> = {轮轨关系原理行为}；

< CRH2-A1-Stu-Atb> = {（轴颈中心距，数值型，2 000，mm）
（轮径，数值型，860，mm）
（踏面形式，文本型，LMA）}；

< CRH2-A1-Per-Atb> = {（设计速度，数值型，200，km/h）
（轴重，数值型，14，t）
（寿命，数值型，20，年）}；

< CRH2-A1-Mat-Atb> = {（车轮材料，文本型，SSW-Q3R）
（车轴材料，文本型，碳素钢 S38C）}；

< CRH2-A1-Int-Atb> = {（轮对-轨道，文本型，轮对内侧距 1 353 mm）

（轮对-传动，文本型，横向 446.5 mm 大齿轮座 206 mm）
（轮对-制动，文本型，动车 2WMD 拖车 2WMD + 2AMD）
（轮对-一系，文本型，横向跨距 2 000 mm）
（轮对-轴箱，文本型，轴径 130 mm）}；
CRH2-A1-Constraint = {（轨距，数值型，1 435，mm）
（可靠性，文本型，JIS E4501）}。

5.4 过程元模型构建

5.4.1 过程元模型定义

表示产品研发过程中各个抽象的过程元，通过组合连接得到产品设计与制造所需的特定研发过程，即过程元模型。对过程元模型进行赋值则得到某产品的实际研发过程。

产品设计研发过程通过项目定义启动，项目由一系列任务组成，任务以具有一定逻辑关系的活动实现。产品设计研发过程中项目、任务和活动是构成过程的主要要素，需将产品研发流程抽象划分为三个层次，包括项目层、任务层、活动层。

因此，过程元模型主要由三部分组成，即项目、任务和活动，过程元模型中各要素之间的逻辑视图如图 5-22 所示。

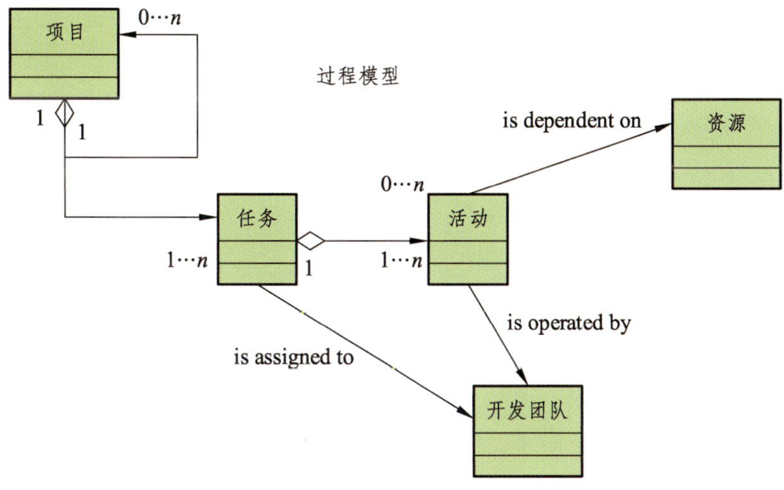

图 5-22 过程元模型中各要素之间的逻辑视图

5.4.2 过程元模型建模流程

过程元模型定义分为 3 个层次进行描述，即过程元元类、过程元模型（类）、过程元模型实例。过程元元类通过赋值组合形成过程元模型，将过程元模型进行具体赋值得到过程元模型实例，即产品具体设计研发过程，各层次之间的关系如图 5-23 所示。

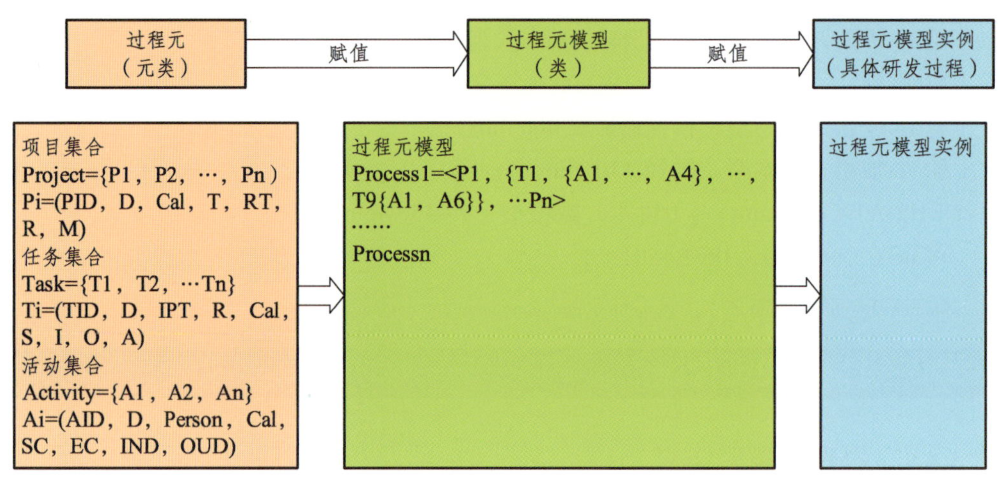

图 5-23 各层次之间的映射关系

（1）过程元元类：描述过程元模型组成的基本项目单元、任务单元和活动单元的集合，如图 5-24 所示。

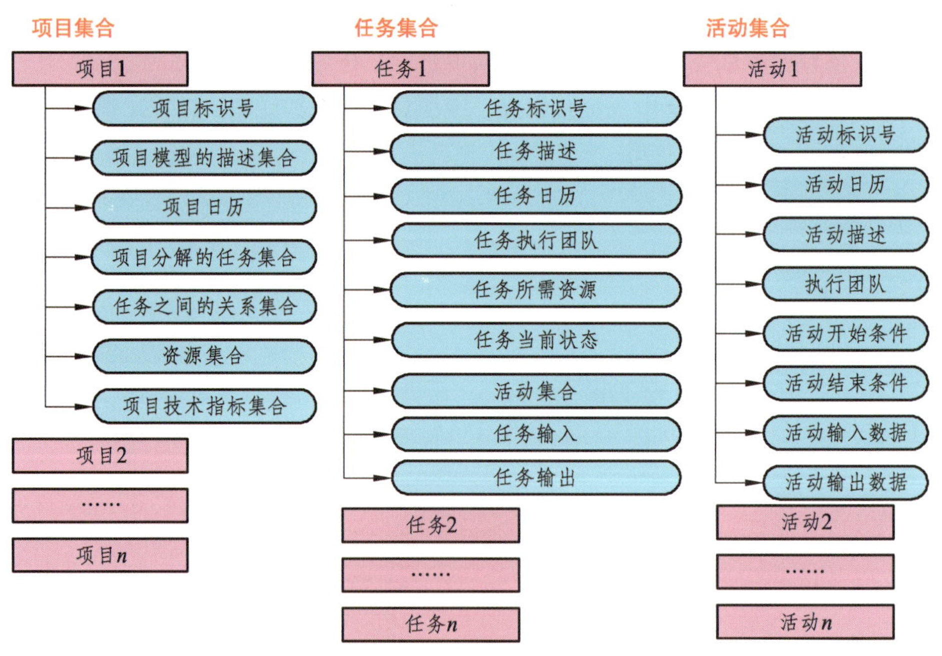

图 5-24 过程元元类

（2）过程元模型类：基于过程元元类的集合，将项目、任务、活动进行赋值组合得到的集合即为过程元模型类。此时，过程元模型类内的一个项目对应图 5-22 中的一个节点，用一个过程元模型描述其设计流程，如图 5-25 所示。某方案设计的过程元模型（局部）的抽象表达如图 5-26 所示。

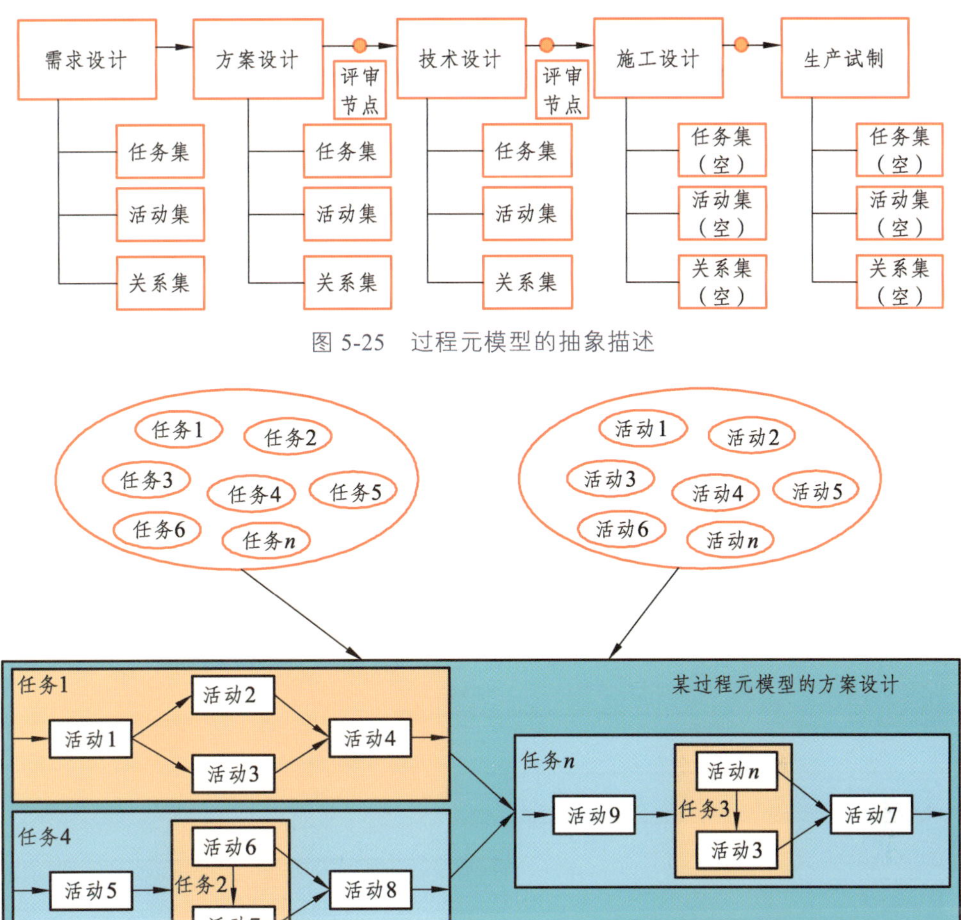

图 5-25　过程元模型的抽象描述

图 5-26　某方案设计过程元模型的抽象表达

（3）过程元模型实例：针对具体产品或模块的研发需求对过程元模型的项目、任务和活动进行具体赋值，得到的具体研发过程。

5.4.3　过程元模型表达

过程元模型的定义数学格式为

$$\text{Process} = \{<\text{Project}><\text{Tasks}><\text{Activitys}>\}$$

（1）项目：可用七元组描述为 Project =（PID，D，Cal，T，RT，R，M），其中：PID 为项目标识号；D 是项目模型的描述集合，如项目目标、项目来源等；Cal 为项目日历；T =（T1，T2，…，Tn）表示项目分解后的任务集合；RT =（rt1，rt2，…，rtn）为任务之间的关系集合，任务之间的关系主要有开始-开始、开始-结束、结束-开始和结束-结束四种；R 为资源集合；M 为项目技术指标集合。

（2）任务：定义为项目各阶段所需完成的具有一定目标、语义完整和相对独立的行为，是项目的基本组成和操作单位，如总体设计任务、总体设计方案评审等，用九元组描述为 Task =（TID，D，IPT，R，Cal，S，I，O，A），其中：TID 为任务在全局中的唯一标识号；D 为任务描述；IPT 为完成任务的集成开发团队；R 为完成任务所需的资源；Cal 为任务日历；S 为任务当前状态，如准备就绪、执行、挂起和完成等；I 为任务的输入信息集合，它包括任务目标（如完成任务所需时间和达到的目标等）、资源、输入参数等；O 表示任务操作结果的输出参数；A 为完成任务所需要的一组操作活动的集合。

（3）活动：对过程中一个执行步骤的抽象描述统称为活动。用八元组描述为 A =（AID，D，Cal，Person，SC，EC，IND，OUD），其中：AID 为活动标识号；Cal 为活动日历；D 为活动描述；Person 为完成活动的执行团队；SC 为活动开始条件；EC 为活动结束条件；IND 为活动输入数据；OUD 为活动输出数据等。

因此，过程元模型的定义数学表达式如图 5-27 所示。

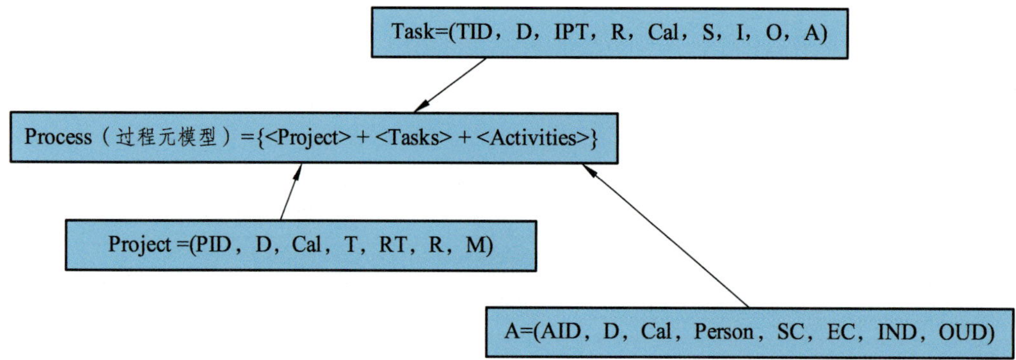

图 5-27 过程元模型数学表达式

第 6 章

基于元模型的高速列车模块化定制设计方法

6.1 基于元模型的高速列车模块化定制设计流程

以需求元模型、过程元模型、产品元模型为核心的高速列车模块化定制设计是以产品需求为输入，以过程元模型为基础，控制整个产品的研发过程，以需求元模型库、产品元模型库、模块模板库、知识规则库、标准库等数据库为支撑，以产品元模型快速实例化为目标，采用导航式产品研发将高速列车研发流程标准化，开展核心模块配置、变型设计以及新模块全新概念设计产生最终的产品元模型设计实例和三维数字样机等。基于产品元模型的高速列车模块化定制设计流程如图 6-1 所示。

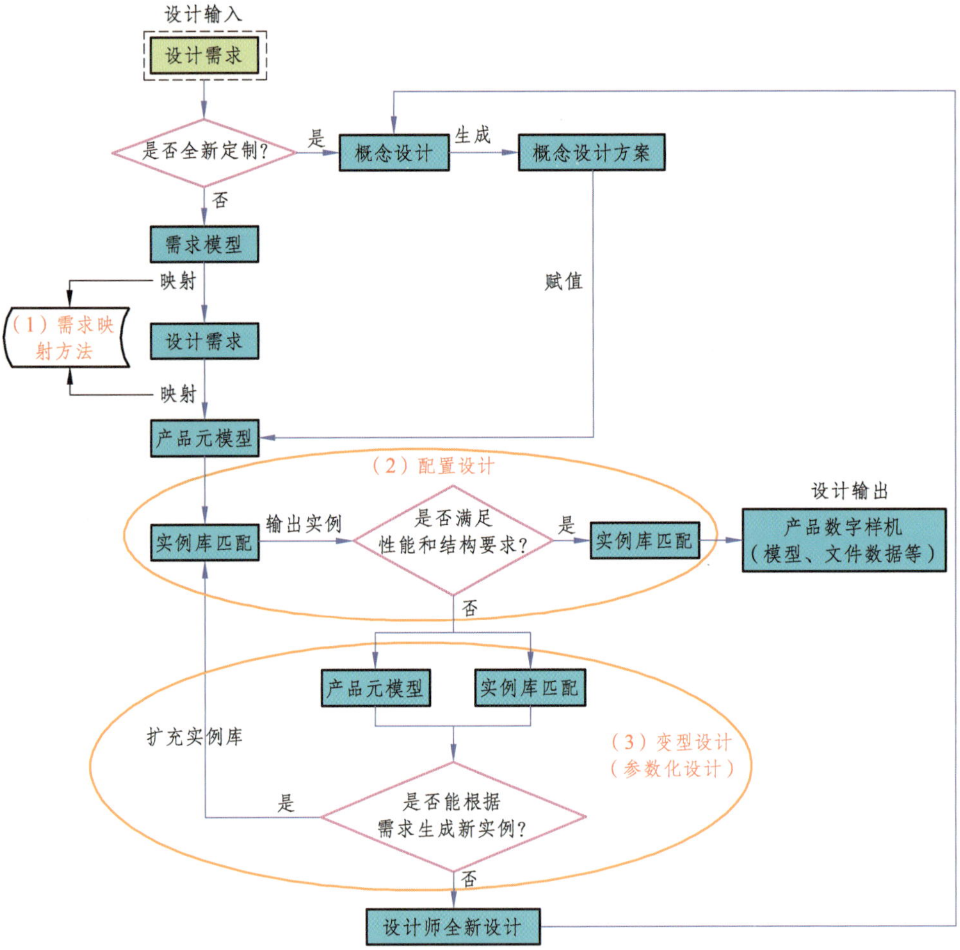

设计输入
设计需求
是否全新定制?
是
概念设计
生成
概念设计方案
否
需求模型
映射
(1) 需求映射方法
设计需求
映射
赋值
产品元模型
(2) 配置设计
实例库匹配
输出实例
是否满足性能和结构要求?
是
实例库匹配
设计输出
产品数字样机（模型、文件数据等）
否
产品元模型
实例库匹配
扩充实例库
(3) 变型设计（参数化设计）
是
是否能根据需求生成新实例?
否
设计师全新设计

图 6-1　基于产品元模型的高速列车模块化定制设计流程

6.2 产品定制设计方案生成方法

为满足客户多样化、个性化定制需求，高速列车的定制设计是概念设计方案生成过程，实现高速列车需求参数的自顶向下逐级映射生成产品谱系设计方案。

高速列车属于典型的复杂产品系统，但目前主流的设计技术仍是基于详细设计的性能分析及优化，尚未有真正从现代系统设计理论出发，关注概念设计阶段系统方案生成、评价及优化的研究。在目前已经积累的高速列车实例知识的支持下，其功能、结构存在错综复杂的耦合关系，探讨影响高速列车功能分解复杂度的主要因素、功能耦合方式及解耦方法是研究功能分解方法的基础。事实上，复杂机械产品不但功能多样化、功能层次复杂、受动态环境的影响，而且客户需求或产品技术条件除包括对功能的要求外，还有相当复杂的性能要求，性能要求对功能分解和映射机构的选择有着重要的影响，概念设计分析阶段需要对功能和性能要求进行综合考虑。对存在复杂耦合关系的高速列车产品进行系统级和部件级的功能分解及设计原理分析。传统功能-行为-结构模型采用“基于流”的方式来分解功能，这一方法不能完全满足高速列车概念设计建模要求。

本章以高速列车转向架为研究对象，首先以高速列车转向架设计需求作为设计的输入、目标以及约束条件等；然后对传统功能分解方法进行扩展，深入研究复杂产品系统行为原理层的实现机制，剖析行为之间的相互影响关系，构建概念设计模型，并研究其表达与实现方法；之后以高速列车转向架基础制动装置的概念设计方案生成为例验证需求的映射与转化过程；最后基于功能-行为-结构概念设计映射方法的研究成果，研究转向架功能-结构映射分解模型。

6.2.1　P-B-S 概念设计模型构建与实现方法

基于 V-model 模型对 CoPS 分解和综合最终形成概念设计方案是一个反复迭代的过程；尤其是，由于复杂产品系统功能、子系统、部件之间存在多学科和多领域耦合关系，功能与结构之间也呈现为多对多的映射关系，仅应用系统设计、公理设计等理论难以形成合理的方案。事实上，复杂产品系统不但功能多样化、功能层次复杂、受动态环境的影响，还有复杂的性能要求，性能要求对功能分解、行为映射和结构载体的选择有着重要的影响。概念设计阶段缺乏对性能要求进行考虑以及对交叉学科和多领域所引起的产品功能、结构耦合关系缺乏系统分析和研究，则所得到的设计方案必然是有缺陷的，难以满足客户需求，也会造成整个设计活动的反复和迭代。因此，为支持 CoPS 概念设计，需要解决一个核心问题是面向多学科的复杂产品系统 PDS 到概念设计行为、结构方案合理的映射及评价。比如，高速列车制动系统的概念设计涉及机械、控制、气动等多个学科的协同。其系统结构包含了制动控制系统、空气供给系统、基础制动装置、制动盘，是一个典型的多学科、多层级结构的复杂产品系统。为了得到有效、安全的制动系统概念设计方案，需要各个学科领域专家进行协作，深入分析其多学科行为和结构参数的相互影响。

为解决上述困难，提出了一个矢量映射工具用于支持 PDS、行为参量和结构参数之间的相互映射，并实现面向性能参数的行为参量和结构参数合理性评价。在此基础上，建立完整的概念设计模型，用于支持面向多学科的复杂产品概念设计。这个方法主要有两个特点：

（1）提出支持复杂产品系统多学科协同概念设计的 PDS-Behavior-Structure（P-B-S）概念设计模型。它是一个从结构、学科和领域三个维度描述复杂产品的概念设计模型。模型的建立过程：首先，基于 PDS 中的设计目标和设计约束，实现概念设计功能定性评价；然后，实现功能-行为的一对多映射，形成复杂产品系统定性和定量的行为描述；最后实现行为变量与结构参数的映射，并对概念设计模型进行多学科行为分析以及结构参数合理性评价，形成可行的概念设计方案。

（2）提出支持概念设计分析和综合过程的矢量映射工具。它是一个用矢量和矩阵分别表达概念设计模型的元素和映射过程的概念设计工具。为了提高产品的迭代过程效率，首先，综合考虑概念设计的主、客观因素，得到 PDS 参数的重要度，依据 PDS 参数的重要度大小对 PDS 矢量进行序列化表达；然后，建立 P、B、S 之间的映射关系矩阵，并建立学科-行为矩阵来表达不同学科行为参数之间的相互关系以及对行为结构的评价。

6.2.1.1 P-B-S 概念设计模型

复杂产品系统概念设计由功能分解、功能评价、行为映射、结构综合等阶段组成，按 V-model 模型，这些阶段之间存在并行和迭代关系。由于复杂产品系统功能层次多，使得子功能和功能元映射得到的各学科行为、结构参量关系错综复杂、耦合度高，而实际研发时各学科研发工作相对独立，缺乏沟通和协调，系统功能评价难度大，难以得到合理的设计方案。因此，为了有效地支持复杂产品概念设计迭代与耦合分析，提出从结构、学科和领域三个维度来描述概念设计的设计空间，结构层次维度上，按产品结构层次，即系统、子系统、零部件来描述产品；学科维度上，对复杂产品涉及多学科参数进行分解，如分为机械、电气、液压、控制等学科；在领域维度上，按公理设计的 Z 字形领域映射的思想，从 PDS 域（性能域、功能域、质量域、约束域等）、行为域、结构域等领域对设计属性进行刻画。多维度层次空间描述如图 6-2 所示。

这个三维设计空间从结构层级、相关学科和领域提供了清晰的不同详细水平的概念设计问题多视图。当复杂产品系统在系统级设计时，例如高速铁路线路，它相关的设计问题可能涉及如社会和经济发展规划、当地和区域发展规划、地理、国家国际发展策略和土地测量等问题，显然，这一设计研究领域将是对应多个学科的；当复杂产品系统设计在子系统级，例如高速列车或者转向架，涉及的学科是机械、电气、控制和液压等，因此，这一设计研究领域将更关注行为（功能实现原理）和结构的工程集成；当设计在组件级，相关学科可能减少到单一学科，这一设计研究领域关注材料选择、装配特征和制造等。

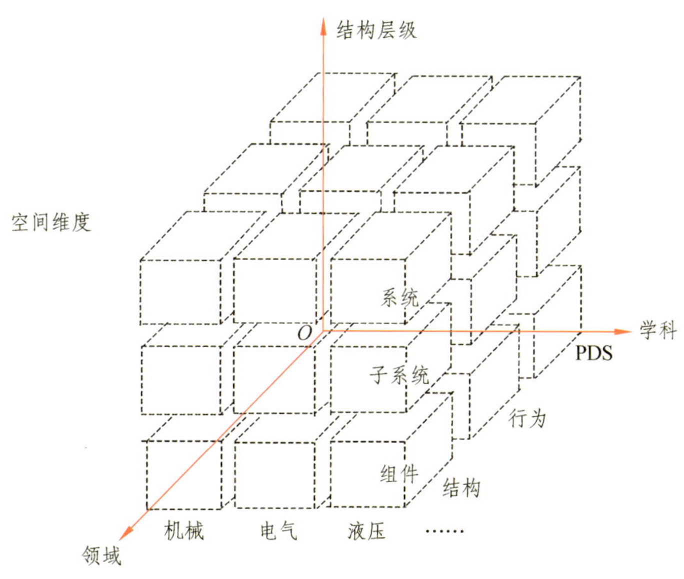

图 6-2　复杂产品系统概念设计多维层次空间

复杂产品系统的概念设计发生在不同的层级，这三个维度提供几个集成设计空间去探索。一般在系统级主要完成的是 PDS 中功能分解及子功能、功能元原理解的确定。由于功能具有较强的主观性，选择具体哪一种物理原理来实现功能必须依赖于设计专家的经验，即根据过往设计经验得到各个功能原理方案的权重，对概念设计进行面向 PDS 的功能原理定性评价。子系统级是分析的重点，在这一层级确定出功能原理解的具体实现行为及结构载体，实现复杂产品概念设计的定量描述，提出一个 P-B-S 概念设计模型。基于这个模型，按学科对行为、结构参量进行归类，提出一种矢量映射工具对复杂产品多学科行为、结构进行定量的耦合、协同分析，从而实现概念设计方案的定量评价。

为了能集成 CoPS 多维空间的设计知识，对 Gero 的 F-B-S 模型进行拓展，提出一个自顶向下分解和自底向上综合相结合的概念设计模型。对复杂产品系统而言，由于 PDS 包含了性能（包含功能、质量）、约束（包括环境、人机等）等要求，PDS 不仅是概念设计的输入，而且也是概念设计方案评价的目标，因此将功能向前端扩展到 PDS 构造 P-B-S 设计模型。由于 CoPS 系统层级之间与学科类别之间存在复杂的交互关系，行为是概念设计多学科耦合、协同分析的关键，主要体现在行为层实现方案的物理原理上的协同和相互约束上，因此将行为层拓展出学科行为矩阵（Disciplinary Behavior Matrix，DBM）来描述学科内部与学科之间的交互行为，并对行为参量和结构参数的合理性进行定量分析。因此，建立的 P-B-S 模型如图 6-3 所示。

概念设计过程包括问题形成、分析、综合、评估四个阶段，概念设计开始于 PDS，PDS 作为设计的边界，形成阶段主要是分析、辨识出 PDS 中的功能性和非功能性要求，形成概念设计的输入、目标和约束。

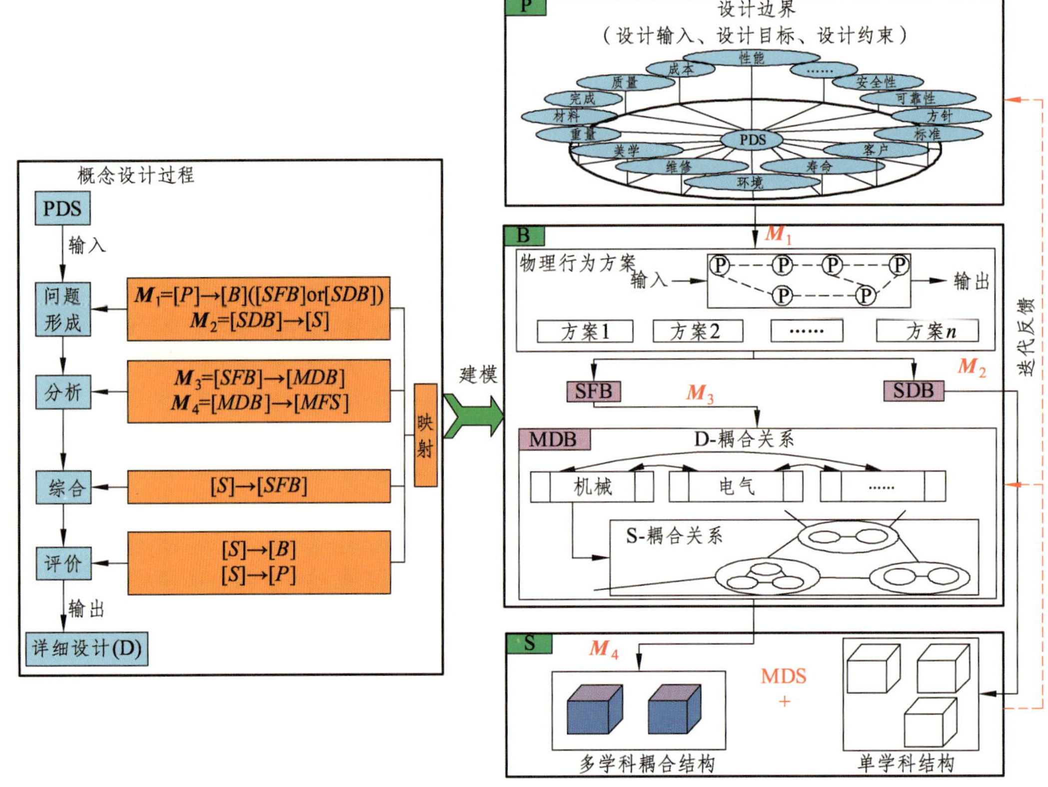

图 6-3　P-B-S 概念设计模型

基于 PDS 中的功能性要求进一步进行剖析，对无法直接找到结构载体的功能性要求，进行 P 到 B 映射过程，即 M1 = [P]→[B]，这一步是概念设计最富创造性的环节，因为对同一个功能而言，可以采用多种原理解来实现，即有多种功能行为方案，例如，这个行为方案是基于单学科的或者基于多学科的。因此，可根据 PDS 中的目标、约束、基本物理原理、设计经验等对复杂产品进行系统级功能定性评价，确定出符合要求的原理解行为方案，得到满足需求的单学科行为模型（Single Discipline Behavior Model，SDB）或者系统功能（多学科）行为模型（System Function Behavior Model，SFB）。当功能仅需一个单学科行为实现，一个单学科结构能通过 M_2 映射，即 M_2 = [***P***]→[***S***]完成概念设计；当需一个系统级功能行为实现时，多学科的行为和结构需要研究和评估。建立学科行为矩阵 M_3，分析 M_3 能有助于集成多个学科行为集成到系统功能行为，同时有助于分解系统功能行为到耦合的多学科行为，将[***P***]→[***SFB***]映射拓展到[***P***]→[***SFB***]→[***MDB***]映射。多学科行为方案将通过映射矩阵 M_4 实现[***MDB***]→[***MDS***]的映射。多学科结构由零件或整个单学科结构和多学科耦合结构组成来实现系统级功能行为。

在分析阶段，通过分析 P-B-S 模型各种设计元素之间的映射关系，建立上述映射矩阵。在综合阶段，采用自底向上的方式，按零件—部件—子系统—整机的流程逐层对分析阶段得到的结构进行综合，通过初始评价产生新的设计综合方案。评价阶段是在综合

的基础上，通过自底向上的方式将结构的实际行为的方案属性变量集合，与目标行为变量集合作比较，评估系统结构方案是否满足系统功能行为的要求，使复杂产品概念设计过程成为一个闭环迭代设计过程。

6.2.1.2　P-B-S 概念设计模型的表达与实现

提出的 P-B-S 设计模型的构建主要包括四个步骤：① 基于产品 PDS 构建概念设计任务空间，将 PDS 抽象表示为参数化矢量，依据主观或客观经验确定 PDS 参数的重要度，将 PDS 矢量序列化；② 根据设计输入转换成产品系统级功能，并对系统级功能行为方案进行定性评价；③ 根据功能方案评价选择的系统行为，进行行为建模和多学科行为分析；④ 基于定性和定量的行为描述，建立行为-结构映射，并对结构-行为进行分析评价。基于概念设计知识，下面详细说明这个模型的实现过程。

1. 创建 PDS 矢量

在概念设计之初，由于概念设计阶段 PDS 参数种类繁多并且具有模糊性和主观性，设计任务空间维度较大，需从 PDS 中分析辨别出设计输入、设计目标和设计约束这三类信息，形成设计任务空间。设计输入是 PDS 中包含的产品的主观和客观的功能需求。设计目标是 PDS 中包含的产品质量的要求，是设计需要优先考虑的重要参数，也是对设计出产品进行评价的最终准则。设计约束则对整个设计产品或其中某一组成部分的设计限制参数。设计过程的本质是在逐步满足各项约束的基础上协调各种设计冲突的输入参数，并最终保证重要的目标参数。

因此，所有需求元素或者变量被列成一个初始输入矢量，每一个元素都由权重值来描述它的重要度。假如权重为 1，意味着该元素是一个刚性约束，因此我们将它作为一个设计约束来评估各种设计方案。其余元素的权重在 0 到 1 之间，基于它们的权重大小排列成一个设计需求空间 $\boldsymbol{P}=[P_1, P_2, \cdots, P_n]$。这些元素的权重通过主观和客观的设计经验得到。这些需求元素的权重也能形成一个权重矢量 $\boldsymbol{W}=[w_1, w_2, \cdots, w_n]$。$\boldsymbol{P}$ 与 $\boldsymbol{W}^{\mathrm{T}}$ 相乘得到的结果矢量被称为 ***PDS*** 矢量，即：

$$\boldsymbol{PDS}=\boldsymbol{PW}^{\mathrm{T}} \tag{6-1}$$

其中：$\boldsymbol{P}=[P_1, P_2, \cdots, P_n]$，$\boldsymbol{W}=[w_1, w_2, \cdots, w_n]$。

然后将初始的 PDS 分成刚性约束序列$[f_1, f_2, \cdots, f_k, c_1, c_2, \cdots, c_c]$，包含 k 个关键功能和 c 个设计约束。其余的 n 个元素被列为有序排列的 ***PDS*** 矢量。

2. 生成所需的系统级功能行为方案

1）从多学科的角度生成行为空间

刚性的功能需求是必须要满足的。从不同学科的角度生成可能的行为空间，采用基于学科的科学推理、设计知识和经验以及 F-B-S 模型中的功能-行为映射技术等，得到可能的行为空间结果 $\boldsymbol{B}=[B_1, B_2, \cdots, B_m]$来响应关键的功能需求 $f_1, f_2, \cdots, f_k$。

考虑到 B_1，B_2，…，B_m 仅可能是单学科行为，是否存在任何单个行为足够好去满足 *PDS* 中所有需求或者需要去探索多学科系统功能行为。

2）分析 **B** 矢量和 ***PDS*** 矢量之间的关系并建立映射矩阵 $\boldsymbol{M}_1$

由于复杂产品系统功能有多种物理行为实现途径，必须基于能量守恒、物质守恒等原理，再结合设计专家根据过往设计经验设置权重，形成定性的功能评价方案。这一步实质上是通过多种功能实现途径的选择，实现系统功能-系统行为的映射，不同的实现途径也决定了不同的行为结构，即 $\boldsymbol{M}_1$。

根据设计知识和经验建立 $\boldsymbol{M}_1$ 并结构可视化。$\boldsymbol{M}_1$ 以 *PDS* 的重要度序列化矢量 $\boldsymbol{P}$ 为输入，构建 *PDS* 与系统多种物理行为方案之间的映射关系，基于概念设计知识库建立 *PDS* 与 $\boldsymbol{B}$ 之间的映射关系为设计关系矩阵，矩阵元素用 a_{ij}（$i=1$，…，n；$j=1$，…，m）表示 $\boldsymbol{P}$ 中 $\boldsymbol{P}_i$ 和 $\boldsymbol{B}$ 中 $\boldsymbol{B}_j$ 的相关关系（值在 0 到 1 之间），构建的 $\boldsymbol{M}_1$ 如公式（6-2）所示。

$$\mathbf{M}_1=\begin{bmatrix} a_{11} & \cdots & a_{1m} \\ \vdots & \ddots & \vdots \\ a_{n1} & \cdots & a_{nm} \end{bmatrix} \tag{6-2}$$

在 $\boldsymbol{P}$ 和 $\boldsymbol{B}$ 之间的映射矩阵 $\boldsymbol{M}_1$ 能被用于行为方案 $\boldsymbol{B}_{\text{scheme}}$ 的生成和评估。元素 $\boldsymbol{B}_j^w$ 的权重值反映与设计需求空间 $\boldsymbol{P}$ 的相关关系，如公式（6-3）所示。

$$\boldsymbol{B}_{scheme}=\boldsymbol{WM}_1=[w_1,w_2,\cdots,w_n]\begin{bmatrix} a_{11} & \cdots & a_{1m} \\ \vdots & \ddots & \vdots \\ a_{n1} & \cdots & a_{nm} \end{bmatrix}=[B_1^w,B_2^w,\cdots,B_m^w] \tag{6-3}$$

在方案 $\boldsymbol{B}_{\text{scheme}}$ 中 $\boldsymbol{B}_j^w$ 最大值的行为方案 $\boldsymbol{B}_j$ 可能满足关键的功能需求，也全面满足 $\boldsymbol{P}$ 中其他的设计需求。

3）评价行为方案和确定创建可能的系统功能行为

在得到 $\boldsymbol{B}_{\text{scheme}}$ 之后，用行为方案中权重最大的方案或第二大的方案是否满足设计约束 c_1，c_2，…，c_c 来评估相应的行为方案。假如所有的约束能被满足，那意味着单个学科行为解决方案是存在的，将通过映射矩阵 $\boldsymbol{M}_2$ 搜索它相应的结构方案。

假如没有一个单学科的行为满足设计约束，建议结合 2 或 3 个单学科行为来产生系统级功能行为方案，例如集成两个最好的单学科行为解形成一个系统级功能行为解。在这一步，为了能评估多学科行为方案，需要基于设计知识和经验并进行多学科的行为分析。

3. 建立一个多学科行为矩阵 $\boldsymbol{M}_3$ 分析和评估 SFB 方案

为了选择 *SFB* 方案，需要建立多学科行为模型。对于一个单学科方案，它的行为被描述为一系列的状态改变形成的序列是 Bv_1，…，Bv_n。对于多学科方案，需要寻找如何使不同学科解工作在一起，应检查一个学科的行为和其他学科的行为是如何耦合的。因此需要建立一个多学科行为矩阵去探索可能的状态和相关的控制连接。

由于行为本质上大多是状态量，复杂产品系统行为分析及行为建模是按典型工况物

理实现原理来构建行为模型，得到行为参数后，根据不同学科对行为参量进行归类，即行为参量分为学科内和学科间两类，学科内是物理和经验公式，学科间是单向或双向的等值关系，影响强度最大。

综合学科之间的交互关系，假设学科领域集合为 $\boldsymbol{D}=\{D_1, D_2, \cdots, D_k\}$，各个学科领域包含的行为参量集合为 $\boldsymbol{D}_i=\{Bv_1, \cdots, Bv_n\}$，则对学科内部和学科之间的相互影响关系建立多学科行为矩阵为 $\boldsymbol{M}_3$，即 $\boldsymbol{D}_{ij}$，如公式（6-4）所示。它的元素值为空表示在两个相关的行为变量之间没有交互关系，否则表示存在可能的交互关系。

$$\boldsymbol{D}_{ij}=\begin{array}{c|ccc} & Bv_m & \cdots & Bv_l \\ \hline Bv_1 & c_{1m} & \cdots & c_{1l} \\ \vdots & \vdots & \vdots & \vdots \\ Bv_n & c_{nm} & \cdots & c_{nl} \end{array} \tag{6-4}$$

其中，当 $i\neq j$ 时，矩阵元素 cij 表示学科与学科之间的外部交互关系，当 $i=j$ 时，矩阵元素 c_{ii} 表示学科内部结构之间的内部交互关系。$\boldsymbol{D}_i=\{Bv_1, \cdots, Bv_n\}$，$\boldsymbol{D}_j=\{Bv_m, \cdots, Bv_l\}$，$c_{ij}$ 表示关系元素。

为建立这个矩阵，需要跨学科团队共同去确定在相关的行为变量之间可能存在的交互和耦合的机构。在矩阵开发中这是一个分析过程，但同时这个矩阵也能被用于评估 *SFB* 方案。例如，假如两个行为之间没有行为变量交互，那么它们就不能集成作为一个可行的 *SFB* 方案；假如存在很多的行为变量交互，就能继续下一步检查和评估可能的结构来支持多学科方案。

4. 建立行为-结构映射及 SFB 方案评价

对于单学科方案，根据学科设计专家以前的设计和经验能够建立行为和结构之间的映射。

对于多学科方案，根据明确的可能多学科行为交互，首先搜索单学科行为-结构映射，然后开发多学科耦合结构，并将它们集成在一起。需要跨学科团队一起从结构和行为变量角度确定可能的结构连接作为一个桥梁去集成单个学科的结构。多学科耦合结构的识别将形成一个映射矩阵 $\boldsymbol{M}_4$。之后，能应用 $\boldsymbol{M}_4$ 去评价实现行为的结构集成的可行性。这些评价能实现 P-B-S 设计方案的选择和反馈评价，得到最终的概念设计解决方案。

6.2.1.3　高速列车转向架基础制动装置概念设计方案生成示例

本章选择一个典型的复杂产品系统——高速列车转向架基础制动装置的概念设计，通过用上述提出的方法和策略来得到概念设计解决方案，验证所提的设计模型及工具。

1. 问题描述

人为地制止物体的运动，包括使其减速、阻止其运动或加速运动，称之为“制动”。

为使列车能施行制动而安装在列车上的一整套设备，总称为“制动系统”。要完成旅客运输，列车不仅要有牵引力，即牵引传动系统，还要有制动系统，列车是在各种控制指令下由牵引与制动两个主要系统实现列车速度、距离等运动控制的。制动是列车运行的主要工况之一，其中制动系统的性能直接影响动车组的运行安全及乘客的乘车安全。随着动车组运营速度的提高，设计一套能提供更强大制动能力且安全可靠的制动系统显得十分必要。然而高速列车转向架基础制动装置功能多样化、功能层次复杂，并且涉及机械、控制、电气、气动等多个学科领域，设计时需要考虑学科行为之间的关联关系以及行为与结构的映射关系。为了实现列车有效、安全地制动，在设计制动系统时往往需要各个学科领域专家进行协同反馈迭代设计产生合理的基础制动装置设计方案。

2. 问题解决

1）创建 PDS 矢量

高速列车转向架基础制动装置主要实现列车的常用制动和紧急制动功能。常用制动是在列车正常运行情况下，调节和控制列车运行速度的措施，作用比较缓和，制动力可以人为调节，根据制动级数，制动力一般为制动装置制动能力的 20% ~ 80%。紧急制动，是列车在出现事故等紧急情况下的异常措施，其目的是要求列车停止运动，制动作用猛烈，制动力为制动装置的全部能力。

对于高速列车转向架基础制动装置的概念设计，开始构建一个高速列车转向架基础制动装置产品设计规格（或需求空间），如图 6-4 所示。将重要的需求元素分成刚性约束（功能和性能）和目标变量。根据主观和客观设计经验决定它们的重要度。

这些需求元素被列为初始输入矢量 $\boldsymbol{P}$ 和相应的权重矢量 $\boldsymbol{W}$，分别如式（6-5）和式（6-6）所示：

$$\boldsymbol{P}=[P_1,\ P_2,\ P_3,\ P_4,\ P_5,\ P_6,\ P_7,\ P_8,\ P_9] \tag{6-5}$$

$$\boldsymbol{W}=[w_1,\ w_2,\ w_3,\ w_4,\ w_5,\ w_6,\ w_7,\ w_8,\ w_9] \tag{6-6}$$

式中，P_1 和 P_2 表示常用制动和紧急制动功能需求；P_3、P_4 和 P_5 表示性能约束：紧急制动减速度、紧急制动距离和黏着极限；P_7、P_8 和 P_9 表示其他的设计目标舒适性、低运营成本和安全性需求。

根据设计经验确定相应的权重矢量 $\boldsymbol{W}$ 为[1，1，1，1，1，0.2，0.1，0.2，0.5]。由公式 $\boldsymbol{PDS}=\boldsymbol{PW}^{\mathrm{T}}$，得到 $\boldsymbol{PDS}=[1P_1,\ 1P_2,\ 1P_3,\ 1P_4,\ 1P_5,\ 0.2P_6,\ 0.1P_7,\ 0.2P_8,\ 0.5P_9]$。参数 P_1，P_2，P_3，P_4 和 P_5 的权重为 1，则 PDS 参数为技术性能，是一种设计强约束，直接作用于整个概念设计过程，并且概念设计的方案解必须满足功能需求和技术性能要求，如紧急制动减速度、制动距离要求、黏着限制等；除了那些刚性约束，其余的元素形成被序列化 $\boldsymbol{PDS}$ 矢量，即 $\boldsymbol{PDS}'=[0.5P_9,\ 0.2P_6,\ 0.2P_8,\ 0.1P_7]$，也就是制动系统首先要满足安全性需求（$P_9$），然后满足能源消耗（$P_6$）或者低运营成本（$P_8$），之后是舒适性（$P_7$）。

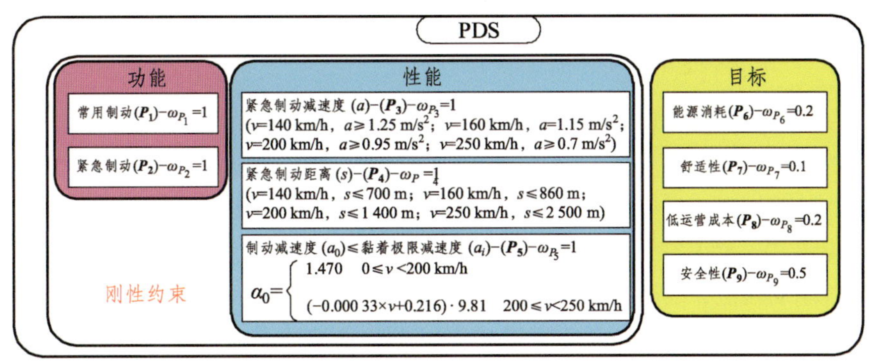

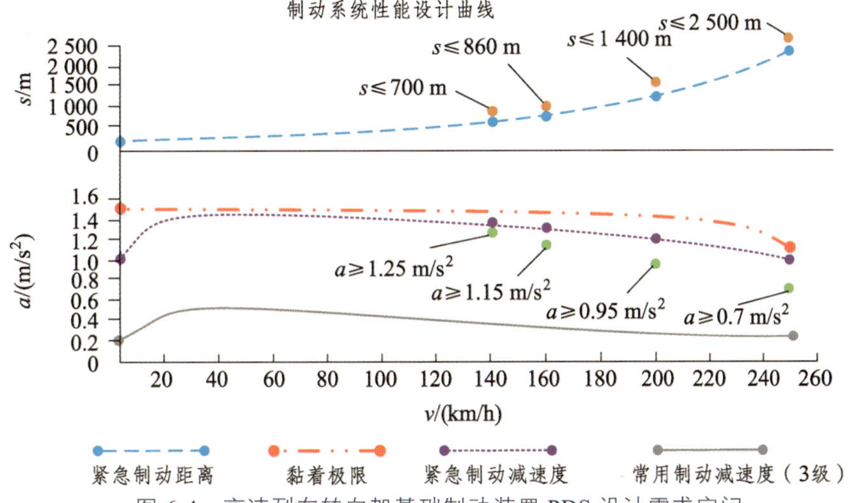

图 6-4 高速列车转向架基础制动装置 PDS 设计需求空间

在考虑采用哪种功能行为方案产生列车制动力之前，需要依据 *PDS* 中性能约束设计制动系统的减速度曲线，如图 6-4 所示。首先设计紧急制动的减速度曲线，并且校核所设计的减速度曲线满足 *PDS* 中紧急制动减速度的要求并在黏着极限范围内，通过减速度计算得到的制动距离也满足紧急制动距离的要求。然后再设计常用制动的减速度曲线，常用制动减速度曲线一般有 7 个等级，仅设计了 3 级常用制动减速度曲线来进行实例分析，常用制动减速度曲线只需在紧急制动减速度曲线范围内分级设计即可。

2）生成所需的系统级功能-行为方案

制动力可以通过多种途径产生，包括电磁制动方式[磁轨制动（B_1）、涡流制动（B_2）]和空气制动方式[踏面制动（B_3）和盘形制动（B_4）]、电制动（B_5）等。设计师根据自己的设计经验，建立五种功能方案（B_1，B_2，B_3，B_4 和 B_5）与 *PDS* 目标元素（P_9，P_6，P_8 和 P_7）之间的映射关系矩阵 M_1，如公式（6-7）所示。

$$
\boldsymbol{M}_1 = \begin{array}{c|ccccc}
 & B_1 & B_2 & B_3 & B_4 & B_5 \\
\hline
P_9 & 0.3 & 0.3 & 0.9 & 0.9 & 0.3 \\
P_6 & 0.3 & 0.3 & 0.1 & 0.3 & 0.9 \\
P_8 & 0.1 & 0.1 & 0.1 & 0.3 & 0.9 \\
P_7 & 0.3 & 0.3 & 0.1 & 0.3 & 0.3
\end{array} \tag{6-7}
$$

耦合关系范围为 0.1 ~ 0.9。关系的强弱分类为强相关 = 0.9；中等相关 = 0.3；弱相关 = 0.1。

最终，由 *PDS* 到 Behavior 的映射方程，建立制动力系统级的映射方程为 $\boldsymbol{B} = \boldsymbol{PDS'M}_1$，然后进行矩阵的运算求解，得到结果 $\boldsymbol{B} = [0.6B_4，0.54B_5，0.5B_3，0.26B_2，0.26B_1]$。

由矩阵计算结果可以看出，依据设计师经验，综合考虑安全性、成本、能耗、舒适性要求，应该首先考虑空气制动（盘形制动）给列车提供制动力，其次是电制动。因为列车有紧急制动功能，根据故障导向安全原则，在任何情况下（包括失电）的紧急制动，空气制动更加可靠，并且电制动仅在动力车上有，拖车没有电制动，当前空气制动在各种轮轨黏着系统的交通方式中是不可或缺的。列车除了要具有紧急制动功能之外，还需要有常用制动功能，如果仅仅依靠空气制动去实现列车的常用制动是非常不可取的，因为空气制动是通过摩擦产生制动力，将动能转换为热能，以达到减速停车的目的，这种制动方式对制动盘和闸片的磨耗比较严重，增加了运营成本。因此仍需在方案中再找一种物理原理去实现列车的常用制动功能。根据功能评价方案的矩阵运算结果可知，设计师根据自己的经验认为电制动是一种低能耗、低运营成本的一种功能方案，因此拟采用电制动原理给高速列车提供制动力，实现列车的常用制动功能。但电制动是否能满足列车常用制动的功能，检查是否能和空气制动集成。

电制动在制动时把车辆的动能转化为电能，能提供较大的制动力（接近于目标紧急制动力，几乎能覆盖所有的目标常用制动力），具有节能、控制精确等优点，但仅采用电制动仍不能满足目标常用制动力的要求。电制动有优点，但也有缺陷：首先是电制动不能用于紧急制动工况，铁路部门规定列车必须在遇到紧急工况时（如失电）能够安全停车，然而电制动在失电工况下不能提供制动力，所以不能满足紧急制动的功能要求，这也是为什么空气制动必不可少的原因；其次是在低速阶段，尤其是在 0 ~ 15 km/h 的速度区间内，由于速度的降低导致切割磁感线现象减弱甚至消失，从而使得电制动力消失，不能满足低速区间的制动要求。因此，为了实现列车的常用制动功能，将电制动作为主要的制动方式，再选择空气制动辅助电制动完成列车在低速区间下的制动是一种可行的、合理的功能方案。最终，决定采用空气制动和电制动两种物理行为方式结合设计高速列车制动系统，即电空复合制动方式实现列车的制动。由于空气制动原理本身涉及机械、气动两个学科，因此高速列车制动系统的设计将涉及机械、气动、电气、控制 4 个学科，变成一个复杂产品的多学科设计问题。

设计师对所选的功能方案进行定性及定量评价，最终选择电空复合制动方式实现列车的制动，这种制动方式包含两种制动行为方式：一是将牵引电动机转变为发电机，将列车动能转化为电能，即电制动；二是用空气压力将闸片压紧在制动盘面上以获得所需要的制动力，即摩擦制动。由此，制动系统的设计需要考虑各个学科领域（物理原理）的协同设计，包括控制、电气、机械、气动四个学科领域，学科行为参数之间是相互关联的，例如制动等级（常用制动、紧急制动）的不同会导致减速度的不同，制动控制系统根据减速度等级、车体的重量进行制动力的演算，演算后的空气制动力受到电制动能力的影响，机械

学科的闸片压紧力以及气动学科的制动缸压力等也会随控制学科减速度等级的改变而改变。分别对各个学科的部分行为、行为参量及其关系进行描述，如图 6-5 所示。

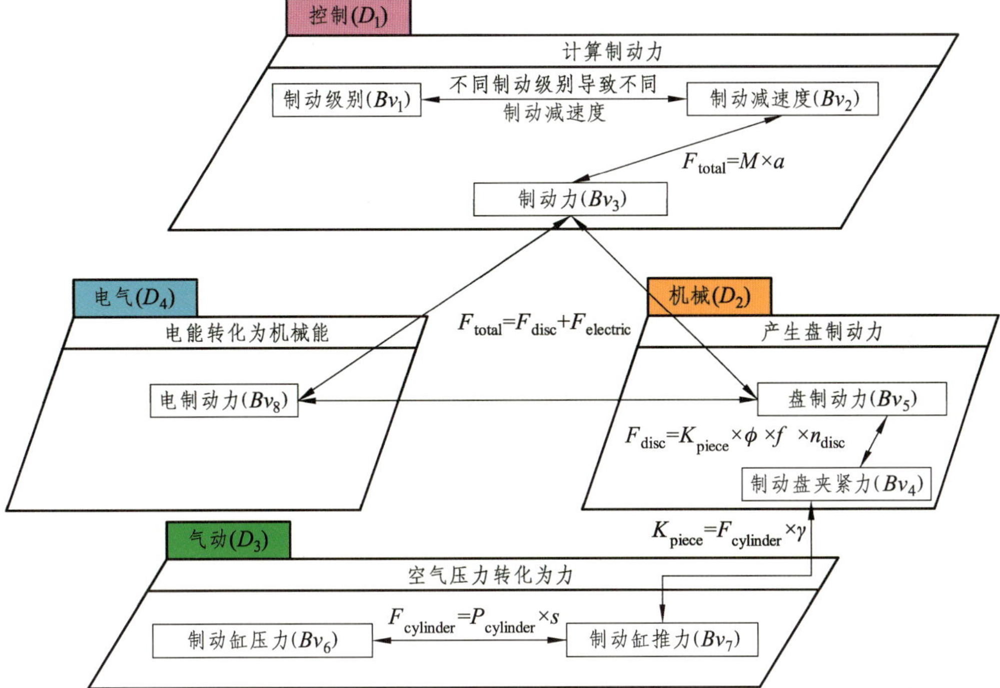

注：F_{total}为总制动力(kN)；M为车辆重量(t)；a为减速度(m/s^2)；F_{disc}为盘制动力(kN)；$F_{electric}$为电制动力；K_{piece}为制动盘夹紧力(kN)；$F_{cylinder}$为制动缸推力(kN)；γ为放大倍率；$P_{cylinder}$为制动缸压力(kPa)；s为制动缸有效面积(m^2)；ϕ为制动盘比率，$\phi=r/R$，其中r为制动盘半径，R为轮径；f为闸瓦摩擦系数；n_{Dise}为制动盘数量。

图 6-5　电空复合制动学科行为关系层次图

根据电空复合制动学科行为关系层次图，构建控制、机械、气动、电气学科的多学科行为关系矩阵，如下所示：

$$
\boldsymbol{M}_3 = DBM =
\begin{array}{cc|ccc|cc|cc|c}
 & & D_1 & & & D_2 & & D_3 & & D_4 \\
 & & Bv_1 & Bv_2 & Bv_3 & Bv_4 & Bv_5 & Bv_6 & Bv_7 & Bv_8 \\
\hline
D_1 & Bv_1 & \times & R_{12} & \times & \times & \times & \times & \times & \times \\
 & Bv_2 & R_{21} & \times & R_{23} & \times & \times & \times & \times & \times \\
 & Bv_3 & \times & R_{32} & \times & \times & DR_{35} & \times & \times & DR_{38} \\
\hdashline
D_2 & Bv_4 & \times & \times & \times & \times & R_{45} & \times & DR_{47} & \times \\
 & Bv_5 & \times & \times & DR_{53} & R_{54} & \times & \times & \times & DR_{58} \\
\hdashline
D_3 & Bv_6 & \times & \times & \times & \times & \times & \times & R_{67} & \times \\
 & Bv_7 & \times & \times & \times & DR_{74} & \times & R_{76} & \times & \times \\
\hdashline
D_4 & Bv_8 & \times & \times & DR_{83} & \times & DR_{85} & \times & \times & \times
\end{array}
$$

$\boldsymbol{M}_3$ 显示了学科行为参数之间的关系。在控制学科（D_1）、机械学科（D_2）和电气学科（D_4）中，3 个行为参数 Bv_3、Bv_5 和 Bv_8 存在耦合关系 DR_{35}、DR_{53}、DR_{38}、DR_{83}、DR_{58} 和 DR_{85}，也就是 $F_{\text{total}} = F_{\text{disc}} + F_{\text{electric}}$。在机械学科（$D_2$）和电气学科（$D_4$），在行为参数 Bv_4 和 Bv_7 之间存在耦合关系 DR_{47} 和 DR_{74}，也就是 $K_{\text{piece}} = F_{\text{cylinder}} \times \gamma$。因此，电空复合制动对多学科系统行为方案是一种可行的方法，然后我们要找到多学科结构方案来实现它。

3. 多学科行为到结构映射和分析

根据学科行为关系矩阵，可以发现学科行为参数之间是相互影响的，并且行为需要结构作为载体而实现。行为分析也是从定性到定量的过程，由行为映射出宏观的结构组成实质上是行为的定性分析，例如，“制动缸推力”这一行为参量需要制动气缸接收经过空气压缩机压缩传递过来的空气，压缩空气促使活塞运动产生制动缸推力；“盘制动力”这一行为参量需要制动盘作为制动夹钳夹紧的对象，通过摩擦作用，产生盘制动力，将动力转化为热能，实现列车制动的功能。因此，需要多学科结构包括空气压缩机、制动缸、管道系统、制动闸片、制动盘和其他附属结构工作在一起实现多学科行为。首先，我们研究功能结构下单学科结构：制动盘、制动闸片、制动力增大机构和制动缸（见图 6-6）。确定在“制动气缸压力”“制动缸推力”“闸片压紧力”“盘制动力”之间的行为关系来开发多学科耦合结构来实现它。例如，制动力放大机构是一个在盘制动力和制动夹紧力之间的连接结构。图 6-6 是映射矩阵 $\boldsymbol{M}_4$ 的一个图示化表达。

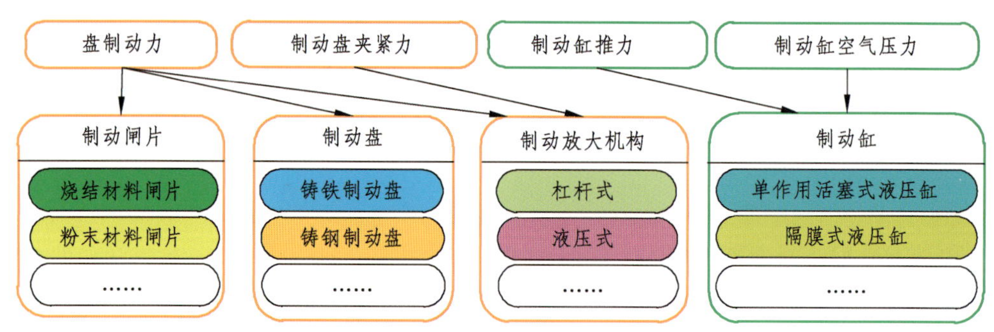

图 6-6 学科行为参量映射到不同结构

选择不同的结构形式，设置不同的结构参量将产生不同的行为结构解，将行为结构参量与目标行为参量对比分析以评价设计方案是否最优。在概念设计阶段，除了要进行行为的定性分析外，还应该在行为定性分析的基础上，通过物理原理求解，找到学科行为参量与结构参量之间的关系，形成定量的行为分析，以支持面向多学科的复杂产品设计，优化零部件的关键结构参量。

在这个实例研究中，选取制动性能分析作为一个例子关注机械和气动学科之间的耦合，并且考虑控制学科约束：紧急制动减速度和制动力。这里不讨论耦合的控制结构。由图 6-6 可知，在选择单学科结构之后，结构参数和行为参数之间的关系如图 6-7 所示。它的关键结构参数包括制动盘摩擦半径（r）、制动闸片摩擦系数（f）、放大倍率（γ）和

制动缸有效面积（s）。列车转向架基础制动装置的结构示意图如图 6-8 所示。

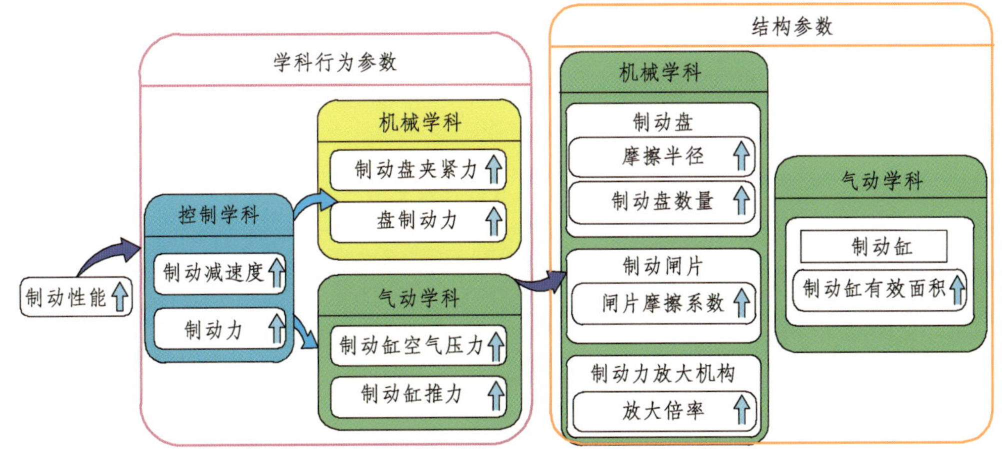

图 6-7　PDS-学科行为参数-结构参数关系

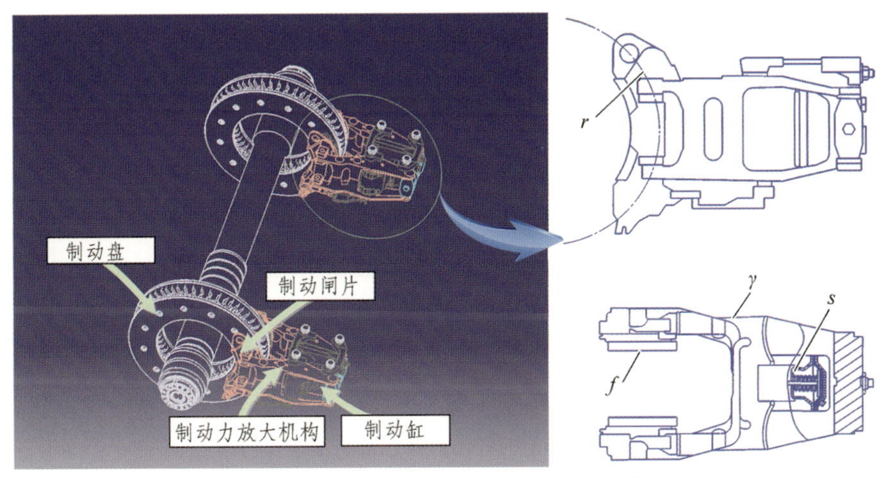

图 6-8　高速列车动力转向架基础制动装置示意图

根据图 6-7 和相关的物理原理，可以发现学科行为参量与结构参量之间的关联关系，选择不同的结构形式，设置不同的结构参量将得到不同的行为结构。然而值得注意的是，结构参量并不能随意进行设置，它往往受到诸如安装空间或其结构设计本身缺陷等的约束。例如，动车制动系统的执行部件安装在转向架上，转向架留给制动装置的空间十分有限，“摩擦半径”“制动盘数量”等并不能随意增大，“摩擦半径”绝不可能大于车轮半径，为了有效地利用空间，动车“制动盘数量”一般都固定在 8 个。

表 6-1 给出了分析结果，选择相应的结构和结构参数得到 4 个设计方案。所有的设计方案都必须满足制动性能（减速度以及盘制动力）的要求，然而不同的设计方案（不同的结构形式和结构参数）在满足制动性能要求后计算所得的制动气缸压力差距很大。制动气缸压力也是评价电空复合制动的一个关键指标，列车总风管的压强一般控制在

850 ~ 1 000 kPa，制动气缸接收列车总风管压缩、干燥过的空气，为了列车的制动安全，一般要求制动气缸的压力小于 600 kPa。因此，最终确定基础制动装置的目标行为参量为：减速度（紧急制动最危险工况）、盘制动力（紧急制动最危险工况）、制动气缸压力，其中减速度和盘制动力是所有设计方案都必须满足的，我们主要通过计算在满足制动性能要求下的制动气缸压力值来评判所设计方案的优劣。

表 6-1 基础制动装置结构-行为方案

方案	设计需求			制动闸片 $U(S_1)$		制动盘 $U(S_2)$	制动夹钳 $U(S_3)$		分析结果		
	Bv_2	Bv_5	Bv_6	n_{Disc}	r	F	s	γ	Bv_2	Bv_5	Bv_6
方案 1	1.25	85	<600	8	275	0.3（烧结材料）	110	1	1.25	85	4829
方案 2	1.25	85	<600	8	275	0.3（烧结材料）	110（杠杆式）	8	1.25	85	604
方案 3	1.25	85	<600	8	295	0.35（粉末冶金材料）	110（杠杆式）	8	1.25	85	483
方案 4	1.25	85	<600	8	295	0.35（粉末冶金材料）	18（液压式）	74	1.25	85	318

方案 1：设计师选择制动盘、闸片、制动气缸的形式以及设置它们的关键结构参量，值得注意的是在设计本方案时，没有考虑制动力放大机构。通过计算发现，在满足列车盘制动力和减速度要求后的制动气缸的压力达到了 4 829 kPa，这显然不满足制动气缸压力小于 600 kPa 的要求，因此方案 1 显然不可取。

方案 2：由方案 1 可知，如果要满足列车的制动性能要求，单纯依靠增大制动气缸压力以增大制动缸推力的方式并不可取，需要想办法采用其他方式增大制动气缸推力，由图 6-6 可知，要增大制动夹钳的夹紧力，可以选择杠杆以及液压两种方式增大制动力。方案 2 拟采用杠杆式的制动夹钳来增大制动气缸的推力，通过计算发现制动气缸的压力明显下降，压力值为 604 kPa，但该方案还是不太理想。

方案 3：由方案 2 可知，选择杠杆式夹钳可以增大制动气缸的推力，但是受制于空间约束，杠杆倍率并不能随意增大，然而通过学科行为结构关系矩阵，发现在设计约束范围内增大制动盘摩擦半径以及闸片摩擦系数也可以增大目标盘制动力。因此在方案 3 中尝试把摩擦半径从 275 mm 增大到 290 mm，并且将烧结材料闸片更换为粉末冶金闸片，提高了闸片摩擦系数，通过计算发现，在满足制动性能要求的情况下制动气缸压力下降为 483 kPa，该方案是一个可行解。

方案 4：由图 6-7 可知，除了方案 3 所采用的杠杆式制动夹钳外，液压式制动夹钳也可以增大制动气缸推力，并且液压式制动夹钳占用空间小，制动倍率大，而且反应迅速，但它有漏油的缺陷，需要清扫装置。在方案 3 的基础上，不改变制动盘和闸片的参数，方案 4 选用了液压式制动夹钳，通过计算发现它的制动气缸压力仅为 318 kPa，是所有方案中压力最小的，方案 4 也是一个可行解。

总之，方案 1 和方案 2 是不满足设计需求的，所以它们是不可行的。方案 3 和方案 4 是两个可行的方案，由于方案 4 制动缸的压力更小，所以方案 4 是最终的解决方案。

6.2.2　概念设计方案评价

机械产品的概念设计方案评价方法主要有：多目标评价、层次分析法、模糊最优隶属度评价、基于粗集理论的评价方法。针对概念设计方案的多目标性以及多不确定性的特点，选择模糊最优隶属度评价法作为概念设计评价的方案。本章主要介绍了模糊最优隶属度评价的基本步骤：评价指标的建立，隶属度矩阵的构建，以及评价结果的计算。

6.2.2.1　评价指标体系的建立

利用模糊最优隶属度来进行概念设计的方案评价排序，首要任务是建立评价指标体系。评价指标体系的建立包含两个方面的内容：评价指标的确定和指标权重的计算。

1. 评价指标的确定

评价指标应当满足综合性、科学性、灵活性三个原则。综合性是指评价指标应能全面地、系统地评价设计方案的成本、制造性、生产周期等方面的内容。科学性是指评价指标的粒度大小应当适中，指标的粒度不能过大也不能过小，评价指标粒度过小会导致评价指标过于庞大，粒度过大则会导致一些核心的评价目标不能表现出来。灵活性是指评价指标应当能够根据实际的评价问题进行适当地修改。

产品概念设计方案的评价指标有很多，但根本上都可以归结为是评价产品的质量。从狭义上来理解，产品的质量就是产品在使用过程中的各项性能指标的表现。从广义上来理解，产品的质量不仅仅只有产品的使用质量，而是应该是在产品全生命周期过程中所有的性能表现。

闻邦椿院士将产品的广义质量归纳为两个方面的内容：一个是产品的功能，产品的功能包括产品的主要功能和辅助功能；另一个是产品的综合性能，产品的性能包括结构性能、工作性能和工艺性能。因而，产品的广义质量可以从产品的使用质量（Q）、价格（C）、生产制造周期（T）、对环境的影响（E）以及售后服务（S）等方面来具体展开，如图 6-9 所示。

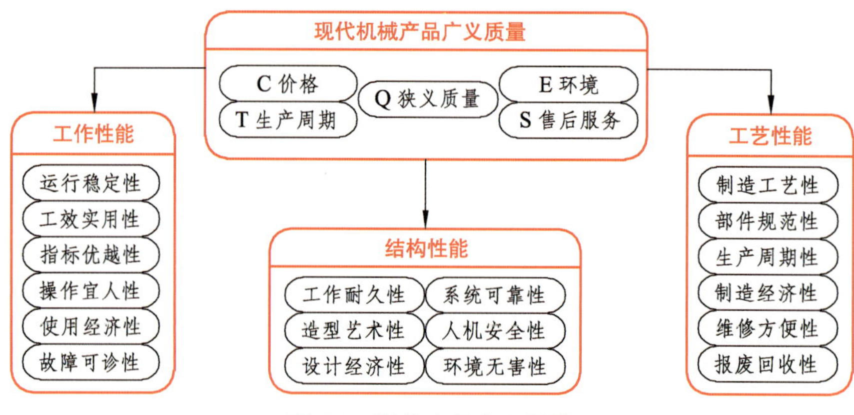

图 6-9 现代产品广义质量

由图 6-9 可以看出，广义质量是一个包含产品全生命周期，集技术、经济、环境、市场等多方面内容为一体的复杂体系。由于广义质量体系的复杂性，使其很难细化并形成合理、客观和定量的评价指标。以转向架概念设计方案的评价为例，重点讨论概念设计中评价结构合理性的结构性能，评价使用性能能否满足要求的工作性能，评价设计可制造性和可装拆性的工艺性能等几个方面来建立评价指标体系。

定义评价指标集：

$$\boldsymbol{U}=\{U_1\text{（结构性能）},\ U_2\text{（工作性能）},\ U_3\text{（工艺性能）}\}$$
$$\boldsymbol{U_i}=\{U_{i1},\ U_{i2},\ \cdots\}$$

U_i 的完整定义见图 6-10。

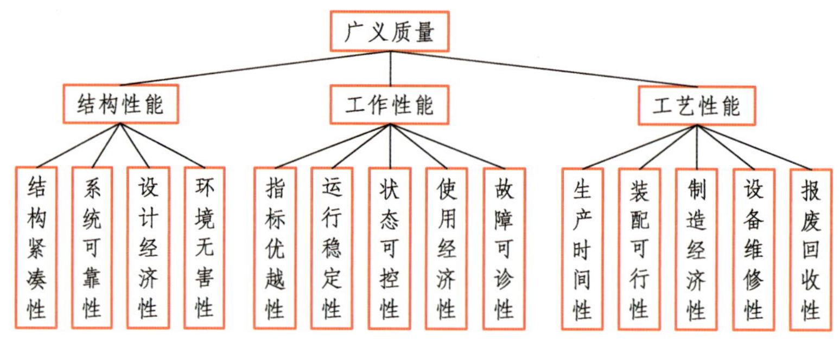

图 6-10 转向架广义质量评价体系

2. 评价指标权重的确定

层次分析法是美国运筹学家 Saaty 提出的一种层次权重决策方法。层次分析法将复杂的决策问题按照自上而下的方式分解到若干较为简单的层次上进行求解，最后通过加权递归的方式求解上层决策问题。该方法提出一种通过构造成对比较矩阵求取同一层次各因素间的相对权重的方法，适用于评价指标的权重确定问题。

利用层次分析法确定评价指标权重，步骤如下：

1）构造成对比较矩阵

成对比较矩阵，又称判断矩阵。其构造方法是：对于属于同一上层指标的同层指标，两两比较它们对上层指标的影响重要程度。例如对于某一上层指标 A，其下层指标有 B_1、B_2、B_3。那么就分别对这三个下层指标对上层指标 A 的相对影响重要程度进行比较。重要程度的取值为 1 ~ 9 及其倒数。其取值规则按照 Saaty 提出的 1 ~ 9 标度法来确定，1 表示同样重要，3 表示稍微重要，5 为明显重要，7 为强烈重要，9 为极端重要，2、4、6、8 为中间值。相同的两个指标，交换顺序前后的值互为倒数。

2）计算权向量

权向量通过特征值法来计算。如果判断矩阵存在唯一非零特征值，这种非零特征向量唯一地判断矩阵称为一致性矩阵，此时该特征值对应的特征向量归一化处理之后就为权向量；如果判断矩阵存在多个非零特征值，那么取最大特征值对应的特征向量进行归一化处理之后作为权向量。

3）一致性检查

随着判断矩阵的阶数增加，判断矩阵往往不是一致性矩阵，此时判断矩阵会产生自相矛盾的情况，因此需要对判断矩阵的一致性进行检查。判断矩阵一致性计算公式为

$$CR = RI/CI$$

式中，CR 是判断矩阵的一致性；RI 是随机一致性，可以根据判断矩阵的阶数查表得到；CI 是一致性指标，由公式 $CI = (\lambda - n)/(n - 1)$（$\lambda$ 是判断矩阵的最大特征值，n 是判断矩阵的阶数）计算得出。

Saaty 提出，当 $CR<0.1$ 时，就认为判断矩阵的一致是合格的。

确定转向架概念设计方案评价指标权重时，判断矩阵的建立分为两个层次：一个是“结构性能”“工作性能”“工艺性能”三个指标对总的广义质量的影响重要程度比较，这个判断矩阵（见表 6-2）用来计算这三个指标的相对权重；另一个是这三个指标下属的各个指标对其影响重要程度比较，这些矩阵（见表 6-3、表 6-4、表 6-5）用来计算各个底层指标的相对权重。表 6-2、表 6-3、表 6-4、表 6-5 表示的 4 个判断矩阵中元素的取值是由某车辆厂的多位转向架设计专家打分取平均值得到的。

表 6-2　准则层判断矩阵及权重

质　量	结构性能	工作性能	工艺性能	权向量
结构性能	1	1/2	2	0.29
工作性能	2	1	4	0.57
工艺性能	1/2	1/4	1	0.14

表 6-3　结构性能判断矩阵及权重

结构性能	结构紧凑	系统可靠	设计经济	环境无害	权向量
结构紧凑	1	1/8	1/3	1/2	0.07
系统可靠	8	1	3	4	0.58
设计经济	3	1/3	1	1	0.19
环境无害	2	1/4	1	1	0.16

表 6-4　工作性能判断矩阵及权重

工作性能	指标优越	运行稳定	状态可控	使用经济	故障可诊	权向量
指标优越	1	2	4	7	4	0.47
运行稳定	1/2	1	2	3	2	0.23
状态可控	1/4	1/2	1	2	1	0.12
使用经济	1/7	1/3	1/2	1	1/2	0.06
故障可诊	1/4	1/2	1	2	1	0.12

表 6-5　工艺性能判断矩阵及权重

工艺性能	生产时间	拆装可行	制造经济	维修	报废回收	权向量
生产时间	1	8	2	1/2	3	0.42
拆装可行	1/8	1	5	4	6	0.26
制造经济	1/2	1/5	1	1/2	2	0.07
维修	2	1/4	2	1	2	0.2
报废回收	1/3	1/6	1/2	1/2	1	0.05

由于所构建的 4 个矩阵都是一致性矩阵，因此不需要做一致性检查，权向量直接由判断矩阵唯一的特征向量归一化之后得到。

将指标及其权重综合起来，得到转向架概念设计方案评价广义质量体系，如表 6-6 所示。

表 6-6　转向架评价指标集

顶　层	一级指标	权重	二级指标	权　重
转向架广义质量体系	结构性能	0.29	结构紧凑	0.07
			系统可靠	0.58
			设计经济	0.19
			环境无害	0.16

续表

顶　层	一级指标	权重	二级指标	权　重
转向架广义质量体系	工作性能	0.57	指标优越	0.47
			运行稳定	0.23
			状态可控	0.12
			使用经济	0.06
			故障可诊	0.12
	工艺性能	0.14	生产时间	0.42
			拆装可行	0.26
			制造经济	0.07
			维修	0.2
			报废回收	0.05

6.2.2.2　模糊综合评价

使用模糊隶属度对产品概念设计方案的评价优选包括确定待评价方案的评价指标对评价准则的隶属度矩阵和模糊综合评价两个步骤。

1. 隶属度及隶属度函数

若对于某一论域 U 中的任意一个元素 x，有一个数 $A(x)\in(0,1)$ 与之相对应，这时称 $A(x)$为 x 对 A 的隶属度。如果 x 在 U 中发生变动，此时 $A(x)$就是一个函数，那么就称 $A(x)$为 x 对 A 的隶属度函数。隶属度函数 $A(x)$的取值范围是（0，1），$A(x)$的值越接近 1，表示 x 对 A 的隶属度越大；$A(x)$的值越接近 0，表示 x 对 A 的隶属度越小。

模糊评价中，隶属度函数的选择决定了评价结果的合理性。隶属度函数的确定方法有：模糊统计、例证、专家经验、二元对比等方法。隶属度函数根据其连续与否可以分为连续型和离散型隶属度函数，连续型隶属度函数常见的有三角隶属度函数、梯形隶属度函数、正态分布隶属度函数等。由于评价指标是一个离散的集合，所以隶属度函数采用离散型隶属度函数。

2. 模糊评价准则的建立

评价准则是对产品设计方案的衡量标尺，对于机械产品设计方案的评价，将设计方案分为 5 个模糊定性的等级：优秀、良好、好、一般、差。然后对这 5 个等级分别赋予一定的分数用来定量地衡量，这样就可以构成如下评价准则：

$$V=\{优秀（100），良好（85），好（70），一般（50），差（25）\}$$

3. 模糊隶属度矩阵的建立

在模糊评价中，评价对象的评价指标集 U_i 对于评价准则集 V 的模糊关系是通过模糊隶属度矩阵来表示的，如图 6-11 所示。矩阵中的元素 a_{nj} 表示的是评价对象的第 U_{in} 项评价指标对评价准则集中的第 j 项准则的模糊隶属度。

隶属度的确定采用专家经验确定的方法，由某车辆厂的多位转向架设计专家根据其多年设计经验给出，然后取平均值确定。

$$\boldsymbol{R}_i=\begin{bmatrix} a_{11} & a_{12} & \cdots & a_{1j} \\ a_{21} & a_{22} & \cdots & a_{2j} \\ \vdots & \vdots & \ddots & \vdots \\ a_{n1} & a_{n2} & \cdots & a_{nj} \end{bmatrix}$$

图 6-11 隶属度矩阵

4. 模糊综合评价

模糊综合评价的过程是一个模糊合成运算的过程。在进行模糊综合评价之前，首先需要选择一种模糊合成运算模型。模糊合成运算模型主要有 5 种：$M(\wedge,\vee)$、$M(\bullet,\vee)$、$M(\wedge,\oplus)$、$M(\bullet,\oplus)$、$M(\bullet,+)$。其中：$M(\wedge,\vee)$、$M(\bullet,\vee)$、$M(\wedge,\oplus)$ 属于主因素决定型模型，适用于主因素起决定性作用的评价；$M(\bullet,\oplus)$、$M(\bullet,+)$ 属于加权平均型模型，适用于综合性评价。对机械产品的综合质量进行评价，评价过程包含的因素没有起决定作用的因素，因此应采用加权平均型模型。采用 $M(\bullet,+)$ 模型作为模糊合成运算的运算模型。

鉴于定义的评价指标分为三级，因此要实现设计方案的综合评价需要进行两次模糊评价。首先需要对一级指标进行一次评价，再利用其评价结果得到综合质量的模糊综合评价。

对于一级指标的评价：令 $\boldsymbol{S}_i=\boldsymbol{W}_i^{\mathrm{T}}\times\boldsymbol{R}_i$ 就得到一级指标的评价矩阵，再令 $\boldsymbol{B}_i=\boldsymbol{V}\times\boldsymbol{S}_i$ 就得到一级指标的评价分数。其中：$\boldsymbol{S}_i$ 为第 i 项一级指标的评价矩阵；$\boldsymbol{W}_i$ 为第 i 项一级指标所包含的二级指标的权向量；$\boldsymbol{R}_i$ 为评价对象的第 i 项一级评价指标对评价准则 $\boldsymbol{V}$ 的隶属度矩阵；$\boldsymbol{B}_i$ 为评价对象第 i 项一级指标的评价得分；$\boldsymbol{V}$ 为评价准则。

对于顶层指标的评价：令 $\boldsymbol{D}=\boldsymbol{U}\times\boldsymbol{B}^{\mathrm{T}}$ 就得到顶层指标的综合评价。其中：$\boldsymbol{B}=\{B_1,\ B_2,\ B_3\}$，$\boldsymbol{U}$ 为评价指标体系中一级评价指标的权向量。

6.3 产品模块配置设计方法

6.3.1 基于产品元模型的高速列车转向架配置设计方法

在传统的配置设计领域，基于实例的推理方法（Case Based Reasoning，CBR）是在基于一个认知模型的基础上，通过寻找以前相似的经验和方法，把它重新应用到新问题的推理中来。基于规则的配置方法，通过规则描述构件间的关系和动作，一条关系蕴含一定的领域知识（如构件间的兼容性、依赖性等），而一个动作则表示过程知识以控制推理策略。这种方法在一条规则中集中描述领域知识和过程知识，没有将二者分离，而且描述一个对象实体必须由多条规则完成。基于规则的方法能够实现较复杂的产品配置，多应用于一些特定的专家系统中。

高速列车转向架配置设计是实现高速列车转向架结构定制设计的重要设计手段。产品配置设计时在一组预定义好的、模块化的零部件集合中，根据一定的约束规则，选择并确定零部件之间的连接，以获得符合设计要求和满足客户需求产品的一种方法和技

术。配置设计的基础是模块化和标准化，通过模块间的合理匹配和快速选型，为客户提供满足其要求的产品。配置设计即是在产品族模型的基础上与配置规则的约束下进行的产品实例求解过程。根据模型的表达不同，现有多种配置方法，而在高速列车转向架的配置过程中，在产品谱系体系构建的基础上，面向产品谱系，以产品元模型为基础，主要采用了基于规则和实例推理结合的配置方法，整个配置过程如图 6-12 所示。

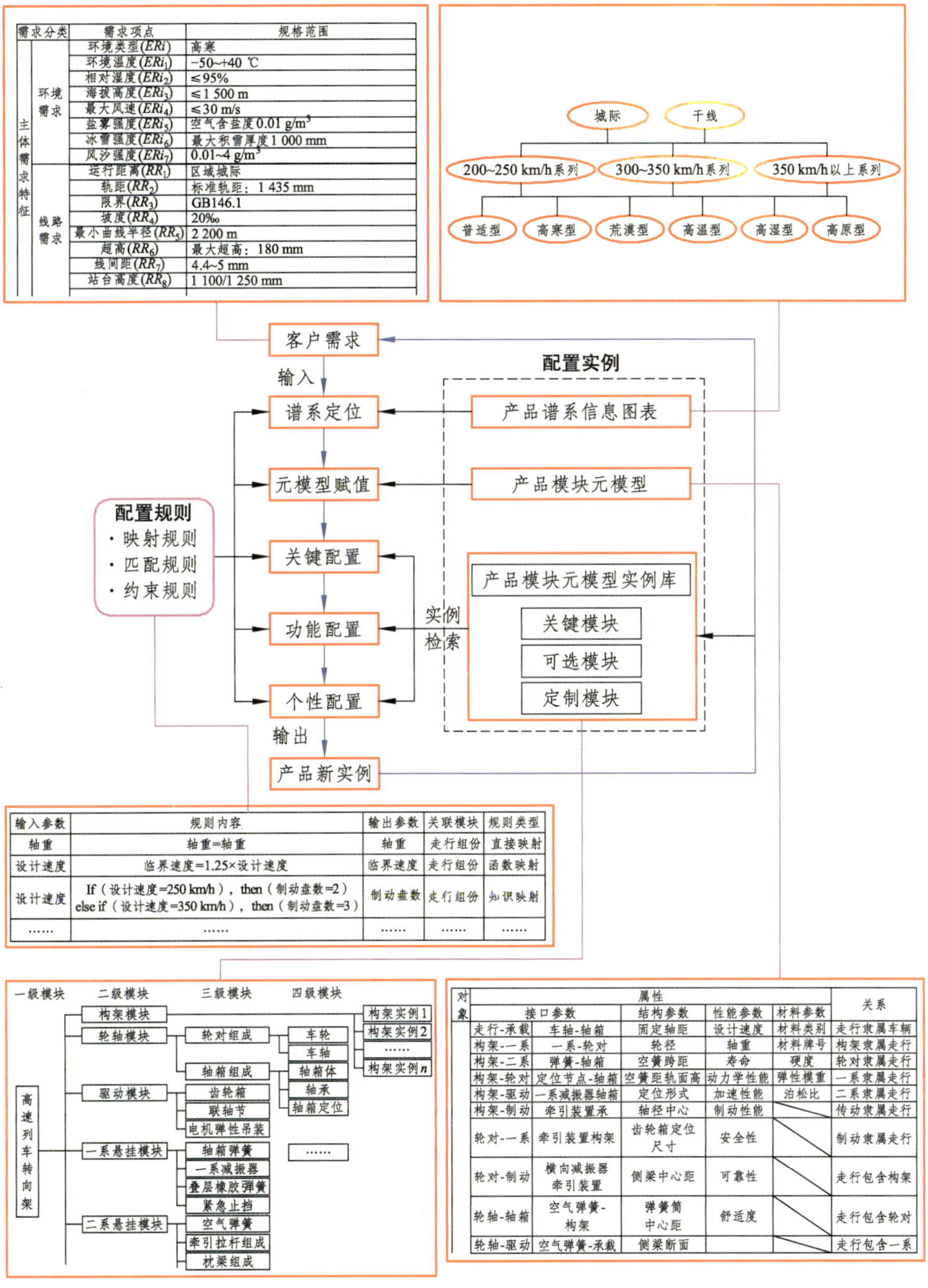

需求分类		需求项点	规格范围
主体需求特征	环境需求	环境类型(ERi)	高寒
		环境温度(ERi_1)	−50~+40 ℃
		相对湿度(ERi_2)	≤95%
		海拔高度(ERi_3)	≤1 500 m
		最大风速(ERi_4)	≤30 m/s
		盐雾强度(ERi_5)	空气含盐度 0.01 g/m^3
		冰雪强度(ERi_6)	最大积雪厚度 1 000 mm
		风沙强度(ERi_7)	0.01~4 g/m^3
	线路需求	运行距离(RR_1)	区域城际
		轨距(RR_2)	标准轨距：1 435 mm
		限界(RR_3)	GB146.1
		坡度(RR_4)	20‰
		最小曲线半径(RR_5)	2 200 m
		超高(RR_6)	最大超高：180 mm
		线间距(RR_7)	4.4~5 mm
		站台高度(RR_8)	1 100/1 250 mm

城际
干线
200~250 km/h 系列
300~350 km/h 系列
350 km/h 以上系列
普适型
高寒型
荒漠型
高温型
高湿型
高原型

客户需求
输入
谱系定位
元模型赋值
关键配置
功能配置
个性配置
输出
产品新实例

配置实例
产品谱系信息图表
产品模块元模型
产品模块元模型实例库
关键模块
可选模块
定制模块
实例检索

配置规则
· 映射规则
· 匹配规则
· 约束规则

输入参数	规则内容	输出参数	关联模块	规则类型
轴重	轴重=轴重	轴重	走行组份	直接映射
设计速度	临界速度=1.25×设计速度	临界速度	走行组份	函数映射
设计速度	If（设计速度=250 km/h），then（制动盘数=2） else if（设计速度=350 km/h），then（制动盘数=3）	制动盘数	走行组份	知识映射
……	……	……	……	……

一级模块　二级模块　三级模块　四级模块
高速列车转向架
构架模块
轮轴模块
轮对组成
车轮
车轴
轴箱组成
轴箱体
轴承
轴箱定位
驱动模块
齿轮箱
联轴节
电机弹性吊装
一系悬挂模块
轴箱弹簧
一系减振器
叠层橡胶弹簧
紧急止挡
二系悬挂模块
空气弹簧
牵引拉杆组成
枕梁组成
……
构架实例 1
构架实例 2
……
构架实例 n

对象	属性					关系
	接口参数		结构参数	性能参数	材料参数	
	走行-承载	车轴-轴箱	固定轴距	设计速度	材料类别	走行隶属车辆
	构架-一系	一系-轮对	轮径	轴重	材料牌号	构架隶属走行
	构架-二系	弹簧-轴箱	空簧跨距	寿命	硬度	轮对隶属走行
	构架-轮对	定位节点-轴箱	空簧距轨面高	动力学性能	弹性模量	一系隶属走行
	构架-驱动	一系减振器轴箱	定位形式	加速性能	泊松比	二系隶属走行
	构架-制动	牵引装置承	轴径中心	制动性能		传动隶属走行
	轮对-一系	牵引装置构架	齿轮箱定位尺寸	安全性		制动隶属走行
	轮对-制动	横向减振器牵引装置	侧梁中心距	可靠性		走行包含构架
	轮轴-轴箱	空气弹簧-构架	弹簧筒中心距	舒适度		走行包含轮对
	轮轴-驱动	空气弹簧-承载	侧梁断面			走行包含一系

图 6-12　基于产品元模型的配置设计过程

配置生成过程可以描述为：以客户需求 = {主体需求，关键需求，个性需求}为输入，在配置规则 = {映射规则，匹配规则，约束规则}的驱动下，对产品谱系和元模型逐步配置求解，进行谱系定位、元模型赋值、关键配置、功能配置、个性配置，输出产品新实例。由图 6-12 可知自上而下执行五个阶段具体操作如下：

1. 谱系定位

确定新的需求目标产品的谱系位置，即推演出满足客户主体需求谱系特征的系列产品区域。由于系列产品之间的谱系特征分类明显，通过客户对产品的谱系特征参数赋值或选取，获得产品的谱系位置，沿着系列产品的演化脉络，推演出新的目标产品。

2. 元模型赋值

在产品谱系定位的基础上，可以获取到相应的产品元模型。基于需求与产品元模型参数之间的映射规则，将需求参数映射为产品元模型的参数，即完成产品元模型的赋值过程。

3. 关键配置

对于产品的关键基础模块，基于上述赋值完成的产品元模型，以产品元模型参数为配置参数，面向产品的主体需求和关键需求对产品的关键模块进行实例选配，通过相似度计算获得相应的实例。

4. 功能配置

面向产品的具体关键功能需求，在满足匹配规则和约束规则的情况下，对产品的功能可选模块进行配置选择，也可以根据客户需求进行定制，进行变型设计。

5. 个性配置

在满足前面关键配置和功能配置的基础上，可以根据客户需求的偏爱性需求进行再配置。

产品的配置规则是根据客户需求产生的，配置规则的定义实际上是对产品信息的获取、加工和抽象。配置设计过程就是对配置设计规则的推理和演化，建立合适的配置设计规则是提高配置设计知识的重用性、知识库的维护性、搜索效率的前提。配置规则是在配置过程中对产品模型中需要配置的项目进行选择和确定的一系列限制和匹配原则。配置规则约束产品模型各模块之间的关系，通过限制产品配置过程中模块的选择和组合来确保产品配置的正确性。将配置规则分为映射规则、匹配规则和约束规则，映射规则是指客户需求与产品模块之间的映射关系，从复杂的模糊关系，转化为相对简单的规则映射；匹配规则表示产品功能匹配规则、结构匹配规则、性能匹配规则；约束规则表示配置求解模型中模块或零部件的相互约束规则，包括必要性规则、选择性规则、依赖性规则和互斥规则等。通过这些约束规则，设计人员在配置设计时就可对必选模块和可选模块进行选择，对产品主结构进行变型，得到定制产品的结构。

在基于规则的配置系统中，需要定义一个设计目标以及一系列 if-then 规则，采用向前或向后推理的方式获得配置结果。规则的数学描述形式如下：

if（<条件 1> [and|or] <条件 2> [and|or]<条件 n>），then（<结论 1> [and|or] <结论 n>）

规则包括前提和结论两部分，其中 if 后面是规则的前提条件，then 后面对应的是规则的结论。当条件为真时，规则被激活，而结论是规则激活的结果。

以高速列车转向架为例，其模块配置规则示例如表 6-7 所示。

表 6-7　高速列车转向架产品配置规则示例

序号	规则内容	相关模块
1	If（<列车最高蛇行临界速度至少大于试验速度的 1.15 倍>），then（<转向架模块悬挂参数以及转向架与车体间的耦合参数满足列车运行安全性>）	一系
2	If（<轮轨动力学指标满足设计临界失稳速度 $\geqslant$ 460 km/h> and<脱轨系数 $<$ 0.8>and<轮重减载率 $<$ 0.8>and<动态横向力 $<10+(P_1+P_2)/3$（kN）>），then（<转向架满足安全性指标要求>）	一系、二系
3	If(<舒适度指标 $N\leqslant 2$>and<运行平稳性指标 $W\leqslant 2.5$>and<运行品质满足车体横向、垂向加速度 <2.5 m/s^2>and<车体一阶垂向弯曲频率大于 10 Hz>)，then（<转向架和承载组分模块满足轮轨动力学的舒适性指标要求>）	一系、二系

6.3.2　高速列车转向架产品多级实例检索技术

基于实例的转向架设计关键在于实例的表达及实例的推理，实例检索（Retrieve）是实例表达的应用，是实例推理过程中的第一步，其主要目的是在实例库找出与新产品设计需求相同或相似的实例，并输出此相似实例。本章在研究实例检索通用技术的基础上提出一套多级检索策略，并将其应用于转向架实例检索过程中。

转向架的实例检索是通过外部信息分层级找到组件级对应的实例模板，若还可以再分，则考虑顾客偏好，找到对应的组件级子实例模板，然后在此实例模板所代表的实例对象中筛选出最满足顾客要求的相似实例。因此，将实例检索分为两个部分：一个是实例模板的检索，另一个是对此模板中相似实例的检索。

6.3.2.1　基于子空间法的实例模板检索技术

对于组件中包含实例对象多，且存在明显类别划分时，实例模板可划分为子实例模板，从而分别管理实例类别，可帮助在检索过程中缩小实例检索规模。由于实例模板检索过程是设计需求满足的过程，那么当产品级实例根据外部约束映射到装配级约束并进一步映射到组件级约束后，需要对子实例模板进行选择，选择的标准应该是与顾客需求相关的，也就是前面所述在实例模板中存储的顾客偏好同级约束。

针对上述情景，采用子空间法筛选具有顾客偏好的组件级子实例模板。其检索原理是将工程领域中实例检索问题转换为数学领域中向量在空间上的投影计算问题。将其应用在子实例模板的检索中，通过计算客户需求所对应的向量在子实例模板上进行正交投影的长度来判断问题所属子实例模板。

采用子空间法进行实例检索的原理是将工程领域中实例检索问题转换为数学领域中向量在空间上的投影问题。即将空间看作是所有点组成的集合，点与向量一一对应，且向量空间是所有空间向量的构成集合。N 维向量空间由 N 个正交归一向量组成 $\boldsymbol{\Omega}_N = span\{\boldsymbol{e}_1, \boldsymbol{e}_2, \cdots, \boldsymbol{e}_N\}$，式中 $\boldsymbol{e}_1 = (1,0,\cdots,0)^{\mathrm{T}}$，$\boldsymbol{e}_2 = (0,1,\cdots,0)^{\mathrm{T}}$，…，$\boldsymbol{e}_N = (0,0,\cdots,N)^{\mathrm{T}}$。而任意空间向量 $\boldsymbol{x}$ 可由 N 元有序实数组 $(a_1,a_2,\cdots,a_N)$ 来表示。向量空间 $\boldsymbol{\Omega}_N$ 的 k 维子空间可用 $\tilde{\boldsymbol{\Omega}}_k$ 来表示，$\tilde{\boldsymbol{\Omega}}_k = span\{\boldsymbol{e}_1, \boldsymbol{e}_2, \cdots, \boldsymbol{e}_k\}$。向量 $\boldsymbol{x}$ 在 $\tilde{\boldsymbol{\Omega}}_k$ 上正交投影向量的计算公式为

$$\hat{\boldsymbol{x}} = \sum_{i=1}^{k}(\boldsymbol{x}\boldsymbol{e}_i)\times\boldsymbol{e}_i = \sum_{i=1}^{k}(\boldsymbol{e}_i\boldsymbol{e}_i^{\mathrm{T}})\boldsymbol{x}^{\mathrm{T}} = \boldsymbol{M}\boldsymbol{x}^{\mathrm{T}} \tag{6-8}$$

式中，$\boldsymbol{M} = \sum_{i=1}^{k}(\boldsymbol{e}_i\boldsymbol{e}_i^{\mathrm{T}})$ 称为向量 $\boldsymbol{x}$ 在子空间 $\tilde{\boldsymbol{\Omega}}_k$ 上的投影矩阵。

向量 $\boldsymbol{x}$ 在子空间 $\tilde{\boldsymbol{\Omega}}_k$ 上的正交投影 $\hat{\boldsymbol{x}}$ 模长的平方为

$$\|\hat{\boldsymbol{x}}\|^2 = \boldsymbol{x}\boldsymbol{M}\boldsymbol{x}^{\mathrm{T}} \tag{6-9}$$

假设总空间 $\boldsymbol{\Omega}_N$ 共有 K 个子空间 $\boldsymbol{\Omega}_{N_k}(k=1,2,\cdots,k)$，$\boldsymbol{x}$ 为空间中任一向量，若存在 $\boldsymbol{k}_1 \in \{1,2,\cdots,K\}$；存在 $\boldsymbol{k}_2 \in \{1,2,\cdots,K\}$，且 $\boldsymbol{k}_1 \neq \boldsymbol{k}_2$，均有子空间 $\boldsymbol{x}\boldsymbol{M}^{(\boldsymbol{k}_1)}\boldsymbol{x}^{\mathrm{T}} > \boldsymbol{x}\boldsymbol{M}^{(\boldsymbol{k}_2)}\boldsymbol{x}^{\mathrm{T}}$，则表示 $\boldsymbol{x}$ 属于子空间 $\tilde{\boldsymbol{\Omega}}_k$。采用此方法可进行所有子空间的归类。

实例模板检索过程模型，收集组件级中 K 个子实例模板的对应顾客偏好同级约束，取其属性的并集组成此组件级实例模板的属性集：

$$\boldsymbol{U}(1) = \boldsymbol{U}^1(1) \cup \boldsymbol{U}^2(1) \cup \cdots \cup \boldsymbol{U}^k(1) \tag{6-10}$$

组成属性集的各子集可以有交集，合并相同的属性假设共有 N 个，那么属性集总空间为这 N 个属性的正交归一向量集 $\{e_1,e_2,\cdots,e_N\}$ 组成的 N 维空间 $\boldsymbol{\Omega}_N$。向量 $\boldsymbol{x}$ 在子空间 $\tilde{\boldsymbol{\Omega}}_k$ 上的隶属度等于 $\boldsymbol{x}$ 在子空间上的正交投影与 $\boldsymbol{x}$ 的模长之比，那么设计需求特征向量 $\boldsymbol{x}(1)$ 与第 k 个子空间的隶属度为

$$\boldsymbol{K}(1) = \frac{\boldsymbol{x}(1)\boldsymbol{M}^i\boldsymbol{x}(1)^{\mathrm{T}}}{\boldsymbol{x}(1)\boldsymbol{x}(1)^{\mathrm{T}}} = \frac{\boldsymbol{x}(1)[\boldsymbol{V}(i)]^{\mathrm{T}}}{\boldsymbol{x}(1)\boldsymbol{x}(1)^{\mathrm{T}}}, \quad i=1,2,\cdots,k \tag{6-11}$$

式中　$\boldsymbol{M}^i$——第 i 个子空间的投影矩阵；

$\boldsymbol{V}(i)$——第 i 个子空间投影矩阵所对应的特征向量；

$\boldsymbol{x}(1)$——设计问题向量。

基于子空间法的实例模板筛选流程：

步骤 1：将组件级实例集对应的实例模板分为 K 个子实例模板并分别关联实例，然后建立每个子实例模板的属性集，通过子空间和投影矩阵求出各子实例模板对应的子空间特征向量 $\boldsymbol{V}(1)$，$\boldsymbol{V}(2)$，…，$\boldsymbol{V}(k)$；

步骤 2：将新的设计需求向总空间映射并建立问题向量 $\boldsymbol{x}(1)$；

步骤 3：根据公式（6-11）计算问题向量 $\boldsymbol{x}(1)$ 与 K 个子实例模板对应子空间的隶属度；

步骤 4：选取隶属度最大的子空间所对应的子实例模板进行后续实例的筛选，结束。

6.3.2.2　基于灰关联分析法的相似实例检索技术

当设计人员在组件级检索到符合顾客偏好的子实例模板后，需要对若干满足要求的实例进行相似度计算得到相似实例。也就是说，需要比较这些实例的外部特征与新产品设计需求的相似度大小，并选出相似实例。并且，实例的外部特征通常不止一个，那么，相似实例的检索需要解决的问题包括三个方面：第一，不同外部特征值的数据类型可能不同，需要采用相同的语言进行表达；第二，不同的外部特征在检索过程中具有不同的重要度，需要考虑顾客的需求偏好进行权重的计算；第三，需要计算多个外部特征到新产品设计需求的综合相似度。

针对上述第一个问题，借助二元语义规范化表达不同类型值（包括精确值、区间值、模糊值）的优势，对产品需求中可能出现的各种类型的数据进行统一表达；针对第二个问题，在考虑顾客偏好的属性重要度的同时，挖掘备选实例数据中的信息得到可变重要度，两者综合得到最终的外部特征的重要度；针对第三个问题，计算各备选实例与设计需求的灰关联度，选出最接近设计需求的实例，从而完成相似实例的检索。下面将对以上三个方面分别展开研究。

1. 基于二元语义的一致性表达

当子实例模板内满足设计需求的实例个数大于 1 时，需要对其进行相似度计算，选出最符合需求的相似实例。相似度计算中可能出现不同量纲的数据类型，需要进行统一表达，而二元语义是以一个二元参数描述语义变量的方法，以消除不同量纲的影响，通常用符号 $L=(s_k,a_k)$ 表示。其中，s_k 为语言评价集 $\boldsymbol{S}$ 中第 k 个元素，表示检索信息中与初始语义评价集中最贴近的短语；a_k 为特征值与 s_k 的偏差，满足 $a_k \in [-0.5,0.5]$。最常用的语言评价集是由 7 个评价短语构成的，其定义为

$$\begin{aligned}\boldsymbol{S}=\{&s_6=FZ(\text{非常重要}),s_5=HZ(\text{很重要}),s_4=Z(\text{重要}),s_3=YB(\text{一般}),\\&s_2=C(\text{差}),s_1=HC(\text{很差}),s_0=FC(\text{非常差})\}\end{aligned}$$

在进行转向架组件级实例检索时涉及值与值、值与区间的相似性比较，需要消除各种类型数值的量纲并统一表达，其二元语义变换如下所示：

1）精确定量值转换为二元语义变量

精确值分为两类，分别是无量纲和有量纲的，对于无量纲的数值可以直接转换为二

元语义变量，对于有量纲的数值需要进行无量纲处理转换为无量纲的数值，再进行二元语义转换。假设语义变量集 $\boldsymbol{S}=\{s_0,s_1,\cdots,s_g\}$ 且 $s_0=0$，$s_g=1$。实数值 $\beta\in[0,1]$ 转化为二元语义变量的算子为

$$\Delta(\beta)=(s_k,a_k) \tag{6-12}$$

其中

$$\begin{cases}s_k,k=\text{round}(\beta\cdot g)\\a_k=\beta\cdot g-k,a_k\in[-0.5,0.5]\end{cases}$$

2）模糊定性值转换为二元语义变量

为了在准确表达属性值的基础上尽可能简化检索过程，采用与二元语义评价集一致的模糊数集，即

$$\boldsymbol{S}=\{s_6=FZ(\text{非常重要}),s_5=HZ(\text{很重要}),s_4=Z(\text{重要}),s_3=YB(\text{一般}),\\ s_2=C(\text{差}),s_1=HC(\text{很差}),s_0=FC(\text{非常差})\}$$

3）区间值转换为二元语义变量

区间值是由两个精确值作临界条件构成的一类数的集合，表示为 $X_0=<p,q>$，其中 $p<q$，在进行区间值到二元语义变量的转换时，对 p、q 分别进行无量纲化处理再转换为二元语义变量，得到 $X_0=<(s_p,a_p),(s_q,a_q)>$。

4）二元语义变量转换为精确定量值

当检索的特征超过一个时，需要考虑每一个特征的重要度，那么需要将二元语义变量转化为数值，再对其加权计算综合相似度。将二元语义变量转换为实数值β的计算公式为

$$\beta=\Delta^{-1}(s_k,a_k)=\frac{k+a_k}{g} \tag{6-13}$$

式中：$\beta\in[0,1]$。

5）二元语义的逆运算

在设计需求表达过程中，按照属性对结果的影响关系分为效益型（与决策关系为单调递增）与成本型（与决策关系为单调递减），如功率为效益型指标，而噪声为成本型指标。成本型指标的二元语义变量需进行逆运算后才能进行一致性转换，即

$$Neg[\Delta(\theta)]=\Delta(g-\theta) \tag{6-14}$$

式中：$\Delta(\theta)$ 为 $L=(s_k,a_k)$ 的特征值表示，$\theta=t+a_k$ 且 $\theta\in[0,g]$。

在采用二元语义变量进行数据一致性表达的基础上，需要计算已有实例与设计需求的距离，包括数值之间的距离，数值到区间的距离，区间到区间的距离，计算方式分别如下：

（1）数值之间的距离。

设两个数值已转换为二元语义变量 $L_i=(s_i,a_i)$，$L_j=(s_j,a_j)$，则这两个数值之间的距离计算公式为

$$d_{ij}=d[(s_i,a_i),(s_j,a_j)]=\Delta[|\Delta^{-1}(s_i,a_i)-\Delta^{-1}(s_j,a_j)|] \tag{6-15}$$

（2）数值到区间的距离。

设数值与区间均已转换为二元语义变量 $L_j=<p_j,q_j>=<(s_p,a_p),(s_q,a_q)>$，$L_i=(s_i,a_i)$。经典的数值到区间距离计算仅适用于最优值在中点时的情况，而针对转向架实例特征最优值往往不在区间中点的情况，通过区间最优值区分满足需求区间的实例特征，计算公式为

$$d_{ij}=\Delta[|\Delta^{-1}(s_i,a_i)-x_0|+|x_0-\bar{x}|] \tag{6-16}$$

式中：x_0 为区间 L_j 的最优值；$\bar{x}$ 为区间 L_j 的最优值，$\bar{x}=½[\Delta^{-1}(s_p,a_p)-\Delta^{-1}(s_q,a_q)]$。

（3）区间到区间的距离。

设区间值均已转换为二元语义变量，分别表示为 $L_i=<p_i,q_i>=<(s_p,a_p),(s_q,a_q)>$，$L_j=<m_j,n_j>=<(s_m,a_m),(s_n,a_n)>$，其距离计算公式为

$$d_{ij}=\Delta[½|(p_i+m_j)-(q_i+n_j)|+½|(n_j-q_i)-(m_j-p_i)|] \tag{6-17}$$

2. 基于层次分析法和离差最大化方法的综合权重确定

层次分析法是一种考虑顾客偏好的分析方法，它将评价指标集分类形成层次关系，对每个指标类求权重，再对指标类包含的因子继续求权重。其步骤为：首先根据参数的重要度构建判断矩阵，然后决策者结合自身经验，根据 Saaty 教授的 1～9 标度法对各参数进行重要度两两比较，对各个参数进行重要度排序，得出重要度系数并进行归一化处理得到各个指标的权重。

离差最大化方法是一种利用放大评价值之间的偏差程度以更好区分各方案优劣的方法，该方法考虑了评价指标原始数据的差异大小对评价结果的影响，帮助设计人员挖掘出备选实例数据中包含的信息。

因此，在离差最大化方法处理多属性匹配问题的基础上，既考虑指标本身的重要程度（体现为属性权重），也考虑各指标原始评价数据之间的差异（体现为可变权重），构造改进的离差最大化模型计算各评价指标的权重。

假设有 m 个备选方案，方案集为 $\boldsymbol{A}=\{A_1,A_2,\cdots,A_m\}$，$A_i(i=1,2,\cdots,m)$ 表示第 i 个方案，每个备选方案由 n 个指标组成；指标集记为 $\boldsymbol{E}=\{E_1,E_2,\cdots,E_n\}$，$E_j(j=1,2,\cdots,n)$ 表示第 j 个指标项。第 i 个方案中第 j 个指标的属性值为 $u_{ij}(i=1,2,\cdots,m;\ j=1,2,\cdots,n)$，其中 $\boldsymbol{U}=(u_{ij})_{m\times n}$ 为指标属性矩阵。

$w_j^*(j=1,2,\cdots,n)$ 表示各指标项的可变权重，权重向量记为 $\boldsymbol{W}^*=(w_1^*,w_2^*,\cdots,w_n^*)$。可变

权重由 m 个备选方案对应的指标属性值 u_{ij} 决定，属性值差异越大，对决策影响越大，可变权重越大，当 $u_{1j}=u_{2j}=\cdots=u_{mj}$ 时，此指标属性值之间无差异，可变权重记为 0。其计算公式如下：

$$w_j^*=\frac{\sum_{i=1}^{m}\sum_{l=1}^{m}\varDelta^{-1}d\left[\left(s_{ij},a_{ij}\right),\left(s_{lj},a_{lj}\right)\right]}{\sum_{j=1}^{n}\sum_{i=1}^{m}\sum_{l=1}^{m}\varDelta^{-1}d\left[\left(s_{ij},a_{ij}\right),\left(s_{lj},a_{lj}\right)\right]} \tag{6-18}$$

$w_k(k=1,2,\cdots,n)$ 表示各指标项的属性权重，权重向量记为 $\boldsymbol{W}=(w_1,w_2,\cdots,w_n)$。

在原有决策矩阵 $\boldsymbol{D}=\boldsymbol{W}^*\boldsymbol{U}$ 的基础上，根据简单线性加权法，构造新的决策矩阵 $\boldsymbol{D}^*=\boldsymbol{W}^*\boldsymbol{W}\boldsymbol{U}$，其中：

$$\boldsymbol{D}=\boldsymbol{W}^*\boldsymbol{U}=\begin{bmatrix} w_1^*u_{11} & \cdots & w_n^*u_{1n} \\ \vdots & \ddots & \vdots \\ w_1^*u_{m1} & \cdots & w_n^*u_{mn} \end{bmatrix} \tag{6-19}$$

$$\boldsymbol{D}^*=\boldsymbol{W}^*\boldsymbol{W}\boldsymbol{U}=\begin{bmatrix} w_1^*w_1u_{11} & \cdots & w_n^*w_nu_{1n} \\ \vdots & \ddots & \vdots \\ w_1^*w_1u_{m1} & \cdots & w_n^*w_nu_{mn} \end{bmatrix} \tag{6-20}$$

3. 备选实例灰关联度计算

灰关联分析是一种基于曲线间变化大小的接近性和相似程度来判断方案间关联程度的方法，可通过对少量已知信息进行关联性分析得出事物的内部联系。灰关联法通过计算备选实例与设计需求之间的关联度对备选实例进行排序，从而筛选出相似实例。针对组件级某一个子实例模板关联实例样本较小的问题，灰关联分析法可以用于进行其相似度计算。

基于灰关联的多属性检索步骤为：首先根据上面所建立的二元语义矩阵 $\boldsymbol{U}$ 确定理想实例 $\boldsymbol{A}^+=\{(u_1^+,a_1^+),(u_2^+,a_2^+),\cdots,(u_n^+,a_n^+)\}$，其中，$(u_k^+,a_k^+)=\max\{(u_{ik},a_{ik})|i\leqslant m\}$；然后计算各备选实例与理想实例的关联系数。

$$\left(\delta_{ij},\varphi_{ij}\right)=\varDelta\left(\frac{\min_i\min_j d_{ij}+\rho\max_i\max_j d_{ij}}{d_{ij}+\rho\max_i\max_j d_{ij}}\right) \tag{6-21}$$

式中：ρ 为分辨系数，$\rho\in[0,1]$，通常取 $\rho=0.5$。

最后，计算各备选实例与理想实例的关联度并按关联度大小对备选方案进行排序，关联度越大，排序越靠前。

$$r_i=\varDelta\left(\sum_{j=1}^{n}w_j\cdot\varDelta^{-1}\left(\delta_{ij},\varphi_{ij}\right)\right) \tag{6-22}$$

4. 相似实例检索过程模型

将前三个小节所述实例表达、权重计算、灰关联度计算等原理应用于转向架组件级相似实例检索过程中，具体实现步骤如下：

步骤 1：在子实例模板中选择出符合要求的实例集 $\boldsymbol{E}_j(j=1,2,\cdots,n)$，以及赋值的属性矩阵 $\boldsymbol{U}=(u_{ij})_{m\times n}$；

步骤 2：根据公式（6-12）及式（6-13）对属性矩阵 $\boldsymbol{U}$ 进行二元语义一致性处理，并根据公式（6-14）对成本型指标进行逆运算转化为效益型指标；得到二元语义矩阵 $\boldsymbol{U}^*=(u_{ij}^*)_{m\times n}$；

步骤 3：考虑顾客偏好，采用 AHP 法对实例集 $\boldsymbol{E}_j(j=1,2,\cdots,n)$ 进行属性权重确定，得到属性权重的二元语义向量 $\boldsymbol{R}=(r_1,r_2,\cdots,r_n)$；

步骤 4：根据公式（6-13）将二元语义向量 $\boldsymbol{R}$ 转换为实数值，并进行归一化处理得到权重向量 $\boldsymbol{w}_k(k=1,2,\cdots,n)$，归一化处理公式为

$$w_k=\frac{r_k}{r_1+r_2+\cdots+r_n} \tag{6-23}$$

步骤 5：对二元语义矩阵 $\boldsymbol{U}^*$ 进行离差最大化处理，得到可变权重向量 $\boldsymbol{w}_j^*(j=1,2,\cdots,n)$ 并进行归一化处理；

步骤 6：根据二元语义矩阵 $\boldsymbol{U}^*$ 确定理想实例 $\boldsymbol{A}^+=\{(u_1^{*+},a_1^+),(u_2^{*+},a_2^+),\cdots,(u_n^{*+},a_n^+)\}$，其中，$(u_k^{*+},a_k^+)=\max\{(u_{ik}^*,a_{ik})|i\leqslant m\}$；

步骤 7：根据公式（6-21）计算各备选实例与理想实例的关联系数，其中 d_{ij} 的计算按照公式（6-15）、（6-16）、（6-17）进行；

步骤 8：根据公式（6-22）计算各备选实例与理想实例的关联度；

步骤 9：按照与理想实例关联度大小对备选实例进行排序，关联度越大，排序越靠前。

6.3.2.3 多级实例检索综合过程模型的构建

转向架多层级实例检索包括上述两个部分，分别为子实例模板的检索和子实例模板内相似实例的检索，将前述方法应用于转向架多层级实例检索中，其检索过程模型如图 6-13 所示。

转向架多层级实例检索示例，转向架的多层级实例检索是通过外部特征自顶向下逐级找到组件级对应的实例模板，若此组件包含多个子实例模板，则根据子空间法，考虑顾客偏好，检索出设计需求隶属度最高的子实例模板；然后在此实例模板所代表的实例对象中筛选出最满足顾客要求的相似实例。以中车集团接成都铁路局新开成渝客运专线订单为例，说明转向架的多层级实例检索过程如下：

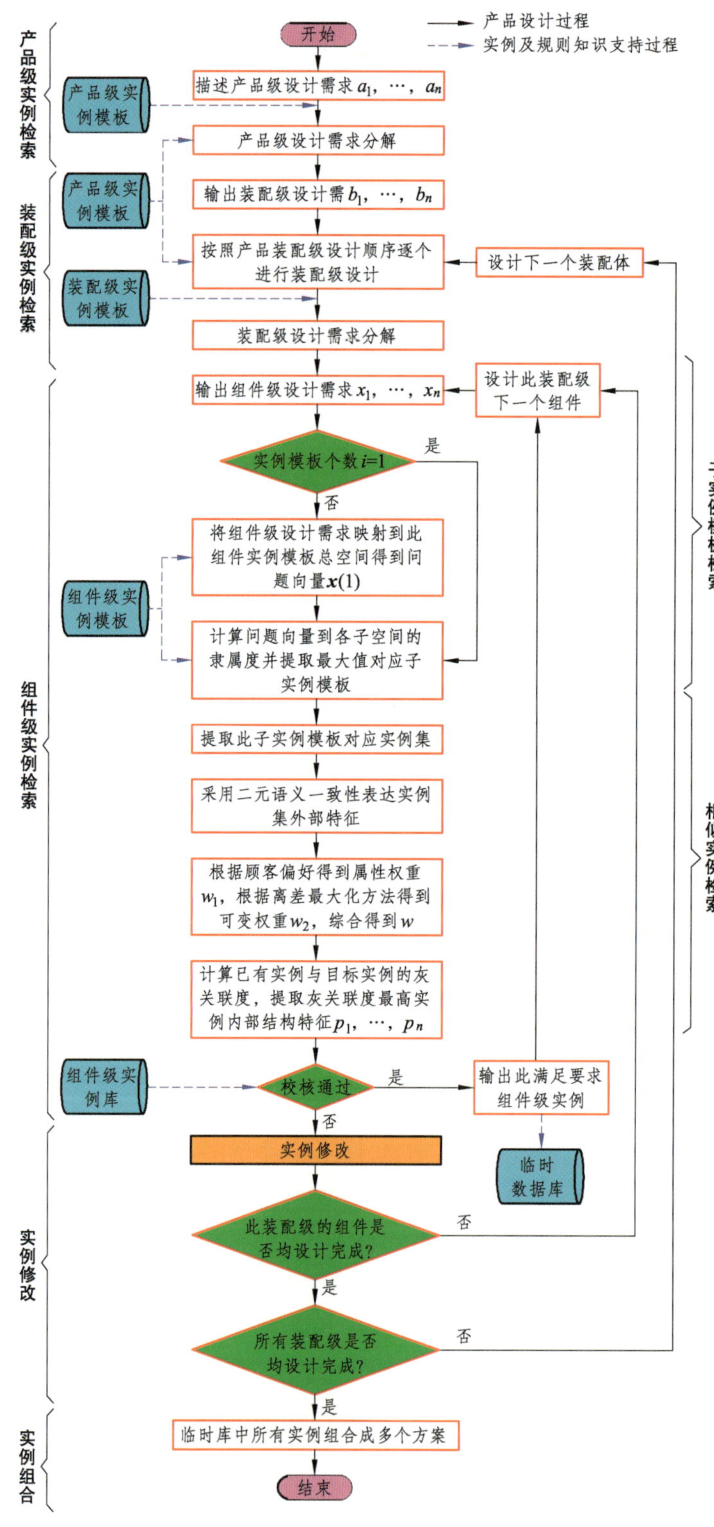

图 6-13　多层级实例检索实现过程

步骤 1：动力转向架产品级设计需求，如表 6-8 所示。

表 6-8　新转向架设计需求

设计需求	参数值	设计需求	参数值
设计速度	300 km/h	起动加速度	0.435 m/s^2
最高运营速度	350 km/h	最大制动减速度	0.94 m/s^2
制动距离	6 500 m	轴重	17 t
振动平稳性	好	无故障率	80 万千米
剩余加速度	0.03 m/s^2	蛇行失稳临界速度	437 km/h
固定轴距	[2 500，2 800]mm	动拖比	4M4T
空簧距轨面高度	[960，1 000]mm	空簧跨距	[2 000，2 500]mm
踏面形式	LMA	轮径	[830，920]mm
轴颈中心距	2 000 m	轨距	1 435 mm
限界	GB146.1	环境温度	－25～＋40 °C
连挂最小曲线半径	250 m	单车最小曲线半径	150 m

步骤 2：根据转向架产品级实例模板中封装的指标映射规则对产品级设计需求映射，得到驱动装置的装配级设计需求，如表 6-9 所示。

表 6-9　新转向架的驱动功能对应设计需求

设计需求	参数值	设计需求	参数值
设计速度	300 km/h	启动加速度	0.435 m/s^2
最高运营速度	350 km/h	轴重	17 t
制动距离	6 500 m	固定轴距	[2 500，2 800]mm
剩余加速度	0.03 m/s^2	轮径	[830，920]mm
动拖比	4M4T	轨距	1 435 mm
单个动车转向架电机数量	2		

步骤 3：根据转向架装配级实例模板——驱动装置实例模板所封装的指标映射规则对驱动装置设计需求映射，得到牵引电机的组件级设计需求，如表 6-10 所示。

表 6-10　新转向架的提供驱动力功能对应设计需求

设计需求	参数值	设计需求	参数值
功率	≥400 kW	电机期望质量	≤500 kg
效率	≥94%		

步骤 4：牵引电机包含 2 个子实例模板，分别为永磁同步电机子实例模板和三相异步电机子实例模板，因此需要先从环境友好、成本、安装空间三个方面筛选实例模板，再筛选实例。针对牵引电机，其筛选条件为能耗、成本、体积三个方面。子实例模板特征如表 6-11 所示。

表 6-11　子实例模板特征

模板名称	能耗	成本	体积
三相异步电机实例模板	高	低	大
永磁同步电机实例模板	低	高	小

假设顾客需求为{低能耗，低成本，小体积}，根据公式（6-11）计算可知其在三相异步电机子实例模板对应子空间上的隶属度为 0.33，在永磁同步电机子实例模板对应子空间上的隶属度为 0.67,因此选用永磁同步电机子实例模板,并提取其关联的实例集{C_1，C_2，⋯，C_9}所对应的外部特征准备进行下一步子实例模板内的相似实例检索，如表 6-12 所示。

表 6-12　永磁同步电机实例集

实例	功率/kW	效率/%	质量/kg
C_1	380	94	450
C_2	500	93	550
C_3	520	96	500
C_4	480	95	480
C_5	520	94	500
C_6	500	97	560
C_7	400	94	472
C_8	440	95	458
C_9	500	96	540

步骤 5：根据设计需求筛选实例集，满足设计需求的实例集对应特征参数如表 6-13 所示。

表 6-13　永磁同步电机实例集（筛选后）

实例	功率/kW	效率/%	质量/kg
C_4	480	95	480
C_7	400	94	458
C_8	440	95	472

步骤 6：采用 7 个评价短语构成的二元语义变量集对此指标属性矩阵进行二元语义一致性转化。在归一化的基础上根据公式（6-12）对功率、效率、质量进行数值型数据的二元语义转化，然后对质量这一成本型特征按照公式（6-14）进行逆运算，得到表 6-14 所示的一致性转化结果。

表 6-14　一致性转化结果

实例	功率/kW	效率/%	质量/kg
C_4	（s_6，0）	（s_6，0）	（s_0，0）
C_7	（s_5，0）	（s_6，－0.07）	（s_0，0.275）
C_8	（s_5，0.5）	（s_6，0）	（s_0，0.1）

步骤 7：对关键特征进行两两重要度判断并进行一致性计算，得出电机外部特征的属性权重为（0.6，0.1，0.3）。

步骤 8：对表 6-14 所示关键特征值进行离差最大化处理计算得到电机外部特征的可变权重为（0.75，0.05，0.20）。

步骤 9：计算得到综合权重 W=（0.87，0.03，0.10）。

步骤 10：根据表 6-14 找到理想实例并计算电机实例集与理想实例之间的加权灰关联度为（s_6，－0.67），（s_2，－0.296），（s_2，0.25）。

因此，方案排序结果为 $C_4>C_8>C_7$，电机实例匹配结果为 C_4。设计人员需要提取实例 C_4 的其余参数进行电机校核，若通过校核，则提取此电机实例相关设计结果并进行驱动装置中下一个组件联轴节、齿轮箱等的设计，若不通过，则进行实例修改。

6.4　产品模块变型设计方法

6.4.1　基于 TBS（顶层基本骨架）的转向架变型设计技术

6.4.1.1　基于自顶向下的转向架 TBS 设计

设计者在设计一个产品的时候，在头脑中最先形成的是整个产品的形状和它可实现的功能，而不是单个零件的形状。将设计者的思维映射到产品设计，应包括几个阶段：需求分析、概念设计、布局设计和详细设计，这几个阶段的依次执行即是自顶向下（Top-Down）的设计过程。

需求分析，首先获取用户的需求，再将其映射成产品所要实现的功能；概念设计主要进行功能映射，找到能够描述产品基本功能的机械结构，用凸包等简单的三维结构建立描述产品设计信息的装配概念模型；布局设计的主要工作是建立描述产品空间构成的三维布局，一方面将概念设计得到的简单三维结构进一步细化，得到可靠的，包含子模块、子组件的大致形状；另一方面建立描述各子装配体空间位置的三维布局，这一步通过建立基准点、线、面等基准骨架来完成；详细设计的主要工作是对每个子装配体进行功能结构映射，再进一步细分成若干零部件，基于三维布局进行零部件的详细设计，在零部件详细设计过程中，要同步考虑零部件的安装与定位，即装配操作，并根据产品的这些数据进行各零部件的详细设计。

一般来说，这些设计阶段之间没有明显的界限，而是互相作用、不断循环和混合在一起的。实际设计过程中，设计者可以对整个产品运用自顶向下的设计流程，也可以对子装配体运用自顶向下的设计流程，如图 6-14 所示。

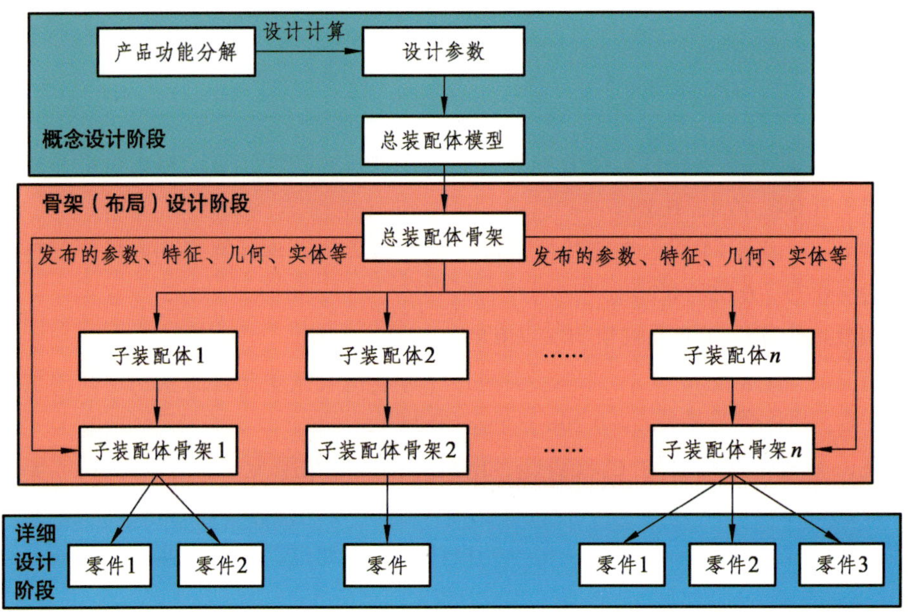

图 6-14 自顶向下设计流程

在产品设计的概念设计阶段，按照该产品的最基本功能和要求，在设计顶层构筑一个基本骨架，称之为顶层基本骨架（Top Basic Skeleton，TBS）。顶层基本骨架本质上和一般零件没有什么区别，其创建方法也和一般的部件一样。但是 TBS 是 Top-Down 设计的核心，是各子装配体相互联系的桥梁和纽带，各子装配体均指向同一个 TBS。TBS 模型只创建几何基准和零部件大致形状（凸包），不涉及各零部件的具体结构特征。凸包包含了零部件的大致外形和基本尺寸，是最简单的几何形式，由多面体和圆柱体的组合构建。TBS 模型与产品结构层级相一致，位于设计顶层，每个子装配体的 TBS 模型相对独立且唯一，如图 6-15 所示。

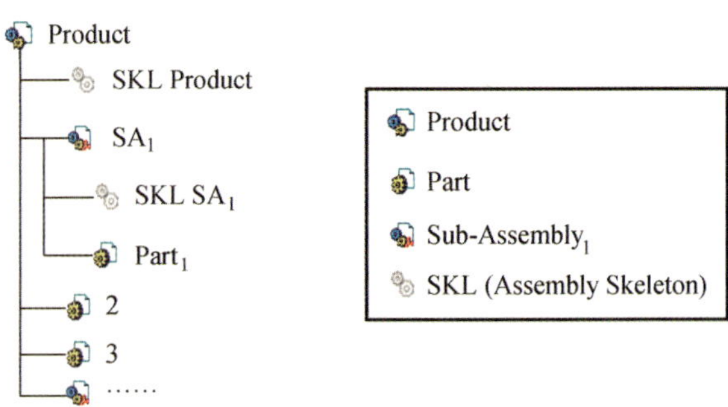

图 6-15 基准骨架与产品结构对应关系

一个产品中可以包含多个子 TBS 模型（Sub-TBS Model），每级 Sub-TBS 模型均通过调用顶层骨架的相关参考为基准建立。设计过程中，改变主骨架参数，实现产品整体结构的修改；改变子骨架，则可实现零部件局部结构的改变。

TBS 模型形成于产品概念设计阶段，为后续的详细设计提供了必要的设计信息，比如装配信息、零部件的空间布置信息和参数规则方程等信息。

1. TBS 的装配信息

TBS 模型可表达产品的装配形状、装配关系和装配层次等信息。TBS 模型是一个具有抽象层级概念的设计型装配模型。其包含的基准点、线、面和基准特征等信息能够很好地表达产品装配形状，通过控制基准点、线、面等的空间位置和组成关系可以控制零部件的外形生成，并通过发布、复制等手段传递到零部件的详细设计中。

产品的装配关系一般包括三种关系：定位关系、运动关系和连接关系。定位关系通过定位约束实现，运动关系通过运动约束实现，连接关系通过尺寸约束实现。在 TBS 模型中，装配关系通过基准点、基准轴线和基准平面实现。比如：对基准点添加固定（Fix）约束以固定零部件；对基准轴线添加同轴约束以实现不同零部件的同轴，或者设置其为公共轴，不同零部件设计时均参考该公共轴以实现同轴约束；对基准平面添加面贴合约束实现不同零部件的贴合，或者设置其为公共参考平面，不同零部件设计时均以其为草图基准面也可实现面贴合约束。通过控制 TBS 模型中的基准点、线、面的参数，即可对装配位置进行控制。由于 TBS 模型中的装配是基准元素的装配，而零部件设计是基于这些基准元素创建，因此对基准元素的修改不会影响到零部件结构，而只会影响零部件的装配位置。TBS 模型的这种装配避免了传统装配因修改而引起的装配混乱、循环更新等问题。

同时 TBS 模型还表达了装配层次信息。对于大型复杂产品来说，随着设计的深入，每个子装配会对应设计出一个子 TBS（Sub-TBS），子装配基于 Sub-TBS 模型进行详细设计，而 Sub-TBS 与主 TBS 对应接口进行装配。主 TBS 模型通过修改与 Sub-TBS 装配的接口来控制子装配在整个产品中的布局，从而保证子装配在整个产品中的装配信息表达。

2. TBS 的空间布置信息

在概念设计初期，设计者并不知道具体的零部件尺寸和结构，而只能根据设计需求大致确定各零部件在整个产品中的位置。这些位置信息是通过 TBS 模型中的基准元素所确定。比如：基准点和基准局部坐标系确定子装配体的空间位置，如图 6-16 所示。

3. TBS 的参数关系信息

对 TBS 模型中的基准元素位置实行参数化设计，Sub-TBS 引用这些参数化的元素。根据用户需求，设计者通过提供的参数化设计界面修改参数，这种修改会一级一级传递到零部件 Sub-TBS 中，达到一改全改的目的。而参数化修改的参数和关系信息保存在主 TBS 模型中。

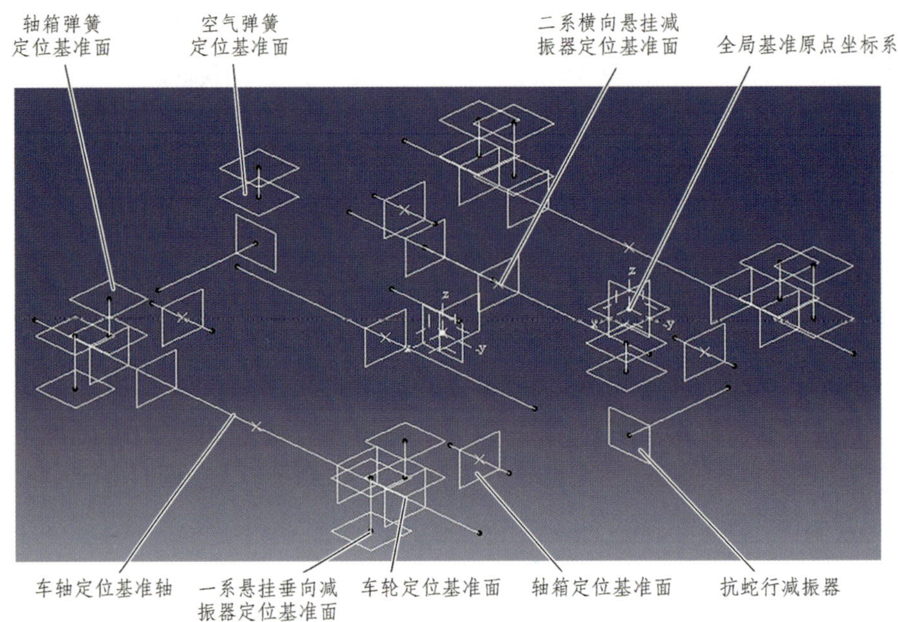

图 6-16　转向架 TBS 模型的空间布置信息

转向架 TBS 模型的创建遵循自顶向下设计原则。

1）产品装配层级划分

为保证产品 TBS 模型有效、准确地体现出产品装配形状、装配关系和装配层次等信息，在创建之前，首先对转向架进行装配层级划分，然后分别逐级对每一层级装配体建立 Sub-TBS 模型。如图 6-17 所示，转向架分解为一级子装配体、二级子装配体……*N* 级子装配体。

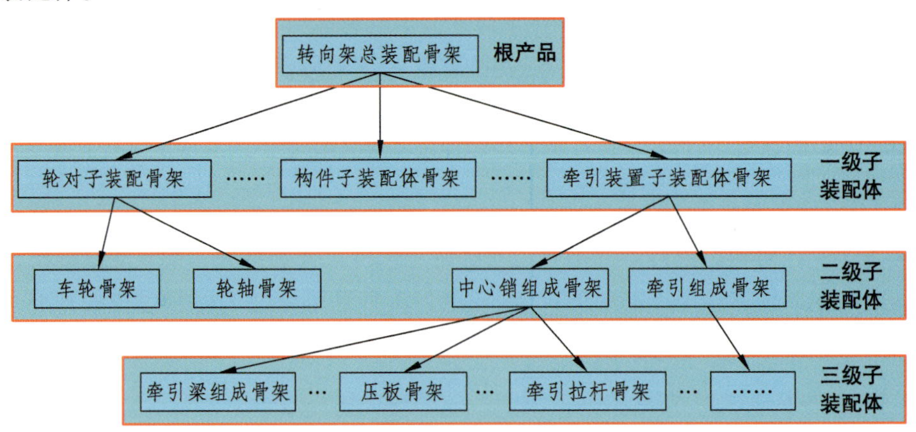

图 6-17　骨架的自顶向下设计流程

2）转向架 TBS 模型

最终的转向架 TBS 模型如图 6-18 所示。由图可知，转向架终骨架可有效表达产品的空间布置信息。

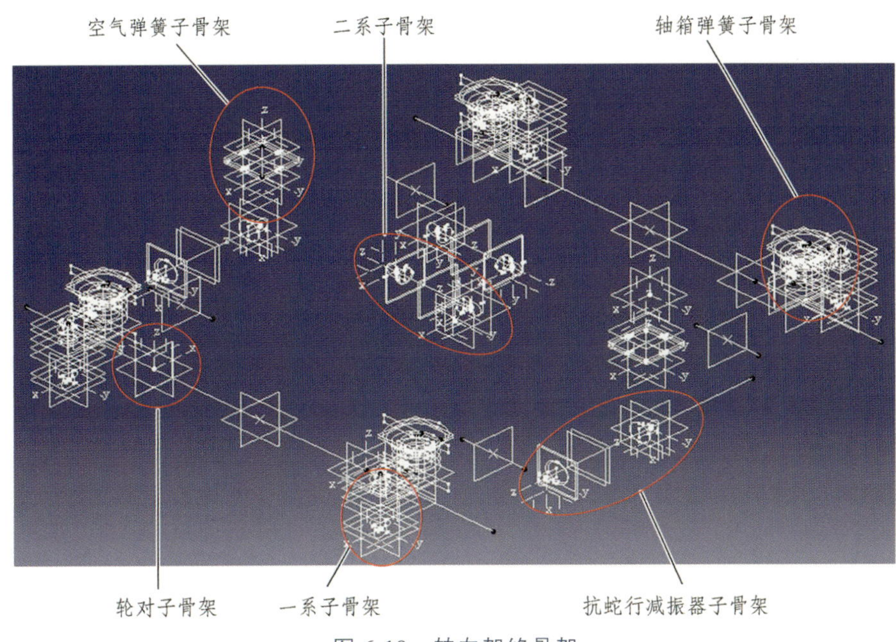

图 6-18　转向架终骨架

3）附加参数关系等信息

由于 TBS 模型是 Top-Down 设计的核心，所以在骨架创建的过程中应该设计出后续设计所需的参数和关系；为便于变型设计，还可以在骨架中附加变型规则信息，详细设计时可随时调出以约束设计。图 6-19 所示是附加在 BogieSkeleton（转向架骨架）中的参数和关系信息。

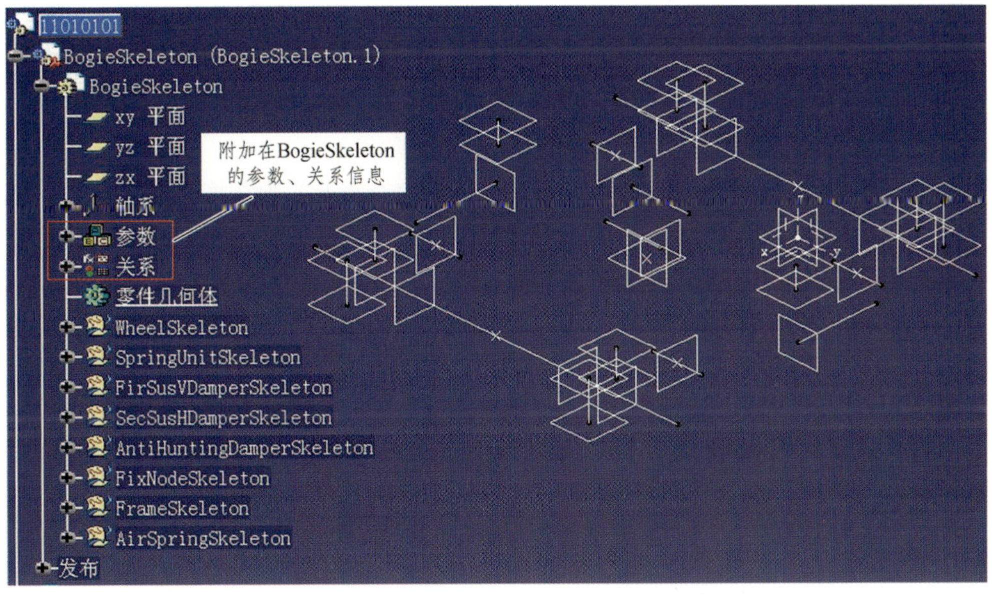

图 6-19　转向架骨架（BogieSkeleton）中附加的参数、关系信息

下面以轴箱弹簧的创建为例，说明基于 TBS 的轴箱弹簧实例创建。首先，通过参数化界面创建轴箱弹簧的 TBS 模型，创建过程中，引用了转向架 TBS 模型中的参数（DisBtwSpringTD，轴箱弹簧顶面与底面之间的距离）约束轴箱弹簧的高度，并且创建了自身的参数和关系约束自身零部件的创建；轴箱弹簧 TBS 模型创建完成后，基于该 TBS 模型的基准面，分别创建 4 个零件：41010301、41030302、41030303 和 41020304，如图 6-20 所示。

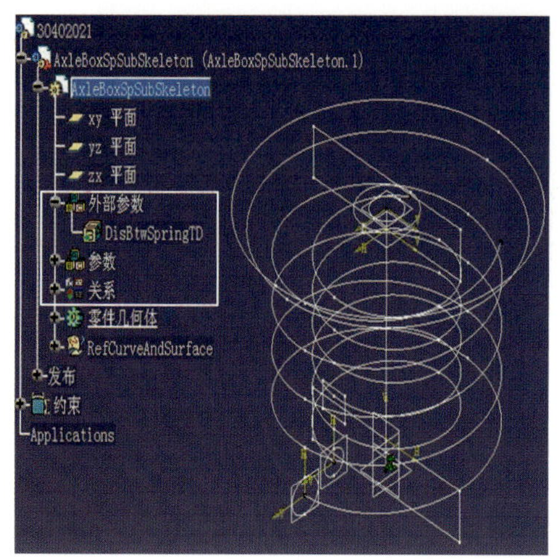

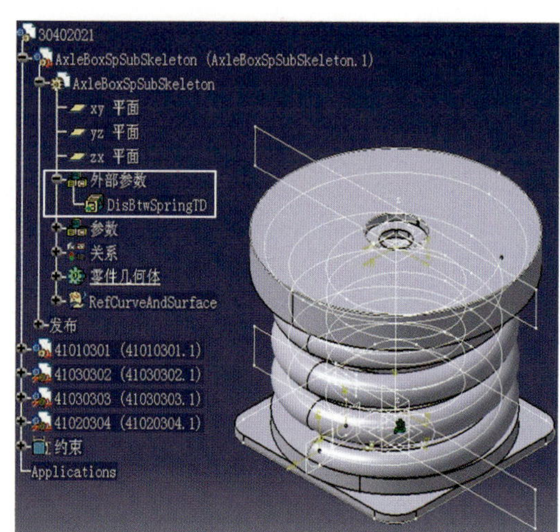

图 6-20 轴箱弹簧实例

6.4.1.2 基于 TBS 的转向架变型技术

1. 实例变型方法

采用最相邻近算法检索实例库时，会得到三种结果：实例完全相同、实例最相似、实例完全不同。针对不同的结果采用不同的变型方式。实例完全相同采用实例替换；实例最相似采用实例修改；实例完全不同采用实例创建。

（1）实例替换。如果检索出的实例与用户需求完全符合，则在符合条件的实例中选择最优的实例进行变型设计；只需直接调出该实例进行替换即可，实例替换属于已有实例的重用，是变型设计中最简单、最便捷的方式。由于所有实例都是基于 TBS 建立，实例替换时只需找到对应模块的基准骨架，首先删除旧模块，然后将新实例与基准骨架进行装配即可完成替换。

（2）实例修改。如果检索出的实例与用户需求有部分参数不相同，但是不相同的参数可以通过修改即可得到满足用户需求的实例；此时，只需对该实例进行修改即可；实例修改时在参数化模型的基础上进行，修改完成的实例，重新编码，将实例与其相关参数、信息等保存到数据库中。最后将修改后的实例与基准骨架装配即可。

（3）实例创建，如果检索出来的实例与用户需求完全不相同，或者虽有部分参数相同，但是不相同的参数不能通过修改生成满足用户需求的实例；此时就需要根据用户需

求进行新实例的创建。实例创建是变型设计中最烦琐、最复杂的方式。新实例创建需要手动进行，创建过程应该遵循参数化的思想，首先建立参数化模型，分析出可变参数、不变参数和派生参数等，并保存到数据库，以便扩充参数化设计库；创建完成的实例，编码保存到实例库，并替换旧实例或者添加到旧实例上。

2. 产品结构变型形式

基于 Top-Down 的产品结构变型有两种形式：横向布局结构变化和纵向布局结构变化。横向布局结构变型在不改变产品主要功能参数和结构配置的条件下，利用横向模块发展变型产品，它是在原产品的基础上，运用变更或添加模块的方法形成系列产品。横向布局结构的变化涉及“实例修改”和“实例添加”两种变型方法。纵向布局结构变化，主要是指产品的 TBS 模型发生变化，也就是产品的整体方案设计发生变化。纵向布局结构变化涉及“实例替换”和“实例修改”两种变型方法。

在基于 TBS 的转向架的变型设计中，横向布局结构变化体现在新零部件的基准骨架添加和装配上；纵向布局结构变化体现在基准骨架的空间布置变化上。

3. 变型设计数据共享与传递

基于 Top-Down 的变型设计过程中，数据的传递是自顶向下的，所有数据都指向同一个零件：顶层基本骨架。Top-Down 设计其实就是一个数据传递的过程。顶层基本骨架在概念设计阶段设计，此后随着详细设计的不断进行，总设计师也在不断地完善顶层基本骨架，顶层基本骨架集成了设计所需的所有信息，所有子设计所需的数据均通过重用顶层基本骨架中的信息来指导其设计，如表 6-15 所示。进行工程设计时，设计信息只能从骨架模型传递给其他零部件，零部件中的信息不能传递到骨架模型中，以保证模型的柔韧性和健壮性。而顶层基本骨架数据的传递通过发布（Publication）来实现。

表 6-15　TBS 模型中可包含的元素

类　型	上下文应用	约束应用
基准点	定义孔中心坐标，作为草图中的约束	定义装配原点
基准线	旋转体或旋转曲面的轴线	轴线同轴约束
基准面	草图基准面，拉伸或凹槽等空间限制	面重合约束
曲面	草图基准面，三维空间限制	面重合约束
草图	不同设计中共享同一个草图，创建用户自定义阵列	
实体	基础特征	
曲线	作为 Sweep 等的引导线，外形限制	
轴线	多轴线参考系统	
基准坐标系	定位子组件	
自定义参数	在装配体中控制尺寸	定义偏移或者角度约束值

如果一个用户创建的几何特征需要被其他不同用户的几何特征所引用，这时就需要通过 Publication 机制将需要被引用的特征发布，使之在整个工作域内用户可见。

CATIA 的发布功能是实现数据传递和共享的重要桥梁，在设计转向架时，便于实现协同设计和关联设计，设计者可以在全局对产品零部件的空间位置、尺寸大小、形状规格进行控制，达到一改全改的目的。一般来说，CATIA 可以发布表中的所有特征。

Publication 机制的优点：

（1）对特征进行标注，并命名，并且能单独存在模型树里，便于查找（特别是在公布边界线 edge、特征面 face 时）；

（2）当发布元素被替换和改变时，所有以发布元素为基准的参考都会同步改变；

（3）当发布元素重命名，引用他的参考也将同步更名；

（4）如果删除了一个发布元素，以该发布元素为基准的参考不会被删除，能独立存在，若为该参考重新连接相同发布名称的发布元素，然后同步更新一下就可与新的元素有关联。

发布将设计特征、设计参数和设计输入关联起来，一旦骨架中的设计内容发生变更，所有引用发布元素的子系统都会发生相应的变更。这种变更将会逐级单向地传递下去，如图 6-21 所示。

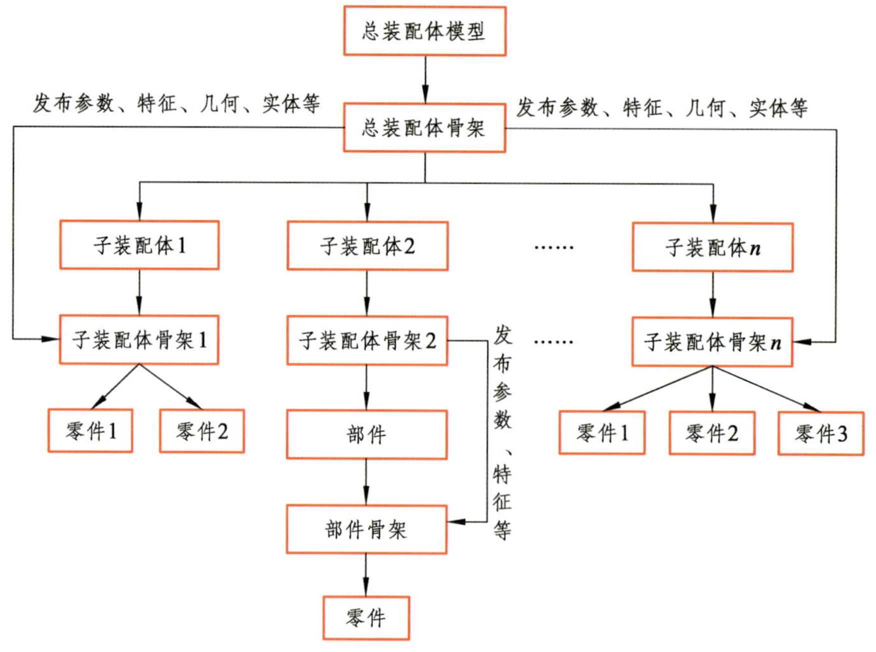

图 6-21 Top-Down 数据传递流程

对于大型复杂产品，除了有一个顶层基本骨架（TBS）外，每个子组件还有自己的骨架，称为子骨架。基于骨架的模型创建中，所有信息都集成在骨架上，所有零件设计均引用且只能引用自身所属骨架的发布元素；而子骨架设计时，则引用上一级的骨架发

布元素。这样数据的传递过程设计：顶层基本骨架、一级子骨架、二级子骨架……零件，具有层次性，避免了循环引用，循环更新。

CATIA 中引用发布元素时，在引用零部件时会将引用的发布元素当成外部参考（External Reference）。这种引用实际上就是重用已发布的几何特征和外部参数。自顶向下的设计过程数据的传递有两种方式：一种是从 TBS 传递给子级模型零件；一种是同级模型零件之间的传递。设计子级模型零件时，只需要调用 TBS 已发布的元素，就可以实现数据的自顶向下传递。

4. 变型规则

变型规则指的是，一个事件的发生将导致其他事件如何变化的规则。变型规则可以分为数学关系式、逻辑表达式和条件表达式等。数学表达式是指用数学公式来表达变型约束，一般用在零部件尺寸变化、零部件数目增减和多个零部件之间的尺寸协调上，比如孔轴设计时，设置轴的外径等于孔的内径，当孔的内径变化后，轴的外径会自动变化以配合孔的变化。逻辑表达式用来描述产品中是否包含某个零部件，一般用在新增或删除零部件上。条件表达式相当于程序设计中的 if-then 语句，条件表达式实际上包含了数学关系式和逻辑表达式，故条件表达式可用于零部件尺寸变化、数目增减和替换上。图 6-22 所示为课题的变型规则库。

ID	Code	Para	Value	Formula	Remark
13	ZXC0013	DisAirSpringTopPlaneValue	1000		空气弹簧顶面距轨面的距离
14	ZXC0014	DisAirSpringButPlaneValue	800		空气弹簧底面距轨面的距离
15	ZXG0001	WheelBase	2500	WheelDiameterValue	车轴之间距离
16	ZXG0002	DisBtwAxleTree	2000	DisBtwAxleTreeValue	轴系之间距离
17	ZXG0003	DisBtwWheelInsidePlane	1353	DisBtwWheelInsidePlaneValue	轮对内侧距
18	ZXG0004	DisSpringButPlane	571.4	DisSpringButPlaneValue	轴箱弹簧底面距轨面距离
19	ZXG0005	DisSpringToPlane	825	DisSpringToPlaneValue	轴箱弹簧顶面距轨面距离
20	ZXG0006	DisVDamperX	2960	DisVDamperXValue	一系垂向减振器X向距离
21	ZXG0007	DisVDamperButPlane	314	DisVDamperButPlaneValue	一系垂向减振器底面距轨面距离
22	ZXG0008	DisVDamperTopPlane	684	DisVDamperTopPlaneValue	一系垂向减振器顶面距轨面距离
23	ZXG0009	DisFixNodeX	1500	DisFixNodeXValue	轴箱定位节点X向距离
24	ZXG0010	DisFixNodeZ	446	DisFixNodeZValue	轴箱定位节点Z向距离
25	ZXG0011	DisAirSpringAxis	2460	DisAirSpringAxisValue	空气弹簧之间的距离
26	ZXG0012	DisAirSpringTopPlane	1000	DisAirSpringTopPlaneValue	空气弹簧顶面距轨面的距离
27	ZXG0013	DisAirSpringButPlane	800	DisAirSpringButPlaneValue	空气弹簧底面距轨面的距离
28	ZXG0014	HalfWheelBase	1250	WheelBaseValue/2	车轴之间距离的一半
29	ZXG0015	AntiHalfDisBtwAxleTree	-1000	-DisBtwAxleTreeValue/2	轴系之间距离的一半
30	ZXG0016	HalfDisBtwAxleTree	1000	DisBtwAxleTreeValue/2	轴系之间距离的一半
31	ZXG0017	BLVDamperAxis	-230	(WheelBaseValue-DisVDamperXValue)/2	后左垂向减振器X向距离
32	ZXG0018	FLVDamperAxis	2730	(WheelBaseValue+DisVDamperXValue)/2	前左垂向减振器X向距离
33	ZXG0019	BLFixNodeAxis	500	(WheelBaseValue-DisFixNodeXValue)/2	后左轴箱定位节点X向距离
34	ZXG0020	FLFixNodeAxis	2000	(WheelBaseValue+DisFixNodeXValue)/2	前左轴箱定位节点X向距离
35	ZXG0021	HalfWheelDiameter	430	WheelDiameterValue/2	车轮名义滚动圆半径
36	ZXG0022	AntiHalfDisAirSpringAxis	-1230	-DisAirSpringAxisValue/2	空气弹簧之间距离的一半
37	ZXG0023	HalfDisAirSpringAxis	1230	DisAirSpringAxisValue/2	空气弹簧之间距离的一半
38	ZXG0024	AntiHalfDisBtwWheelInsidePlane	-676.5	-DisBtwWheelInsidePlaneValue/2	轮对内侧面距离的一半
39	ZXG0025	HalfDisBtwWheelInsidePlane	676.5	DisBtwWheelInsidePlaneValue/2	轮对内侧面距离的一半

图 6-22　变型规则库

变型规则按照对变型模型的影响分为增减零部件、替换零部件和尺寸参数变化。增加或减少零部件都会改变产品的顶层基本骨架的空间布局（增加基准骨架或减少基准骨架），进而改变产品的设计方案；替换零部件是采用新零部件替换旧零部件，不会改变顶层基本骨架，替换时只需找到被替换零部件的装配基准骨架，拿新零部件与装配基准骨架进行装配就可完成替换。尺寸参数变化分为 TBS 的参数变化和零部件的尺寸参数变化，TBS 的参数变化即是产品设计方案的变化，因为 TBS 的改变会造成产品空间布局的变化；零部件尺寸参数变化是产品的局部特征和尺寸改动，只影响产品的局部结构，不会造成产品方案的变化。

变型规则实际上约束了数据的传递方式，使数据的传递按照变型规则规定的方式进行，是实现变型设计最终满足用户需求的重要保证。可以为指定零部件设置变型规则，也可以对模块，甚至整个产品设计变型规则。变型规则经过编码，存储在数据库中，用户通过变型规则设计对话框可以查看、添加、编辑和删除零部件的变型规则。

6.4.2 转向架可拓适应性变型设计方法

6.4.2.1 面向对象的转向架可拓模型

可拓学是由广东工业大学研究员蔡文于 1983 年提出的一门原创性学科，他提出了用以描述事物的基元和对其进行修改的可拓变换方法等理论。任何事物都是质与量的结合体，所以，可以从质的变化和量的变化来描述事物的变化。可拓学把对量变和质变的研究结合起来，分别从量变和质变的角度去探寻解决问题的方法。可拓学的理论支柱是基元理论和可拓集合理论，基元理论以形式化的语言描述事物的可变性及其变换，在可拓集合论基础上形成的可拓数学提供了用计算机处理矛盾问题的定量化工具。

1. 基　元

1）物元

设物 m 的特征 c 的量值为 v，将三元组：

$$\boldsymbol{R}=(m,c,v) \tag{6-24}$$

作为描述物的基本元，称作一维物元。

一个物可以只有一个特征，同时也可以拥有多个特征，因此，多特征的物可以用多维物元来描述。设物 m 具有 n 个特征 c_1，c_2，…，c_n，则称

$$\boldsymbol{R}=\begin{bmatrix} m, & c_1, & v_1 \\ & c_2, & v_2 \\ & \vdots & \vdots \\ & c_n, & v_n \end{bmatrix} \tag{6-25}$$

为 n 维物元。其中，v_1，v_2，…，v_n 为 m 对应于特征 c_1，c_2，…，cn 的量值。

对于两个物元 $\boldsymbol{R}_1=(m_1, c_1, v_1)$ 和 $\boldsymbol{R}_2=(m_2, c_2, v_2)$，当且仅当 $m_1=m_2$，$c_1=c_2$，$v_1=v_2$ 时，$\boldsymbol{R}_1=\boldsymbol{R}_2$，称 $\boldsymbol{R}_1$ 和 $\boldsymbol{R}_2$ 相等。把发散性、蕴含性、可扩性、相关性和共轭性统称为物元的可拓性。

2）事元

事元形式化地描述了物与物之间的相互作用。把动作 d、动作的特征 b 及 d 关于 b 的量值 u 组成的三元组：

$$\boldsymbol{I}=(d,b,u) \tag{6-26}$$

称作一维事元。一般，动作的基本特征有支配对象、施动对象、接受对象、程度等。

与物元类似，由动词 d、n 个特征 b_1，b_2，…，b_n 及其对应特征值 u_1，u_2，…，u_n 构成的阵列：

$$\boldsymbol{I}=\begin{bmatrix} d, & b_1, & u_1 \\ & b_2, & u_2 \\ & \vdots & \vdots \\ & b_3, & u_3 \end{bmatrix} \tag{6-27}$$

称作 n 维事元。

3）关系元

任何事物之间总是存在某种联系，在可拓理论中用关系元来描述事物之间的关联关系。

若关系 s 具有 n 个特征 a_1，a_2，…，a_n，则称

$$\boldsymbol{Q}=\begin{bmatrix} s, & a_1, & z_1 \\ & a_2, & z_2 \\ & \vdots & \vdots \\ & a_n, & z_n \end{bmatrix} \tag{6-28}$$

为 n 维关系元。其中，z_1，z_2，…，z_n 为关系元 s 对应于特征 a_1，a_2，…，a_n 的量值。

2. 可拓变换方法

在转向架可拓适应性变型设计中，解决转向架需求与转向架实例之间、转向架模块之间矛盾的工具是转向架可拓变换，变换的目的是生成恰当的模块。为了满足用户需求，设计人员应以用户需求为驱动和约束，对不满足用户需求的转向架模块可拓变换。转向架可拓变换是把一个转向架模块变为另一个模块的过程，包括置换、增删、扩缩、组合、复制等变换，其中扩缩变换为纵向拓展，其余的为横向拓展。应用转向架事元模型可以把转向架可拓变换表示如下：

$$\boldsymbol{T}=\begin{bmatrix} d, & b_1, & u_1 \\ & b_2, & u_2 \\ & b_3, & u_3 \\ & b_4, & u_4 \\ & b_5, & u_5 \\ & b_6, & u_6 \\ & b_7, & u_7 \\ & \vdots & \vdots \end{bmatrix}=\begin{bmatrix} \text{转向架可拓变换}, & \text{支配对象}, & u_1 \\ & \text{接受对象}, & u_2 \\ & \text{变换结果}, & u_3 \\ & \text{施动对象}, & u_4 \\ & \text{方法}, & u_5 \\ & \text{时间}, & u_6 \\ & \text{工具}, & u_7 \\ & \vdots & \vdots \end{bmatrix} \tag{6-29}$$

其中，d 是动作的名称，即表示五种不同的变换。在转向架可拓变换中，u_1，u_2，u_3，u_4 都可以是物元、事元以及关系元等。

1）可拓变换算子

设 $\boldsymbol{\Gamma}\in\{m,c,v,s,a,z,d,b,u,R,Q,I\}$，$\boldsymbol{\Gamma}$ 有以下几种形式的基本变换。

（1）置换变换。

置换变换主要用于替换转向架旧模块或者其特征，生成新的转向架模块。置换变换分别为对同种零件的特征变化的操作和不同零件的相同特征的操作，其表示形式如下：

$$\boldsymbol{T\Gamma}=\boldsymbol{\Gamma}' \tag{6-30}$$

其中

$$\boldsymbol{T}=\begin{bmatrix} \text{置换}, & b_1, & \boldsymbol{\Gamma} \\ & b_2, & \boldsymbol{\Gamma}' \\ & b_3, & \boldsymbol{\Gamma}' \\ & b_4, & u_4 \\ & \vdots & \vdots \end{bmatrix} \tag{6-31}$$

（2）增删变换。

增删变换主要用以实现转向架结构特征的增加或删除，是指通过增加或删除某些指定结构，然后与原有结构组合，更好地满足用户的功能需求。增删变换主要引起转向架横系列的变化，主要体现在某些辅助功能的增加与删除，最终在转向架结构上得以实现，达到个性化定制的目的。增删变换表示如下：

① 增加变换。

$$\boldsymbol{T}_1\boldsymbol{\Gamma}=\boldsymbol{\Gamma}+\boldsymbol{\Gamma}_1 \tag{6-32}$$

其中

$$\boldsymbol{T}_1=\begin{bmatrix} \text{增加}, & b_1, & \boldsymbol{\Gamma} \\ & b_2, & \boldsymbol{\Gamma}_1 \\ & b_3, & \boldsymbol{\Gamma}+\boldsymbol{\Gamma}_1 \\ & \vdots & \vdots \end{bmatrix} \tag{6-33}$$

② 删除变化。

$$\boldsymbol{T}_2\boldsymbol{\varGamma} = \boldsymbol{\varGamma} - \boldsymbol{\varGamma}_1 \tag{6-34}$$

其中

$$\boldsymbol{T}_2 = \begin{bmatrix} \text{删除}, & b_1, & \boldsymbol{\varGamma} \\ & b_2, & \boldsymbol{\varGamma}_1 \\ & b_3, & \boldsymbol{\varGamma} - \boldsymbol{\varGamma}_1 \\ & \vdots & \vdots \end{bmatrix} \tag{6-35}$$

（3）扩缩变化。

扩缩变化是对转向架模块的扩大或缩小，即对转向架基元的量值进行的变换。在保持转向架模块结构不变的情况下，通过对其特征参数值的扩大或缩小，进行转向架纵向系列的拓展，达到满足设计需求的目的。扩缩变换表示如下：

$$\boldsymbol{T}\boldsymbol{\varGamma} = \alpha\boldsymbol{\varGamma} \tag{6-36}$$

其中

$$\boldsymbol{T} = \begin{bmatrix} \text{扩大} \vee \text{缩小}, & b_1, & \alpha\text{倍} \\ & b_2, & \boldsymbol{\varGamma} \\ & b_3, & \alpha\boldsymbol{\varGamma} \\ & \vdots & \vdots \end{bmatrix} \tag{6-37}$$

当$\alpha > 1$时，$\boldsymbol{T}$为扩大变换；当$\alpha = 1$时，$\boldsymbol{\varGamma}$未做任何变换；当$0 < \alpha < 1$时，$\boldsymbol{T}$为缩小变换。

（4）组合变换。

组合变换是根据转向架模块的物元和关系元对经过置换、扩缩、增删、复制变换后的转向架结构模块进行组合，以得到符合需求的新模块。

（5）复制变换。

复制变换主要对转向架零部件的结构特征进行操作，通过复制获得与原有特性相同的结构单元，以符合用户需求。复制变换表示如下：

$$\boldsymbol{T}\boldsymbol{\varGamma} = \left\{\boldsymbol{\varGamma}, \boldsymbol{\varGamma}^*\right\} \tag{6-38}$$

其中

$$\boldsymbol{T} = \begin{bmatrix} \text{复制}, & b_1, & \boldsymbol{\varGamma} \\ & b_2, & \boldsymbol{\varGamma}^* \\ & b_3, & \left\{\boldsymbol{\varGamma}, \boldsymbol{\varGamma}^*\right\} \\ & \vdots & \vdots \end{bmatrix} \tag{6-39}$$

根据机械产品一般变换优先级，建立可拓变换算子的优先级，如表 6-16 所示。

表 6-16　可拓变换算子优先级

名　称	符　号	变换对象	优先级	难易程度权重
扩缩变换	T_1	v	Ⅰ	1
增删变换	T_2	m，c	Ⅱ	2
复制变换	T_3	c	Ⅲ	3
置换变换	T_4	m，c	Ⅳ	4
组合变换	T_5	m，c	Ⅴ	5

2）可拓传导变换

在转向架可拓适应性变型设计中，由于一个基元的三要素与其他基元的三要素有广泛的联系，对一个基元进行变换时会引起与它相关联的基元的变换。因此，在研究转向架可拓变换时，研究由它们引起的传导变换是必不可少的。

转向架传导变换是指一个转向架模块基元的变换或若干个转向架模块基元的变换引起另一个或另外若干个转向架模块基元的变换。严格地讲，给定基元 Γ_0 和 Γ，Γ_0 的变换ϕ，当 $\phi\Gamma_0=\Gamma_0'$ 时，存在变换 T，使 $T\Gamma_0=\Gamma'$，即 $\phi\Rightarrow T$，则称 T 为ϕ的传导变换。传导变换是一种从动变换，是由需求驱动的变换引起的，其实质也是转向架可拓变换算子中的一种或几种的组合。

3. 面向对象的可拓模型

1）面向对象技术

面向对象（Object-Oriented）技术是一种运用对象、类和实例等概念来创建系统的方法。面向对象的方法是尽可能使用人类的思维方式来描述和分辨自然界中的事物来构建软件系统，是一种自然、真实、便于理解的抽象化、模型化的方法。下面分别介绍面向对象技术中的对象、类和实例。

（1）对象。

对象是其自身所具有的特征、特征值等属性以及可以对这些特征进行操作封装在一起的独立实体。在转向架的设计中，一个部件、一个零件、一个模型等客观存在的事物都可以看作是对象。属性、方法和接口是构成对象的主要元素，属性是对对象的结构、性能等特征的描述，可以把一个对象的多个结构和性能特征看作是该对象的属性集；方法是对对象所能进行的操作，把对一个对象的所有操作看作是该对象的方法集；接口也叫作事件或消息，是对象和外部进行通信的唯一通道。

对象可以用四元组描述如下：

$$对象=\{ID,\ DS,\ MS,\ MI\}$$

其中，ID 为对象名称；DS 为对象的属性集，用于描述对象的内部特性，通常包括对象的特征和特征值；MS 为对象的方法集，用于说明对象根据所接收的外部指令进行的内

部处理方式，它反映了对象自身的智能行为；MI 是对象的接口，通过接口，对象可以接收外部消息和驱动内部方法进行相关操作。

（2）类。

将具有相同属性、操作方法以及遵循相同约束规则的对象进行归类，便形成了一个对象类，类是面向对象中必不可少的元素。类表示了相似对象所具有的相同的能力和性质。类对属性和方法进行了封装，并将相关数据类型进行了抽象化处理。在面向对象的技术中，类具有如下所述的相关特性：

① 抽象性。

抽象是对一个复杂的具体事物进行简单明了地概括，提取对象中所需要的信息而忽略那些无关紧要的信息。类是对对象进行了抽象之后的数据类型。

② 封装性。

封装就是将事物的处理和内部的处理机制进行打包处理，仅公布与外界进行通信的相关接口。封装隐藏了对象的内部信息等特性，以模块化的思想对对象进行管理，有效地对对象的设计人员和使用者进行区分，提高了系统运行的稳定性。

③ 继承性。

类有父类和子类之分，在类的层次结构中，子类能够自动继承父类的全部特性，包括属性与操作，子类还可以增加父类所没有的特性，形成一个具有特殊属性的类。

④ 多态性。

多态性是对不同的类对象进行相同变换的操作方法，可以获得不同的结果。

（3）实例。

类中的一个具体对象称为该类的实例，在一个对象中，构成该类的所有对象均为该类的实例，类就是对这些实例的抽象与综合。类表示了其所有实例的共同属性和操作方法，而实例不仅具有类的所有属性和操作方法，还具有自身的个性化属性和操作方法，这体现了类和实例是一般和特殊的关系。

2）可拓模型建立

在可拓基本理论中主要采用基元来描述自然界中的事与物，基元包括物元、事元和关系元。将可拓理论与面向对象技术相结合，物元以三元组形式化地描述事物的属性信息；事元与操作方法对应，描述了变换方法；关系元对应接口，描述了模块之间和参数之间的关系；根据以上描述，图 6-23 所示为对象组成与基元的对应关系。

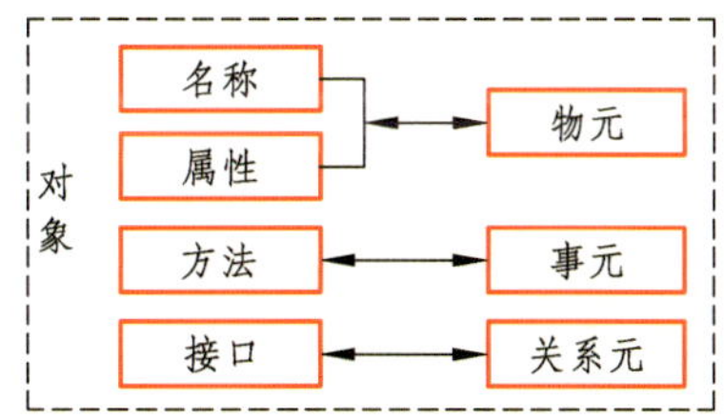

图 6-23　对象组成与基元的对应关系

根据可拓基本理论，物元的三要素为事物名称、特征及其对应的特征值；事元三要素为事物间相互作用的动作名称、动作特征及其特征值；关系元三要素为事物间的关系名称、关系特征及其特征值。结合可拓基本理论和面向对象的技术，建立面向对象的可拓模型，如图 6-24 所示。

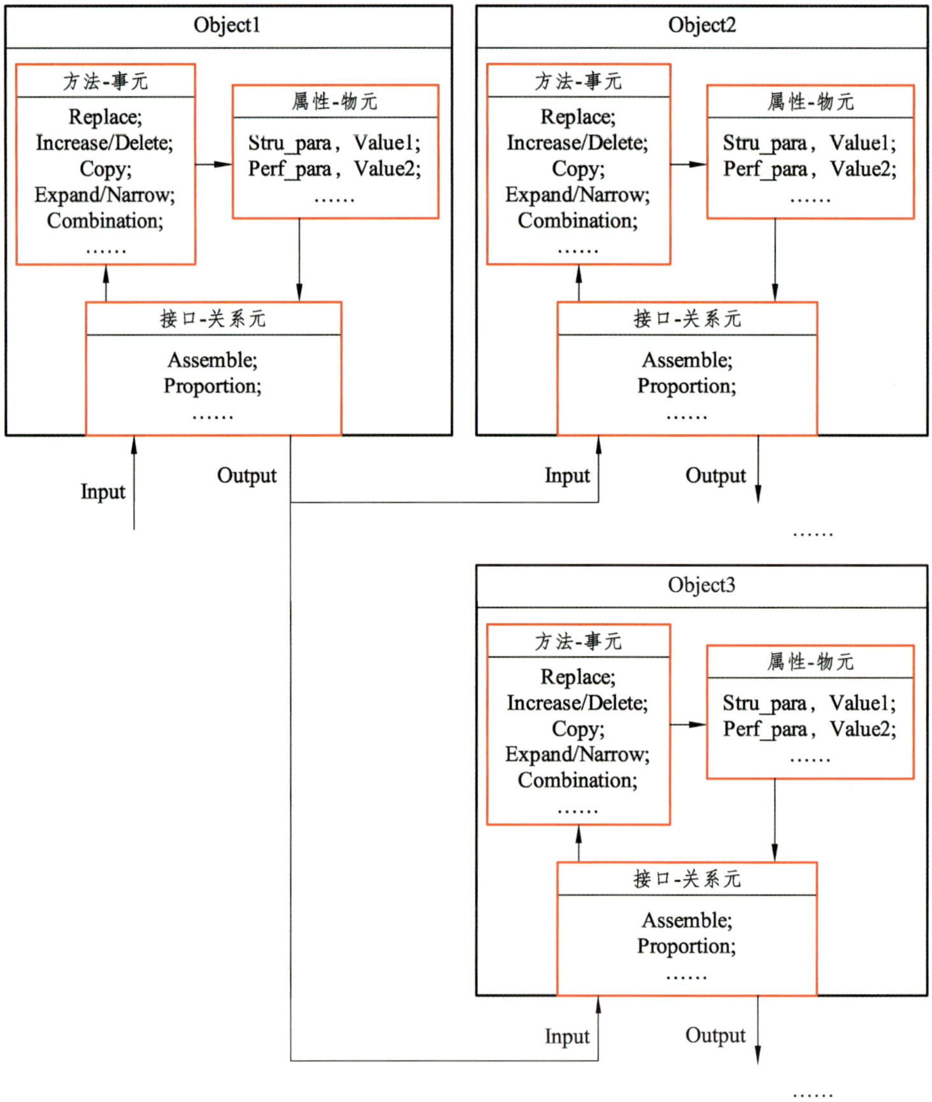

图 6-24　面向对象的可拓模型

面向对象的可拓模型由可拓基元和对象类结合形成，模型中的“属性-物元”的本质为基元中的物元，包括对象的结构、性能等属性信息，其中（Stru_para，Value1）和（Perf_para，Value2）分别表示对象的结构和性能特征及其特征值；“方法-事元”即为基元中的事元，是对对象属性进行的操作，其中 Replace，Increase/Delete，Copy，Expand/Narrow，Combination 分别对应于可拓变换算子中的置换、扩缩、增删、组合和复制等变换；“接

口-关系元”即为基元中的关系元，指对象与对象之间的关系，或对象特征之间的关联关系，包括装配、比例等关系，其中 Assemble 表示对象之间的装配关系，Proportion 表示对象特征之间的比例关系。

在上述可拓模型中，对象 Object1 通过“接口-关系元”接收外部消息，然后将消息传递给“方法-事元”，根据外部消息要求，“方法-事元”对“属性-物元”进行相应操作，改变其属性特性以满足外部消息的要求，同时“接口-关系元”根据对象之间或特征之间的关联关系，输出反馈消息至关联对象 Object2 和 Object3，关联对象的“方法-事元”根据反馈消息对其进行相应操作，以此类推，直至完成所有关联对象的操作。

4. 可拓模型面向对象语言描述

由于世界各国发展高速列车的技术、历史背景等的差异，形成了多种多样的高速列车转向架。但是对于某一国家的高速列车，其不同速度等级高速列车转向架结构形式和功能相似，因此，把同一国家的高速列车转向架的特征参数用同一个类来描述，同一个国家的不同速度等级的转向架构成了该类的不同对象。

高速列车转向架由多种零部件组成，按照转向架模块划分结果，转向架由构架、一系悬挂、轮对、二系悬挂、驱动装置、制动装置和辅助装置 7 部分组成。利用面向对象技术，建立转向架类来描述不同速度等级的转向架对象。该类封装了转向架的基本属性信息和对这些信息的操作，具体包括以下内容：

转向架的基本信息：设计速度、加速性能参数、制动性能参数、轴重、最小曲线半径、使用寿命等。

根据转向架基本参数以及参数传递关系进行驱动装置、制动装置等选型的函数，进行转向架结构参数计算的函数等。

根据选型结果和结构参数计算结果，对转向架相关零部件进行可拓变换操作的函数。

该类中包含了 7 个不同部分的部件类。这些部件类与它们的对象之间基本都为一对多的关系，如驱动装置类有牵引电机、齿轮箱和联轴节三个对象，构架类有侧梁、横梁和空气弹簧支撑梁三个对象。定义了转向架 7 各部件类的对象，可利用它们的属性信息、方法和接口来对高速列车转向架对象进行操作。

在可拓模型基础上，根据转向架设计参数及其关联关系等，分别建立转向架各部件类及其派生类。转向架驱动装置类包含了牵引电机类、齿轮箱类，如图 6-25 所示。牵引电机类和齿轮箱类分别由从驱动装置类继承的相关属性-物元信息、自身独有的属性-物元、方法-事元以及接口-关系元信息构成。

驱动装置类包含了牵引电机类、齿轮箱类和联轴节类，表示了驱动装置模块的属性、接口关系、操作方法等信息，以及其子模块牵引电机、齿轮箱和联轴节的属性、接口和方法等具体信息。

驱动装置及其子模块的属性-物元信息如表 6-17 所示，表中包含了驱动装置、牵引电机和齿轮箱的基本属性信息，牵引电机和齿轮箱分别继承了驱动装置的属性信息的公共部分并结合自身特点，形成了牵引电机类和齿轮箱类。

Class 驱动装置

属性-物元

ID, Drive_Device
Power, 400;
St_acceL, 0.435;
Re_acceL, 0.03;
GearB_Rat, 3.44;
Gear_Mou, 290*201;
GearB_Mou, 480*100;
Mot_Mou, 450*40*380;
DriDev_Dim, 1083*500*500;

方法-事元

Replace_Motor();
Replace_Gearbox();
Replace_Coupling();

接口-关系元

Assem: DriDev, Beam; DriDev, Axle;
Dim: Mot_Dim, Axle_Dist, Beam_Dist; Mot_Dim, Wheel_Dia

Class 牵引电机

属性-物元

ID, Motor
Power, 400;
St_acceL, 0.435;
Re_acceL, 0.03;
Speed, 4950;
Mot_Dim, 720*500*400;
Mot_Mou, 450*40*380;

方法-事元

Select_Motor();
Check_Motor();

接口-关系元

Assem: Motor, Beam; Motor, Coupl;
Dim: Mot_Dim, Axle_Dist, Beam_Dist;

Class 齿轮箱

属性-物元

ID, Gear_B
Gear_Rat, 3.44;
Gear_Mou, 290*201;
GearB_Mou,480*100;
GearB_Dim,320*480*500

方法-事元

Select_GearB();
Check_GearB();

接口-关系元

Assem: GearB, Beam; GearB, Coupl;GearB,Axle
Dim: GearB_Dim, Axle_Dist, Beam_Dist;a

图 6-25 驱动装置类

表 6-17 驱动装置的属性-物元信息

类名	序号	变量名	特征名	特征值	备注
驱动装置类	1	ID	模块名	Drive_Device	
	2	Power	牵引功率	400	需求
	3	St_acceL	起动加速度	0.435	需求
	4	Re_acceL	剩余加速度	0.03	需求
	5	GearB_Rat	减速比	3.44	需求
	6	Gear_Mou	齿轮座	290*201	长*直径
	7	GearB_Mou	齿轮箱座	480*100	定位*直径
	8	Mot_Mou	电机座	450*40*380	长*宽*高
	9	DriDev_Dim	驱动装置轮廓	1 083*500*500	长*宽*高

续表

类名	序号	变量名	特征名	特征值	备注
牵引电机类	1	ID	模块名	Motor	
	2	Power	电机功率	400	电机性能
	3	St_acceL	启动加速度	0.435	电机性能
	4	Re_acceL	剩余加速度	0.03	电机性能
	5	Mot_Dim	电机轮廓	720*500*400	长*宽*高
	6	Mot_Mou	接口尺寸	450*40*380	长*宽*高
齿轮箱类	1	ID	模块名	Gear_B	
	2	GearB_Rat	减速比	3.44	需求
	3	Gear_Mou	齿轮座	290*201	长*直径
	4	GearB_Mou	齿轮箱座	480*100	定位*直径

驱动装置及其子模块的接口-关系元信息如表 6-18 所示。在驱动装置类中，其接口-关系元表示了驱动装置与构架横梁和车轴的装配关系，同时还表示了其轮廓尺寸与构架轴距、横梁中心距以及轮对内侧距之间的尺寸关系；在牵引电机类中，其接口-关系元表示了牵引电机与构架横梁的装配关系，以及其轮廓尺寸与构架轴距、横梁中心距、轮对内侧距之间的尺寸关系。

表 6-18　驱动装置的接口-关系元信息

类名	序号	关系类型	模块甲	模块乙	备注
驱动装置类	1	装配关系	DriDev	Beam	驱动装置与横梁装配
	2		DriDev	Axle	驱动装置与车轴装配
牵引电机类	1	装配关系	Motor	Beam	电机与横梁装配
	2		Motor	Coupl	电机与联轴节装配
齿轮箱类	1	装配关系	GearB	Beam	齿轮箱与横梁装配
	2		GearB	Coupl	齿轮箱与联轴节装配
	3		GearB	Axle	齿轮箱与车轴装配

驱动装置及其子模块的方法-事元信息如表 6-19 所示。在驱动装置类中，其方法-事元为三个置换函数，表示了其对牵引电机、齿轮箱以及联轴节进行置换变换。在牵引电机类中，其方法-事元分别为电机选型函数和校核函数，通过用户需求计算得到电机选型参数，然后在模块库中进行电机初选，最后进行电机性能校核，若校核不通过，则重新选择，若校核通过，则输出电机的 ID 以及电机座尺寸信息，然后根据接口信息计算与之相关的尺寸并输出至关联模块。同理，齿轮箱类的相关信息与电机类类似，在此不再赘述。

表 6-19 驱动装置的方法-事元信息

类名	序号	方法事元	备注
驱动装置类	1	Replace_Motor（ ）	牵引电机置换函数
	2	Replace_Gearbox（ ）	齿轮箱置换函数
	3	Replace_Coupling（ ）	联轴节置换函数
牵引电机类	1	Select_Motor（ ）	牵引电机选型函数
	2	Check_Motor（ ）	牵引电机校核函数
齿轮箱类	1	Select_GearB（ ）	齿轮箱选型函数
	2	Check_GearB（ ）	齿轮箱校核函数

按照驱动装置类的分析方法，可以依次建立转向架每个零部件类及其派生类，进而完成整个转向架的可拓模型的建立。

6.4.2.2 转向架可拓适应性变型设计方法

1. 驱动映射方法

1）驱动映射关键技术

（1）关联函数。

在可拓数学中，关联函数能定量地描述论域中的元素具有某种性质的程度及其量变与质变的过程，并且可以直观地界定相容问题与不相容问题。转向架各需求关联函数 $k(x)$，针对转向架不同需求采用不同的计算公式，根据各转向架需求关联函数值，确定需要进行变型的转向架模块。

针对不相容问题，通过转向架可拓模型操作方法对基型转向架 L 结构进行操作，使不满足需求的转向架矛盾问题得以解决，即使 $k(x)<0$ 变为 $k(x)>0$，以满足用户需求。

定义 6.1 设 x 为实数域中的任意值，$X_0=\langle a,b\rangle$ 为实数域上的任一区间，则称

$$\rho(x,X_0)=\left|x-\frac{a+b}{2}\right|-\frac{b-a}{2} \tag{6-40}$$

为点 x 与区间 X_0 之距。

定义 6.2 设 $X_0=<a，b>$，$X=<c，d>$，且 $X_0\subset X$，则点 x 关于区间 X_0 和 X 组成的区间套的位值为

$$D(x,X_0,X)=\begin{cases}\rho(x,X)-\rho(x,X_0), & \rho(x,X)\neq\rho(x,X_0)\text{且}x\notin X_0\\ \rho(x,X)-\rho(x,X_0)+a-b, & \rho(x,X)\neq\rho(x,X_0)\text{且}x\notin X_0\\ a-b & \rho(x,X)=\rho(x,X_0)\end{cases} \tag{6-41}$$

$D(x,X_0,X)$ 描述了点 x 与区间 X_0 和 X 组成的区间套的位置关系。

定义 6.3　设 $X_0=\langle a, b\rangle$，$X=\langle c, d\rangle$，且 $X_0\subset X$，记 X_0 和 X 的公共端点为 x_z（若无公共端点，则 x_z 为空），则对任意 $x\neq x_z$，有

$$k(x)=\begin{cases}\dfrac{\rho(x,X_0)}{D(x,X_0,X)}-1, & \rho(x,X)=\rho(x,X_0)\text{且}x\notin X_0\\ \dfrac{\rho(x,X_0)}{D(x,X_0,X)}, & \text{其他}\end{cases}\tag{6-42}$$

称 $k(x)$ 为点 x 关于 X_0 和 X 在区间 X_0 的中点有最大值的关联函数。

对于公式（6-42），当 $X_0\subset X$，且两区间之间没有公共端点时，公式（6-43）变为

$$k(x)=\frac{\rho(x,X_0)}{D(x,X_0,X)}\tag{6-43}$$

定义 6.4　（左侧距）给定区间 $X_0=\langle a, b\rangle$，$x_0\in\left(a,\dfrac{a+b}{2}\right\rangle$，称

$$\rho(x,x_0,X_0)=\begin{cases}a-x, & x\leqslant a\\ \dfrac{b-x_0}{a-x_0}(x-a), & x\in\langle a,x_0\rangle\\ x-b, & x\geqslant x_0\end{cases}\tag{6-44}$$

为 x 与区间 X_0 关于 x_0 的左侧距。

定义 6.5　（右侧距）给定区间 $X_0=\langle a, b\rangle$，$x_0\in\left(\dfrac{a+b}{2},b\right\rangle$，称

$$\rho(x,x_0,X_0)=\begin{cases}a-x, & x\leqslant x_0\\ \dfrac{a-x_0}{b-x_0}(b-x), & x\in\langle x_0,b\rangle\\ x-b, & x\geqslant b\end{cases}\tag{6-45}$$

为 x 与区间 X_0 关于 x_0 的右侧距。

结合位值和侧距的定义，侧距的关联函数表示如下：

① 设 $X_0=\langle a, b\rangle$，$X=\langle c, d\rangle$，$x_0\in\langle a,b\rangle$，$X_0\subset X$，且无公共端点，其初等函数为

$$k(x)=\frac{\rho(x,x_0,X_0)}{D(x,X_0,X)}\tag{6-46}$$

② 设 $X_0=\langle a, b\rangle$，$X=\langle c, d\rangle$，$x_0\in\langle a,b\rangle$，$X_0\subset X$，且有公共端点 x_z，对一切 $x\neq x_z$，其初等函数为

$$k(x)=\begin{cases}\dfrac{\rho(x,x_0,X_0)}{D(x,X_0,X)}-1, & \rho(x,X)=\rho(x,X_0)\text{且}x\notin X_0\\ \dfrac{\rho(x,x_0,X_0)}{D(x,X_0,X)}, & \text{其他}\end{cases} \tag{6-47}$$

综上所述，建立用户需求与基型转向架的关联函数，如下：

$$K(P)=\overset{n}{\underset{i=1}{\wedge}}k_i(x_i) \tag{6-48}$$

根据上述公式，分别建立转向架各需求指标与基型转向架的关联度函数，计算其关联度。根据以上对基型转向架的分析结果，应用公式（6-48）得到其关联函数：

$$K(P)=k_1\wedge k_2\wedge\cdots\wedge k_n \tag{6-49}$$

若 $K(P)<0$，说明上述转向架矛盾冲突问题为不相容问题，需要进行可拓变换。

（2）可拓模型接口。

在转向架可拓模型中，其接口主要表示转向架模块间的装配关系以及模块参数之间的关联关系。通过模块间的装配关系，可以确定由一个模块变型引起的与其存在装配约束的模块的变化；通过模块参数之间的关联关系，可以确定一个模块参数变化引起的另一个模块参数的变化。根据模块的装配关系和参数关联关系，建立相应的推理规则，实现模块的传导变换操作。

（3）参数关联关系网。

根据转向架各零部件设计和选型过程，整理形成设计参数间的传递关系，结合设计参数间的传递关系和转向架各模块的接口，形成转向架各模块设计参数关联关系网。

以转向架零部件设计参数关联关系网为基础，根据用户需求，通过对比基型转向架与目标转向架设计参数之间的差异，可以确定需要进行变型的转向架模块，进而对相关模块进行变型设计，实现转向架的可拓适应性变型设计。

2）驱动映射模型

驱动映射方法是一种基于需求的推理方式，驱动映射模型是驱动映射方法的核心，驱动映射模型中主要存放了驱动映射的推理知识和基于知识形成的相关推理规则。驱动映射模型可以看作一个黑箱模型，在输入端输入用户需求或上一级模型的输出，模型以相关设计经验知识和推理规则为约束对输入进行处理，输出相关指令或消息，如图 6-26 所示。将驱动映射模型与转向架可拓适应性变型设计过程相结合，形成基于需求的转向架可拓适应性变型设计流程。

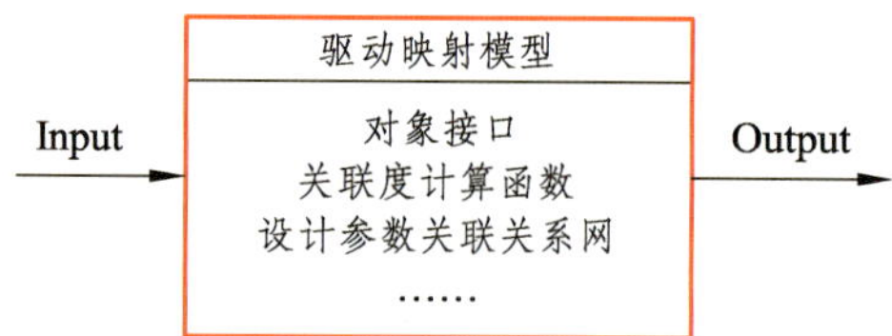

图 6-26　转向架驱动映射模型

转向架驱动映射模型中包含了转向架需求关联度计算函数、设计参数关联关系网以及转向架模块对象接口。首先通过设计参数关联关系网，可以确定转向架设计参数与转向架各模块的映射关系，针对不同的需求，结合转向架设计经验，建立相应的关联函数，计算转向架需求与基型转向架的关联度，确定关联度 $k(x)<0$ 的需求，进而确定需要进行变型的转向架模块；然后，根据需求与基型转向架的差异，驱动对应模块的操作方法对模块属性进行操作，实现模块的变型设计；最后通过模块对象接口，根据转向架模块间的相互影响关系，确定该模块变型后引起变化的关联模块，并对关联模块进行变型设计，直至完成所有模块的变型修改，即实现转向架的可拓适应性变型，生成相应转向架可拓适应性变型方案。

根据用户需求和关联度计算，得知牵引电机不满足需求。下面以牵引电机的变型设计为例，对驱动映射模型进行说明，如图 6-27 所示。

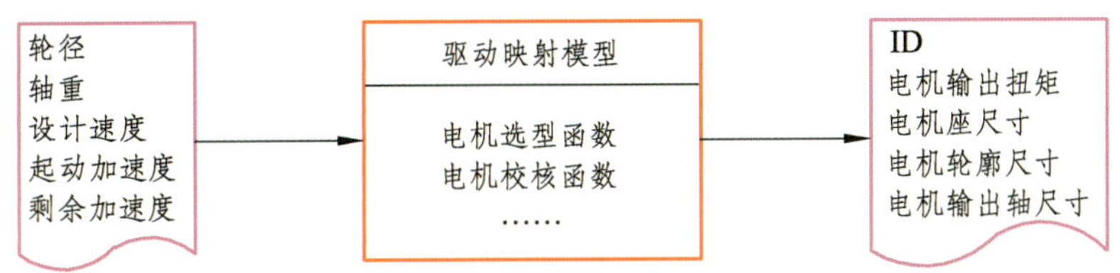

图 6-27　牵引电机变型设计驱动映射模型

首先以轮径、轴重、设计速度、起动加速度和剩余加速度为输入，根据电机选型函数，计算得到列车总体牵引功率，然后根据列车动拖比，计算得到单个电机的牵引功率，根据牵引功率进行牵引电机初选，最后根据电机校核函数，对选出的电机性能进行校核，得到满足需求的牵引电机，输出电机 ID、输出扭矩、输出轴尺寸、电机轮廓尺寸以及电机座尺寸。驱动映射模型的输出作为输入，传递至关联模块，再对关联模块进行变型设计。

2. 可拓适应性变型设计流程

结合转向架的可拓模型和驱动映射模型，建立转向架可拓适应性变型设计流程，如图 6-28 所示。在转向架可拓适应性变型设计过程中，共有 4 个不同的驱动映射模型分别作用于流程的不同阶段。下面分别对驱动映射模型和转向架可拓适应性变型设计流程进行说明。

转向架驱动映射模型：

① 驱动映射模型 A，主要包括相似度计算函数，实现从需求到相似转向架的检索和匹配。利用相似度计算函数计算转向架需求与转向架实例的相似度，在转向架模块库中进行检索匹配，提取最相似转向架实例作为基型转向架。

② 驱动映射模型 B，主要包括转向架设计参数与模块的映射关系以及关联函数，以确定需要进行变型设计的模块。根据关联度计算函数，计算转向架需求与基型转向架的关联度，并利用关联度计算结果和设计参数与模块的映射关系，确定转向架中需要进行变型设计的模块。

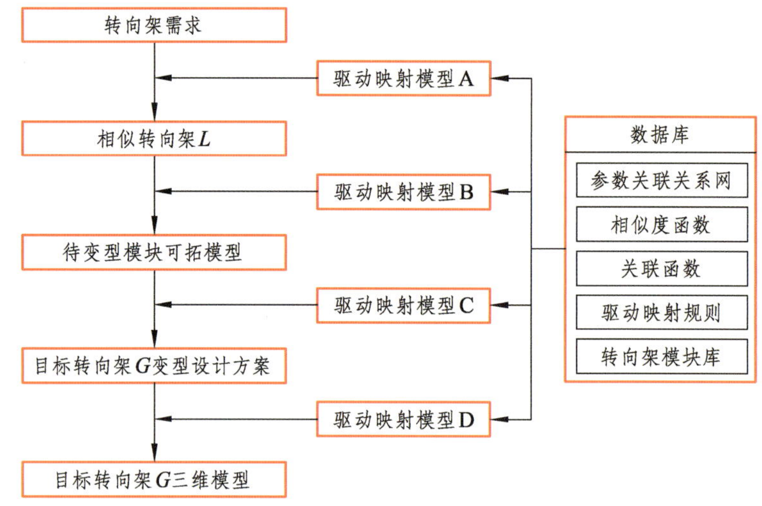

图 6-28 转向架可拓适应性变型流程

③ 驱动映射模型 C，通过需求与相似转向架的差异，指导待变型模块可拓模型的方法对其属性进行相应操作。

④ 驱动映射模型 D，在目标转向架变型设计方案基础上，通过与 CATIA V5 CAA 的接口，驱动 CATIA 完成对原有三维模型的修改，生成目标转向架的三维模型。

转向架可拓适应性变型设计流程的详细步骤如下：

（1）提取相似转向架。

根据转向架技术需求，通过驱动映射模型 A 进行转向架相似度计算，在转向架模块库中进行相似度匹配，若相似度为 1，提取该转向架实例作为目标转向架，记作 G，流程结束；若相似度不为 1，提取相似度最高的转向架为基型转向架，记作 L，进入下一步，进行变型设计。

（2）确定变型模块。

利用驱动映射模型 B，基于转向架需求，建立合适的关联度计算函数，计算转向架需求与基型转向架的关联度。针对转向架需求的不同参数，根据关联度 $K(x)<0$ 的设计参数，结合转向架设计参数关联关系网确定转向架变型模块，并提取相关模块的可拓模型。

（3）生成变型设计方案。

针对（2）中确定的变型模块，首先根据转向架需求与基型转向架的差异，利用驱动映射模型 C，驱动相应模块的可拓模型的操作方法对模块属性进行可拓变换，实现模块的置换、扩缩等；然后，根据模块可拓模型的接口关系，确定其关联模块，并通过驱动映射模型 C，驱动关联模块进行可拓变换，进而实现转向架的可拓适应性变型，生成转向架可拓适应性变型方案。

（4）生成转向架三维模型。

根据（3）中生成的变型设计方案，驱动映射模型 D 通过相关接口，将变型设计方案相关参数发送至 CATIA V5 CAA，驱动其对基型转向架三维模型进行修改，生成目标

转向架三维模型，完成转向架可拓适应性变型设计。

（5）流程结束。

3. 可拓适应性变型设计实例

1）目标转向架与基型转向架

（1）目标转向架描述。

根据转向架设计经验和相关专业知识，从目标转向架需求整理得到目标转向架设计参数，如表 6-20 所示。

表 6-20　目标转向架设计需求参数

设计参数	参数值	设计参数	参数值
设计速度	350 km/h	起动加速度	0.435 m/s^2
剩余加速度	0.03 m/s^2	最大制动减速度	0.94 m/s^2
制动距离	6 500 m	轴重	16 t
振动平稳性	好	无故障率	80 万千米
蛇行失稳临界速度	437 km/h	固定轴距	[2 500，2 800] mm
空簧距轨面高	[960，1 000] mm	空簧跨距	[2 000，2 500] mm
踏面形式	LMA	轮径	[860，920] mm
轴颈中心距	2 000 mm	轨距	1 435 mm
限界	GB 146.1	环境温度	−25 ~ +40°C

（2）基型转向架提取。

根据目标转向架的设计参数，在转向架模块库中进行相似度检索匹配，提取最相似的转向架作为基型转向架 L，如表 6-21 所示。

表 6-21　基型转向架设计参数

设计参数	参数值	设计参数	参数值
设计速度	250 km/h	起动加速度	0.35 m/s^2
剩余加速度	0.05 m/s^2	最大制动减速度	0.91 m/s^2
制动距离	3 200 m	轴重	16 t
振动平稳性	好	无故障率	80 万千米
蛇行失稳临界速度	312 km/h	固定轴距	2 500 mm
空簧距轨面高	1 000　mm	空簧跨距	2 460 mm
踏面形式	S1002	轮径	860 mm
轴颈中心距	2 000 mm	轨距	1 435 mm
限界	GB 146.1	环境温度	−25 ~ +40°C

2）需求关联度计算

运用公式（6-40）~式（6-49）建立转向架各需求关联函数 $k_i(x_i)$，并通过判断转向架关联函数 $K(P)=\overset{n}{\underset{i=1}{\wedge}} k_i(x_i)$，确定需要进行变换的基型转向架特征。参考转向架设计标准、设计经验等因素，根据建立的关联函数，对比目标转向架与基型转向架，可以确定转向架各需求关联度。

对于转向架设计速度，建立其离散型关联函数 $k_1(x_1)$：

$$k_1(x_1)=\begin{cases}1, & x_1 \geqslant 350 \\ -1, & x_1 < 350\end{cases} \tag{6-50}$$

基型转向架的设计速度为 250 km/h，根据式（6-50）得到其关联度 $k_1(x_1)=-1<0$。

转向架加速性能由起动加速度、剩余加速度等构成，起动加速度和剩余加速度的关联函数分别为 $k_2(x_2)$ 和 $k_3(x_3)$，由于加速性能由转向架的瞬时加速度值和一个剩余加速度值进行评价，因此可以建立其离散型关联函数，又因为目标不同速度的转向架设计速度远远大于基型转向架设计速度，显然，原有牵引电机不能满足速度需求，据此，可以得到其关联度一定小于 0，即 $k_2(x_2)<0$ 和 $k_3(x_3)<0$。

转向架制动性能由最大制动距离和制动距离构成，其关联函数分别为 $k_4(x_4)$ 和 $k_5(x_5)$，制动性能由转向架的瞬时加速度为指标进行评价，由于转向架运行速度不同，制动性能无可比性，可建立其离散关联函数，可以得到其关联度小于 0，即 $k_4(x_4)<0$ 和 $k_5(x_5)<0$。

对于固定轴距的关联函数 $k_{10}(x_{10})$，在高速列车转向架设计中，固定轴距的理论取值范围是[2 500, 3 000] mm，而在实际设计中，固定轴距一般取值范围为[2 500, 2 800] mm，并且固定轴距常用最佳取值为 2 500 mm，建立其简单关联函数：

$$k_{10}(x_{10})=\begin{cases}\dfrac{x-2\,500}{300}, & x<2\,500 \\ 1, & x=2\,500 \\ \dfrac{2\,800-x}{300}, & x>2\,500\end{cases} \tag{6-51}$$

根据基型转向架实例的固定轴距为 2 500 mm，得到其关联度 $k_{10}(x_{10})=1>0$。

对于空簧距轨面高的关联函数 $k_{11}(x_{11})$，空簧距轨面高的需求取值范围和理论取值范围均为 $\langle 960, 1\,000\rangle$ mm，且在 $x_{11}=1\,000$ mm 的时候达到最大值，建立其关联函数：

$$k_{11}(x_{11})=\begin{cases}\dfrac{x-960}{40}, & x<1\,000 \\ 1, & x=1\,000 \\ \dfrac{1\,000-x}{40}, & x>1\,000\end{cases} \tag{6-52}$$

根据基型转向架空簧距轨面高 1 000 mm，得到其关联度 $k_{11}(x_{11})=1>0$。

对于空簧跨距的关联函数 $k_{12}(x_{12})$，在高速列车转向架设计经验中，空簧跨距取值范围为 $\langle 1900,2600\rangle$ mm，而在实际设计工作中，空簧跨距取值范围为 $\langle 2\,000,2\,500\rangle$ mm，并且空簧跨距越大，转向架抗侧滚性能越好，即 $x_{12}=2\,500$ mm 为空簧跨距最佳取值，根据右侧距公式建立其关联函数：

$$k_{12}\left(x_{12}\right)=\begin{cases}\dfrac{x-2\,000}{500}, & x<2\,500\\ 1, & x=2\,500\\ \dfrac{2\,500-x}{500}, & x>2\,500\end{cases} \tag{6-53}$$

根据基型转向架空簧跨距 2 460 mm，得到其关联度 $k_{12}(x_{12})=0.92>0$。

对于踏面形式的关联函数 $k_{13}(x_{13})$，在现有高速列车转向架中，常用的车轮踏面形式有 LMA 踏面、S1002 踏面、XP55 踏面，建立离散型关联函数：

$$k_{13}\left(x_{13}\right)=\begin{cases}1, & x_{13}=\mathrm{LMA}\\ -1, & x_{13}\neq\mathrm{LMA}\end{cases} \tag{6-54}$$

根据基型转向架踏面形式为 S1002，得到其关联度 $k_{13}(x_{13})=-1<0$。

根据上述关联函数建立与关联度计算方法，依次计算转向架需求与基型转向架的关联度，根据关联度值即可判断需要进行变型的转向架模块，即 $k_i(x_i)<0$ 对应的模块。

3）变型模块确定

表 6-22 所示为转向架各需求的关联度计算结果。

表 6-22　转向架各需求的关联度

设计参数	变量名	参数值		关联度 $k_i(x_i)$
		基型转向架	目标转向架	
设计速度	x_1	250 km/h	350 km/h	<0
起动加速度	x_2	0.35 m/s^2	0.435 m/s^2	<0
剩余加速度	x_3	0.05 m/s^2	0.03 m/s^2	<0
最大制动减速度	x_4	0.91 m/s^2	0.94 m/s^2	<0
制动距离	x_5	3 200 m	6 500 m	<0
轴重	x_6	16 t	16 t	>0
振动平稳性	x_7	好	好	>0
无故障率	x_8	80 万千米	80 万千米	>0
蛇行失稳临界速度	x_9	330 km/h	430 km/h	<0
固定轴距	x_{10}	2 500 mm	[2 500，2 800]mm	= 1>0

续表

设计参数	变量名	参数值		关联度 $k_i(x_i)$
		基型转向架	目标转向架	
空簧距轨面高	x_{11}	1 000 mm	[960，1 000]mm	= 1>0
空簧跨距	x_{12}	2 460 mm	[2 000，2 500]mm	= 0.92>0
踏面形式	x_{13}	S1002	LMA	= − 1<0
轮径	x_{14}	860 mm	[860，920]mm	= 1>0
轴颈中心距	x_{15}	2 000 mm	2 000 mm	= 1>0
轨距	x_{16}	1 435 mm	1 435 mm	= 1>0
限界	x_{17}	GB 146.1	GB 146.1	= 1>0
环境温度	x_{18}	− 25 ~ + 40°C	− 25 ~ + 40°C	= 1>0

在转向架模块划分基础上，结合转向架需求关联度计算结果和转向架设计参数关联关系网，确定需要进行变型设计的模块。根据计算结果可知不满足需求的设计参数分别为设计速度、起动加速度、剩余加速度、最大制动减速度、制动距离、蛇行失稳临界速度和踏面形式。

根据转向架设计参数关联关系网可知，设计速度、起动加速度、剩余加速度与转向架驱动装置模块相关，最大制动减速度、制动距离与转向架制动装置相关，蛇行失稳临界速度与转向架抗蛇行减振器等相关，踏面形式与车轮相关。因此，由不满足转向架需求的设计参数引起的变型模块为驱动装置、制动装置、抗蛇行减振器以及车轮。

4）变型方案生成

通过上述分析，可知基型转向架中需要进行变型设计的模块为驱动装置、制动装置和抗蛇行减振器。下面以驱动装置为例，对其进行可拓适应性变型设计，并生成变型设计方案。

在转向架零部件中，驱动装置为外购件，即选型件，通过相关性能参数进行匹配选择。由于驱动装置为选型部件，因此只能对其进行置换操作，以完成对驱动装置的变型设计。驱动装置由牵引电机、联轴节和齿轮箱组成，因此对驱动装置进行变型设计，需要对其组成部分分别进行变型设计。

（1）牵引电机。

牵引电机主要通过电机牵引功率进行选型，当牵引电机初选完成，需要对其加速度性能、转速、扭矩等进行校核。如图 6-29 所示为牵引电机选型参数传递关系。

由转向架需求中的设计速度、启动加速度、剩余加速度、轴重以及车辆编组形式，通过相关公式计算可得电机牵引功率，根据电机牵引功率可在电机库中选出满足的电

机实例，最后对选出的电机进行校核，若校核通过，则本过程结束；若校核不通过，重新选型。电机选型确定后，即可得到电机的外形尺寸、与构架的安装接口、输出轴尺寸以及输出转速、扭矩和功率等相关参数。表 6-23 所示为牵引电机的性能和结构参数。

图 6-29　牵引电机选型参数传递关系

表 6-23　牵引电机相关参数

参数名称	基型电机 M_1	目标电机 M_2	备注
功率/ kW	322	400	
转速/（r/min）	4 000	4 142	
起动加速度/（m/s^2）	0.35	0.435	
剩余加速度/（m/s^2）	0.03	0.05	
外形尺寸/mm	—	681.5×720×629	[横向×纵向×垂向]
输出轴接口/mm	—	D_1：65 D_2：68 L：85	D_1 为输出轴 1 位端直径； D_2 为输出轴 2 位端直径； L 为输出轴长度
安装座接口/mm	—	2×M30（160） 2×M27（240） 442	上接口、间距为 160； 下接口、间距为 240； 上下距离 442

（2）齿轮箱、联轴节。

齿轮箱通过联轴节与牵引电机组成驱动装置，电机的输出转速通过齿轮箱的变速，将合适的转速输出至车轴，进而实现车轴在垂直平面内的转动。

根据图 6-30 所示的参数传递关系进行相关选型参数的计算，并根据选型参数在转向架模块库中进行齿轮箱和联轴节的选型，得到满足需求的齿轮箱 G_2 和联轴节 C_2。

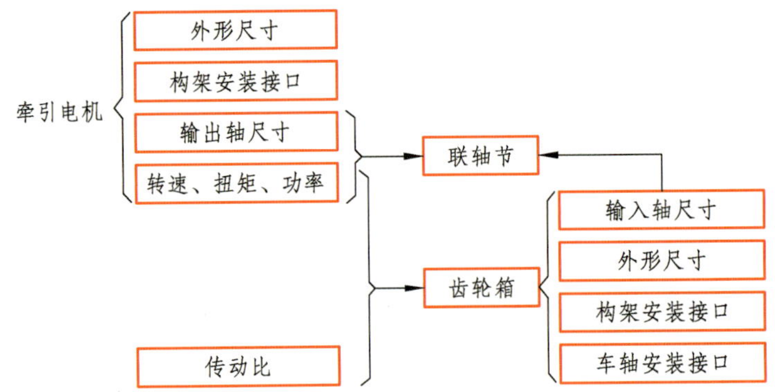

图 6-30　齿轮箱和联轴节的选型设计参数传递关系

根据以上选型结果，驱动装置的变型方案如下：

① 牵引电机置换变换 $\boldsymbol{T}_1$。

$$\boldsymbol{T}_1=\begin{bmatrix}\text{置换} & \text{支配对象} & \text{牵引电机}M_2\\ & \text{接受对象} & \text{牵引电机}M_1\\ & \text{程度} & \text{定量}\end{bmatrix} \tag{6-55}$$

② 齿轮箱置换变换 $\boldsymbol{T}_2$。

$$\boldsymbol{T}_2=\begin{bmatrix}\text{置换} & \text{支配对象} & \text{齿轮箱}G_2\\ & \text{接受对象} & \text{齿轮箱}G_1\\ & \text{程度} & \text{定量}\end{bmatrix} \tag{6-56}$$

③ 联轴节置换变换 $\boldsymbol{T}_3$。

$$\boldsymbol{T}_3=\begin{bmatrix}\text{置换} & \text{支配对象} & \text{联轴节}C_2\\ & \text{接受对象} & \text{联轴节}C_1\\ & \text{程度} & \text{定量}\end{bmatrix} \tag{6-57}$$

根据驱动装置对象的接口，即可确定与之关联的转向架模块，以接口关系的具体定义为约束，分别对与之关联的零部件进行变型，直至所有关联零部件均完成变型修改。采用上述变型方法，依次对转向架其他模块进行变型设计，即可完成对转向架的变型设计，最终生成转向架可拓变型设计方案。

6.5　工程设计变更分析方法

6.5.1　设计变更建模及路径搜索方法

在模块变型设计阶段，由于需求的变化导致产品设计参数随之改变，同时转向架不仅具有参数种类繁多的特点，而且具有多学科的特点，因此造成设计变更路径难以确定

的问题。需求改变可能引起产品开发的成本和完成时间增加，明确需求变更传播路径，选择合理的变更方案是非常重要的。

基于上述复杂产品设计系统 P-B-S 概念设计模型和基于粗糙集理论的设计参数定量分析方法，形成一种新的设计变更路径规划方法，有效支持基于需求驱动的快速模块变型设计。因此提出一个新的设计变更模型来综合分析和搜索变更传播路径。首先，基于 P-B-S 的设计变更模型被建立，来描述需求变更引起行为和结构领域的设计变更传播；其次，利用面向多学科的行为矩阵来支持复杂产品系统的变更传播分析，再利用有交互关系的矩阵元素来获取变更路径初始集合；最后，基于粗糙集理论传播空间缩减方法，通过计算设计变更参数的重要性来缩减变更传播路径。提出的新设计变更模型和它的辅助工具已经通过一个实例被证明它是可行的和有效的。这个模型不仅支持快速响应多样化的市场需求，也有助于满足顾客需求和提高产品开发的效率。

随着产品市场的全球化竞争和客户需求的快速变化，并且产品的交货时间变得越来越短。因此，新产品开发的一个关键设计过程是对以前的产品有效地做出必要的改变，特别是对于复杂产品系统是源于以前的设计，并不是通过全新的设计。显然，改变其中一个部件会对其他部件产生传播影响，形成链式变更传播。这个传播影响可能导致重复工作成本或者威胁到整个产品的集成。因此，在重设计过程中变更传播建模和分析是重要的，能够帮助正确识别关键和有效的变更传播路径并完成需要的改变。这种方式，新产品的设计将减少设计迭代和设计时间。图 6-31 描述了在新产品开发过程中的变更依赖关系、变更过程分析和变更执行之间的关系。

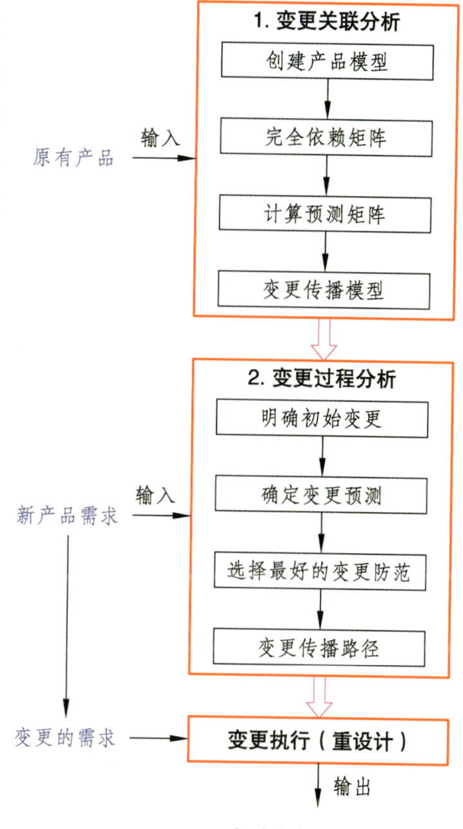

图 6-31　变更依赖关系、变更过程分析和变更执行之间的关系

首先，基于以前的设计创建变更依赖关系来构建设计变更模型。在这个分析过程中，在产品的子系统或模块之间用已有的产品作为输入建立依赖矩阵，并且基于参数的依赖关系和参数关系（例如显性和隐性的约束），利用产品数据和参数来建立相应的预测矩阵，这个依赖矩阵和预测矩阵结合形成设计变更模型，这个模型能用于预测和检查模块之间的关系。其次，把新的产品需求作为输入（明确初始变更），分析和确定可能的变更传播路径和它们的影响，由于在设计变更模型中参数之间存在耦合关系，最后选择最好的变更路径来执行。最后，根据选择的变更传播路径实现设计变更，形成一个新的设

计方案进行评估。一个好的设计变更模型是设计过程能否成功的关键。

事实上，对于工业新产品开发，对已有的产品做设计变更是复杂的和重要的过程，尤其是对于复杂产品系统的设计。复杂产品系统，在功能、子系统和模块之间涉及多学科多领域的耦合关系，不仅具有功能多样性，而且具有设计参数复杂性和耦合性的特点。因此，客户需求的变化将导致许多变更传播，一些传播路径从它们的显性关系能被容易地确定，其余的传播路径由于它们之间的耦合关系，很难确定出来。设计变更参数的耦合关系在路径选择方法上有很大的影响。一个不合理的设计变更路径选择有可能导致不能满足客户需求，同时也导致在整个产品设计过程中迭代设计次数更多。因此，需要建立一个合理的设计变更模型来分析产品功能、结构、工艺性和成本之间的耦合关系。总之，设计变更模型需要能综合分析变更传播影响，获取合理的变更传播路径。因此提出如下两点：

一是基于 P-B-S 映射构建新的设计变更模型，这个模型能描述行为和结构领域的设计变更依赖关系，并且能支持复杂产品系统的变更传播分析，通过面向多学科的行为矩阵，通过利用矩阵元素之间的交互关系形成初始变更路径集合。二是开发一个基于粗糙集理论的传播空间缩减工具来辅助设计变更模型，通过计算设计变更参数的重要性来缩减变更传播路径，从而提高设计变更的确定过程效率。

1. 设计变更建模

假如产品的 PDS 中需求改变，行为和结构需要响应这个改变。将 PDS 作为设计变更的初始层；行为作为设计变更的传递层；结构作为设计变更的执行层。基于上文构建的 P-B-S 概念设计模型和设计变更的三层定义，一个新的 P-B-S 设计变更模型被建立，用来显示设计变更过程和确定变更传播影响，如图 6-32 所示。

在设计变更模型的初始层，以 PDS 作为起点，不仅作为设计输入，也是设计方案的目标和约束；在传递层，P 到 B 的映射被用于获得物理行为方案，其结果是一个单学科行为解决方案或者一个综合的系统功能行为解决方案，学科行为矩阵被用于分析系统功能行为和支持复杂产品系统的变更传播影响分析，基于这个分析结果，确定哪些设计参数需要修改；在执行层，B 到 S 映射来决定这个行为的载体，也就是需求变更引起结构的改变，通过变更传播还影响到哪些其他结构。

因此，对于复杂产品系统的设计，当需求发生改变时，不仅需要在行为层确定哪些设计参数必须要改变，也要在设计变更的执行层确定哪些结构受到变更传播影响。在这里，只关注前者。根据设计变更模型，一个多层级的网络架构被建立，来描述设计变更行为之间的交互关系，并获取初始的变更路径集。

在复杂产品系统中，结构关系包括系统、子系统和零件之间的关系。在单个学科行为，基本的行为参数连接是由父参数和几个子参数组成的。父参数是一个依赖参数，它的值由那些独立的子参数基于规则来确定。一个改变很少单独发生，多个改变能对其他学科有交互影响。因此，需要注意的是不仅单个学科改变连接，还有复杂的多个学科改变网络。

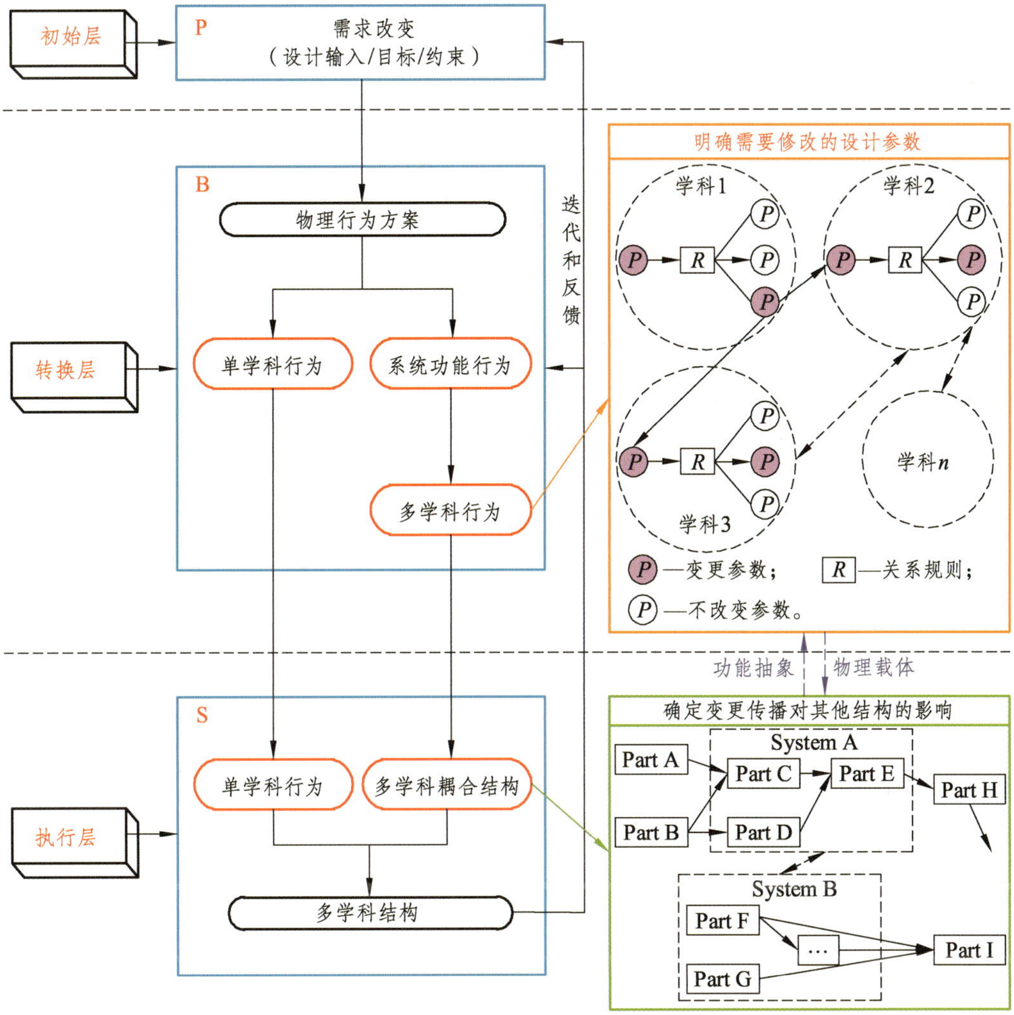

图 6-32　基于 P-B-S 映射关系的设计变更模型

需要建立多学科行为矩阵来搜索设计变更的影响传播路径。将学科领域假设为 $\boldsymbol{D}=\{D_1, D_2, \cdots, D_k\}$。对于一个单学科方案，它的行为能被描述为一系列状态变化序列$\{Bv_1, Bv_2, \cdots, Bv_n\}$。对于多学科方案，分析从一个学科的行为和另一个学科的行为耦合来获取协同多学科方案，各个学科领域包含的行为参量为 $\boldsymbol{D}_i=\{Bv_1, \cdots, Bv_n\}$，$\boldsymbol{D}_j=\{Bv_m, \cdots, Bv_l\}$，则对学科内部和学科之间的相互影响关系建立多学科行为矩阵为 $\boldsymbol{D}_{ij}$，它的元素值为空表示在两个相关的行为变量之间没有交互关系，否则表示存在可能的交互关系（R_{ij}）。建立的矩阵如公式（6-58）所示：

$$\boldsymbol{D}_{ij}=\begin{array}{c|ccc} & Bv_m & \cdots & Bv_l \\ \hline Bv_1 & R_{1m} & \cdots & R_{1l} \\ \vdots & \vdots & \vdots & \vdots \\ Bv_n & R_{nm} & \cdots & R_{nl} \end{array} \tag{6-58}$$

这个矩阵中的关系表达了行为的依赖和耦合关系，由于这些关系的复杂性，没有合理的传播分析方法来找到最好的变更传播路径。

2. 传播分析和空间缩减工具

传播分析包括变更传播路径的搜索和路径的评估与空间缩减。

1）变更传播路径的搜索

变更传播路径的搜索过程如图 6-33 所示。这一过程开始于 PDS 中初始变更参数，它引起单学科行为或者多学科行为变更。当引起的变更是多学科行为，多学科行为矩阵将被用于搜索和产生可能的行为传播路径，然后搜索过程将继续进入结构层级。当引起

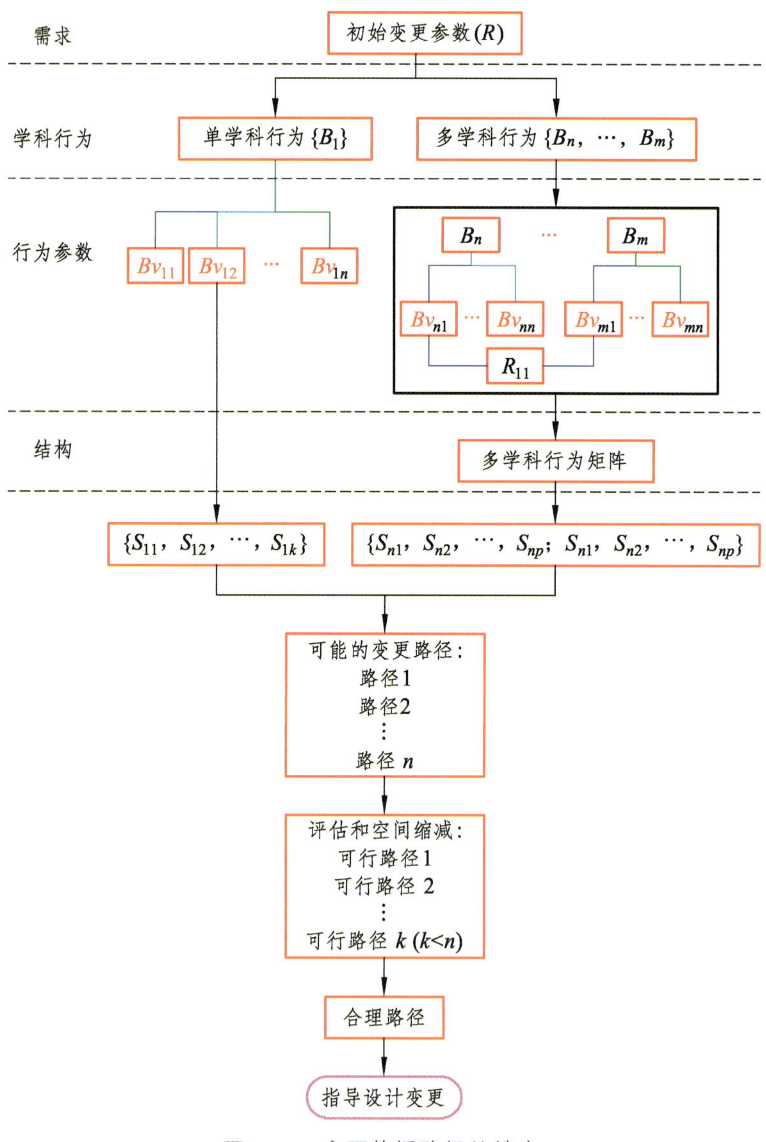

图 6-33　变更传播路径的搜索

的变更是单学科行为，路径的搜索能够直接进入结构层级。行为和结构之间的映射基于上述 P-B-S 概念设计模型。这个搜索过程完成以后，所有可能的变更传播路径就确定了。

由于一个变更通常有多种方式可以实现，形成不同的变更传播路径，设计者应该基于定量方法来评估这些路径，选择最合适的路径进行测试和进一步开发。

2）空间缩减工具

根据图 6-33 可知，初始需求变更可能通过许多结构参数$\{S_{ij}\}$的变化来实现。PDS 中的初始变更参数与相应的结构参数$\{S_{ij}\}$之间的相对重要度和灵敏度是不同的，通过粗糙集理论能够评估其重要度。通过评估它们的相对重要度并且对它们进行排序，低重要度的结构参数可以被移除，因此进一步的设计空间能被缩减，从而缩减变更传播路径的数量。

最后，得到结构参数$\{S_{ij}\}$的重要度定量分析结果，这个结果能辅助缩减目标参数$\{B_i\}$的选择，从而减少变更传播路径。根据$\{S_{ij}\}$的重要度，结构参数被分为两类：可选择的和丢弃了的参数。当重要度为 0 时，这个参数是被丢弃了的，它应该从初始路径集中删除；当重要度不为零时，这个参数是可选择的。具有相对较高重要度的参数，相应的变更路径被视为优先选择的设计变更路径。所有可选择的变更路径能用于进一步测试和评估，形成最终的设计变更解决方案。

3. 实例分析——高速列车转向架

选择高速列车转向架作为设计变更的实例分析，来验证所提方法和策略。

首先，建立高速列车转向架 P-B-S 设计变更模型，如图 6-34 所示。在变更初始层，以设计速度的改变为例；在传递层，这里只关注动力学性能行为（单学科行为）和制动行为（多学科行为）；在执行层，根据 B 到 S 的映射关系，得到单学科的结构和多学科耦合结构。参数 c_1-c_7 是可能的单学科变更参数，然而 p_1-p_5 是可能的多学科的变更参数。其次，对于多学科行为，利用多学科行为矩阵来发现从行为到多学科耦合结构的映射。最后，选择结构参数 c_1-c_7 作为实例来说明参数空间的缩减。

1）多学科行为矩阵分析

分析结构参数变更对多学科行为 Bv_1-Bv_7 的影响，结果是识别结构参数 p_1-p_5。

当设计高速列车基础制动装置时，需要考虑在不同物理原理与不同学科之间的协同。高速列车基础制动装置包含的四个学科分别是控制（D_1）、机械（D_2）、气动（D_3）、电气（D_4）。它们的多学科行为参数是相互联系的。各个学科行为参数和它们之间的相互关系如图 6-35 所示。

根据 DBM 矩阵，跨学科之间的行为参数是彼此影响的，这些行为需要合适的结构作为载体来实现。制动行为之间的关系有制动力（Bv_5）、制动闸片夹紧力（Bv_4）、制动缸推力（Bv_7）和制动缸空气压力（Bv_6），对应多学科的耦合结构包括制动盘、制动闸片、制动力放大器和制动缸等。根据 P-B-S 映射模型，得到初始的变更结构参数集$\{p_1，p_2，p_3，p_4，p_5\}$。因此，多学科行为矩阵能表达学科、行为和结构参数之间的关系，也能指明在需求参数、学科行为参数和结构参数之间的变更传播影响。

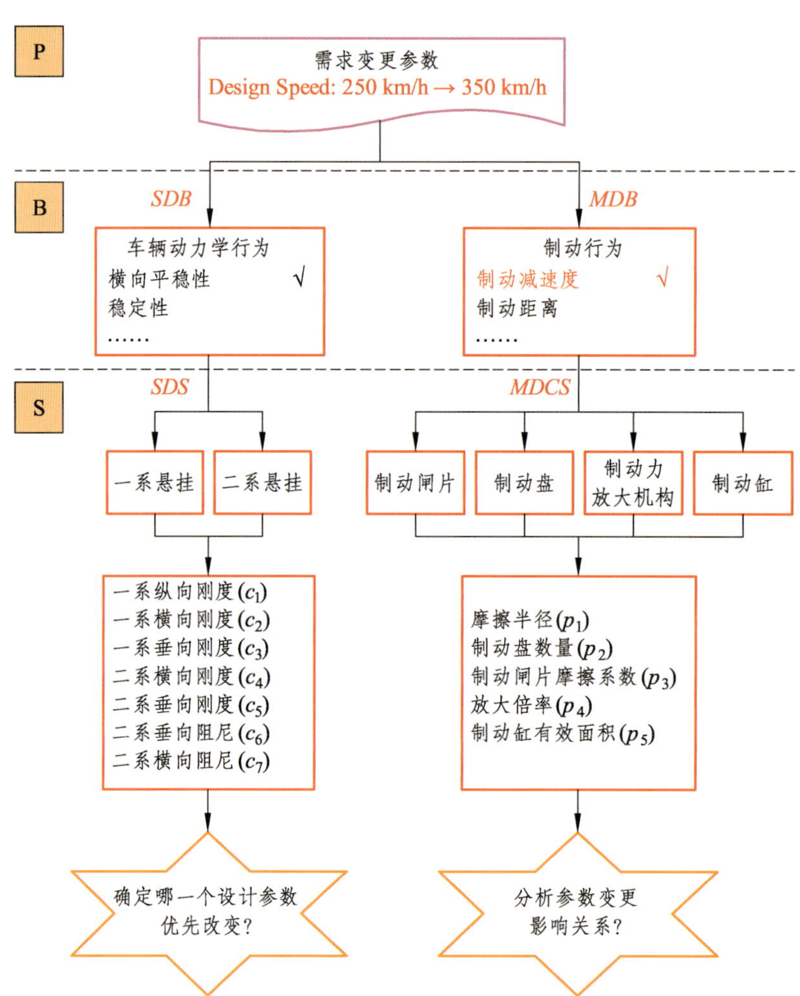

图 6-34 P-B-S 设计变更模型

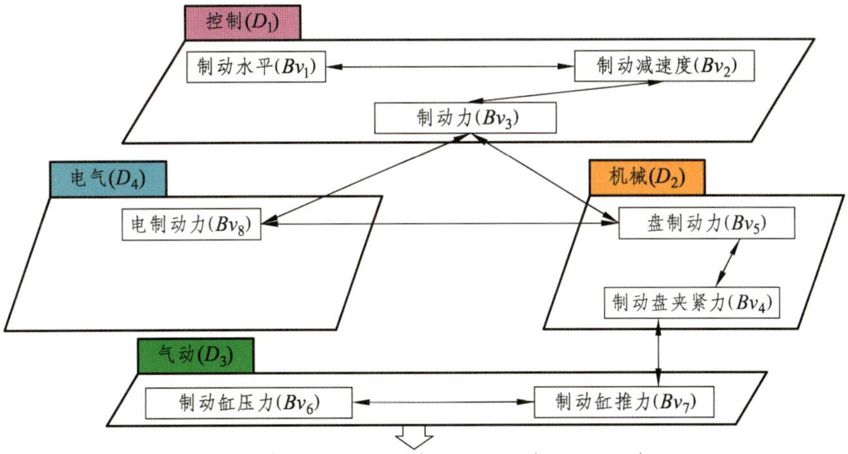

控制(D_1)

制动水平(Bv_1)

制动减速度(Bv_2)

制动力(Bv_3)

电气(D_4)

电制动力(Bv_8)

机械(D_2)

盘制动力(Bv_5)

制动盘夹紧力(Bv_4)

气动(D_3)

制动缸压力(Bv_6)

制动缸推力(Bv_7)

DBM =

		D_1 Bv_1	Bv_2	Bv_3	D_2 Bv_4	Bv_5	D_3 Bv_6	Bv_7	D_4 Bv_8
D_1	Bv_1	×	R_{12}	×	×	×	×	×	×
	Bv_2	R_{21}	×	R_{23}	×	×	×	×	×
	Bv_3	×	R_{32}	×	×	DR_{35}	×	×	DR_{38}
D_2	Bv_4	×	R_{12}	×	×	R_{45}	×	DR_{47}	×
	Bv_5	×	×	DR_{53}	R_{54}	×	×	×	DR_{58}
D_3	Bv_6	×	×	×	×	×	×	R_{67}	×
	Bv_7	×	×	×	DR_{74}	×	R_{76}	×	×
D_4	Bv_8	×	×	DR_{83}	×	DR_{85}	×	×	×

需求参数

制动性能 ↑

学科行为参数

D_1: Bv_2 ↑, Bv_3 ↑

D_2: Bv_4 ↑, Bv_5 ↑

D_3: Bv_6 ↑, Bv_7 ↑

结构参数

D_2

制动盘

摩擦半径(p_1) ↑

制动盘数量(p_2) ↑

制动闸片

闸片摩擦系数(p_3) ↑

制动力放大器

放大倍率(p_4) ↑

D_3

制动缸

制动缸有效面积(p_3) ↑

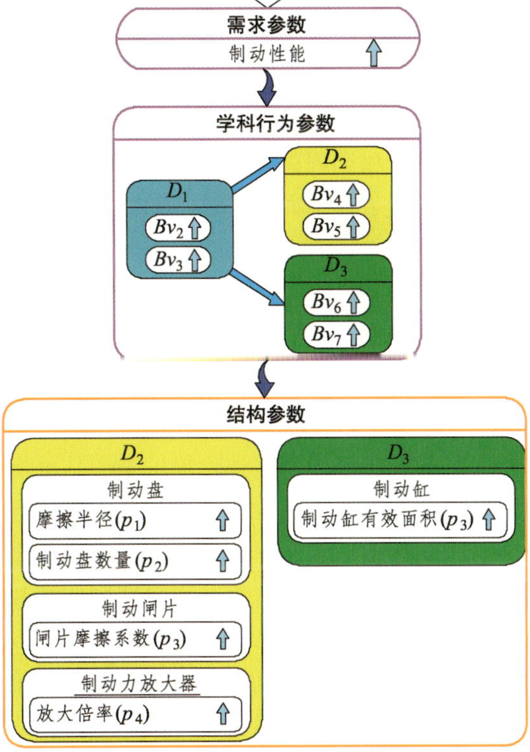

图 6-35　多学科行为矩阵分析

2）空间缩减

对于单学科车辆动力学行为，它相应的结构参数集是$\{c_1, c_2, c_3, c_4, c_5, c_6, c_7\}$。这个参数集能被缩减，由于集合中所有结构参数对行为参数不具有相同的重要度。因此，我们选转向架设计的仿真模型和数据样本得到车辆悬挂参数知识表达系统：$\boldsymbol{U}=\{x_1, x_2, \cdots, x_{30}\}$，$\boldsymbol{C}=\{c_1, c_2, \cdots, c_7\}$，$\boldsymbol{D}=\{d_1\}$来计算参数的重要度。这里只需取出粗糙集的重要度计算结果，以明确可选参数和约简参数。根据w_1计算结果可知，对于车辆动力学的横向平稳性指标，c_1、c_2、c_3、c_5和c_6是被约简的设计变更参数，c_4和c_7是可选的设计变更参数。最后选择c_4和c_7作为两个变更传播的路径用于执行层进一步的设计开发，支持后续的变更传播风险分析和变更传播预测。

6.5.2 基于工程变更传播风险的模块化评价

6.5.2.1 工程变更产生的原因与传播原理分析

工程变更是指对产品及其组件的形态、装配、材料、尺寸和功能等所做的修改。它可以是简单地对文档的订正，也可以是复杂地对产品设计和制造全过程的重新设计。

工程变更在产品的全生命周期任何阶段都有可能出现，不同阶段的工程变更来源也有所不同，如图 6-36 所示。工程变更从变更来源的不同可以分为紧急型变更和发起型变更。紧急型变更通常是由设计中的情况引起，一般包括如下类型：客户-技术需求转化时出现误差、技术-功能转化时出现误差、功能-行为-结构转化时出现误差、装配性能差、制造性能差、原型样品缺陷、使用中产生的问题。而发起型变更通常是由外部因素引起的，一般包括客户需求的改变、认证机构的要求改变、生产厂商的要求改变、企业开发新产品的自主创新活动、企业生产和工程进度等问题。此外，从变更在产品开发过程中发生的时间不同可以将其分为三类：① 早期变更。此类变更发生于产品设计的早期，通常在详细设计之前，只需要进行少量的变更，变更影响较小，一般只局限于设计团队内部。② 后期变更。此类变更发生在产品设计完成并通过审阅，即将进行生产或者已经生产、上市。这时提出的工程变更将导致巨大的影响，不仅影响产品开发部门的工作，还影响企业的生产组织、工装准备和零部件库存管理等工作，甚至是协作企业的生产。对于已上市的产品，还需要考虑该变更对已生产出的产品、库存零件的处理影响。③ 产品版本的升级变更。此类变更发生在新产品重建阶段，是产品更新、完善的重要过程。

研究表明，常见的工程变更原因为功能需求变更、装配性能差、工艺制造性能差、可靠性差。如图 6-37 所示，根据变更影响的水平可以将其分为四个层次，从高到低分别为功能定义层、产品结构层、结构属性层。通常结构属性层包括基本几何形状、尺寸、材料、局部特征、表面质量、精度等。

功能变更首先作用于功能定义层，通过功能自顶而下地分解和功能-行为-结构之间的映射作用于产品结构层，最终影响结构的属性层，如基本拓扑结构和尺寸、接口运动副类型、接口连接特征、材料的摩擦特性等。

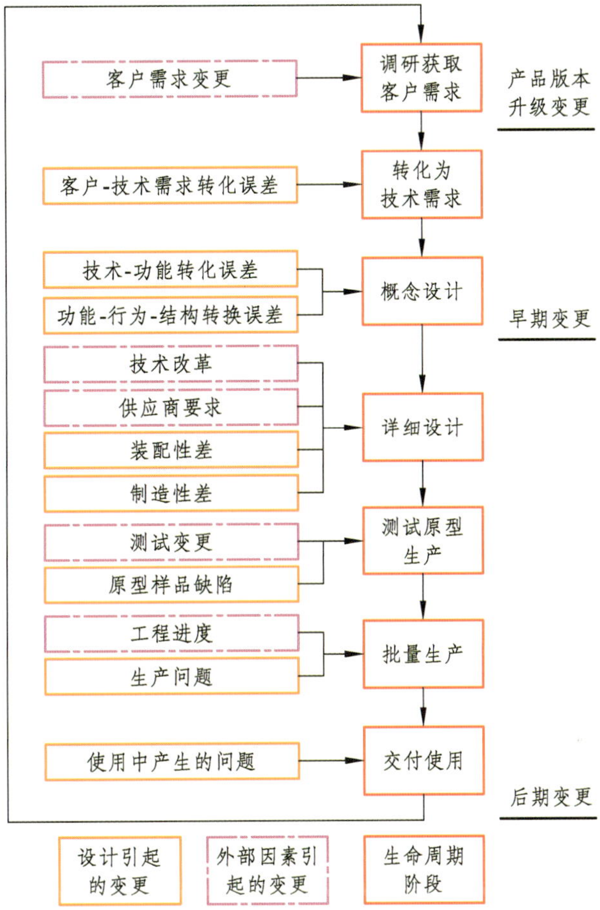

客户需求变更
调研获取客户需求
产品版本升级变更
客户-技术需求转化误差
转化为技术需求
技术-功能转化误差
功能-行为-结构转换误差
概念设计
早期变更
技术改革
供应商要求
装配性差
制造性差
详细设计
测试变更
原型样品缺陷
测试原型生产
工程进度
生产问题
批量生产
使用中产生的问题
交付使用
后期变更
设计引起的变更
外部因素引起的变更
生命周期阶段

图 6-36　变更类型示意图

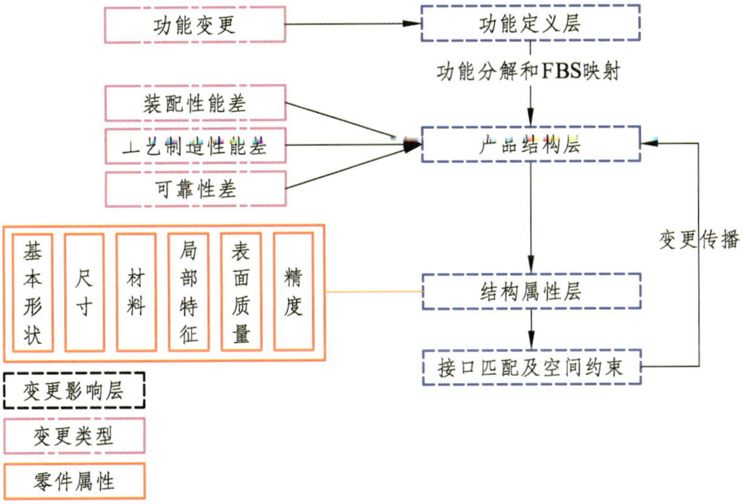

功能变更
功能定义层
功能分解和FBS映射
装配性能差
工艺制造性能差
可靠性差
产品结构层
变更传播
基本形状
尺寸
材料
局部特征
表面质量
精度
结构属性层
接口匹配及空间约束
变更影响层
变更类型
零件属性

图 6-37　不同类型变更作用层次

装配性差引起的工程变更通过装配可行性分析或者试验直接作用于产品结构层和结构属性层，如接口配合面形状、接口特征和位置，零件外形轮廓包络、配合精度、公差等。

工艺制造性差引起的工程变更通过制造可行性分析直接作用于产品结构层和结构属性层，如材料的可铸造性、零件的几何结构复杂性、拔模特征、表面质量粗糙度要求等。

可靠性差引起的工程变更通过结构疲劳强度等分析作用于产品结构层和结构属性层，如零件应力强度集中处的尺寸、零件材料的疲劳强度、圆角特征、加强筋特征、表面质量粗糙度等。

以上分析可以得到三个结论：① 工程变更最终影响层为结构属性层；② 功能需求变更影响的水平层次最高，可以影响功能定义层、产品结构层、结构属性层；③ 不同变更类型的作用层次不同，导致变更传播路径不同。功能变更的传播路径主要包括行为路径和几何路径，装配性能差、工艺制造性能差、可靠性差传播路径为几何路径（此外还包括材料特性路径）。

工程变更通常是通过属性作用域，在接口匹配和空间约束条件下进行传播的，因此受接口和空间约束较大的属性作用域具有较大的变更传播能力，而与接口和空间约束无关的属性作用域则不会产生变更的传播。

6.5.2.2 基于设计结构矩阵的工程变更传播基础

工程产品是多个相互影响的零部件的集合体，而且零件之间相互影响，相互关联，因此工程变更往往作用于零部件结构，基于零部件的依赖关系实现变更的传播，形成一个复杂的变更传播网络。基于零部件的设计结构矩阵能够清楚地描述复杂多零部件系统内部各零部件之间的关联关系，而这种清晰的依赖关系为工程变更的传播分析提供了基础。

如图 6-38 所示的设计结构矩阵，$a_1 \sim a_5$ 分别表示产品中的五个零件。从结构设计矩阵中可以看出，零部件中不仅存在着直接的联系，而且存在着间接联系。如对 a_3 零件进行变更，引起了 a_1 和 a_4 的变更，而 a_1 和 a_4 的变更又分别引起了 a_2、a_4 和 a_2、a_5 的变更，如此传播最终可以得到产品变更树，如图 6-39 所示。从变更树中可以得到，变更传播具有两个特点：① 随着变更的传播，受影响的零件数目不断增多；② 产品零件本身的设计出现了反复迭代，如图 6-39 中 a_3 的零件出现了反复的迭代。

	a_1	a_2	a_3	a_4	a_5
a_1	—		1		1
a_1	1	—		1	
a_1		1	—		1
a_1	1		1	—	
a_5		1		1	—

图 6-38 基于零部件的结构设计矩阵

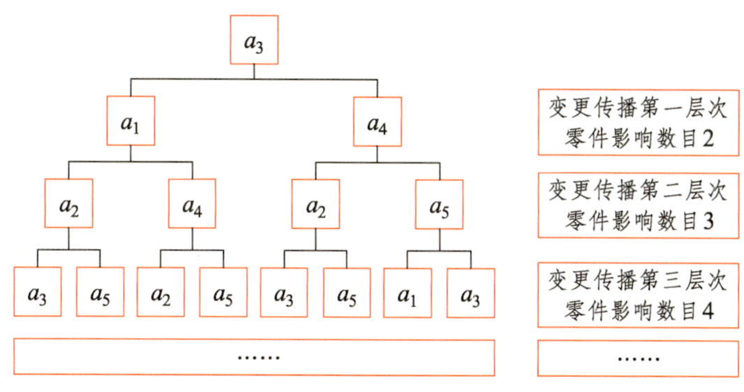

图 6-39　零件 a3 的变更传播树

6.5.2.3　基于工程变更风险的模块化评估

1. 基于工程变更风险的模块化评估方法介绍

变更风险是指变更发生的可能性和随后变更产生的影响，它可以用于评估模块间的变更影响程度，也是模块划分结果优劣的一个评价标准。变更风险通常用可能性和影响来表示。下面对可能性、影响度、风险做如下定义：

定义 1：可能性定义为一个零部件的变更对另一个零部件产生设计影响的概率。

定义 2：直接可能性定义为通过零部件之间的直接联系使一个零部件的变更对另一个零部件产生设计影响的概率。可以用直接可能性矩阵 $\boldsymbol{L}$ 来表示产品内部零部件之间变更传播的直接可能性。

定义 3：综合可能性定义为通过零部件之间的直接联系和间接联系使一个零部件的变更对另一个零部件产生设计影响的总概率。可以用综合可能性矩阵 $\boldsymbol{ZL}$ 来表示产品内部零部件之间变更传播的直接可能性。

定义 4：影响度通常定义为由于变更传播导致设计返工的平均比例或者变更传播导致的成本损失。由于目前影响度矩阵的构建主要依赖于历史记录和过往经验，为了便于实现变更传播风险研究的可行性，在此假设为对重要零件进行变更会产生较大的影响或造成较大的成本损失，因此可以用受影响零件的重要度来等效变更的影响度。可以用影响度矩阵 $\boldsymbol{I}$ 来表示产品内部各零部件的影响度或重要度。

定义 5：直接风险定义为变更发生的直接可能性和随后变更产生的影响。可以用直接风险矩阵 $\boldsymbol{R}$ 表示产品内部各零部件变更引起的之间风险。

定义 6：综合风险定义为变更发生的综合可能性和随后变更产生的影响。可以用综合风险矩阵 $\boldsymbol{ZR}$ 表示产品内部各零部件变更引起的之间风险。

直接风险矩阵 $\boldsymbol{R}$、综合风险矩阵 $\boldsymbol{ZR}$、直接可能性矩阵 $\boldsymbol{L}$、综合可能性矩阵 $\boldsymbol{ZL}$、影响度矩阵 $\boldsymbol{I}$ 之间的关系如图 6-40 所示。L_{ij} 表示零件 j 对零件 i 传播变更的可能性；ZL_{ij} 表示零件 j 对零件 i 传播的综合可能性；I_i 表示零件 i 的重要度；R_{ij} 表示零件 j 对零件 i 直接风险，用 $L_{ij} \cdot I_i$ 的结果表示。如零件 2 对零件 3 的直接风险为 $R_{32} = L_{32} \cdot I_3$。$ZR_{ij}$ 表示零件 j 对零件 i 的综合风险，即直接风险和变更传播导致的所有间接风险的和，如零件 2

对零件 3 的风险传播有两条路径，一条 2—3 直接传播路径，另一条 2—1—4—3 间接传播路径，故综合风险为 $ZR_{32}=ZL_{32}\cdot I_3$，其中 $ZL_{32}=L_{12}\cdot L_{41}\cdot L_{34}+L_{32}$。间接路径的风险计算可类比于串联路径的电流强度计算，通常直接可能性矩阵和影响度矩阵中元素取 0~1 中的数值，故可以推断出：① 由于各个乘积都为正，所以两个元素之间间接传递路径越多，变更产生的相对风险越大；② 由于可能性矩阵和影响度矩阵元素取 0~1 中的数值，故路径越远，则变更产生的风险越小。

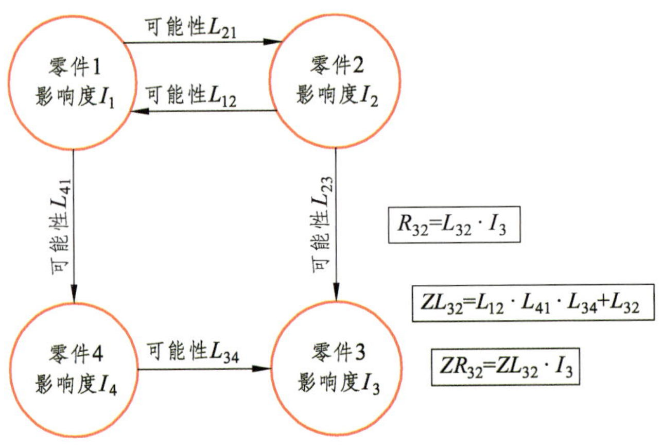

图 6-40 可能性、影响度、直接风险、综合风险之间的关系

基于工程变更风险的模块化评估流程如图 6-41 所示。以模块化聚类后的数值型 DSM 为输入，构建重要度判断矩阵，计算其特征值并归一化来求得影响度矩阵；此外基于聚类后的数值型 DSM，对该矩阵中非 0 元素的相应零部件之间进行可传播属性域的分析，

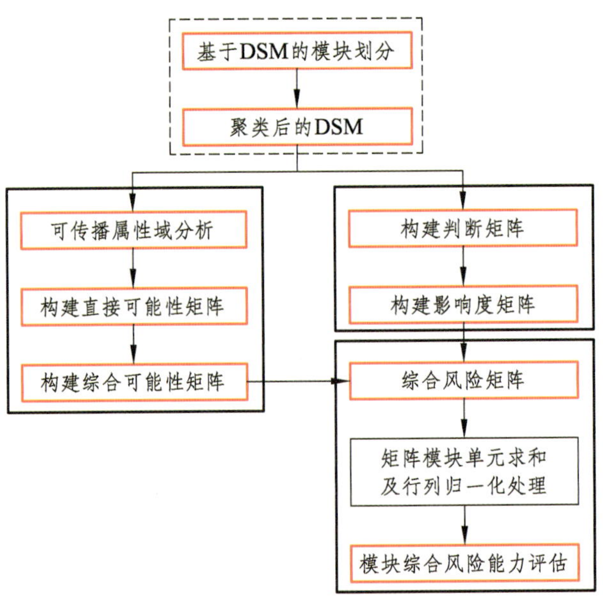

图 6-41 基于工程变更风险的模块化评估流程

以求得零部件之间的直接可能性值，从而构建直接可能性矩阵，设置 3 个层次的传播深度，基于可达矩阵的思想来求得综合可能性矩阵。最后基于综合可能性矩阵和影响度矩阵计算综合风险矩阵，根据模块划分形式，将综合风险矩阵进行模块内部元素和模块之间元素的合并得到模块之间的综合风险矩阵，再进行行列归一化，通过归一化结果分析进行模块抵抗干扰和传播干扰能力的评估，从而面向工程变更风险的角度实现对模块划分结果的有效评估。

2. 可能性矩阵构建

通常直接可能性矩阵中元素数值的选取是由之前的变更设计历史记录和有经验的设计人员得出的，首先确定变更的类型，如有装配性能差引起的变更，则在以往记录中筛选出相同变更类型的记录，统计零件 a_1 发起变更的总数 N_1，相邻零件 a_2 受到影响返工的次数 N_2，则可以得到零件 a_1 对零件 a_2 变更可能性为 $L_{21} = N_2/N_1$，同理可以得到矩阵的其他元素值，但这需要大量的历史记录与经验。下面通过介绍一种不基于大量历史记录，在聚类后的数值型 DSM 基础上从变更传播特性进行分析的近似方法来进行可能性概率的计算。

通过变更传播原理分析，可以知道变更传播是通过属性作用域，在接口匹配和空间约束条件下进行传播的，而数值型 DSM 已经提供了零部件之间的相互联系，因此可以在 DSM 基础上，对具有相互联系的零部件（即 DSM 中非 0 单元格所对应的零部件）之间进行接口和空间轮廓具体特征的分析，建立可传播的接口和空间属性的联系体系，用层次分析法给定相应可传播属性的权重。然后根据特定的变更类型和特定产品零件的变更方式对其可能的传播属性进行判断，当可进行传播的属性路径越多，则传播的可能性就越大。如图 6-42 所示，可传播的属性域包括外形轮廓约束和接口可传播属性，接口可传播属性又包括几何形状、几何尺寸、材料机械特性、接口运动特性、接口结合特性、配合精度。通过参考第 3 章权重分配的层次分析法流程，建立以下两个层次的判断矩阵 $\boldsymbol{C}_1$，$\boldsymbol{C}_2$。

$$\boldsymbol{C}_1=\begin{bmatrix}1 & 1/7\\ 7 & 1\end{bmatrix}$$
$$\boldsymbol{C}_2=\begin{bmatrix}1 & 1 & 9 & 5 & 5 & 9\\ 1 & 1 & 7 & 5 & 3 & 3\\ 1/9 & 1/7 & 1 & 1/5 & 1/3 & 3\\ 1/5 & 1/5 & 5 & 1 & 1 & 5\\ 1/5 & 1/3 & 3 & 1 & 1 & 3\\ 1/9 & 1/7 & 3 & 1/5 & 1/3 & 1\end{bmatrix} \tag{6-59}$$

通过一致性检查和归一化后可得 $\boldsymbol{C}_1$、$\boldsymbol{C}_2$ 的权重为 0.125、0.875。同理可得 $\boldsymbol{C}_{21} \sim \boldsymbol{C}_{26}$ 的值为 0.372 7、0.318 2、0.047 3、0.117 7、0.096 8、0.047 3。再确定变更类型，

如功能变更通常会影响几何形状、几何尺寸、接口运动特性、接口结合特性等传播属性。装配变更通常会影响外形轮廓、几何形状、几何尺寸、配合精度等传播属性。可靠性变更通常影响几何形状、几何尺寸、材料机械特性等属性。然后再分析具体零件，得出引起该种类型变更可能产生的部位和相应的改进措施，从而确定其最终可能影响的属性。如以车轴的装配变更对车轮的影响为例，其变更影响原因可能是轴径的尺寸公差不匹配，轮轴配合圆柱面的同轴度、圆柱度的精度不高，轴的结构设计不合理，如过盈段太长等导致装配性能差，因此进行相应变更，如调整尺寸公差带、提高形位精度、修改结构为阶梯轴。此外装配方法的改变也会引起变更，如轮轴装配方法由冷装变压力油装，则在车轮上应开设注油孔等。其中阶梯轴的变更不会导致车轮的变化，故其传播属性通常为几何形状（油孔特征）、几何尺寸（装配轴径变化）、配合精度。则相应的可能性概率计算 $\boldsymbol{L} = \boldsymbol{C}_2 \cdot (\boldsymbol{C}_{21} + \boldsymbol{C}_{22} + \boldsymbol{C}_{26})$。通过对每个零件进行如上所示的可能性概率计算，就可以得到如图 6-43 所示的直接可能性矩阵。在直接可能性矩阵的基础上，基于可达矩阵的思想，可以通公式（6-60）来得到综合可能性矩阵。综合可能性矩阵 $\boldsymbol{ZL}$ 计算公式为

$$\boldsymbol{ZL} = \boldsymbol{L} + \sum_{i=1}^{i=n} \boldsymbol{L}^i \tag{6-60}$$

式中，n 为变更传播的深度；$\boldsymbol{L}$ 为直接可能性矩阵。

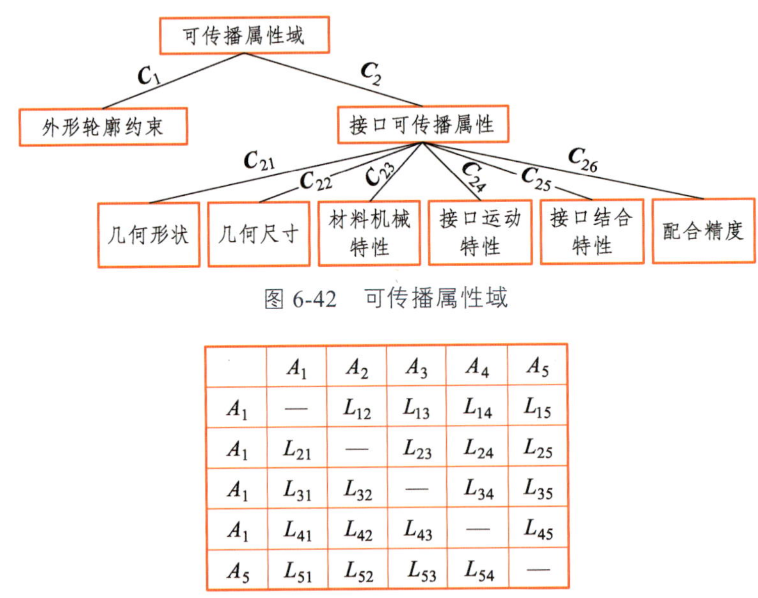

图 6-42　可传播属性域

	A_1	A_2	A_3	A_4	A_5
A_1	—	L_{12}	L_{13}	L_{14}	L_{15}
A_1	L_{21}	—	L_{23}	L_{24}	L_{25}
A_1	L_{31}	L_{32}	—	L_{34}	L_{35}
A_1	L_{41}	L_{42}	L_{43}	—	L_{45}
A_5	L_{51}	L_{52}	L_{53}	L_{54}	—

图 6-43　直接可能性矩阵

3. 影响度矩阵构建

影响度矩阵通过零件相对总体重要度的矩阵来等效表示。影响度矩阵求解流程如图

6-44 所示。先基于聚类后的数值型 DSM 矩阵（数值型结构设计矩阵在第 3 章已构建）进行换算来求得零件重要度判断矩阵，然后求取判断矩阵的最大特征向量并进行归一化得到各零部件相对整体的重要度行向量，再对行向量进行图 6-44 中所示的矩阵运算得到与 DSM 相同规模的方阵 $\boldsymbol{I}$。

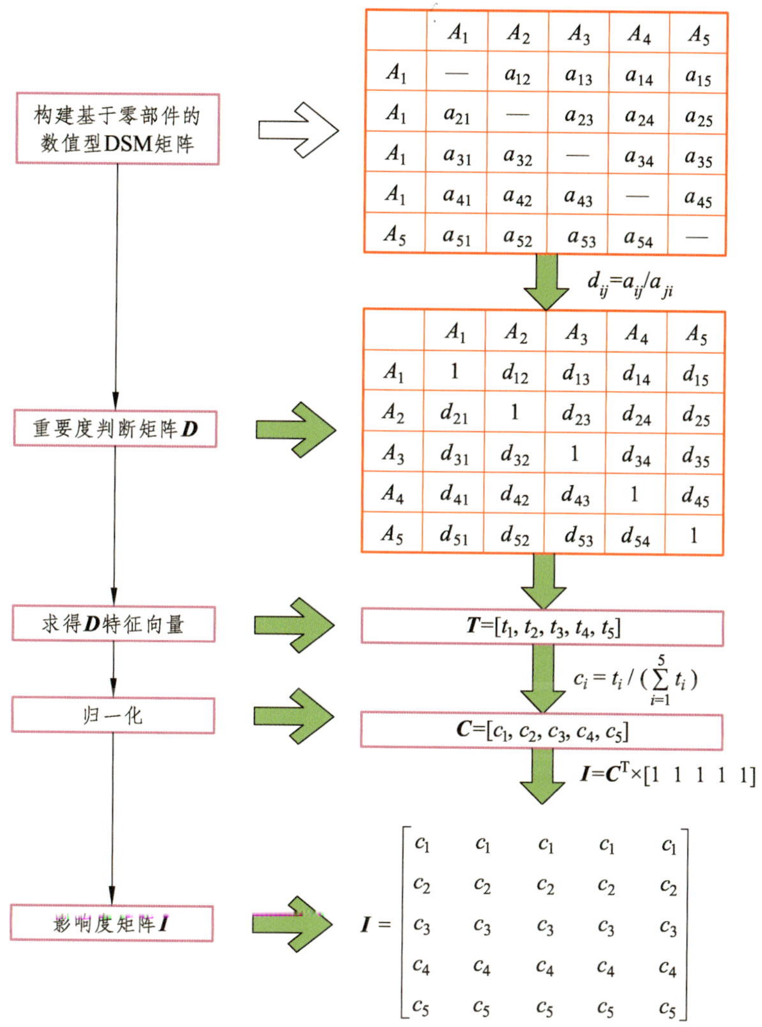

	A_1	A_2	A_3	A_4	A_5
A_1	—	a_{12}	a_{13}	a_{14}	a_{15}
A_1	a_{21}	—	a_{23}	a_{24}	a_{25}
A_1	a_{31}	a_{32}	—	a_{34}	a_{35}
A_1	a_{41}	a_{42}	a_{43}	—	a_{45}
A_5	a_{51}	a_{52}	a_{53}	a_{54}	—

	A_1	A_2	A_3	A_4	A_5
A_1	1	d_{12}	d_{13}	d_{14}	d_{15}
A_2	d_{21}	1	d_{23}	d_{24}	d_{25}
A_3	d_{31}	d_{32}	1	d_{34}	d_{35}
A_4	d_{41}	d_{42}	d_{43}	1	d_{45}
A_5	d_{51}	d_{52}	d_{53}	d_{54}	1

图 6-44　影响度矩阵求解流程

4. 模块综合风险计算与评估

1）综合风险计算

综合风险是在直接风险的基础上考虑了由于变更传播所引起的间接风险。直接风险矩阵 $\boldsymbol{R}$ 计算公式为

$$\boldsymbol{R}=\boldsymbol{I}\cdot\boldsymbol{L} \tag{6-61}$$

综合风险矩阵 **ZR** 计算公式为

$$\boldsymbol{ZR}=\boldsymbol{I}\cdot\left(\boldsymbol{L}+\sum_{i=1}^{i=n}\boldsymbol{L}^{i}\right) \tag{6-62}$$

其中，n 为所定义的变更传播的影响深度。综合风险矩阵如图 6-45 所示。其中非对角线元素为由于变更路径传播形成的综合风险，对角线元素为零件变更传播产生自身的反复迭代引起的风险。

	A_1	A_2	A_3	A_4	A_5
A_1	ZR_{11}	ZR_{12}	ZR_{13}	ZR_{14}	ZR_{15}
A_2	ZR_{21}	ZR_{22}	ZR_{23}	ZR_{24}	ZR_{25}
A_3	ZR_{31}	ZR_{32}	ZR_{33}	ZR_{34}	ZR_{35}
A_4	ZR_{41}	ZR_{42}	ZR_{43}	ZR_{44}	ZR_{45}
A_5	ZR_{51}	ZR_{52}	ZR_{53}	ZR_{54}	ZR_{55}

图 6-45 综合风险矩阵

2）基于风险的模块化结果评估

风险矩阵显示的是各零件之间的变更传播的风险绝对值，因此要对综合风险矩阵进行模块化整合以及相应的换算才能直观显示模块之间的风险大小。变换流程如图 6-46 所示，将所得到的综合风险矩阵的行列元素根据模块划分结果进行单元块的合并，即对模

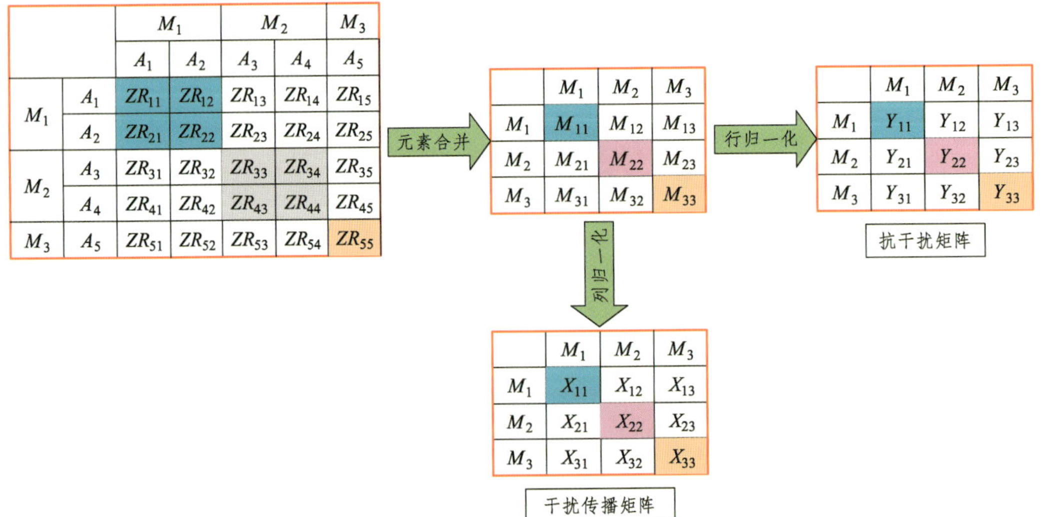

图 6-46 综合风险变换流程

块内的矩阵块元素值进行求和得到模块内部的风险，将模块之间矩阵块的元素值进行求和得到模块之间的风险，从而得到模块风险矩阵 $\boldsymbol{M}$，然后分别进行列归一化和行归一化，得到相应的矩阵 $\boldsymbol{X}$，$\boldsymbol{Y}$。通常从模块的独立性进行模块优劣的评价，而从变更的角度看，独立性可以包括抵制外界干扰的能力和内部变更对外界的干扰能力两个方面。一个好的模块应该具有较强的抵制外界干扰的能力和较弱的变更发起传播能力。$\boldsymbol{X}$ 表示模块变更发起传播的能力，对角线元素值表示相应模块出现变更，阻止变更传播的能力，故该值越大越好。$\boldsymbol{Y}$ 表示模块变更抵抗干扰的能力，对角线元素值表示其他模块出现变更，其自身抵抗干扰的能力，故该值越大越好。

6.5.2.4　转向架的模块化评价实例分析

转向架是一种典型的大型复杂机械产品，零部件数量多，存在大量的耦合关系，某一零件的修改可能引起大量的迭代，因此研究其变更传播风险具有重要意义，同时也是对模块化划分结果优劣的重要评价指标。第 3 章中已对高速列车转向架进行了模块划分，下面继续以转向架为例从面向装配变更类型的角度，通过变更风险评估对模块划分结果进行评价。

首先应构建转向架的直接可能性矩阵。由于变更为面向装配的变更类型，故传播属性通常为外形轮廓约束、几何形状、尺寸和配合精度。如图 6-47 所示，可以对每个零件从安装工具、连接方式、尺寸公差、装配结构工艺、外部尺寸轮廓 5 个角度进行零部件之间装配变更传播可能性分析，确定可能的传播属性，然后计算传播概率，从而得到转向架的直接可能性矩阵，如图 6-48 所示。

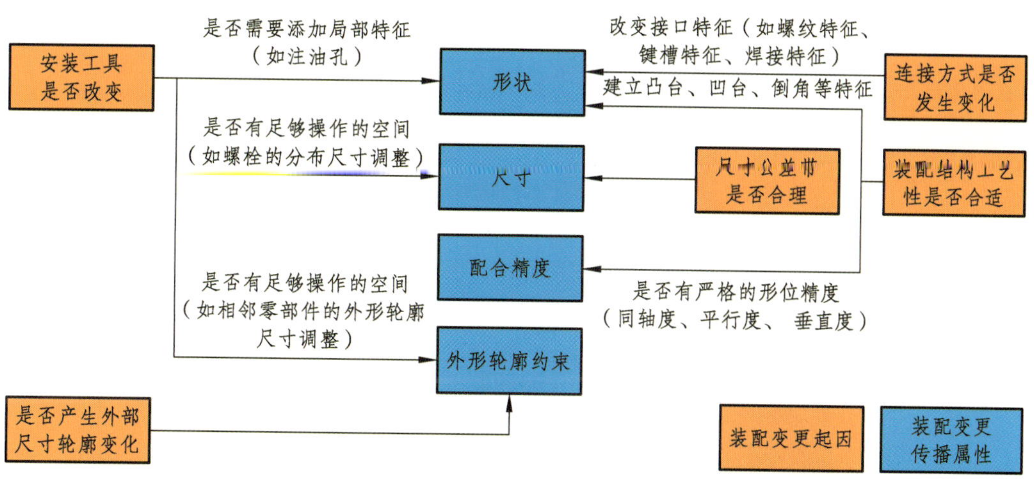

图 6-47　装配变更可能性分析示意图

零部件名称	牵引拉杆节点	牵引拉杆	牵引拉杆安装座	轴箱弹簧	轴箱	轴箱定位节点	车轴	车轮	制动轮盘	电机悬吊安装座	横梁	基础制动安装座	垂向限位止挡	齿轮箱吊座	纵向连接梁	横向止挡	二系横向减振器	电机通风模块	电机	电机悬挂模块	21减速齿轮帽	联轴器	齿轮箱悬挂模块	管路装置	组合弯头	制动气缸	增力杠杆装置	闸片组成	抗蛇行减振器安装座	空气弹簧	空气弹簧安装座	空气弹簧支撑梁	一系垂向减振器安装座	二系垂向减振器安装座	轴箱定位节点安装座	侧梁	轴箱弹簧安装座	二系垂向减振器	二系横向减振器	抗蛇行减振器	一系垂向减振器
序号	2	5	23	3	21	4	27	26	20	6	24	14	28	32	22	29	7	37	8	9	10	11	12	15	16	17	18	19	30	1	13	31	33	25	34	35	36	38	39	40	41
2		0.32	0.65																																						
5	0.32		0.13																																						
8	0.65	0.13									0.6																														
3					0.17																																0.17				
8				0.77		0.32	0.49																																		0.17
6					0.32																														0.45						
8					0.77			0.32	0.32												0.32																				
8							0.65																																		
8							0.65																					0.17													
6											0.6									0.32																					
8			0.6							0.6		0.6	0.6	0.6	0.77																	0.32				0.32					
8											0.6																0.32														
8											0.6																														
8											0.6												0.32																		
8											0.8					0.6	0.65																								
8															0.6																										
7															0.65																								0.17		
8																			0.65																						
8																		0.65		0.32		0.65																			
9										0.32									0.65																						
8							0.32															0.65	0.32																		
8																			0.65		0.65																				
8														0.32							0.32																				
8																									0.65																
8																								0.65		0.6															
8																									0.6		0.77														
8												0.32														0.77		0.13													
8									0.17																		0.17														
8																																0.65								0.17	
1																															0.32	0.13									
8																														0.65		0.77									
8											0.3																		0.65	0.13	0.77					0.32					
8																																				0.65					0.17
8																																				0.65		0.17			
8						0.45																														0.6					
8											0.3																					0.32	0.65	0.65	0.6		0.77				
8				0.65																																0.77					
8																																		0.17							
8																	0.17																								
8																													0.17												
8					0.17																												0.17								

图 6-48　转向架直接可能性矩阵

设定变更深度为 3，通过公式（6-60）可以得到综合可能性矩阵 ***ZL***；在数值化 DSM 的基础上，构建转向架的判断矩阵和影响矩阵；最后可以通过公式（6-62）进行综合风险的计算，得到综合风险矩阵 ***ZR***。对综合可能性矩阵和综合风险矩阵进行模块聚合和归一化处理，结果分别如图 6-49（a）、图 6-49（b）所示。图 6-49（a）中 1-列归一化对角值表示该模块对外传播变更的概率，从结果值中可以看出，制动对外传播变更的概率最小，只有 0.17，而牵引传动对外传播变更的概率最大，为 0.59，其余模块均具有小于 50%的变更传播概率。而行归一化对角值表示模块抗外界干扰的概率。根据数值可以看出制动具有最大的抗外界干扰的概率，为 0.83，而牵引传动抗干扰的概率为 0.41，其余模块均具有大于 50%的抗干扰的概率。从综合可能性矩阵的结果显示，主要由于牵引传动模块与横梁模块通过牵引座进行了较强的变更传递，因此导致了图中绿色部分数据结果。但是从总体的传播概率分析结果中可以认为模块划分具有一定的合理性。图 6-49（b）则显示了变更的综合风险，其进一步考虑了变更传播引起的后果，从综合风险矩阵的列归一化矩阵中可以看出，对角值是表示抑制对外发起变更风险的能力，因此值越大越好。但是只有横梁和侧梁模块的对角风险值大于 50%，其余都具有较小的对角风险值，主要原因是：牵引传动模块、制动模块、驱动模块、空气弹簧支撑梁模块等通过安装座对横梁模块具有较大的风险传播能力[如图 6-49（b）中列归一化绿色部分数据]，而轮对通过圆簧座和转臂定位座对侧梁也具有较大的风险传播能力[如图 6-49（b）中列归一化蓝色部分数据]。而从图 6-49（b）中行归一化的对角数据可以看出，除了牵引传动模块，其余各模块具有较好的抵制外界干扰的能力。但是行归一化绿色部分数据也显示了横梁模块对各模块的干扰较大。

	牵引传动	轮对	横梁	驱动	制动	空簧梁	侧梁	独立模块	行归一化对角值
牵引传动	6.2276	0	7.00308	0.2304	0.1152	0.7008	0.91584	0	0.41
轮对	0	16.1305	0.1703	2.42544	0.39085	0.12829	3.09378	0.668	0.7
横梁	7.00308	0.2864	53.3648	3.23974	1.95885	5.66429	7.34502	0.6936	0.67
驱动	0.2304	2.37763	2.9335	19.809	0.01741	0.12288	0.12288	0.04189	0.77
制动	0.1152	0.9553	1.28941	0.03536	12.3867	0.06144	0.06144	0	0.83
空簧梁	0.7008	0.24656	5.5967	0.12288	0.06144	14.992	4.6391	0.52741	0.56
侧梁	0.91584	5.01213	7.34502	0.12288	0.06144	4.70669	26.0907	1.24443	0.57
独立模块	0	0.60554	10.1285	0.02666	0	0.52741	1.2479	0.6086	独立模块
列归一化对角值	0.41	0.63	0.61	0.76	0.83	0.56	0.6	独立模块	
1-列归一化对角值	0.59	0.37	0.39	0.24	0.17	0.44	0.4		

（a）

	牵引传动	轮对	横梁	驱动	制动	空簧梁	侧梁	独立模块
牵引传动	0.31657	0	0.43301	0.01693	0.00847	0.04568	0.06148	0
轮对	0	0.17764	0.00205	0.02419	0.00304	0.00163	0.04109	0.00853
横梁	0.47849	0.03058	2.94655	0.14984	0.1002	0.38945	0.49143	0.03179
驱动	0.00149	0.00762	0.0166	0.05432	5.9E-05	0.00079	0.00079	0.00014
制动	0.00149	0.00617	0.01578	0.00029	0.05202	0.00079	0.00079	0
空簧梁	0.03925	0.01935	0.31595	0.00965	0.00482	0.6835	0.25391	0.02283
侧梁	0.06321	0.2483	0.52827	0.01381	0.00691	0.33899	1.71054	0.06344
独立模块	0	0.00933	0.03621	0.00041	0	0.004	0.01566	0.0031

行归一

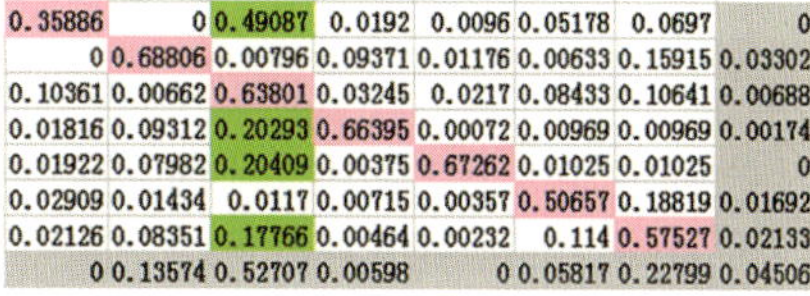

0.35886	0	0.49087	0.0192	0.0096	0.05178	0.0697	0
0	0.68806	0.00796	0.09371	0.01176	0.00633	0.15915	0.03302
0.10361	0.00662	0.63801	0.03245	0.0217	0.08433	0.10641	0.00688
0.01816	0.09312	0.20293	0.66395	0.00072	0.00969	0.00969	0.00174
0.01922	0.07982	0.20409	0.00375	0.67262	0.01025	0.01025	0
0.02909	0.01434	0.0117	0.00715	0.00357	0.50657	0.18819	0.01692
0.02126	0.08351	0.17766	0.00464	0.00232	0.114	0.57527	0.02133
0	0.13574	0.52707	0.00598	0	0.05817	0.22799	0.04506

列归一

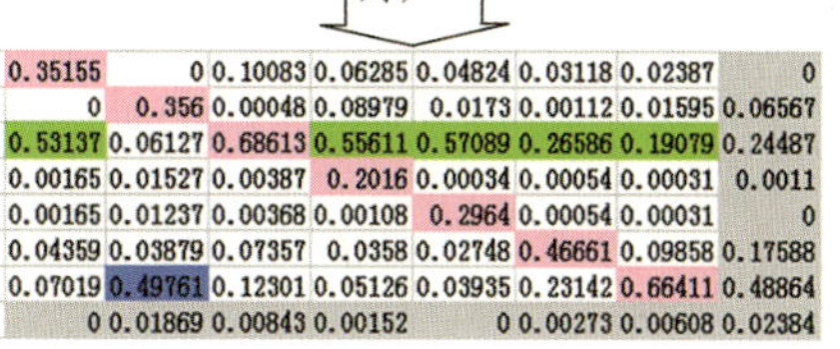

	0.35155	0	0.10083	0.06285	0.04824	0.03118	0.02387	0
	0	0.356	0.00048	0.08979	0.0173	0.00112	0.01595	0.06567
	0.53137	0.06127	0.68613	0.55611	0.57089	0.26586	0.19079	0.24487
	0.00165	0.01527	0.00387	0.2016	0.00034	0.00054	0.00031	0.0011
	0.00165	0.01237	0.00368	0.00108	0.2964	0.00054	0.00031	0
	0.04359	0.03879	0.07357	0.0358	0.02748	0.46661	0.09858	0.17588
	0.07019	0.49761	0.12301	0.05126	0.03935	0.23142	0.66411	0.48864
	0	0.01869	0.00843	0.00152	0	0.00273	0.00608	0.02384

（b）

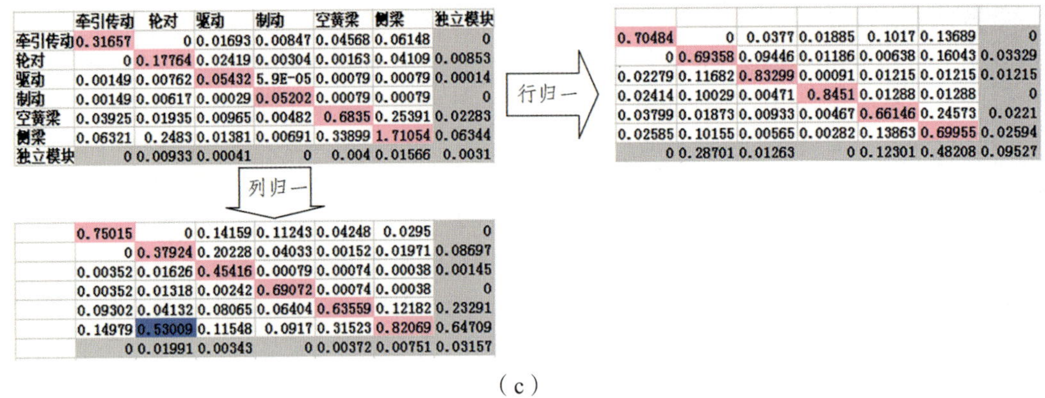

	牵引传动	轮对	驱动	制动	空簧梁	侧梁	独立模块
牵引传动	0.31657	0	0.01693	0.00847	0.04568	0.06148	0
轮对	0	0.17764	0.02419	0.00304	0.00163	0.04109	0.00853
驱动	0.00149	0.00762	0.05432	5.9E-05	0.00079	0.00079	0.00014
制动	0.00149	0.00617	0.00029	0.05202	0.00079	0.00079	0
空簧梁	0.03925	0.01935	0.00965	0.00482	0.6835	0.25391	0.02283
侧梁	0.06321	0.2483	0.01381	0.00691	0.33899	1.71054	0.06344
独立模块	0	0.00933	0.00041	0	0.004	0.01566	0.0031

0.70484	0	0.0377	0.01885	0.1017	0.13689	0
0	0.69358	0.09446	0.01186	0.00638	0.16043	0.03329
0.02279	0.11682	0.83299	0.00091	0.01215	0.01215	0.01215
0.02414	0.10029	0.00471	0.8451	0.01288	0.01288	0
0.03799	0.01873	0.00933	0.00467	0.66146	0.24573	0.0221
0.02585	0.10155	0.00565	0.00282	0.13863	0.69955	0.02594
0	0.28701	0.01263	0	0.12301	0.48208	0.09527

	0.75015	0	0.14159	0.11243	0.04248	0.0295	0
	0	0.37924	0.20228	0.04033	0.00152	0.01971	0.08697
	0.00352	0.01626	0.45416	0.00079	0.00074	0.00038	0.00145
	0.00352	0.01318	0.00242	0.69072	0.00074	0.00038	0
	0.09302	0.04132	0.08065	0.06404	0.63559	0.12182	0.23291
	0.14979	0.53009	0.11548	0.0917	0.31523	0.82069	0.64709
	0	0.01991	0.00343	0	0.00372	0.00751	0.03157

（c）

图 6-49　风险矩阵归一化处理结果示意

通过对图 6-49（b）数据的分析，可以得出横梁是各个模块风险传播的重要接口，因此横梁具有 BUS 模块的特性。如果对横梁进行接口标准化，那么就可以实现变更传播的减弱或者终止。如图 6-49（c）是假设横梁模块作为 BUS 模块进行接口标准化后，其余模块的综合风险结果数据。通过对比可以看出，各个模块对外传播的变更风险和抗干扰能力明显增强（表现为行和列归一化对角值明显变大）。可以进一步推论，如果将侧梁、横梁、空气弹簧支撑梁进行合并形成总的 BUS 模块（即所谓的构架），并对外接口进行标准化，那么模块间独立性和风险度将进一步减小。

第 7 章

高速列车模块化快速定制设计系统构建

7.1　高速列车快速定制设计系统集成框架

7.1.1　系统背景及应用需求

随着高铁的快速发展以及“走出去”政策的要求，面向国内外用户多样化、个性化的需求，开发建设一个具有较强适应性的谱系化高速列车快速定制技术平台是未来发展的必然要求。为此，需深入研究 CRH 系列动车组的共性技术，取长补短、融会贯通，在深度消化吸收的基础上，坚持以标准化、模块化、系列化的理念，加大自主创新的力度，建立具有中国技术特征的高速列车技术平台，建设具有中国特色的高速列车完整技术体系。

高速列车谱系化设计制造一体化平台构建，依据高速列车谱系化关键技术，开展设计制造一体化平台构建是关键技术的工程化应用，为关键技术提供了应用验证技术。高速列车的谱系化最终目标就是要形成以最短的开发周期、最合理成本，且能够满足用户多样化、个性化的需求的快速定制技术，因而一直是世界铁路技术发达国家追求的目标和努力的方向。

最终，建设成一个能够适应长期开发的高速列车集成创新技术平台——高速列车设计制造一体化平台，如图 7-1 所示。高速列车设计制造一体化平台主要包括数据平台、技术平台、产品平台及以下八个子系统：参数化需求管理子系统、快速设计子系统、参数化协同仿真系统、虚拟样机可视化系统、虚拟仿真装配子系统、快速工艺文件生成子系统、快速质量文件生成子系统、试验验证技术系统。在谱系化模型与模块数据库、规则与算法库、知识库、标准库、供应链、集成制造系统、试验验证技术系统等支持下，实现需求驱动的谱系化高速列车的快速设计制造。

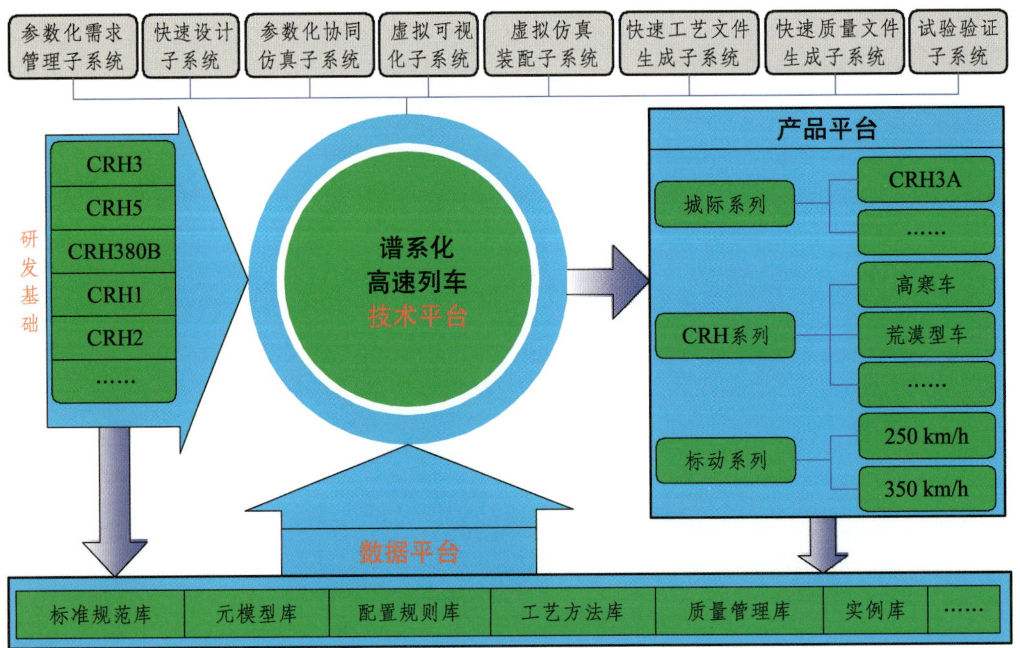

图 7-1　高速列车设计制造一体化平台总体逻辑架构

平台的建设可以实现需求导向的具有共同技术特征的高速列车系列化车型（高寒列车、荒漠列车、高原列车、高温高湿列车等）的快速定制设计，并缩短了制造周期，提高了制造质量，为快速响应国内外用户多样化、个性化需求提供了保障，为谱系化高速列车产品研发、数据管理和持续应用提供了基础，提升了企业数字化设计与制造管理水平和产品竞争力，以最短的周期和最优惠的价格参与国际竞争，促进高速列车沿着“一带一路”走向世界发挥重要作用。

高速列车快速子设计系统以产品需求为输入，以模块库、元模型库、规则库等为支撑，核心业务功能是基于需求的产品元模型快速实例化，通过导航方式开展核心模块配置、变型设计以及新模块参数化设计产生最终的三维模型等。

基于面向产品谱系的高速列车模块化定制设计关键技术的研究基础，为满足高速列车谱系化设计制造一体化平台快速设计子系统的核心业务功能需求，下面进行高速列车快速定制设计系统总体架构的设计和系统的开发实现。

7.1.2　系统功能及方案规划

高速列车快速定制设计系统主要包括谱系化高速列车产品设计数据管理、谱系化高速列车模块选配、高速列车快速模块变型设计三大主要功能，功能说明及支撑的关键技术具体如表 7-1 所示。

表 7-1　高速列车快速定制设计系统功能集说明

序号	模　块	功能描述	支撑关键技术
1	谱系化高速列车产品设计数据管理	建立谱系化高速列车产品元模型库，树状结构化形式构建，各个组成单元均为独立对象，可对任一单元进行维护	概念设计方案生成技术 产品元模型构建技术
2		建立谱系化高速列车技术指标库	概念设计方案生成技术 设计知识提取技术
3		建立谱系化高速列车模块配置映射规则库	
4		建立谱系化高速列车三维模块和模板库	高速列车设计实例整理
5		建立谱系化高速列车技术标准库	高速列车执行技术标准分类
6	谱系化高速列车模块选配	根据产品需求，通过映射对产品元模型的参数化赋值，应用谱系化高速列车结构树进行快速核心模块实例选配，生成产品实例结构	基于产品元模型的高速列车配置设计方法
7		根据产品配置方案结果，生成 CAD 数据的设计结构，自动装配出产品设计三维模型	基于骨架的装配设计
8	高速列车快速模块变型设计	根据产品需求及相关技术参数，在系统中快速检索满足条件的已有模块或三维模板作为变型基础	设计变更路径规划技术
9		参数从系统自动传递至对应的 CAD 模型中驱动 CAD 模型变型生成新的模型	二次开发参数化建模技术

基于上述功能要求描述，规划系统的设计方案如图 7-2 所示。高速列车快速定制设计系统是以需求采集为设计输入，首先基于需求-技术指标的映射输出高速列车技术指标；再基于配置映射规则将高速列车技术指标映射为高速列车产品元模型的参数，对高速列车产品元模型赋值，然后提取配置参数在元模型实例库中进行相似实例检索，若满足要求则实例直接输出，否则选取相似度最高的实例模板进行模块的变型设计和参数化

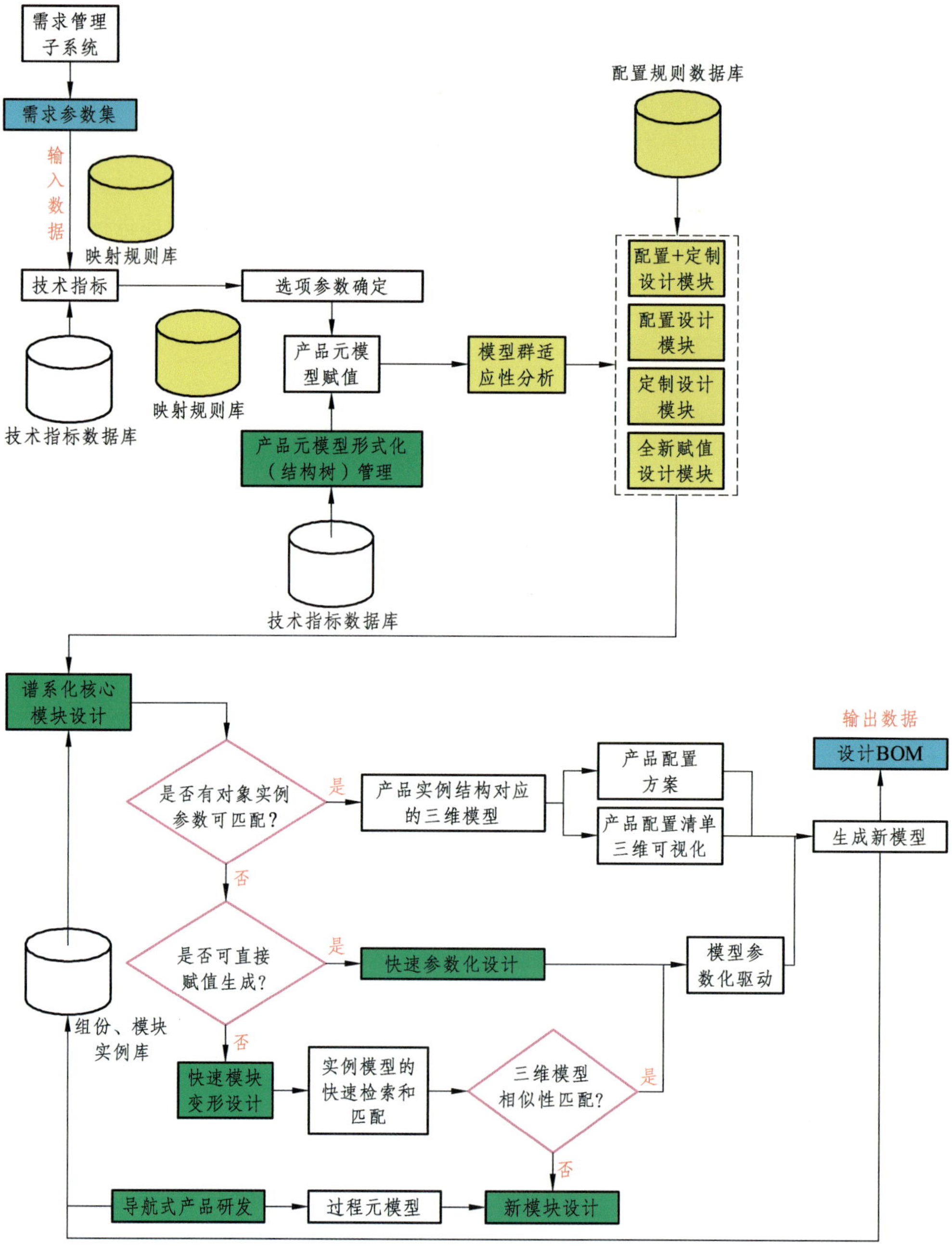

图 7-2　高速列车定制设计子系统设计方案

设计；最后模块设计完成后基于高速列车的三维参数化骨架实现模块的自动装配，输出高速列车三维数字化样机模型。

7.1.3　系统结构框架

高速列车快速定制设计系统采用 C/S 的框架，采用面向对象的技术，应用 VS2008 C# 开发定制设计子系统的前台应用层，以 SQL Sever 2012 开发后台支撑数据库，以三维软件 CATIA V5R22 为产品实例可视化展现平台，以 CAA V5R22 为模块二次开发参数化设计开发工具，搭建定制设计系统。整个软件的设计框架分为用户交互层、功能层、数据存储服务层和软硬件层四层架构，如图 7-3 所示。

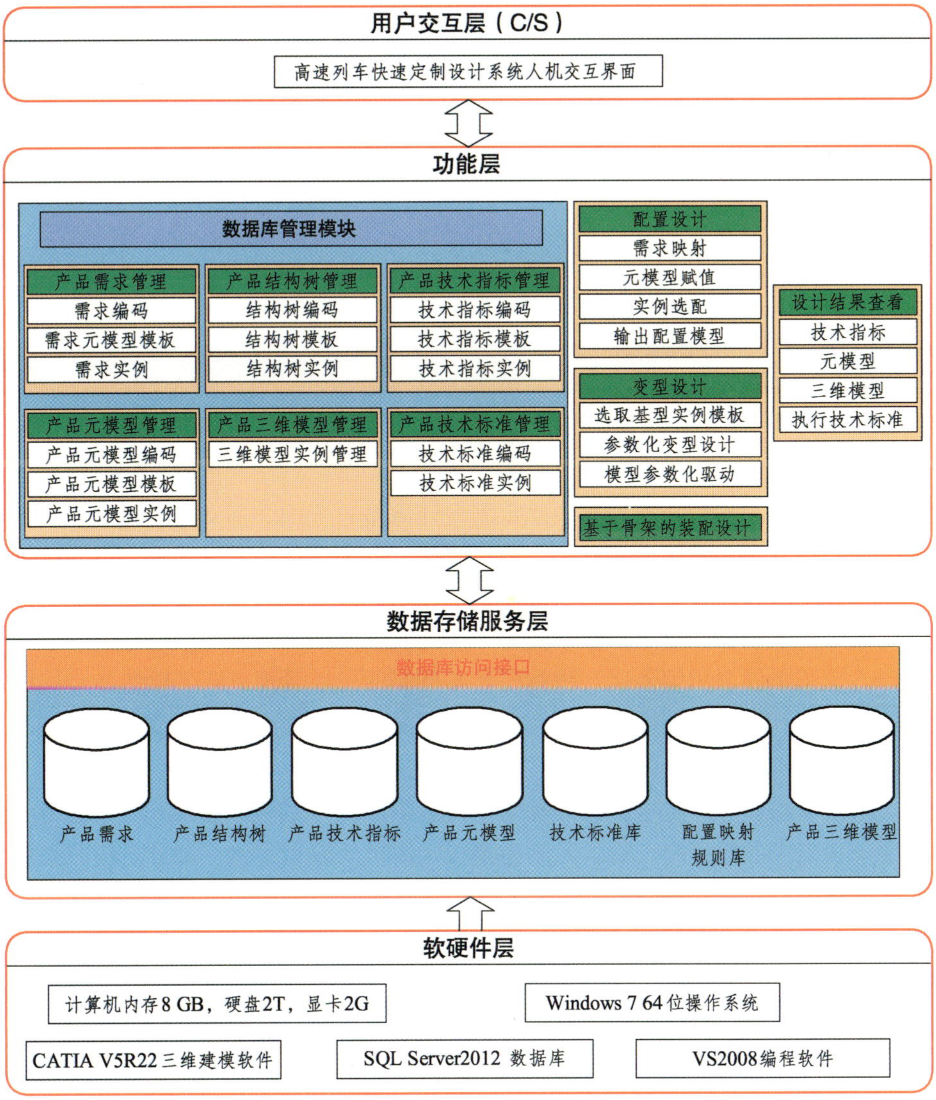

用户交互层（C/S）

高速列车快速定制设计系统人机交互界面

功能层

数据库管理模块

产品需求管理：需求编码、需求元模型模板、需求实例

产品结构树管理：结构树编码、结构树模板、结构树实例

产品技术指标管理：技术指标编码、技术指标模板、技术指标实例

产品元模型管理：产品元模型编码、产品元模型模板、产品元模型实例

产品三维模型管理：三维模型实例管理

产品技术标准管理：技术标准编码、技术标准实例

配置设计：需求映射、元模型赋值、实例选配、输出配置模型

变型设计：选取基型实例模板、参数化变型设计、模型参数化驱动

基于骨架的装配设计

设计结果查看：技术指标、元模型、三维模型、执行技术标准

数据存储服务层

数据库访问接口

产品需求　产品结构树　产品技术指标　产品元模型　技术标准库　配置映射规则库　产品三维模型

软硬件层

计算机内存 8 GB，硬盘 2T，显卡 2G

Windows 7 64 位操作系统

CATIA V5R22 三维建模软件

SQL Server2012 数据库

VS2008 编程软件

图 7-3　高速列车快速定制设计系统框架

1. 用户交互层

用户交互层提供产品研发人员与定制设计子系统交互的接口，把用户分为设计师和系统管理员两种角色，并为不同用户分配了不同的角色权限。设计师根据总体下发的设计任务，把技术指标映射为高速列车配置模型的模块属性参数，通过相似度计算和变型设计，配置出与客户需求相符的产品；系统管理员主要对产品需求、元模型、技术指标、三维模型等进行维护业务操作。

2. 功能层

功能层是整个定制设计子系统的核心，主要包括数据管理、配置设计、变型设计、基于骨架的装配设计、设计结果查看模块等核心服务功能。

3. 数据存储服务层

数据存储服务层采用 SQL Server 2012 数据库，包括了采用面向对象技术和模块化设计技术建立的技术指标库、产品元模型等相关设计资源库，为高速列车快速定制设计系统提供数据支持。

4. 软硬件层

软硬件层提供了高速列车快速定制设计系统的运用环境和软硬件要求。

7.2 主要功能设计与实现

7.2.1 数据管理子功能设计与实现

数据管理子系统作为高速列车快速定制设计原型系统的数据支撑，提供了前台快速设计所需的数据信息。系统主要有七个功能模块，分别是产品需求管理、产品结构树、产品技术指标、产品元模型、产品三维模型、技术标准、映射规则管理。构建的高速列车快速定制设计系统的数据支撑体系如图 7-4 所示。

数据管理子系统采用编码层、模板层和实例层的三层管理方式，以产品结构树为统一数据源，作为产品技术指标、产品元模型、产品三维模型库和产品技术标准的数据组织方式。下面分别介绍各个管理模块具体的功能描述：

（1）产品需求管理，需求作为高速列车快速定制设计系统的输入。产品的需求管理模块主要分为需求参数编码、需求元模型模板、需求元模型实例三部分。按照高速列车市场谱系需求分析对需求进行分类，首先分为主体需求、关键需求和旅客需求，然后将主体需求分为环境需求和路网需求，将关键需求分为功能需求、性能需求和结构需求等。需求的编码由 8 位编码组成，包括系统区分码 2 位、需求分类码 2 位、需求参数项点码 4 位。需求元模型模板主要是构建需求采集模型的树形模板，可以对需求结构树节点进行编辑、添加、删除等。需求元模型实例主要是构建及管理需求元模型实例，基于模板逐项录入实例值，对需求项实例数据进行录入存储。

图 7-4　高速列车快速定制设计系统的数据支撑体系

（2）高速列车产品结构树数据是系统数据管理实现的基础，其数据是产品技术指标、产品元模型、产品元模型实例、产品三维模型、技术标准等数据的组成、分层依据以及管理的基础。所构建的产品结构树模板即是高速列车模块的最大集合。

（3）高速列车设计指标体系是为了满足应用需求而需要达到的设计条件或要求，这种需求来自旅客、运营商、环境条件、研发人员、供应商等各种要求而形成对高速列车产品研发的多维设计约束，在该约束下定义出高速列车应该达到的技术指标，从而形成完整表达高速列车功能、性能、行为的指标集，即是指标体系。高速列车研发为满足需求，首先制定高速列车的总体设计指标集，然后逐渐细化到各个组份、部件和零件，形成细化的、分层级的设计指标体系。产品技术指标管理主要包括技术指标编码、技术指标模板、技术指标实例管理功能。技术指标编码的主要功能是对技术指标属性分类和对技术指标项进行编码、编辑、添加、删除。将技术指标按属性分为运输能力指标、动力学性能指标、安全性指标、舒适性指标、环境条件指标、线路条件指标、结构性指标等 11 类指标，然后对各个类别的指标项进行录入和编码。技术指标模板主要是构建产品技术指标结构树，为技术指标实例创建提供模板基础，进行技术指标模板结构树节点的编辑、添加、删除等操作。技术指标实例管理是对技术指标项实例数据进行录入存储，包括创建、编辑、删除等功能。

（4）产品元模型管理。基于高速列车产品元模型构建技术的研究，建立高速列车产品元模型。产品元模型管理模块主要包括产品元参数编码、产品元模型模板、产品元模型实例管理功能。产品元模型编码基于产品元模型的组成及属性分类等，对元参数的属性分类和参数项进行编码、编辑、添加、删除。产品元模型的模板，基于产品元模型的视图关系，构建产品元模型的结构树模板，主要包括对产品元模型结构树点的浏览、编

辑、添加、删除等功能。产品元模型的实例模块主要是进行构架产品元模型实例，对参数项实例数据进行录入存储，包括创建、编辑、删除等功能。

（5）产品三维模型管理。高速列车产品三维模型管理模块，主要是以产品结构树为基础，对三维模型进行管理。高速列车产品三维模型管理模块的技术难点在于三维模型的存储管理。采用对存储于服务器的资源实例文件夹按产品结构树的结构层次关系进行实例文件夹的创建，每一个实例文件夹内的模型文件按照三维模型编码进行命名存储，以便获取实例文件夹中的模型文件后自动构造出结构树。实例存储目录采用结构树层级关系存储，模型文件在实例文件夹中采用平行存储关系，即一个实例下所有的模型文件包括装配体和零部件都并行存储在一个实例文件夹下。产品三维模型管理的主要功能是构建三维模型实例存储库，包括模型上传、下载、删除等，即点击相应的结构树节点，单击上传模型即可上传到服务器，选中相应的实例项，单击下载即可下载到本地。

（6）产品技术标准管理。高速列车产品技术标准管理模块，主要是对高速列车产品模块的执行技术标准进行管理，主要包括技术标准编码、产品执行标准管理两部分。技术标准编码，主要是对技术标准的组织分类、应用分类和技术标准进行编码、编辑、添加、删除。将组织分类分为国际标准、国家标准、行业标准、日本标准、英国标准、德国标准等，应用分类分为设计标准、制造标准、试验标准、RAMS 标准等。技术标准添加将标准的名称、所属部件、语言种类、发布时间等相关信息进行录入。产品执行技术标准实例管理模块采用结构树组织方式，对各个模块的相应执行技术标准进行选定，执行技术标准的实例采用结构树实例存储，包括实例的创建、编辑、删除等功能。

（7）配置映射规则管理。基于高速列车 P-B-S 概念设计模型以及设计知识提取方法，构成需求-技术指标-产品元模型的映射关系；基于配置映射规则的定义及类型归纳设计经验知识，构建配置映射规则库。产品配置映射规则，涵盖需求到技术指标映射和技术指标到产品元模型映射，包括规则的添加、编辑、删除等功能。

数据管理子系统登录后的系统界面如图 7-5 所示。

图 7-5　高速列车快速定制设计数据管理子系统

以高速列车产品元模型的管理界面为例，说明高速列车快速定制设计数据管理系统的实现方式，具体如图 7-6 所示。

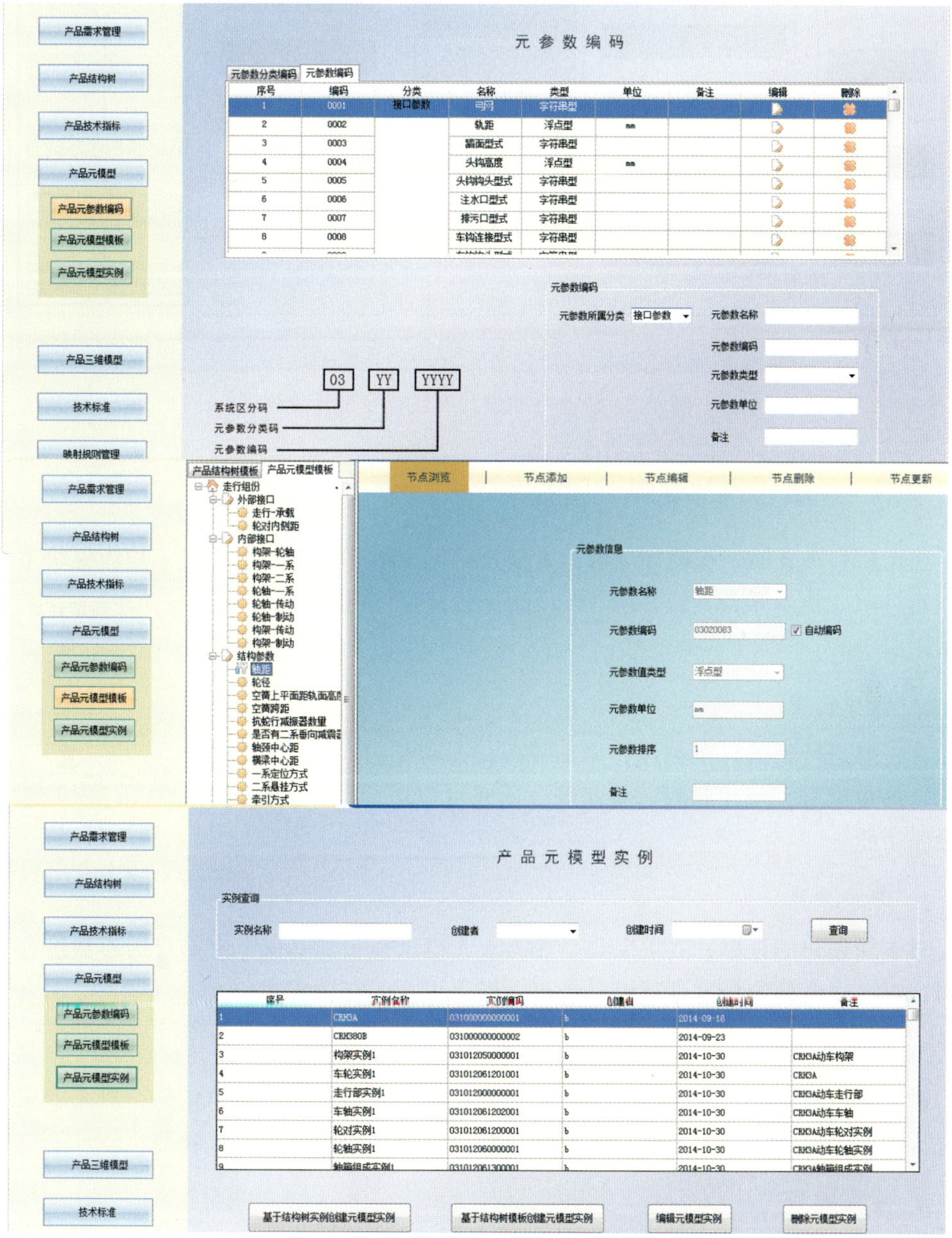

图 7-6　高速列车产品元模型的管理实现界面

7.2.2　快速定制设计系统前台设计

高速列车快速定制设计系统前台设计流程如图 7-7 所示。

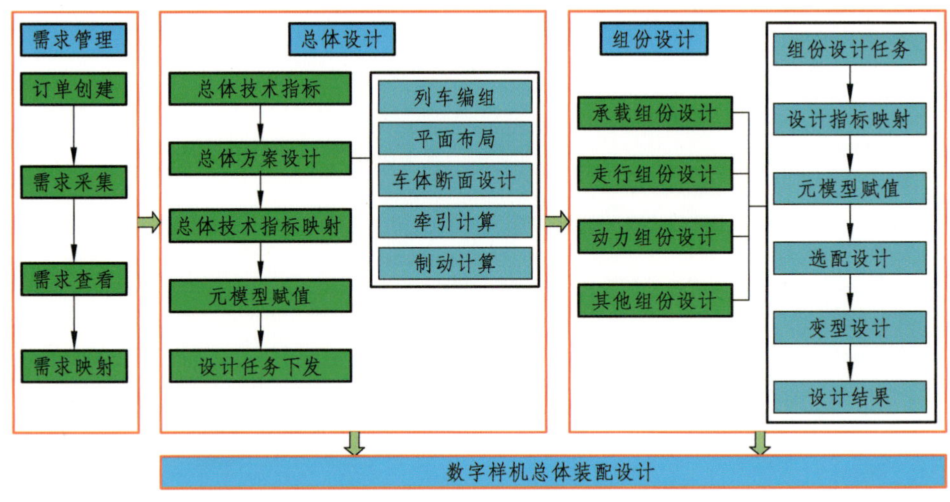

图 7-7 快速定制设计系统前台设计流程

7.2.3 需求采集及映射子功能设计与实现

在高速列车开始工程设计之前，需要进行需求的采集及映射。这一功能模块主要包含创建订单、需求采集、需求查看和需求映射四个步骤，如图 7-8 所示。

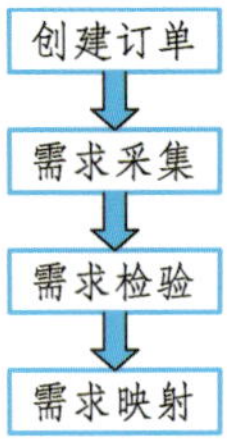

创建订单
需求采集
需求检验
需求映射

图 7-8 需求采集及映射子功能

1. 创建订单

首先要进行新的订单创建，添加订单信息包括订单名称、客户名称、订单编号、创建时间、备注等，同时可以进行订单的查询、删除等功能。

2. 需求采集

对于新创建的订单，需求采集是在需求元模型模板的基础上对需求的参数进行录入编辑，对需求模板的信息进行编辑修改，保存成新的订单需求。

3. 需求查看

需求查看是查看已经完成采集的需求，选择要查看映射的需求信息，对需求采集项点进行检查，看是否采集完整准确，选择相应的需求实例进行需求映射。

4. 需求映射

需求映射模块的功能主要是将高速列车需求参数映射为指导设计的技术指标参数。需求实例参数作为技术指标映射的输入参数，通过映射规则库调用相对应的映射规则映射为技术指标参数。映射界面中需要表示需求结构树、映射关系以及技术指标体系。

需求采集及映射模块的功能实现界面如图 7-9 所示。

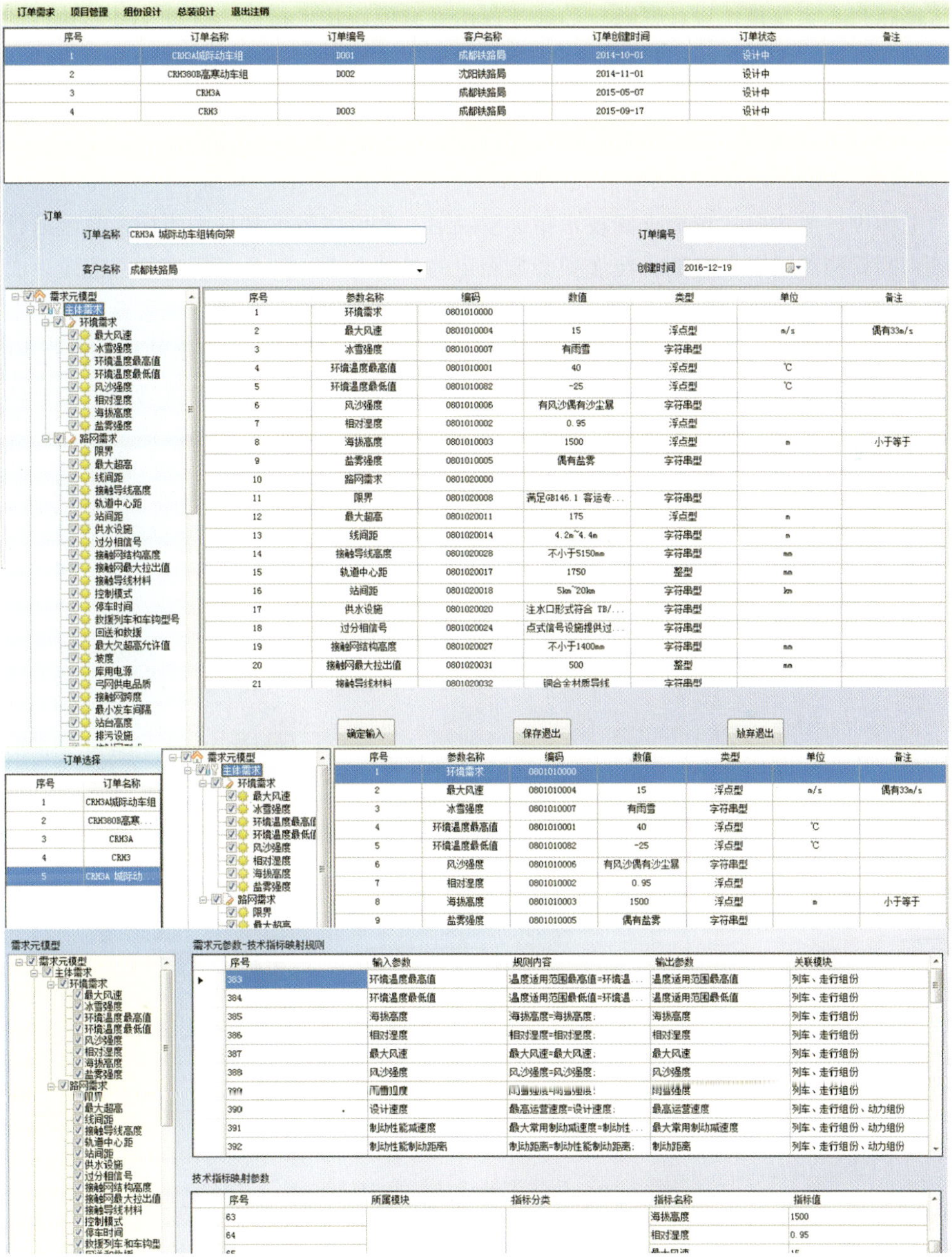

图 7-9　需求采集及映射模块的功能实现界面

7.2.4　定制设计子功能设计及实现

基于谱系化高速列车定制设计技术，并基于元模型实现高速列车配置设计和变型设计。按照面向需求驱动的高速列车快速定制设计流程，首先要在高速列车总体设计之后，

获取高速列车系统模块设计任务，读取并显示系统模块技术指标、计算文件和执行的技术标准文件，在完成系统模块设计任务接收以后，按照定制设计流程开始配置设计、变型设计和装配设计等。

7.2.4.1 总体设计

总体设计主要是实现需求到技术指标的映射，然后将需求和技术指标参数映射计算得到产品元模型的选项参数，在选项参数确定的基础上进行产品元模型的选配设计、变型和参数化设计驱动元模型参数，对列车编组方式及车辆平面布局方案进行确定，在总体方案完成的基础上将设计任务下发到各个子模块组份。子模块的逻辑结构如图 7-10 所示。开始项目快速设计，选择采集映射完成的订单，创建新的项目，进行项目的总体方案设计，主要包括总体技术指标、编组布局、牵引制动计算、元模型赋值、设计任务下发几个环节。

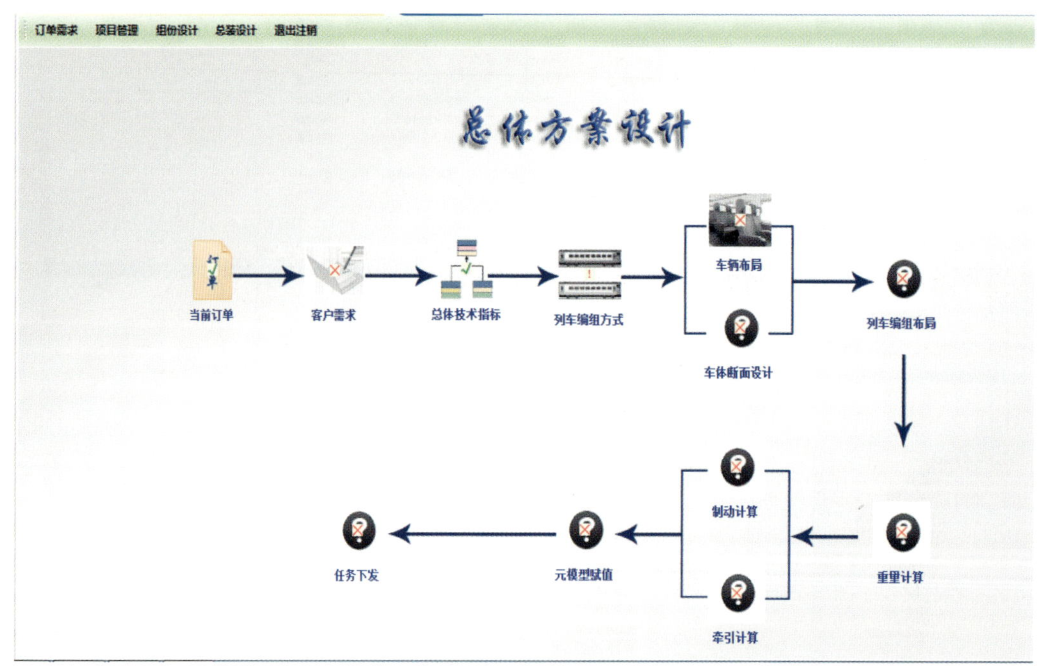

图 7-10　总体设计模块功能逻辑设计

根据映射出的技术指标，首先对编组方案进行调整确定，确定好编组方式后，对车辆布局进行调整，调用车辆布局模板，在原有的模板基础上，可以对车辆的设备、参数等进行平面布局调整，如图 7-11 所示。接下来进行车体的断面设计，对车辆的高度和宽度进行调整，改变相应的型材进行变型设计，生成新的车体断面。然后进行车辆最后布局结果查看，查看布局情况，确认后，根据布局方案生成列车的装配骨架，以便于后面各个组份模块完成以后进行车辆的自动装配设计。

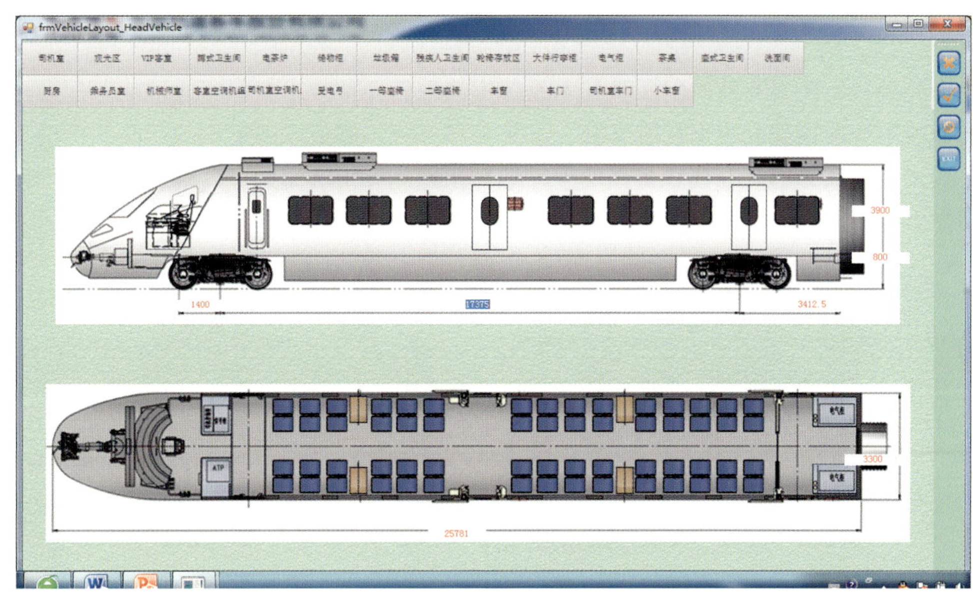

图 7-11　平面布置

总体设计部分需要对牵引特性和制动特性进行设计校核，首先进行牵引力计算和牵引特性曲线绘制，然后进行制动力和制动特性曲线绘制，计算完成以后，完善技术指标参数，对后面的各个组份设计提供设计输入参数依据。基于技术指标到产品元模型的映射规则，对列车级元模型进行赋值映射，根据映射出来的目标元模型在实例库中选取相近的实例，然后对设计任务进行下发，对各个组份设计的输入参数、执行技术标注和计算文件等，进行设计任务下发，如图 7-12 所示。下发成功以后，各个组份接收总体下发的设计任务，进行各个组份模块的设计。

总体技术指标　总体方案设计　元模型赋值　设计任务下发

承载组份　走行组份　动力组份　其它组份

导航

承载组份
- 设计输入条件
- 执行技术标准
- 设计计算文件

序号	设计条件分类	设计条件编码	设计条件名称	参数值	参数单位	所属组份	所属项目	备注
2	线路条件指标	02060003	车辆限界	符合GB146.1…		011011000000		
3	线路条件指标	02060001	建筑限界	符合GB146.1		011011000000		
4	线路条件指标	02060002	单车最小曲线…	100	m	011011000000		
5	环境条件指标	02050002	相对湿度	95		011011000000		
6	环境条件指标	02050004	风沙强度			011011000000		
7	环境条件指标	02050005	雨雪强度			011011000000		
8	运输能力指标	02010014	车体宽度	3360	mm	011011000000		
9	运输能力指标	02010015	车体高度	3900	mm	011011000000		
10	运输能力指标	02010023	车体长度	25000	mm	011011000000		
11	性能指标	02100002	车辆定距	17900	mm	011011000000		
12	性能指标	02100004	地板距轨面高度	1260	mm	011011000000		
13	性能指标	02100005	客室内净空高度		mm	011011000000		
14	环境条件指标	02050007	温度适用范围…	-25	℃	011011000000		
15	性能指标	02100021	平顶长度		mm	011011000000		

设计输入条件编辑

添加　修改　删除

分类　编码　参数名　参数值　单位

所属组份　承载组份　所属项目　备注

添加

图 7-12　设计任务下发

7.2.4.2　转向架配置设计

首先要进行配置参数映射，从技术指标库读取转向架技术指标，通过映射规则把技术指标映射为转向架元模型配置参数，如图 7-13 所示。然后以映射出的产品元模型为输入，通过相似度计算，在模块实例库中筛选，快速配置出所需的产品结构及其三维模型等信息。

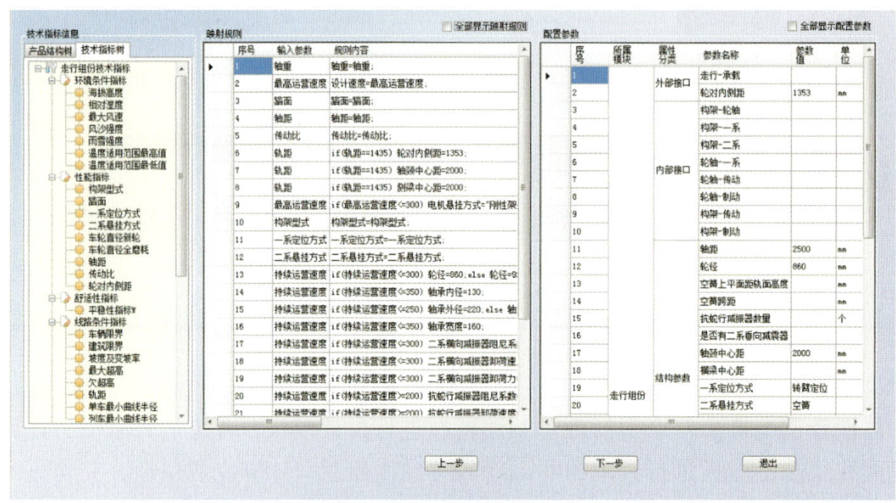

图 7-13　配置参数映射

其次得到转向架及其各个模块属性变量的取值和权重，并把配置参数值赋值给元模型参数。设计师根据经验对未赋值的元模型参数进行赋值并给参数的权重赋值，勾选参与相似度计算的元模型参数，如图 7-14 所示。

图 7-14　元模型赋值

根据设计师勾选的元模型参数属性变量的值及权重，计算实例的相似度，如果实例相似度等于 1，则说明该实例满足客户的需求，直接输出转向架 CAD 三维模型、技术指标、元模型参数和工程计算文件等；否则，提取相似度最大的转向架实例的模块集及其接口，作为基型转向架进行变型设计，并转到转向架子级模块，采用递归算法自顶向下遍历走行组份置模型，计算子级模块相似度，并用“√”和“×”标记出满足和不满足需求的模块，如图 7-15 所示。

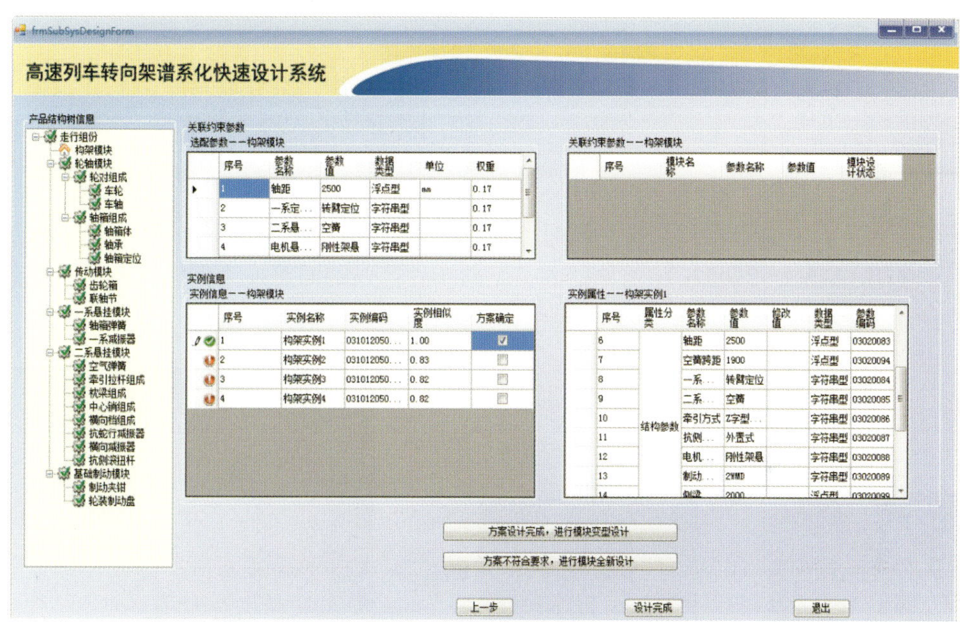

图 7-15　模块配置设计

7.2.4.3　转向架变型设计

基于设计变更路径规划方法，对配置设计中标记出不满足需求的模块，选择相应的变更参数，进行变型设计以满足需求。模块变型设计主要有两种方式：一种是模块替换，根据客户需求映射的模块属性参数、模块接口约束、装配约束、功能约束和结构约束等参数集检索模块库，若转向架模块库有与客户需求相符的模块，则读取该模块并替换转向架实例中与客户需求不相符的模块；二是模块创建，如果模块库中没有满足客户需求的模块，则把客户需求映射的模块属性参数和模块的接口参数传递到相应模块的设计模板，利用参数化技术驱动 CAD 软件生成新的模块。创建后的模块经仿真分析满足要求后，存到模块库再应用。

以轮对模块的变型设计和参数化设计为例说明变型设计子功能。轮对模块变型设计如图 7-16 所示，轮对参数化设计的输入参数如界面所示。单击“生成新轮对”按钮，开始执行轮对变型设计 CATIA CAA 批处理程序，基于车轮和车轴的参数化模型生成新的轮对模型。

动力轮对变型设计

车轮参数

踏　面：S1002CN　车轮直径：860 mm　轮毂直径：198 mm

轮毂宽度：175 mm　轮辋宽度：135 mm　腹板厚度：36 mm

车轴参数

车轴总长：2180 mm　轴身直径：173 mm　轴孔直径：30 mm

轴颈直径：130 mm　轴肩直径：160 mm　齿轮箱距车轴中心：406 mm

生成新轮对　退出

图 7-16　动力轮对变型设计

车轮参数化建模，采用基于 CATIA CAA 的参数化建模方法，建立车轮参数化模型。车轮踏面在车轮中显得尤为重要，踏面形式可分为 LMA、S1002CN、XP55 等，在本系统中，使用 LMA 和 S1002CN 两种踏面类型的车轮，以踏面更换为例说明车轮的参数化变型设计，如图 7-17 所示。

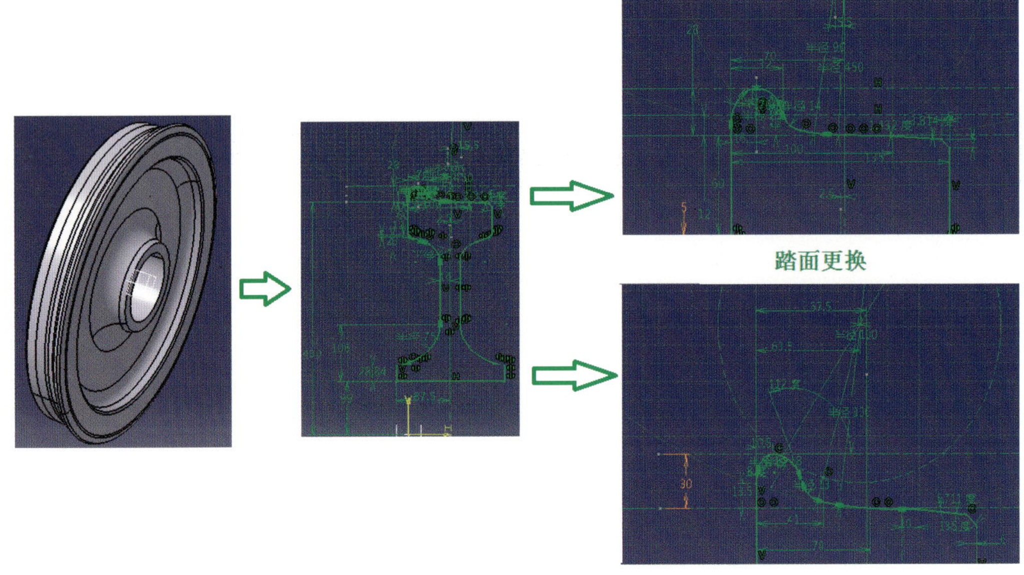

图 7-17　车轮参数化变型设计

按照构架和轮对变型设计同样的方法，对轴箱、轴箱定位、轴箱弹簧、抗侧滚扭杆等进行变型设计，具体界面设计如图 7-18 所示。

7.2.4.4　基于骨架的转向架装配设计子功能

常用的装配几何特征主要有圆柱面、平面、球面、点、基准面和基准轴等，装配约束主要有相合、距离、角度等。转向架的装配骨架模型是转向架各个模块的装配基准，

同时为了简化骨架模型和 CATIA CAA 自动装配，一部分装配建于构架。转向架装配骨架，是根据轨面坐标系和走行部的各个二级模块的中心建立的，在转向架零部件装配过程中，通过添加零部件的装配基准与骨架的对应装配基准的装配约束，实现零部件的装配。某型车动力转向架装配骨架及装配体如图 7-19 所示。

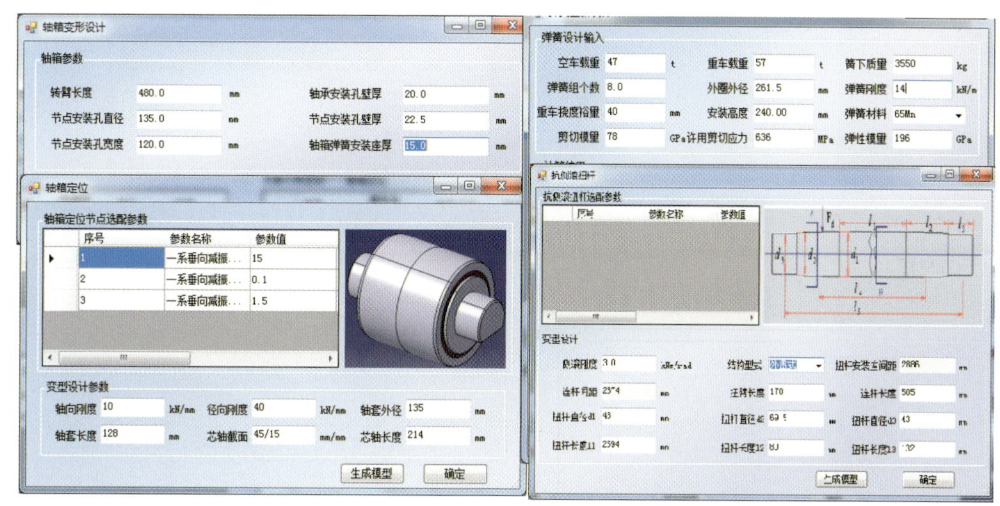

图 7-18　其余模块变型设计界面

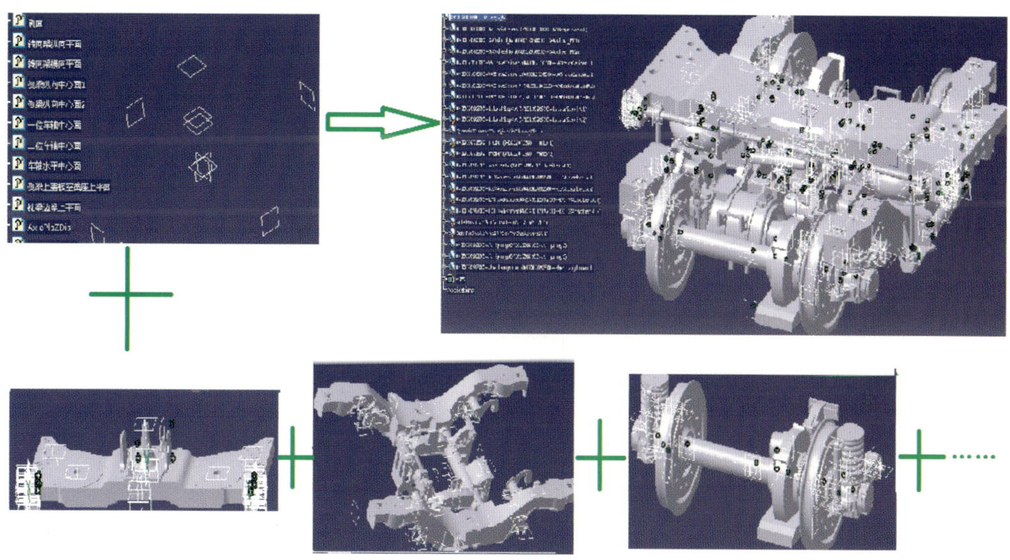
图 7-19　动力转向架装配骨架及装配体

7.2.4.5　转向架定制设计结果查看子功能

快速定制设计结果查看模块的主要功能是展示高速列车定制设计子系统的设计结果、技术指标、元模型、三维模型、计算文件和设计标准等，具体如图 7-20 所示。

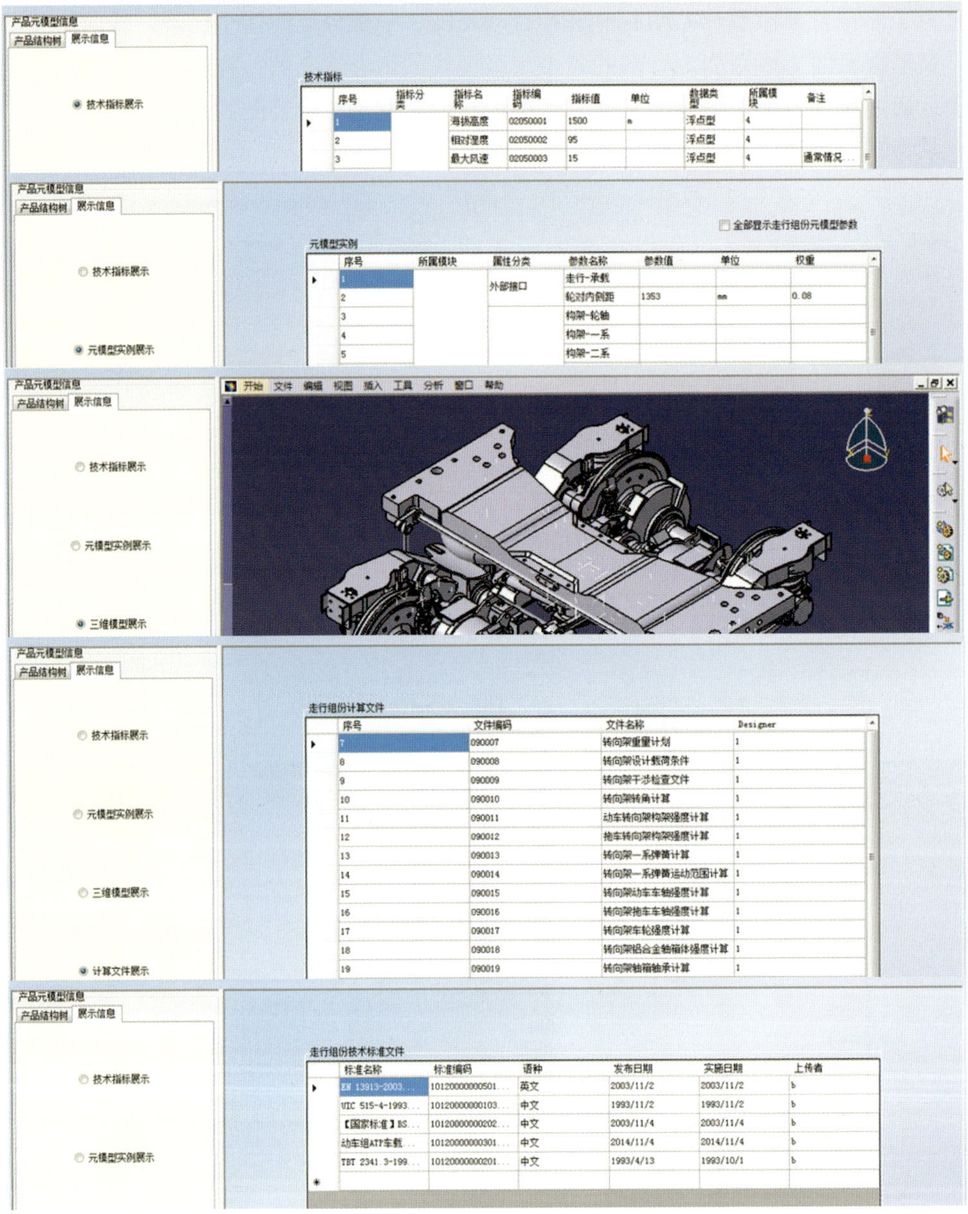

图 7-20　高速列车转向架定制设计结果查看

7.2.5　系统应用验证

依托“863 计划”现代交通技术领域主题项目“高速列车谱系化技术平台及系列车型研制”对系统进行应用验证，高速列车定制设计系统及其相关关键技术在典型样车某型城际列车的研制中得到了应用验证。

某型高速列车转向架设计需求如下所示：

顶层设计需求：

- 设计速度：250 km/h；
- 旅客界面：城际；
- 加速度选择：0.5 ~ 0.8 m/s^2。

地理气候条件需求：

- 海拔高度：≤1 500 m；
- 地震烈度：最高动峰值加速度 0.3g；
- 环境温度：－25 ~ ＋40 °C；
- 相对湿度：（该月月平均最低温度为 25 °C）≤95%；
- 最大风速：一般年份 15 m/s，偶有 33 m/s；
- 其他：风沙雨雪、雾霾，偶有盐雾、酸雨、沙尘暴等。

线路条件需求：

- 执行标准：满足 TB 10621—2014《高速铁路设计规范（试行）》的要求；
- 缓和曲线：缓和曲线为三次抛物线线型，缓和曲线超高顺坡率为 1/（$10v_{max}$），困难条件下为 1/（$8v_{max}$）；
- 最大超高：175 mm；
- 欠超高允许值：90 mm；
- 站台边缘距轨道中心距离：1 750 mm。

以高速列车转向架为例，基于高速列车定制设计系统，以上述需求作为需求采集的输入，通过系统实现需求到产品元模型的映射，经过相似度计算以后，在产品元模型实例库中选取已有转向架作为基型模板进行配置设计和变型设计，最终得到某型转向架的主要设计参数及动力转向架三维设计模型，如图 7-21 所示。

主要技术参数

构架形式	“H” 型
轴箱定位方式	转臂定位
二系悬挂方式	空气弹簧+节流孔
基础制动方式	动车轮盘、拖车轴盘
与车体连接形式	枕梁连接
抗侧滚扭杆形式	内置式
踏面形式	S1002CN
固定轴距	2 500 mm
轮对内侧距	1 353 mm
空簧上平面距轨面高度	888 mm
空气弹簧横向间距	1 900 mm
轴承中心距	2 000 mm
车轮直径	860/790 mm
轴重	17 t
寿命	30年

（a）

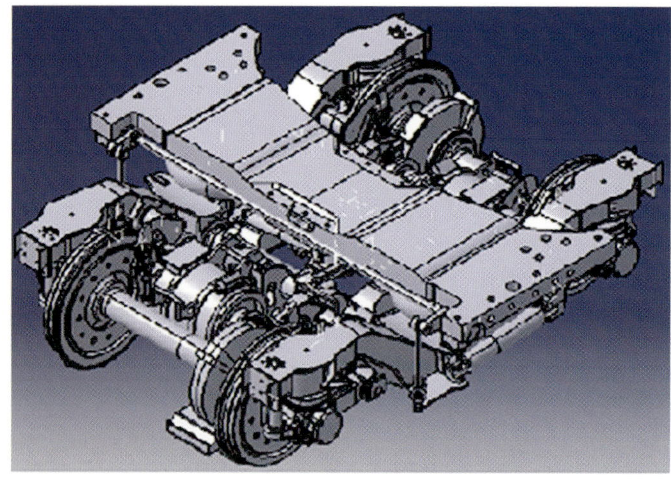

（b）

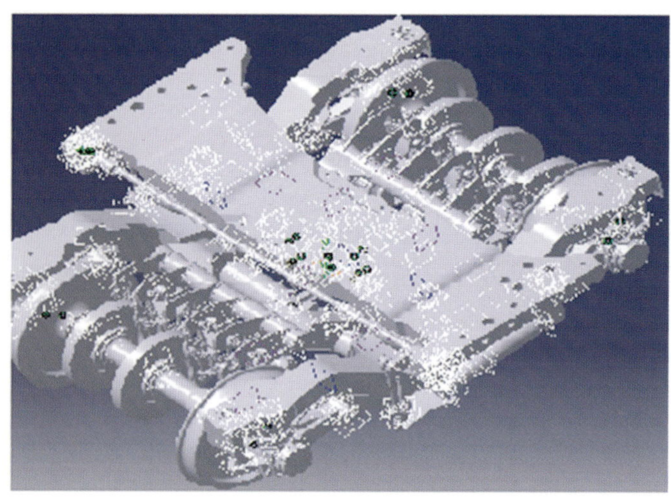

（c）

图 7-21 某型转向架的主要设计参数及转向架三维设计模型结果

参考文献

[1] 李瑞淳. 世界铁路高速列车50年的发展与进步[J]. 国外铁道车辆,2014(6):1-10.

[2] 张海柱. 面向产品谱系的高速列车转向架定制设计方法研究[D]. 成都:西南交通大学，2017.

[3] 孙伟，刘晓冰，韩永生，等. 面向大规模客户化生产的产品设计及其产品规划方法研究[J]. 机械科学与技术，2001，20（2）：315-317.

[4] 谭建荣，张树有，纪杨建，等. 集成环境下大批量定制的产品配置设计技术及其应用[J]. 中国机械工程，2004，15（19）：1706-1708.

[5] 苏艳，廖文和，郭宇，等. 面向大批量定制设计的定制客户动态聚类方法研究[J]. 中国机械工程，2007，18（22）：2711-2716.

[6] 李玉鹏. 复杂产品系统模块化关键技术研究与应用[D]. 上海：上海交通大学，2014.

[7] 宋利伟. 复杂模块化产品系统建模与演化的关键技术研究 [D]. 杭州：浙江大学，2012.

[8] 刘洋. 多维规划的复杂产品模块化设计关键技术研究[D]. 武汉：武汉理工大学，2013.

[9] 刘建刚，唐敦兵，杨春.基于联系信息流量的产品结构模块化方法[J]. 计算机集成制造系统，2011，17（11）：2373-2382.

[10] 楼俐，徐诚，张飞猛.自动武器谱系模块划分算法的研究与应用 [J].火力与指挥控制，2012（6）：138-143.

[11] JI Y J，JIAO R J，CHEN L，et al. Green modular design for material efficiency：A leader-follower joint optimization model[J]. Journal of Cleaner Production，2013，41：187-201.

[12] AODA E M，TAREK A G. New dependency model and biological analogy for integrating product design for variety with market requirements [J].Journal of Engineering Design，2012，23（10-11）：722-745.

[13] YAN J H，FENG C H，CHENG K. Sustainability-oriented product modular design using kernel-based fuzzy c-means clustering and genetic algorithm[J]. Journal of Engineering Manufacture，2012，226（10）：1635-1647.

[14] 程强. 面向可适应性的产品模块化设计方法与应用研究[D]. 武汉：华中科技大学，2009.

[15] LI S，MIRHOSSEINI M. A matrix-based modularization approach for supporting secure collaboration in parametric design[J].Computers in Industry，2012，63：619-631.

[16] TILSTRA A H，SEEPERSAD C C. A high-definition design structure matrix（HDDSM）for the quantitative assessment of product architecture [J]. Journal of Engineering Design，2012，23：764-786.

[17] KATJA H O，NOEMI A C，DUSAN L，et al. Chiriac，DusanLysy.Comparartive analysis of coupling modularity metrics[J].Engineering Design，2012，23：790-806.

[18] SOSA M E，EPPINGER S D，CRAIG M. Rowles.A Network Approach to Define Modularity of Components in Complex Products[J].Mechanical Design，2007，129：1118-1130.

[19] 朱元勋，周德俭，谌炎辉. 面向模块化库的装载机模块接口的系列化设计[J]. 机械设计与制造，2012，5：255-257.

[20] 解维奇，蔡远文，李岩. 在轨服务航天器模块接口标准化设计准则研究[J]. 机车电传动，2008，3：19-23.

[21] 王娟丽. 基于 QFD 的概念设计方法研究[D]. 杭州：浙江大学，2011.

[22] KRAUSE F L，KIMURA F，KJELLBERG T，et al. Product modeling [J]. CIRP Annals-Manufacturing Technology，1993，42（2）：695-706.

[23] ZHAO Y，MOK C K，CHIN K S. STEP-based multiview integrated product modelling for concurrent engineering[J]. The International Journal of Advanced Manufacturing Technology，2002，20（12）：896-906.

[24] FENVES S J，FOUFOU S，BOCK C，et al. CPM2：a core model for product data [J]. Journal of Computing and Information Science in Engineering，2008，8（1）：014501.

[25] NOËL F，ROUCOULES L. The PPO design model with respect to digital enterprise technologies among product life cycle[J]. International Journal of Computer Integrated Manufacturing，2008，21（2）：139-145.

[26] ZHENG C，BRICOGNE M，LE D J，et al. Survey on mechatronic engineering：A focus on design methods and product models[J]. Advanced Engineering Informatics，2014，28（3）：241-257.

[27] KO W C，CHEN L H. An approach of new product planning using quality function

deployment and fuzzy linear programming model[J]. International Journal of Production Research，2014，52（6）：1728-1743.

[28] SCHEIDL R, WINKLER B. Model relations between conceptual and detail design[J]. Mechatronics，2010，20（8）：842-849.

[29] LIU C W，JIN X X，LI L S. A web services-based multidisciplinary design optimization framework for complex engineering systems with uncertainties[J]. Computers in Industry，2014，65（4）：585-597.

[30] CHEN C，ZHAO G，YU Y，et al. Multiple views system to support awareness for cooperative design[J]. Computer-Aided Design，2015，63：39-51.

[31] LUO G，Xiao Y，JUN M，et al. A multi-view modeling methodology for modular design based on relationship constraint network[C]//Industrial Engineering and Engineering Management，16th International Conference on. IEEE，2009：622-626.

[32] HEHENBERGER P. Perspectives on hierarchical modeling in mechatronic design [J]. Advanced Engineering Informatics，2014，28（3）：188-197.

[33] XIAO S，XU D C，LI Z，et al. Modeling framework for product lifecycle information[J]. Simulation Modelling Practice and Theory，2010，18（8）：1080-1091.

[34] [德]乌尔里希. 森德勒. 工业4.0[M]. 邓敏，李现民，译. 北京：机械工业出版社，2004.

[35] 祁国宁，集成产品模型及其应用[R]. 杭州：浙江大学，2009.

[36] 云晓丹. 集成产品元模型分析及其应用研究[D]. 杭州：浙江大学，2010.

[37] MORITA T，IZUMI N，FUKUTA N，et al. A graphical RDF-based meta-model management tool [J]. IEICE transactions on information and systems，2006，89（4）：1368 1377.

[38] 周芳，文必龙，王守信，等. 基于元元模型的多维元数据管理研究与实现[J]. 计算机工程与设计，2006，27（10）：1797-1799.

[39] MÄNNISTÖ T. A conceptual modelling approach to product families and their evolution [D]. Helsinki University of Technology，2000.

[40] 周杰韩，范文慧，熊光楞，等. 面向复杂产品协同设计的元模式设计[J]. 清华大学学报（自然科学版），2003（7）：6.

[41] 李海峰，吴慧中. 元模型驱动的产品生命周期管理系统的设计与实现[J]. 计算机集成制造系统，2005，11（7）：963-968.

[42] 杨维学. 基于元模型的自适应装配建模及变型设计研究[D]. 杭州：浙江大学，2008.

[43] 李潭，李伯虎，柴旭东，等. 复杂产品多学科虚拟样机元建模框架[J]. 计算机集成制造系统，2011，17（6）：1178-1186.

[44] 闫雪锋，段国林，姚涛，等. 复杂产品虚拟样机元建模[J]. 计算机集成制造系统，2015：1.

[45] 闫喜强，李彦，李文强，等. 元模型的复杂产品多学科信息建模方法[J]. 计算机辅助设计与图形学学报，2013，25（10）：1540-1548.

[46] TSENG M M，JIAO J，MERCHANT M E. Design for Mass Customization[J]. CIRP Annals-Manufacturing Technology，1996，45（1）：153-156.

[47] JIAO J，TSENG M M. Customizability analysis in design for mass customization[J]. Computer-Aided Design，2004，36（8）：745-757.

[48] DU X，JIAO J，TSENG M M. Understanding customer satisfaction in product customization[J]. International Journal of Advanced Manufacturing Technology，2006，31（3-4）：396-406.

[49] 李仁旺，祁国宁，顾新建，等. 大批量定制生产及其实施方法初探[J]. 中国机械工程，2001，12（4）：405-408.

[50] 祁国宁，顾新建，谭建荣，等. 大批量定制技术及其应用[M]. 北京：机械工业出版社，2003.

[51] 吴卫东，刘德仿. 面向大规模定制的产品快速设计方法研究[J]. 组合机床与自动化加工技术，2003（1）：64-65.

[52] 李军鹏. 面向大规模定制的复杂产品模块规划方法研究[D]. 合肥：合肥工业大学，2012.

[53] 余彪. 面向大规模定制的产品生命周期建模及优化配置研究[D]. 合肥：合肥工业大学，2013.

[54] 盛步云，汪星刚，萧筝，等. 基于客户需求分析的模块化产品配置方法[J]. 计算机集成制造系统，2017，23（10）：2091-2100.

[55] 王庆林. 飞机构型管理[M]. 上海：上海科学技术出版社，2012.

[56] 顾巧祥，纪杨建，祁国宁，等. 基于 ECA 规则和事物特性表的产品配置模型[J]. 浙江大学学报：工学版，2006，40（5）：753-758.

[57] 王新，谭建荣，孙卫红. 基于实例的需求产品配置技术研究[J]. 中国机械工程，

2006，17（2）：146-151.

[58] 李伟. 基于约束的产品配置方法和产品优化配置研究[D]. 合肥：合肥工业大学，2005.

[59] 王世伟. 基于知识的产品配置建模，演化及其应用研究[D]. 杭州：浙江大学，2004.

[60] 张劲松，王启富，万立，等. 基于本体的产品配置建模研究[J]. 计算机集成制造系统，2003，9（5）：344-350.

[61] 任彬，张树有，伊国栋. 基于模糊多属性决策的复杂产品配置方法[J]. 机械工程学报，2010，46（19）：108-116.

[62] 张萌. 基于产品族的机械产品模块化配置设计关键技术研究[D]. 长沙：国防科学技术大学，2013.

[63] 刘夫云. 基于复杂网络的机械产品零部件分析与配置技术研究[D]. 杭州：浙江大学，2006.

[64] 赵继云，高剑峰. 支持变型设计的 CAD 理论和方法的分析与研究[J]. 机械设计，1999，16（2）：28-31.

[65] FOWLER J E. Variant design for mechanical artifacts：A state-of-the-art survey[J]. Engineering with Computers，1996，12（1）：1-15.

[66] PAHL G，BEITZ W. Engineering design[M]. New York：Springer-verleg，1984.

[67] 李博. 设计重用研究综述[J]. 计算机集成制造系统，2014，20（3）：453-463.

[68] 吴伟伟，唐任仲，侯亮，等. 基于参数化的机械产品尺寸变型设计研究与实现[J]. 中国机械工程，2005，16：218-222.

[69] 肖新华. 基于模块化产品实例的变型设计技术研究与实现[D]. 天津：天津工业大学，2005.

[70] 车颖，隋秀凛，葛江华，等. 基于实例推理的产品变型设计技术研究[J]. 信息技术，2005，（10）：104-106.

[71] COHEN T，NAVATHE S B，FULTON R E. C-FAR，change favorable representation[J]. Computer-aided design，2000，32（5）：321-338.

[72] CLARKSON P J，SIMONS C，ECKERT C. Predicting change propagation in complex design[J]. Journal of Mechanical Design，2004，126（5）：788-797.

[73] AHMAD N，WYNN D C，CLARKSON P J. Change impact on a product and its redesign process：a tool for knowledge capture and reuse[J]. Research in Engineering Design，2013，24（3）：219-244.

[74] YANG F，DUAN G. Developing a parameter linkage-based method for searching change propagation paths[J]. Research in Engineering Design，2012，23（4）：353-372.

[75] JARRATT T，KELLER R，NAIR S，et al. Visualization techniques for product change and product modelling in complex design[C]. Springer Berlin Heidelberg：Diagrammatic Representation and Inference，2004.

[76] DI BATTISTA G，EADES P，TAMASSIA R，et al. Algorithms for drawing graphs：an annotated bibliography[J]. Computational Geometry，1994，4（5）：235-282.

[77] 江冰. 动车组转向架关键零部件参数化设计研究与应用[D]. 北京：北京交通大学，2009.

[78] 吴文龙. 谱系化动车组转向架构架参数化建模及分析[D]. 北京：北京交通大学，2015.

[79] 徐仟，张海柱，黎荣，等. 铁道车辆转向架构架可拓变型设计方法研究[J]. 兰州交通大学学报，2015，34（1）：119-124.

[80] 董佳. 基于广义产品平台的高速列车悬挂装置快速设计研究[D]. 成都：西南交通大学，2015.

[81] 邱红铭. 高速列车转向架快速设计关键技术研究[D]. 成都：西南交通大学，2016.

[82] 许静. 面向模块化产品平台的技术对象有序化及重用技术研究[D]. 杭州：浙江大学，2011.

[83] SIMPSON T W，MAIER J R，MISTREE F. Product platform design：method and application[J]. Research in Engineering Design，2001，13（1）：2-22.

[84] 张红军，陈喜红，孙永鹏，等. 我国 200 km/h 速度等级高速客运机车转向架平台设计分析[J]. 铁道学报，2007，29（4）：101-106.

[85] 李易峰. 转向架模块化产品平台构建与应用研究[D]. 成都：西南交通大学，2017.

[86] 张小英. 基于广义功能建模的复杂产品模块化设计技术研究[D]. 成都：西南交通大学，2014.

[87] 谌炎辉. 复杂机电产品模块化设计若干关键技术及应用研究[D]. 西安：西安电子科技大学，2013.

[88] 王日君，张进生，葛培琪，等. 基于公理设计与模糊树图的集成式模块划分方法[J]. 农业机械学报，2009，40（4）：179-183.

[89] GERSHENSON J K，PRASAD G J，ZHANG Y. Product modularity：definitions and benefits[J]. Journal of Engineering design，2003，14（3）：295-313.

[90] 陈汝栋，于延荣. 数学模型与数学建模[M]. 北京：国防工业出版社，2005.

[91] 周开俊，贡智兵，童一飞. 面向再设计的产品模块划分方法[J]. 中国机械工程，2015，26（15）：2096-2102.

[92] JULIE H，ROBERT B，STONE，D A M. Multiple-domain design scorecards：a method for architecture generation and evaluation through interface characterisation[J]. Engineering Design，2012，23：746-76.

[93] 朱元勋，周德俭，谌炎辉. 面向模块化库的装载机模块接口的系列化设计[J]. 机械设计与制造，2012，5：255-257.

[94] 唐敦兵，徐荣华，唐吉成，等. 基于设计结构矩阵的工程变更影响分析[J]. 机械工程学报，2010，46（1）：154-161.

[95] 鲁玉军. 面向大批量定制的 ETO 产品配置设计方法研究[D]. 杭州：浙江大学，2007.

[96] 张闻雷，范玉顺，尹朝万. 产品族谱系的配置方法研究[J]. 计算机集成制造系统，2006，11：1741-1746.

[97] 毛媛，刘杰，李伯虎. 基于元模型的复杂系统建模方法研究[J]. 系统仿真学报，2002，14（4）：411-414.

[98] 李响烁. PLM 开发实施进程与集成产品元模型研究[D]. 杭州：浙江大学，2007.

[99] 胡光忠，肖守讷，肖世德，等. 机械产品模糊可重构设计原理与方法[J]. 西南交通大学学报，2013（1）：116-121.

[100] CAMELO D M，MULET E. A multi-relational and interactive model for supporting the design process in the conceptual phase [J]. Automation in Construction，2010，19（7）：964-974.

[101] GERO J S，KANNENGIESSER U. The situated function-behaviour-structure framework [J]. Design Studies，2004，25（4）：373-391.

[102] KOMOTO H，TOMIYAMA T. A framework for computer-aided conceptual design and its application to system architecting of mechatronics products [J]. Computer-Aided Design，2012，44（10）：931-946.

[103] 承莉莉，陈炳发，王体春. 基于多级实例推理的模块化设计方法研究[J]. 机械科学与技术，2011（12）：2013-2018.

[104] 赵燕伟，苏楠，张峰，等. 基于可拓实例推理的产品族配置设计方法[J]. 机械工程学报，2010，46（15）：146-154.

[105] 崔琼瑶，齐从谦. 基于参数化技术的自顶向下设计及应用[J]. 同济大学学报，2002，30（9）：1087-1090.

[106] 王福元，徐家文. 基于约束与尺寸混合驱动的虚拟数控机床技术[J]. 中国机械工程，2010（15）：1805-1809.

[107] 李江，钟诗胜，刘金等. 基于可拓理论的模块化设计方法研究[J]. 计算机集成制造系统，2006，12（5）：641-647.

[108] 杨春燕，蔡文. 可拓工程[M]. 北京：科学出版社，2007.

[109] GIFFIN M，DE W O，BOUNOVA G，et al. Change propagation analysis in complex technical systems[J]. Journal of Mechanical Design，2009，131（8）：081001.

[110] ECKERT C，CLARKSON P J，ZANKER W. Change and customisation in complex engineering domains[J]. Research in engineering design，2004，15（1）：1-21.

[111] JARRATT T A W，ECKERT C M，CALDWELL N H M，et al. Engineering change：an overview and perspective on the literature [J]. Research in engineering design，2011，22（2）：103-124.

[112] CROSS N. Engineering design methods：strategies for product design [M]. John Wiley & Sons，2008.

[113] 刘东升，王建民，孙家广. 工程更改管理的设计与实现[J]. 计算机集成制造系统，2001，7（7）：41-43.

[114] SHANKAR P，MORKOS B，SUMMERS J O. Reasons for change pragation：a case study in an automotive OEM[J]，Res Eng Design，2012.

[115] 张嘉易，王成恩，马明旭. 产品装配序列评价方法建模[J]. 机械工程学报，2009，45（11）：218-224.

[116] 易建军，陈昌明，张云锐. 基于几何推理的汽车产品装配与拆卸评价方法的研究[J]. 机械设计与制造，2007，11：77-79.

[117] 高青风，王歌，张林鍹. 基于工程语义的装配顺序快速规划与评估[J]. 系统仿真学报，2009，21（21）：6747-6750.

[118] ZHANG H，HAN X，LI R，et al. A new conceptual design method to support rapid and effective mapping from product design specification to concept design[J].

International Journal of Advanced Manufacturing Technology, 2016, 87 (5-8): 2375-2389.

[119] UMEDA Y, ISHII M, YOSHIOKA M, et al. Supporting conceptual design based on the function-behavior-state modeler[J]. Artificial Intelligence in Engineering Artificial Intelligence for Engineering, Design, Analysis and Manufacturing, 1996, 10 (4): 275-288.